PETER A. DOETSCH
ARNE E. LENZ

Versorgungszusagen an Gesellschafter-Geschäftsführer und -Vorstände

Steuerliche Behandlung – BilMoG – Gestaltungstipps – Mustertexte

8. Auflage

vvw.de

Bibliografische Information der Deutschen Nationalbibliothek

Die Deutsche Nationalbibliothek verzeichnet diese Publikation
in der Deutschen Nationalbibliografie;
detaillierte bibliografische Daten sind im Internet über
http://dnb.d-nb.de abrufbar.

© 2011   Verlag Versicherungswirtschaft GmbH   Karlsruhe

Satz   Satz-Schmiede   Bachmann   Bietigheim
Herstellung   fgb freiburger graphische betriebe GmbH   Freiburg

ISBN 978-3-89952-609-7

Vorwort

Eine Versorgungszusage vom Unternehmen gehört zum Ausstattungsstandard nahezu aller Geschäftsführer und Vorstände von Kapitalgesellschaften, unabhängig davon, ob sie am Unternehmen beteiligt sind oder nicht. Für den Geschäftsführer bzw. Vorstand ist eine solche Versorgungszusage noch wichtiger als für andere in der Privatwirtschaft beschäftigte Personen, da er in der Regel nicht sozialversicherungspflichtig ist und zudem häufig über Einkünfte verfügt, die über die Beitragsbemessungsgrenze der gesetzlichen Rentenversicherung deutlich hinausgehen.

Die nachfolgende Darstellung gibt Hinweise zur Gestaltung von solchen Versorgungszusagen, gleich ob sie als unmittelbare Versorgungsverpflichtungen (Direktzusage), Direktversicherung oder als Zusage auf Unterstützungskassen-, Pensionskassen- bzw. Pensionsfondsleistungen ausgestaltet sind. Der Schwerpunkt liegt auf der steuerlichen Behandlung von betrieblichen Versorgungszusagen an beteiligte Geschäftsführer und Vorstände. Für die steuerliche Anerkennung muss nämlich die Rechtsprechung und Verwaltungspraxis zum Thema „verdeckte Gewinnausschüttung" beachtet werden.

Neben der Behandlung einer betrieblichen Versorgungszusage bei der Gesellschaft wird auch die steuerliche Seite beim versorgungsberechtigten Geschäftsführer bzw. Vorstand selbst dargestellt, und zwar sowohl während der Anwartschaftsphase als auch im Zusammenhang mit dem Ausscheiden und dem Bezug der Versorgungsleistungen.

Die Darstellung der steuerlichen Behandlung von Versorgungszusagen an GmbH-Geschäftsführer und AG-Vorstände richtet sich an diese Personen und ihre Berater. Hierzu zählen erfahrungsgemäß neben den Steuerberatern und Wirtschaftsprüfern ggf. auch Versicherungsvermittler, welche die Gesellschaft bei der Abdeckung der übernommenen Versorgungsrisiken unterstützen, und natürlich Rechtsanwälte als allgemeine juristische Berater.

V

Die vorliegende 8. Auflage wurde wegen der Aktualität der Thematik um einen Abschnitt ergänzt, der sich mit den Fragestellungen befasst, die sich aufgrund des neuen Bilanzrechtsmodernisierungsgesetzes (BilMoG) für Pensionsverpflichtungen ergeben können. In die Neuauflage wurde die neueste BFH-Rechtsprechung, Fachliteratur und Gesetzeslage eingearbeitet. Beibehalten wurde die in einer Vorauflage eingeführte Unterscheidung zwischen ersetzenden und ergänzenden Zusagen, welche auch in die Kommentarliteratur Eingang gefunden hat. Die in der Vorauflage erfolgte Ausgliederung besonderer Fragestellungen wie Abfindung, Verzicht, Übertragung von Zusagen, Weiterarbeit des GGF nach Erreichen der Altersgrenze, Rechtsformwechsel oder Liquidation des Unternehmens aus dem Hauptteil des Buchs hat sich bewährt und wurde von unseren Lesern positiv aufgenommen. Um für die Praxis zusätzlichen „Mehrwert" zu schaffen, enthält der Anhang auch in dieser Auflage wieder für die Zielgruppe einschlägigen Vorschriften zur betrieblichen Altersversorgung sowie verschiedene Mustertexte und Übersichten.

Wir bedanken uns bei allen, die zum Zustandekommen dieser Neuauflage beigetragen haben; besonderer Dank gilt Herrn Dr. Matthias Dernberger für die Durchsicht unseres Manuskripts. Zuletzt danken wir unseren Familien für das Verständnis und die Unterstützung, mit der sie unsere Arbeit und die damit verbundene zeitliche Beanspruchung mitgetragen haben.

Da das Buch ein Praxisbuch sein soll, bitten wir um Hinweise, sofern aus Sicht des Lesers Änderungs- oder Ergänzungswünsche bestehen. Wir werden deren Realisierung für eine 9. Auflage sorgsam prüfen. Abschließend möchten wir noch auf einen zusätzlichen Service aufmerksam machen, welchen wir kurz nach dem Erscheinen der Vorauflage für unsere Leser geschaffen haben: auf der Website des VVW-Verlags finden Sie einen Internet-Link auf eine Aktualisierungsseite, mit der wir diese Auflage auch nach Druck weiter aktuell halten möchten.

Wiesbaden, im April 2011   Peter A. Doetsch und Arne E. Lenz

Inhaltsverzeichnis

Abkürzungsverzeichnis

a. a. O.	am angegebenen Ort
a. A.	anderer Ansicht
a. E.	am Ende
Abs.	Absatz
AGG	Allgemeines Gleichbehandlungsgesetz
Anm.	Anmerkung
AR	Aufsichtsrat
AVmG	Altersvermögensgesetz
BaFin	Bundesanstalt für Finanzdienstleistungsaufsicht
BAG	Bundesarbeitsgericht
BB	Betriebs-Berater
BBG	Beitragsbemessungsgrenze
BetrAV	Betriebliche Altersversorgung (Mitteilungsblatt der aba – Arbeitsgemeinschaft für betriebliche Altersversorgung e. V.)
BetrAVG	Gesetz zur Verbesserung der betrieblichen Altersversorgung („Betriebsrentengesetz")
BewG	Bewertungsgesetz
BFH	Bundesfinanzhof
BFHE	Sammlung der Entscheidungen des BFH
BFH/NV	Sammlung der Entscheidungen des Bundesfinanzhofs mit allen amtlich veröffentlichten und den nicht amtlich veröffentlichten Entscheidungen
BGB	Bürgerliches Gesetzbuch
BGBl	Bundesgesetzblatt
BGH	Bundesgerichtshof
BGHZ	Entscheidungen des Bundesgerichtshofs in Zivilsachen
BilMoG	Bilanzrechtsmodernisierungsgesetz
BMF	Bundesministerium der Finanzen
BStBl	Bundessteuerblatt
Buchst.	Buchstabe

DB	Der Betrieb
DStR	Deutsches Steuerrecht
DStZ	Deutsche Steuer-Zeitung
DW	Durchführungweg
DZ	Direktzusage
EBetrAV	Entscheidungssammlung zur betrieblichen Altersversorgung
EFG	Entscheidungen der Finanzgerichte
EGHGB	Einführungsgesetz zum Handelsgesetzbuch
EK	Eigenkapital
ErbStG	Erbschaftsteuergesetz
EStG	Einkommensteuergesetz
EStR	Einkommensteuerrichtlinien
EWiR	Entscheidungen zum Wirtschaftsrecht
FG	Finanzgericht
FN	Fußnote
GewSt	Gewerbesteuer
GmbH	Gesellschaft mit beschränkter Haftung
GmbHR	GmbH-Rundschau
gRV	Gesetzliche Rentenversicherung
HGB	Handelsgesetzbuch
h. M.	herrschende Meinung
INF	Die Information über Steuer und Wirtschaft
InsO	Insolvenzordnung
KG	Kommanditgesellschaft
KStDV	Körperschaftsteuer-Durchführungsverordnung
KStG	Körperschaftsteuergesetz
KStR	Körperschaftsteuerrichtlinien
LStDV	Lohnsteuer-Durchführungsverordnung
LStR	Lohnsteuer-Richtlinien
m. w. Nachw.	mit weiteren Nachweisen
NWB	Neue Wirtschafts-Briefe
NZA	Neue Zeitschrift für Arbeitsrecht
OFD	Oberfinanzdirektion
oHG	offene Handelsgesellschaft

PSVaG	Pensionssicherungsverein auf Gegenseitigkeit
R	Richtlinie
rkr.	rechtskräftig
Rdnr.	Randnummer
S.	Seite
sog.	sogenannt
SolZ	Solidaritätszuschlag
Stbg	Die Steuerberatung
STC	SteuerConsultant = Nachfolgezeitschrift der INF
StEK	Steuererlasse in Karteiform
UG	Unternehmergesellschaft (haftungsbeschränkt)
UK	Unterstützungskasse
uvA	unverfallbare Anwartschaft
vEK	verwendbares Eigenkapital
vGA	verdeckte Gewinnausschüttung
vgl.	vergleiche
VSt	Vermögensteuer
VW	Versicherungswirtschaft
WPg	Die Wirtschaftsprüfung
Ziff.	Ziffer
ZIP	Zeitschrift für Wirtschaftsrecht und Insolvenzpraxis

I. Ausgangslage bei der Altersversorgung von Geschäftsführern und Vorständen

1. Bestimmung der Versorgungslücke

Für Geschäftsführer und Vorstände stellt sich in besonderem Maße die Frage, wie im Alter, bei Invalidität oder beim vorzeitigen Tod eine ausreichende Absicherung erreicht werden kann. Sie verfügen über hohe, zum Teil sogar sehr hohe Aktivenbezüge,[1] erhalten jedoch aus der gesetzlichen Rentenversicherung keine oder allenfalls sehr geringe Leistungen.

Welches Ersatzeinkommen der Geschäftsführer/Vorstand bzw. seine Hinterbliebenen im Alter, im Invaliditätsfalle oder bei einem Ableben benötigen, lässt sich nicht generell beantworten. Abgesehen davon, dass der Versorgungsbedarf keine objektiv messbare Größe ist,[2] hängt er ganz entscheidend von den persönlichen Lebensumständen und der Lebensplanung eines Geschäftsführers/Vorstands ab. Nur mittels einer gezielten Analyse von individuell erwartetem Bedarf und derzeitigem Vorsorgestatus kann ermittelt werden, welche Vorsorgemaßnahmen erforderlich sind.

Eine gewisse Orientierungsgröße für den Bedarf kann mangels einer detaillierten Vorsorgeanalyse jedoch das verfügbare Nettoeinkommen des Geschäftsführers oder sein Bruttoeinkommen darstellen. Will er bzw. wollen seine Hinterbliebenen bei Eintritt eines Versorgungsfalles keine deutliche Absenkung des zuletzt erreichten Lebensstandards hinnehmen, dann sollte das verfügbare Nettoeinkommen nach Eintritt des Versorgungsfalles – als Faustformel – etwa 80 bis 90 % des verfügbaren Nettoeinkommens während der Aktivitätszeit des Geschäftsführers/Vorstands erreichen bzw. $^2/_3$ der Bruttobezüge vor Versorgungsbeginn.

---

1 Die diversen Untersuchungen wiesen für GmbH-Geschäftsführer für das Jahr 2009 Jahres-Grundbezüge aus, die – abhängig von der Unternehmensgröße und der Branche – zwischen € 102 000 und € 478 000 betrugen. Wegen Einzelheiten siehe die Zusammenstellung der OFD Karlsruhe unter III. 3. f) bb) (2).
2 So ausdrücklich Förster/Heger, DStR 1994, S. 510; ähnlich Weinmann, S. 25.

Welches Nettojahreseinkommen sich unter Berücksichtigung der Abzüge für Steuern und ggf. Sozialversicherung für einen Geschäftsführer/Vorstand in Abhängigkeit von seinem Bruttojahreseinkommen ergibt, kann am Beispiel eines verheirateten Geschäftsführers ohne Kinder der weiter unten folgenden Grafik entnommen werden.

Für die Schließung der Versorgungslücke stehen dem Geschäftsführer/Vorstand wie jedem Arbeitnehmer grundsätzlich drei Wege („Säulen der Alterssicherung") zur Verfügung: Die gesetzliche Rentenversicherung, die betriebliche Altersversorgung und die private Vorsorge.[3]

GmbH-Geschäftsführer und AG-Vorstände, die rentenversicherungspflichtig sind bzw. freiwillig Beiträge an die gesetzliche Rentenversicherung zahlen, können im Alter eine Versorgungsleistung erwarten, die bei vollen 45 Versicherungsjahren und jeweils Einkommen nicht über der Beitragsbemessungsgrenze in der gesetzlichen Rentenversicherung unter Berücksichtigung der letzten Rentenreform bis 2030 etwa 40 bis 45 % der letzten Brutto- bzw. 67 bis 68 % der Nettobezüge erreicht. Aufgrund des Umstands, dass die Bruttobezüge nur bis zur Beitragsbemessungsgrenze beitrags- und damit auch rentenfähig sind, sinkt der Versorgungsgrad aufgrund von Leistungen der gesetzlichen Rentenversicherung allerdings mit zunehmendem Einkommen. Die nachfolgende Grafik verdeutlicht diese Entwicklung.

---

3 Siehe zu den Möglichkeiten der betrieblichen und privaten Vorsorge und ihrer steuerlichen Behandlung beim Manager Doetsch, Altersvorsorge für Manager – Wirksame Vorsorge für Alter, Berufsunfähigkeit, Tod, Neuwied 1998; Weinmann, Vorsorge der Führungskräfte, Karlsruhe 2002.

Grafik 1   Nettoeinkommen und gesetzliche Altersrente in % vom Bruttoeinkommen (Steuerklasse III/0; Steuertarif 2010)

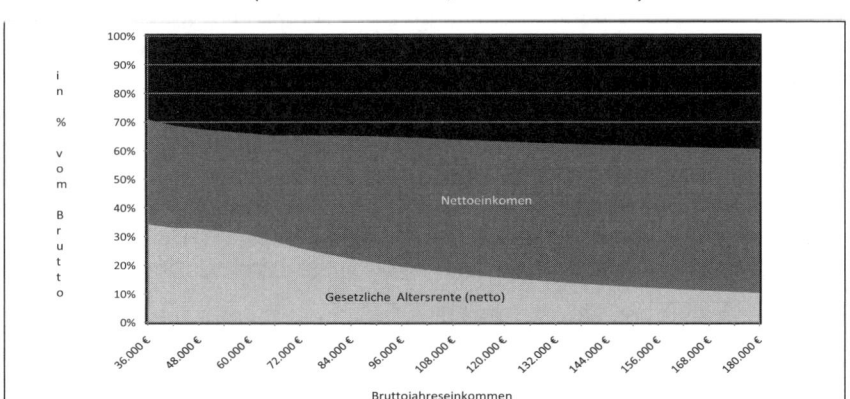

Quelle: compertis Beratungsgesellschaft für betriebliches Vorsorgemanagement mbH, Wiesbaden

Diese Versorgungslücke zu schließen, ist Aufgabe der betrieblichen und privaten Vorsorge. Beide Versorgungssäulen konkurrieren miteinander und ergänzen sich gleichermaßen. Sie konkurrieren, soweit es um die aus Sicht
des Geschäftsführers größtmögliche Effektivität der Vorsorgemaßnahme
geht. Vielfach ergänzen sie sich gegenseitig, da beispielsweise eine aus-
schließliche Versorgung über betriebliche Altersversorgung an steuerlichen
Hindernissen scheitert bzw. aus anderen Gründen – z. B. wegen der fehlenden Vererbbarkeit – als nicht wünschenswert angesehen wird.

2. Vergleich der Vorteilhaftigkeit der verschiedenen Säulen der Altersvorsorge

Die Vorteilhaftigkeit bzw. „Rendite" der verschiedenen Formen der Altersversorgung ist sehr unterschiedlich. Ein exakter Vergleich ist, worauf zu Beginn gleich hingewiesen werden muss, wegen eines unterschiedlichen Leis-
tungsspektrums bzw. wegen der Abhängigkeit der im Versorgungsfall gezahlten Leistungen von unterschiedlichen, variablen Parametern zum Teil
nicht möglich.

Soweit die Vorteilhaftigkeit der Mitgliedschaft in der **gesetzlichen Rentenversicherung** infrage steht, hängt diese in sehr starkem Umfang von den

persönlichen Lebensumständen des Geschäftsführers/Vorstands ab. Von daher kann kein allgemein verlässlicher Rat gegeben werden, ob es ratsam ist, durch entsprechende Gestaltung des Dienstvertrages die Versicherungsfreiheit zu erreichen bzw. bei grundsätzlicher Versicherungsfreiheit freiwilliges Mitglied in der gesetzlichen Rentenversicherung zu werden. Zu den persönlichen Lebensumständen zählt insbesondere der Familienstand des Geschäftsführers/Vorstands. Je größer seine Familie ist, umso interessanter ist die Mitgliedschaft in der gesetzlichen Rentenversicherung, da diese eine Absicherung für sämtliche Hinterbliebenen ohne Schmälerung des Altersrentenanspruchs des Geschäftsführers vorsieht. Bei einem alleinstehenden Geschäftsführer/Vorstand ist die Situation naturgemäß anders.

Zu den persönlichen Umständen, die die Vorteilhaftigkeit der gesetzlichen Rentenversicherung beeinflussen, gehört auch der Gesundheitszustand des Geschäftsführers/Vorstands. Anders als ein Lebensversicherer nimmt die gesetzliche Rentenversicherung keine Risikoprüfung vor. Bei Vorerkrankungen erfolgen damit weder Leistungsausschlüsse noch werden Risikozuschläge bzw. Leistungsreduktionen vorgesehen.

Einen ganz wesentlichen Einfluss auf die erwartete „Rendite" von Beiträgen zur gesetzlichen Rentenversicherung hat auch die Erwartung künftiger Steigerungen des Rentenwertes. Nach der Rentenreform 2001 haben allerdings nur noch die Veränderungen bei den Rentenversicherungsbeiträgen sowie der Aufwand für die staatlich geförderte zusätzliche Altersvorsorge bei der Anpassung eine Bedeutung (modifizierte Bruttoanpassung).

Vergleichbar ist dagegen die „Rendite" betrieblicher und privater Vorsorgemaßnahmen. Dies wird am deutlichsten bei einer privat und einer betrieblich abgeschlossenen Lebensversicherung, die den gleichen Versicherungstarif vorsehen. Vergleichbar ist auch eine von der Gesellschaft dem Geschäftsführer/Vorstand erteilte Versorgungszusage mit einer aus versteuertem Einkommen von ihm selbst abgeschlossenen privaten Lebensversicherung.

Renditeunterschiede ergeben sich in den zuvor genannten Fällen vor allem aus steuerlichen Gesichtspunkten. In aller Regel führt ein solcher Vergleich dazu, dass eine betriebliche Altersversorgung für den Geschäftsführer – ggf. trotz Beiträgen zur Krankenversicherung der Rentner und zur Pflegeversicherung – günstiger ist als die private Lebensversicherung. Die Jahressteuergesetze 2007 und 2008 haben jedoch dazu beigetragen, dass eine Basisrente attraktiver wurde (siehe Näheres hierzu weiter unten).

Ein Beispiel für die sich ergebenden Renditeunterschiede zeigt die Tabelle 1.

Tabelle 1   *Rendite unterschiedlicher Vorsorgeformen*

● **Grenzsteuersatz 42% + SolZ**
● **zu versteuerndes Einkommen Rentner: 50.000 €**
● **Alter 40, Steuerklasse III/0, Steuertarif 2011**
● **Zins für Kapitalanlage 4,5%**

Einmaliger Beitrag zur Altersvorsorge	Steuerpflichtige Privatvorsorge	Basisrente 72% Steuereffekt	Deferred Compensation
Gehaltsteil	10.000	10.000	10.000
Barauszahlung	5.570	5.570	-
Mittel für Altersvers.	5.570	8.179	10.000
Bruttokapital Alter 65	12.582	24.580	30.054
Nettokapital Alter 65	12.582	16.630	20.570
Wirkungsgrad	100 %	132%	163%

Quelle: compertis Beratungsgesellschaft für betriebliches Vorsorgemanagement mbH, Wiesbaden

Für sozialversicherungspflichtige Geschäftsführer besteht zusätzlich die Möglichkeit der sog. Riester-Rente. Hier kann über die für zertifizierte private Vorsorgevorgänge mögliche Zulageförderung in bestimmten Fällen ein Steuerabzug erreicht werden, der die Steuerfreistellung im Rahmen der betrieblichen Altersversorgung übersteigt. Namentlich wird dies seit 2002 bei Geschäftsführern mit niedrigem Verdienst und/oder mit einer sehr hohen Kinderzahl der Fall sein.[4]

Im Einzelfall kann die betriebliche Altersversorgung auch dadurch gegenüber einer privaten Vorsorge günstiger sein, dass der Arbeitgeber die Versorgungsleistung am Markt preiswerter einkaufen kann als der einzelne Versorgungsberechtigte selbst. So wird von Versicherern in der Regel bei einer

---

4   Vgl. Grabner/Bode/Stein, DB 2001, S. 1893, 1898 f.

Mindestversichertenzahl von 10 Personen ein Gruppensondertarif gewährt, der gegenüber einem unrabattierten Einzeltarif Preisvorteile beinhalten kann.

Die mit dem Jahressteuergesetz 2008 eingeführte, veränderte Gesetzeslage bei Vorsorgeaufwendungen [vgl. Abschn. V. 1. b)], hat zur Konsequenz, dass jegliche aus der Berufstätigkeit resultierende Anwartschaft auf Altersversorgung den Sonderausgaben-Höchstbetrag der Basisversorgung mindert. Dies hat zur Folge, dass der parallele Aufbau von betrieblicher Versorgung und Basisrente unattraktiver wird, wodurch die Versorgung der ersten und zweiten Schicht gewissermaßen in Konkurrenz miteinander treten.

Den Einfluss auf zukünftige Versorgungskonzepte für Gesellschafter-Geschäftsführer stellt die nachfolgende Übersicht dar. Zu beachten ist, dass bei den dargestellten Parametern nicht nur quantitative, sondern auch qualitative Aspekte entscheidend sein können.

Zukünftige Versorgungskonzepte für GGF

Rentenversicherungspflichtige GGFs bzw. GGFs, die **kein Interesse an einer Rürup-Rente** haben (qualitative Aspekte)

→ Einsatz von bAV wie bisher

Bei **allen anderen GGFs** sind folgende Aspekte wichtig:

● Welcher Höchstbetrag für die Basisversorgung steht (bei eventueller Kürzung) zur Verfügung?
● Welches Beitragsvolumen wird angepeilt?
● Wie soll die Versorgung des Ehegatten aussehen?
● Sollen (teilweise) Kapitalleistungen möglich sein?
● Wann (Kalenderjahr) wird die Altersleistung fällig?

Quelle: compertis Beratungsgesellschaft für betriebliches Vorsorgemanagement mbH, Wiesbaden

---

Ein **qualitativer Vergleich von Basisrente und betrieblicher Altersversorgung** zeigt folgende Unterschiede: hinsichtlich der frühestmöglichen Inanspruchnahme sind die Möglichkeiten ähnlich; jedoch kann nur die betriebliche Altersversorgung, alternativ zur lebenslangen Rente, die Kapitalisierung bieten. Wogegen bei der Basisrente mindestens 50 % der Beiträge für die Altersrente aufgewendet werden müssen, sind bei der betrieblichen Altersversorgung beliebige Kombinationen möglich. Eine „Vererbbarkeit" können beide nicht bieten; allerdings ermöglicht die betriebliche Altersversorgung alternativ zu den bei der Basisrente versorgungsfähigen Ehegatten auch die Versorgung von Lebensgefährten. Die betriebliche Altersversorgung ist also hinsichtlich der Gestaltung der Versorgung variabler. Dem steht gegenüber, dass derjenige, der auf die Basisrente setzt, die in diesem Buch dargestellten, komplexen Rahmenbedingungen der betrieblichen Altersversorgung von Gesellschafter-Geschäftsführern nicht zu beachten hat – auch das ist ein qualitativer Aspekt.

Einen **quantitativen Vergleich von Basisrente und betrieblicher Altersversorgung** in der Form der rückgedeckten Unterstützungskasse anhand der Bruttoanlagerendite zeigen die nachfolgenden Grafiken, wobei folgende Annahmen gelten: identischer Bruttobeitrag, reine Altersrente ab 65 (gleiche Bruttoleistungen bei Gruppenkonditionen), Steuersatz in der Anspar- und Rentenphase 42 %, Nettoliquiditätsbelastung wird alternativ in eine private Kapitalanlage investiert, aus der später die Nettorenten wieder entnommen werden, Abgeltungssteuer bei privater Kapitalanlage 25 %, feste Rentenzahlungsdauern bzw. alternativ Nutzung eines Kapitalwahlrechts bei der rückgedeckten Unterstützungskasse.

Grafik 2   *Alternative Bruttoanlagerendite – 15 Jahre*

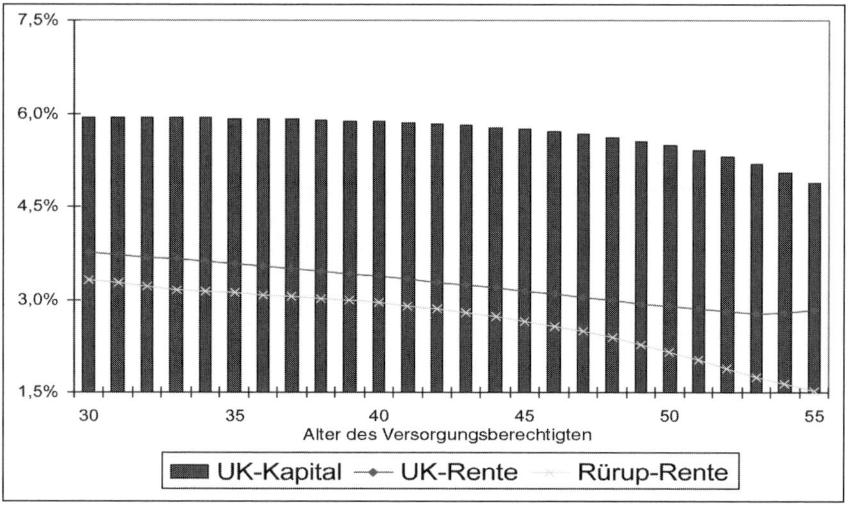

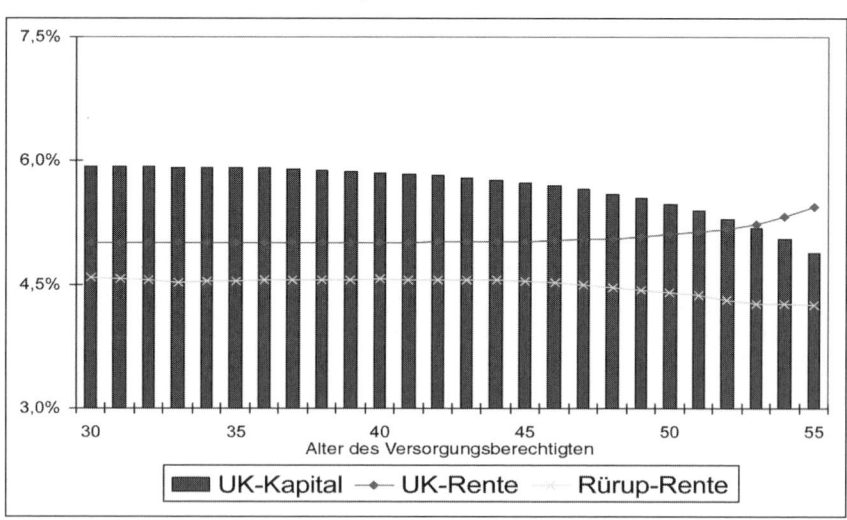

Quelle: compertis Beratungsgesellschaft für betriebliches Vorsorgemanagement mbH, Wiesbaden

Grafik 3   *Alternative Bruttoanlagerendite – 25 Jahre*

Quelle: compertis Beratungsgesellschaft für betriebliches Vorsorgemanagement mbH, Wiesbaden

Hinsichtlich der steuerlichen Effizienz übertrifft die betriebliche Altersversorgung also weiterhin die Basisrente. Dies trifft umso mehr zu, je älter der Gesellschafter-Geschäftsführer Ist.

Daraus folgt, dass, bevor die Rahmenbedingungen für eine arbeitgeberfinanzierte betriebliche Altersversorgung [als „ergänzende" Zusage vgl. Abschn. III. 3. a) bb)] erfüllt sind, der Aufbau einer betrieblichen Altersversorgung nur dann sinnvoll ist, wenn eine hieraus resultierende Kürzung des Sonderausgaben-Höchstbetrages der Basisrente für den Gesellschafter-Geschäftsführer – nach Abwägung – keine Bedeutung hat. Soll überhaupt eine Basisrente bespart werden, ist es zweckmäßig, in dem oben genannten Zeitraum den maximalen Höchstbetrag auszunutzen und hiernach auf eine Unterstützungskassenversorgung (oder Direktzusage) überzugehen.

In jedem Falle gilt: naturgemäß wächst die Rentabilität einer Rentenleistung gegenüber einer Kapitalleistung mit längerer Bezugsdauer.

3. Verbreitung der betrieblichen Altersversorgung bei GmbH-Geschäftsführern und AG-Vorständen

Neben dem Dienstwagen, über den nahezu alle Geschäftsführer und Vorstände verfügen, ist die betriebliche Altersversorgung die am stärksten verbreitete Sozial- und Nebenleistung. Ihre Wertigkeit ist nicht selten höher als der Wert aller anderen Sozial- und Nebenleistungen zusammen.

Die Verbreitung von betrieblichen Versorgungszusagen bei Geschäftsführern von Kapitalgesellschaften hängt weniger von der Branche als von der Größe der Gesellschaft ab. Nach Schätzung von Mercer Deutschland hatten 2010 rund 80 % aller GmbH-Geschäftsführer von ihrer Gesellschaft eine betriebliche Altersversorgungszusage erhalten. Frühere Untersuchungen von Kienbaum und BBE kamen zu ähnlichen Ergebnissen und wiesen aus, dass der Verbreitungsgrad bei großen GmbHs höher ist als bei kleinen. Bei Vorständen von Aktiengesellschaften dürfte die Verbreitung nach Schätzung von Mercer Deutschland durchschnittlich 90 % übersteigen.

Berücksichtigt man, dass heute in Deutschland rund 600 000 GmbHs existieren und mehr als 15 000 Aktiengesellschaften, so ist davon auszugehen, dass heute fast eine Million GmbH-Geschäftsführer und AG-Vorstände eine betriebliche Versorgungszusage besitzen.

4. Durchführungsformen der betrieblichen Altersversorgung und ihre Verbreitung

Im Rahmen einer betrieblich organisierten Altersversorgung – gleich, ob es sich um eine Vollversorgung für einen sozialversicherungsfreien Geschäftsführer oder Vorstand handelt oder eine ergänzende Versorgung zur gesetzlichen Rentenversicherung – bieten sich in der Praxis fünf Durchführungswege an. Die Versorgung kann zunächst unmittelbar durch die Gesellschaft erfolgen (unmittelbare Versorgungszusage, Direktzusage oder Pensionszusage genannt). Die Versorgung kann von einer Unterstützungskasse, insbesondere einer rückgedeckten Firmen-Unterstützungskasse oder überbetrieblichen Unterstützungskasse erbracht werden und/oder sie kann mittels einer sog. Direktversicherung erfolgen. Die Versorgung über eine Pensionskasse hatte dagegen bei Geschäftsführern und Vorständen wegen der Begrenzung der steuerbegünstigten Beiträge bislang keine große Bedeutung; seit 2002 nimmt die Bedeutung aber aufgrund neuer Fördertatbestände zu. Der Pensionsfonds ist ebenfalls bislang wenig verbreitet.

Weitaus am stärksten verbreitet sind bisher unmittelbare Versorgungszusagen (siehe Tabelle 2). Daneben spielen bei neuen Zusagen auch Unterstützungskassenzusagen noch eine erhebliche Rolle. Die Dominanz von Direktzusagen und Unterstützungskassenversorgungen hat ihren Grund darin, dass bei beiden Durchführungswegen mit steuerlicher Wirkung sehr hohe Zusagen möglich sind. Keine große Verbreitung bei der Versorgung von Geschäftsführern und Vorständen haben in jüngerer Zeit Direktversicherungen. Eine „Vollversorgung" über eine Direktversicherung, eine Pensionskasse oder einen Pensionsfonds ist aus steuerlichen Gründen nicht zweckmäßig.

Tabelle 2 *Durchführungswege der GF-Versorgung**

Unmittelbare Versorgungszusagen	80 %
Unterstützungskasse	15 %
Direktversicherung	< 10 %
Pensionskasse	< 10 %
Pensionsfonds	< 10 %

* Bei 2008–2010 neu erteilten Zusagen. In einigen Fällen kommen mehrere Durchführungswege zum Einsatz.

Quelle: Mercer Deutschland

a) Unmittelbare Versorgungszusagen

Bei unmittelbaren Versorgungszusagen, die nachfolgend im Vordergrund der Untersuchung stehen, sagt die Gesellschaft dem Geschäftsführer/Vorstand zu, selbst Leistungen an ihn bzw. seine Hinterbliebenen zu erbringen. Finanziert werden diese Leistungen über Rückstellungen sowie ggf. Rückdeckungsversicherungen. Besteht eine Rückdeckungsversicherung, so hat grundsätzlich nur die Gesellschaft ein Bezugsrecht hinsichtlich dieser Leistungen und die Versicherung ist bilanziell zu „aktivieren".[5] Sofern die Leistungen des Versicherers jedoch an den Geschäftsführer/Vorstand zur Sicherung seines Versorgungsanspruchs im Falle einer Insolvenz der GmbH bzw. AG verpfändet wurden, kann sich im Sicherungsfall (Insolvenz) eine unmittelbare Leistungsverpflichtung des Versicherers gegenüber dem Geschäftsführer/Vorstand ergeben.

In der HGB-Bilanz wurden ab dem Jahre 2010 durch das Bilanzrechtsmodernisierungsgesetz (BilMoG) **Bewertungseinheiten**[6] (umgesetzt in § 253 Abs. 1 S. 3 HGB) geschaffen. Hierdurch kann es im Ergebnis zu einer gesamtheitlichen Betrachtung kommen, die dem deutschen Bilanzrecht bislang

Grafik 4   *Rechtsbeziehungen bei der unmittelbaren Versorgungszusage*

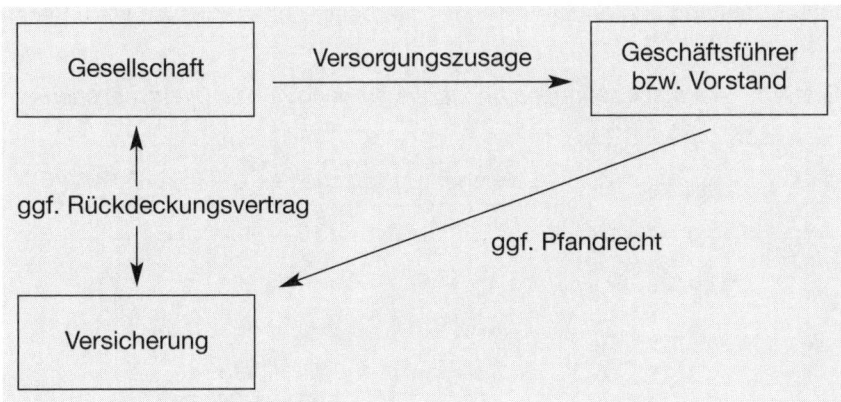

---

5   Siehe hierzu Urteil des BFH vom 9. 8. 2006 – I R 11/06, DStRE 2006, S. 1401: auch der Hinterbliebenenschutz ist davon umfasst.
6   Siehe vertiefend: Höfer, Sind rückgedeckte Versorgungszusagen handelsrechtlich und steuerbilanziell eine Bewertungseinheit?, DB 2010, S. 2076 ff.

fremd war, weil Vermögenswerte (Rückdeckung) und Schulden (Verpflichtung) getrennt betrachtet wurden. „Schein"gewinne oder Verluste, die aus Bewertungsansätzen resultieren, sollen hierdurch eliminiert werden, wodurch (kongruente) Rückdeckungsmodelle an Attraktivität gewinnen werden.

b) Direktversicherung

Als Alternative, vor allem aber als Ergänzung zu einer Versorgungszusage, kommt für den Geschäftsführer/Vorstand der Abschluss einer sog. Direktversicherung in Betracht.

Eine Direktversicherung ist eine von der Gesellschaft (Versicherungsnehmerin) auf das Leben ihres Geschäftsführers/Vorstands (versicherte Person) abgeschlossene Lebensversicherung. Das Recht zum Bezug der im Versicherungsfall erbrachten Leistungen steht hier – anders als bei einer Rückdeckungsversicherung – dem Geschäftsführer/Vorstand bzw. seinen Hinterbliebenen (Bezugsberechtigte) zu.

Die Gesellschaft zahlt als Versicherungsnehmerin die vorgesehenen Versicherungsbeiträge.

Keine Direktversicherung in dem genannten Sinn stellt eine Unfall- bzw. Gruppenunfallversicherung dar, die sehr häufig ebenfalls für den Geschäftsführer/Vorstand und andere leitende Mitarbeiter abgeschlossen wird. Sie si-

Grafik 5 *Rechtsbeziehungen bei der Versorgung mittels Direktversicherung*

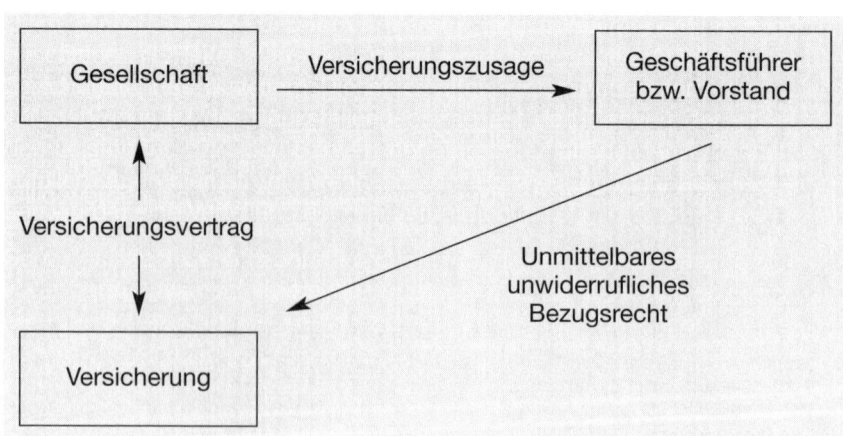

chert nur bei Tod oder Verlust wichtiger Körperglieder durch Unfall und stellt damit keine Form der betrieblichen Altersversorgung dar.

c) Unterstützungskassen

Bei großen und mittelständischen Gesellschaften wird der (beteiligte) Geschäftsführer/Vorstand in manchen Fällen über eine vorhandene pauschaldotierte Unterstützungskasse versorgt. Bei kleinen und jungen Unternehmen sind pauschaldotierte Unterstützungskassen heute praktisch nicht anzutreffen. Hier kann ggf. jedoch eine betriebliche Altersversorgung – auch für den Geschäftsführer bzw. Vorstand – über eine rückgedeckte überbetriebliche Unterstützungskasse durchgeführt werden.

Die Unterstützungskasse ist eine rechtlich selbstständige Versorgungseinrichtung der Gesellschaft (Einzel- bzw. Firmen-Unterstützungskasse) bzw. einer Gruppe von Unternehmen (Gruppen- bzw. Konzern-Unterstützungskasse), über die die Versorgung durchgeführt wird. Die Unterstützungskasse gewährt auf ihre Leistungen aus versicherungsaufsichtsrechtlichen Gründen keinen Rechtsanspruch. Faktisch hat der Versorgungsanwärter einer Unterstützungskasse jedoch aufgrund der Rechtsprechung des Bundesarbeitsgerichts sowie Bundesgerichtshofs eine ähnlich gesicherte Stellung wie bei unmittelbaren Versorgungszusagen.

Hat die Unterstützungskasse die zugesagten Versorgungsleistungen durch Abschluss von Lebensversicherungen rückgedeckt, so spricht man von einer rückgedeckten Unterstützungskasse.[7]

Erwähnt werden sollte, dass das Bilanzrechtsmodernisierungsgesetz bei Bestehen von mittelbaren Verpflichtungen zu einem höheren Ausweis im Anhang zur Bilanz führt, was sich vor allem bei pauschaldotierten Unterstützungskassen auswirken wird.

d) Pensionskassen[8]

Einer der ältesten Durchführungswege ist die Pensionskasse. Hatten früher nur große Unternehmen (insbesondere in der Chemischen Industrie) eine

---

7 Wegen weiterer Einzelheiten zur Unterstützungskassenversorgung siehe Ahrend/Förster/Rößler, Steuerrecht der betrieblichen Altersversorgung mit arbeitsrechtlicher Grundlegung, 3. Teil; Buttler, Steuerliche Behandlung von Unterstützungskassen, 5. Aufl. 2009.

8 Wegen weiterer Einzelheiten siehe die ausführliche Darstellung bei Klatt, Die Pensionskasse in der betrieblichen Altersversorgung, Karlsruhe 2003.

Grafik 6   *Rechtsbeziehungen bei der Versorgung über eine rückgedeckte Unterstützungskasse*

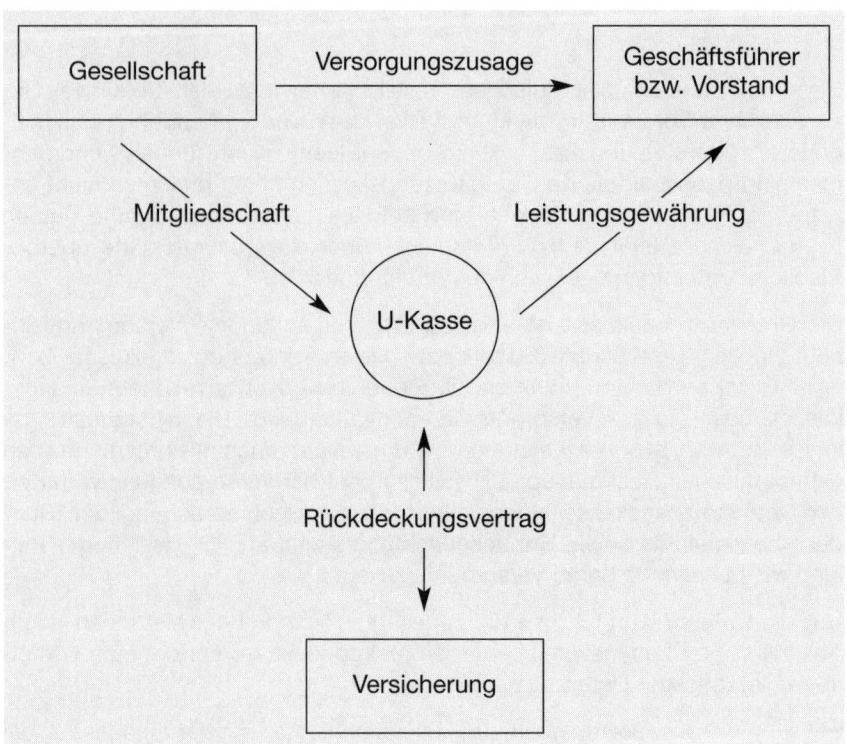

Pensionskassenversorgung, so hat in den letzten Jahren die Zahl der über-betrieblichen Pensionskassen zugenommen. Sie wenden sich nicht nur an „normale" Arbeitnehmer, sondern auch an Geschäftsführer und Vorstände. Da Letztere wegen der fehlenden Absicherung in der gesetzlichen Renten-versicherung häufig sehr hohe Zusagen erhalten, werden zusätzlich häufig auch noch Direktzusagen erteilt.

Die Pensionskasse ist wie die Unterstützungskasse eine rechtlich selbst-ständige Versorgungseinrichtung. Anders als die Unterstützungskasse ge-währt die Pensionskasse jedoch explizit einen Rechtsanspruch auf ihre Leistungen.

Grafik 7   *Rechtsbeziehungen bei der Versorgung über eine Pensionskasse*

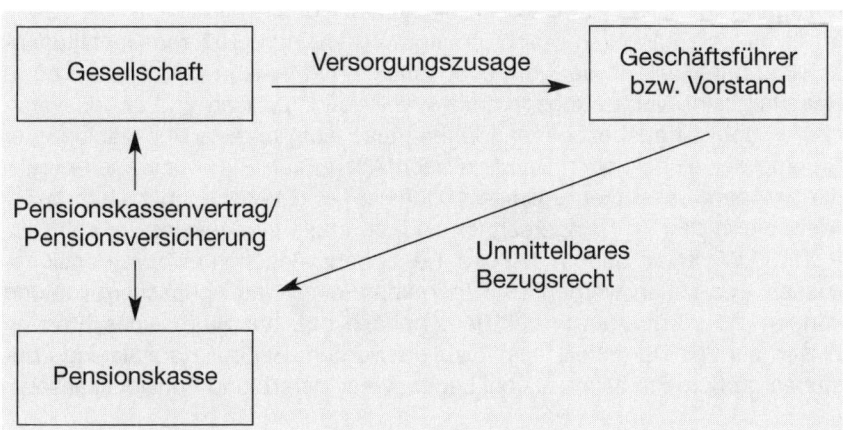

Die Pensionskasse ist damit letztlich ein Lebensversicherungsunternehmen und unterliegt als solches der Beaufsichtigung durch die Bundesanstalt für Finanzdienstleistungsaufsicht (BaFin). Sogenannte „deregulierte" (wettbewerbsoffene) Pensionskassen sind bei der Gestaltung ihrer Versorgungsbedingungen freier als regulierte. Für die Versorgung über eine Pensionskasse gelten viele der Aussagen, die hier für Direktversicherungen getroffen werden. Für Zusagen ab dem Jahre 2005 gibt es bei der Besteuerung von Beiträgen und Leistungen im Vergleich zur Direktversicherung (sowie weitgehend auch zum Pensionsfonds) keine Unterschiede.

e) Pensionsfonds

Eine erst mit dem AVmG 2002 neu geschaffene Vorsorgealternative stellen Pensionsfonds dar. Sie sind mithin der fünfte Durchführungsweg der betrieblichen Altersversorgung. Es handelt sich hierbei um eine rechtsfähige Versorgungseinrichtung, die einen Rechtsanspruch auf ihre Leistungen einräumt, keine feste Höhe von Leistungen bzw. Beiträgen für alle im Pensionsplan vorgesehenen Leistungsfälle vorsieht und ihre Leistungen grds. als Rente erbringen muss. Bei beitragsbezogenen Zusagen sind die späteren Leistungen und bei leistungsbezogenen Zusagen die Beiträge stark von der erwirtschafteten Verzinsung abhängig.

Deutsche Pensionsfonds haben viele Parallelen zu Pensionskassen und unterliegen wie diese der Versicherungsaufsicht durch das BaFin. Sie haben im Vergleich zu anderen Durchführungswegen einen größeren Gestaltungsspielraum im Bereich der Vermögensanlage. Umgekehrt bieten sie aber im Regelfall keine Verzinsungsgarantie wie Pensionskassen und Lebensversicherer. Bei beitragsbezogenen Plänen muss lediglich eine Rückzahlung der Summe der eingezahlten Beiträge nach Abzug von Risikobeiträgen garantiert werden. Lässt man etwaige Abschluss- und Verwaltungskosten außer Acht, die in den Tarif eingerechnet sind, so muss eine Verzinsung von 0 % – statt 1,75 % (ab dem 1. 1. 2012) bei Lebensversicherern bzw. Pensionskassen – garantiert werden. Bei Übernahme einer Nachschussverpflichtung können die Leistungen in der Rentenphase ggf. auf Basis eines höheren Zinses als des Garantiezinses kalkuliert werden. Bei der Kapitalanlage bestehen größere Freiheiten als bei Lebensversicherern und Pensionskassen.

Grafik 8   *Rechtsbeziehungen bei der Versorgung über einen Pensionsfonds*

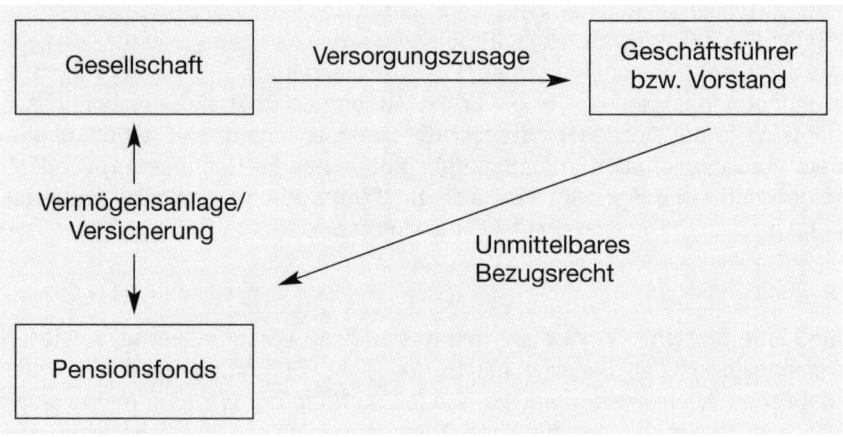

II. Gestaltung von Versorgungszusagen zugunsten von Geschäftsführern und Vorständen

Die Gestaltung einer Versorgungszusage, die einem GmbH-Geschäftsführer bzw. AG-Vorstand erteilt wird, hängt in starkem Maße davon ab, ob der Geschäftsführer/Vorstand an der Gesellschaft (ggf. maßgeblich) beteiligt ist oder ob es sich um einen Fremdgeschäftsführer bzw. -vorstand handelt. Dies hat arbeits-, steuer- und insolvenzrechtliche Gründe, auf die nachfolgend näher eingegangen werden soll.

Die Annahme, dass jeder Steuerpflichtige eine wirtschaftlich und steuerlich möglichst günstige Gestaltung wählen kann, hat durch die viel kritisierte Neufassung des § 42 Abgabenordnung (AO), welche im Jahressteuergesetz 2008 enthalten war, eine Einschränkung erfahren. Nach § 42 Abs. 2 AO[9] soll ein Missbrauch von Gestaltungsmöglichkeiten vorliegen, „wenn eine unangemessene rechtliche Gestaltung gewählt wird, die beim Steuerpflichtigen oder einem Dritten im Vergleich zu einer angemessenen Gestaltung zu einem gesetzlich nicht vorgesehenen Steuervorteil führt". Erbringt die Behörde den Nachweis für das Vorliegen einer solchen Gestaltung, muss der Steuerpflichtige hierfür „außersteuerliche Gründe nachweisen, die nach dem Gesamtbild der Verhältnisse beachtlich sind".

1. Versorgungszusagen an Fremdgeschäftsführer bzw. nicht beherrschende Gesellschafter-Geschäftsführer/-Vorstände

Bei der Gestaltung von Versorgungszusagen besteht eine sehr große Vielfalt. Dies gilt nicht nur für die Form der Zusageerteilung als Pensionsvertrag, Zusatzklausel im Dienstvertrag oder formelle Versorgungsordnung. Es gilt vor allem hinsichtlich der inhaltlichen Ausgestaltung, dem sog. Leistungsplan.

Erfolgt die Versorgung des (beteiligten) Geschäftsführers/Vorstands im Rahmen einer allgemeinen Versorgungsordnung, d. h. eines auch für andere

---

9 Siehe dazu den Anwendungserlass zur AO vom 2. 1. 2008, geändert und konkretisiert durch Schreiben des BMF vom 17. 7. 2008 – IV A3 – S 0062/08/10006.

Mitarbeiter offenen Pensionsplanes, dann stellt sich die Frage der Ausgestaltung letztlich nicht. In diesem Fall gelten die Regelungen auch für die nicht-beherrschenden Organmitglieder der Gesellschaft, bei denen nach neuerer Auffassung[10] sogar Abweichungen vom BetrAVG möglich sind (Näheres dazu weiter unten).

In den meisten Fällen wird mit dem Geschäftsführer/Vorstand jedoch eine individuelle Versorgungsregelung getroffen. Hier ist dann sorgfältig zu prüfen, welche inhaltliche Ausgestaltung die Versorgung erfährt. Da die Ausgestaltung der Versorgungszusage für einen Geschäftsführer/Vorstand auch eine Geschmacksfrage ist, sollen nachfolgend nur Hinweise darauf gegeben werden, welche Regelungen sinnvoll oder erforderlich sind bzw. welche Fehler vermieden werden sollten.

Aus Sicht der Autoren sollte eine individuelle Versorgungszusage folgenden Mindestinhalt haben:

– Namen und möglichst auch Geburtsdatum des begünstigten Geschäftsführers/Vorstands

– Leistungsarten (Alters-, Invaliden- und ggf. Hinterbliebenenleistungen), -höhe und -voraussetzungen (ggf. Wartezeit, Leistungsausschlüsse etc.)

– Regelaltersgrenze für die Gewährung der Altersrente

– Zeitpunkt, ab dem eine vorgezogene Altersrente bezogen werden kann (sofern keine Versicherungspflicht in der gesetzlichen Rentenversicherung besteht)

– Höhe der versicherungsmathematischen Abschläge, die für jeden Monat des Vorziehens der Altersrente erhoben werden

– Zeitpunkt des In-Kraft-Tretens der Versorgungszusage

Grundsätzlich nicht erforderlich sind bei Versorgungszusagen an dem Betriebsrentengesetz unterfallende Personen Vorschriften über das Aufrechterhalten bzw. die Höhe des Anspruchs im Falle eines vorzeitigen Ausscheidens aus dem Dienstverhältnis, da entsprechende Mindestbestimmungen im Betriebsrentengesetz (§§ 1 b und 2 BetrAVG) enthalten sind. Gleiches

---

10 Urteil des BAG vom 21. 4. 2009 – 3 AZR 285/07.

gilt für Vorschriften über die Anpassung laufender Leistungen (§ 16 BetrAVG). Lediglich, soweit Verbesserungen (und neuerdings auch ungünstige Abweichungen) gegenüber den gesetzlichen Mindestvorschriften gewünscht sind, ist eine Regelung zu den erwähnten Punkten erforderlich.

Noch nicht geklärt ist, ob das **Allgemeine Gleichbehandlungsgesetz** (AGG) auf Dienst- und Versorgungsverträge mit Organmitgliedern anzuwenden ist.[11] Zu überdenken wäre dann beispielsweise die Gestaltung von Klauseln, welche nach dem Alter differenzieren (bei Einzelverträgen betrifft dies zumeist Einschränkungen der Hinterbliebenenversorgung durch Spätehe- und Altersspannenklauseln).

Versorgungsverträge von Geschäftsführern können ggf. wegen Verstoßes gegen das Recht der Allgemeinen Geschäftsbedingungen unwirksam sein.[12] Die Unwirksamkeit kann sich im Einzelfall insbesondere aus § 305 c Abs. 1 BGB („überraschende Klausel") bzw. aus § 307 Abs. 2 Nr. 1 BGB („unangemessene Benachteiligung") ergeben. Die Anwendbarkeit von AGB-Recht gilt jedenfalls dann, wenn einem Fremdgeschäftsführer ein vorformulierter Dienst- und Versorgungsvertrag vorgelegt wird. Ob AGB-Recht auch bei beherrschenden Gesellschafter-Geschäftsführern zur Anwendung kommen kann, ist u. E. offen.

Nach neuerer Rechtsprechung des Bundesarbeitsgerichts[13] kann bei **Organmitgliedern** einer Kapitalgesellschaft (also auch bei dem Geschäftsführer einer GmbH) individualvertraglich von solchen Vorschriften des BetrAVG zu ihrem eigenen Nachteil abgewichen werden, die infolge von § 17 Abs. 3 Satz 1 BetrAVG tarifdispositiv sind. Betroffen sind hiervon insbesondere Fremdgeschäftsführer oder im betriebsrentenrechtlichen Sinne nicht beherrschende Gesellschafter-Geschäftsführer, die ansonsten nach bisheriger Auffassung grundsätzlich uneingeschränkt dem persönlichen Geltungsbereich des BetrAVG unterfielen (§ 17 Abs. 1 S. 2). Als Begründung wird vom BAG angeführt, dass bei Organmitgliedern – zumindest „typischerweise" – anders als bei anderen Arbeitnehmern bei der Aushandlung ihrer Betriebs-

---

11 Im Fall eines nicht beherrschenden GF für Anwendung mit gleichem Schutzniveau: OLG Köln, Urteil vom 9. 7. 2010 – 18 U 196/09, nicht rkr., DB 2010, S. 1878.
12 Im Fall eines Fremdgeschäftsführers hat das BAG jüngst AGB-Recht angewendet, vgl. BAG, Urteil vom 19. 5. 2010 – 5 AZR 253/09.
13 BAG, Urteil vom 21. 4. 2009 – 3 AZR 285/07; so früher schon Thüsing, AG 2003, S. 484 ff.; Höfer, Bd I AR, Stand Mai 2008, § 17 BetrAVG Rz. 5660; Diller/Arnold/Kern, GmbHR 2010, S. 281 ff.; Doetsch, AG 2010, S. 465, 467.

rentenregelungen keine Verhandlungsunterlegenheit vorläge. Dies rechtfertige zwar nicht die Annahme, dass das BetrAVG vollständig abdingbar sei, abweichende Vereinbarungen sollen jedoch insoweit in Betracht kommen, als dies der Gesetzgeber „unter Zugrundelegung eines Verhandlungsprozesses, der geeignet ist zu angemessenen Ergebnissen zu führen, zulässt"; das sei etwa der Fall, wenn eine tarifvertragliche Regelung vorläge: „Das Betriebsrentenrecht ist deshalb für Organmitglieder insoweit abdingbar, als den Tarifvertragsparteien Abweichungen erlaubt sind …".

Nach § 17 Abs. 3 BetrAVG kann durch Tarifverträge von § 1 a (Anspruch auf Entgeltumwandlung), von den §§ 2 bis 5 (Unverfallbarkeit der Höhe nach, Abfindung, Übertragung, Auszehrung und Anrechnung), von § 16 (Anpassung), von § 18 a Satz 1 (Verjährung) und von den §§ 27 und 28 abgewichen werden.

Bei der Gestaltung sollte aber nicht nur die betriebsrentenrechtliche Seite, sondern auch die steuerrechtliche Seite bedacht werden, siehe hierzu beispielsweise die Ausführungen unter VI. Ziff. 1. a).

Auf der Basis dieser Auffassung eröffnet sich für die Zukunft die Möglichkeit, bei unter den Geltungsbereich des BetrAVG fallenden Geschäftsführern (bzw. Vorständen von Aktiengesellschaften) von den für diese Gruppe ansonsten uneingeschränkt anwendbaren Vorschriften des BetrAVG zum Nachteil abzuweichen. Praktische Relevanz hat vor allem die Möglichkeit, entgegen § 3 BetrAVG Anwartschaften und laufende Renten abzufinden, die bei vorzeitigem Ausscheiden aufrecht zu erhaltende Anwartschaft auf die während der Zusagezeit erdiente Anwartschaft zu begrenzen und die Rentenanpassungsverpflichtungen abweichend von § 16 BetrAVG – beispielsweise bei versicherungsbasierten Zusagen – zu regeln. Die Grenze der Dispositivität dürfte u. E. aber dann erreicht sein, wenn ansonsten zwingende Vorschriften entwertet würden.[14] Dieser Hinweis ist für die Praxis zugegebenermaßen unscharf und es ist die Aufgabe der zukünftigen Rechtsprechung und Literatur[15] dies weiter auszugestalten.

---

14 So auch: Diller/Arnold/Kern, Abdingbarkeit des Betriebsrentengesetzes für Organmitglieder, GmbHRundschau 2010, S. 281 (282); Höfer, BetrAVG a. a. O. Rz. 5666; Doetsch, AG 2010, S. 465, 467.
15 Etwa: Diller/Arnold/Kern, Abdingbarkeit des Betriebsrentengesetzes für Organmitglieder, GmbHRundschau 2010, S. 281 ff.; Kemper/Kisters-Kölkes/Berenz/Huber, BetrAVG, 4. Aufl., § 17 Rn 35.

Auch wenn der für Versorgungszusagen mit Geschäftsführern zuständige Bundesgerichtshof bislang die Auffassung des BAG noch nicht explizit bestätigt hat, ist u. E. bis auf weiteres von der Rechtsansicht des 3. Senats des BAG[16] auszugehen, da sie inhaltlich überzeugt. In der BAG-Entscheidung wird zudem zutreffend darauf hingewiesen, dass die Entscheidung nicht im Widerspruch zu früheren Entscheidungen des BGH steht.

Die Aufnahme von (steuerunschädlichen) Widerrufsvorbehalten[17] war in der Vergangenheit bei Geschäftsführerzusagen ebenso üblich wie bei „gewöhnlichen" Arbeitnehmern. Widerrufsvorbehalte haben, obgleich deren Existenz in Zusagen teilweise der Kritik ausgesetzt ist, nur deklaratorischen Charakter.[18] Dass in neueren Zusagen solche Klauseln zunehmend seltener anzutreffen sind, ist einerseits auf die erwähnte Besorgnis zurückzuführen, andererseits aber auch auf die Motivation, unnötige Diskussionen zu vermeiden.

2. Versorgungszusagen an beherrschende Gesellschafter-Geschäftsführer und Gesellschafter-Vorstände

Wird die Versorgungszusage einem Geschäftsführer/Vorstand erteilt, der aufgrund seiner Beteiligung an der Gesellschaft im Sinne des Betriebsrentengesetzes (vgl. § 17 Abs. 1 BetrAVG – Persönlicher Geltungsbereich) als Unternehmer anzusehen ist, so gelten für ihn die Vorschriften des Betriebsrentengesetzes und insbesondere der darin vorgesehene Insolvenzschutz von gesetzlich unverfallbaren Versorgungsanwartschaften und laufenden Pensionen nicht. Das Betriebsrentengesetz ist nämlich ein Arbeitnehmerschutzgesetz, allerdings mit einem eigenständigen Arbeitnehmerbegriff (betriebsrentenrechtlicher Arbeitnehmerbegriff).

---

16 Die Auffassung des 5. Senats des BAG (Urteil vom 19. 5. 2010 – 5 AZR 253/09), wonach (zumindest) ein nicht beteiligter Geschäftsführer als „Verbraucher" i. S. v. § 13 BGB anzusehen ist und sein Anstellungsvertrag infolgedessen der AGB-Kontrolle unterliegt, steht u. E. im Regelfall nicht der Annahme entgegen, dass GmbH-Geschäftsführer bei Aushandeln des Dienstvertrages typischerweise nicht die Verhandlungsunterlegenheit von Arbeitnehmern aufweisen.
17 Vgl. R 6 a (4) EStR 2005.
18 Herrschende Meinung: vgl. Ahrend/Förster/Rößler, 1. Teil, Rn 537, 590; Höfer/Veit/Verhuven, Bd II StR, S. 1448 (Rn 3235).

a) Voraussetzungen für Beherrschung im Sinne des Arbeitsrechts[19]

Als Unternehmer i. S. v. § 17 Abs. 1 BetrAVG[20] sind Geschäftsführer und Vorstände anzusehen, wenn sie kraft ihrer Beteiligung an der Kapitalgesellschaft eine beherrschende Stellung haben. In diesem Fall geht das Bundesarbeitsgericht nämlich davon aus, dass ihnen die Versorgungszusage nicht „aus Anlass ihrer Tätigkeit" für das Unternehmen erteilt wurde, sondern im Hinblick auf ihre Beteiligung an der Gesellschaft.

Nach der Rechtsprechung des Bundesgerichtshofs und des Bundesarbeitsgerichts unterfällt die Versorgung nicht dem Geltungsbereich des Betriebsrentengesetzes,

(1) wenn der Geschäftsführer/Vorstand die Mehrheit der Kapitalanteile und Stimmrechte hält,[21]

(2) wenn er zwar nur über eine Minderheitsbeteiligung verfügt, jedoch aufgrund einer im Gesellschaftsvertrag oder anderer Weise festgelegten Stimmrechtsverteilung einen beherrschenden Einfluss ausüben kann,[22] oder

(3) wenn er als Minderheitsgesellschafter zusammen mit anderen Minderheits-Gesellschaftern (bzw. Vorständen) über eine Mehrheit verfügt (Zusammenrechnung wegen gleich gerichteter Interessen).[23]

Hat die Kapitalbeteiligung des Geschäftsführers/Vorstands aufgrund ihrer Größe allerdings keine erhebliche wirtschaftliche Bedeutung (Faustformel: kleiner als 10 %), dann ist er in keinem Falle als beherrschend anzusehen, auch nicht, wenn er über eine Mehrheit der Stimmrechte verfügen kann.[24]

---

19 Siehe hierzu auch Anhang VI Matrix zur Statusfeststellung.
20 Bei den arbeits- und insolvenzrechtlichen Vorschriften des BetrAVG gilt eine etwas andere Abgrenzung als im Sozialversicherungs- und im Steuerrecht, Förster/Rühmann/Cisch, BetrAVG, § 17 Rn 3; Merkblatt 300/M1 des PSVaG unter Ziff. 3.3. (Abdruck im Anhang); siehe zum steuerlichen Begriff Abschn. III. 3. a) und die Matrix zur Statusfeststellung im Anhang.
21 Vgl. zuletzt BAG, Urteil vom 25. 1. 2001 – 3 AZR 769/98, DB 2001, S. 2102 m. w. Nachw. (siehe FN 17 des Urteils).
22 Vgl. BGH, Urteil vom 14. 7. 1980 – II ZR 274/79, DB 1995, S. 1718; BAG, Urteil vom 16. 4. 1997 – 3 AZR 869/95, BB 1997, S. 2486 f.
23 Vgl. das Merkblatt 300/M1 des PSVaG (Abdruck im Anhang); die Zusammenrechnung ist allerdings umstritten, siehe BAG, Urteil vom 25. 1. 2001 – 3 AZR 769/98 m. w. Nachw.
24 BGH, Urteil vom 14. 7. 1980 – II ZR 224/79, DB 1995, S. 1718.

Entscheidend ist grundsätzlich nicht die Kapitalbeteiligung, sondern stets das **Stimmrecht** und damit der Einfluss auf die Entscheidungsbildung. Es besteht insoweit eine Parallele zur Beherrschung im steuerrechtlichen Sinne [siehe dazu unten Abschn. III. 3. a)]. Darüber hinaus tendiert die Rechtsprechung dazu, zusätzlich zur formellen Voraussetzung einer Beherrschung einen ursächlichen Zusammenhang abzuprüfen. Fehlt der ursächliche Zusammenhang zwischen dem maßgeblichen Beschäftigungsverhältnis und der Zusage, dann fehlt es am Merkmal der Zusage „aus Anlass" der Tätigkeit für das Unternehmen und damit nach § 17 Abs. 1 Satz 2 BetrAVG an einer entsprechenden Anwendung von §§ 1–16 BetrAVG. Für die betriebliche Veranlassung wird – wie bei der steuerlichen Prüfung (siehe dazu unten Abschn. III. 3.) – auf die Üblichkeit abgestellt.[25]

b) Erforderliche Regelungsbereiche für beherrschende Gesellschafter-Geschäftsführer und Gesellschafter-Vorstände

Die fehlende Geltung der (Mindest-)Vorschriften des Betriebsrentengesetzes und das für beherrschende Gesellschafter-Geschäftsführer steuerlich geltende Rückwirkungs- bzw. Nachzahlungsverbot [Notwendigkeit klarer und eindeutiger Vereinbarungen von vornherein, siehe dazu nachfolgend Abschn. III. 3. b)] machen es hier unabdingbar, alle Eckpunkte bei der Gewährung von Versorgungsleistungen schriftlich zu regeln.

Erforderlich ist, anders als bei der Versorgung von Fremdgeschäftsführern und -vorständen, vor allem eine Regelung, wann und in welchem Umfang im Falle eines **vorzeitigen Ausscheidens** die Versorgungsanwartschaft des Geschäftsführers/Vorstands dem Grunde und der Höhe nach aufrechterhalten bleibt (sog. Unverfallbarkeit der Versorgungszusage). Ohne eine solche Regelung würde sie nämlich ersatzlos verfallen, wenn ein beherrschender Geschäftsführer/Vorstand vor Eintritt eines Versorgungsfalles das Unternehmen verlassen würde.

Hinsichtlich der Unverfallbarkeitsfrist sind Verbesserungen gegenüber der bis 2001 geltenden gesetzlichen Regelung, die eine mindestens zehnjährige Zusagedauer bzw. eine dreijährige Zusagedauer bei insgesamt zwölf Jahren

---

25 Vgl. BAG, Urteil vom 25. 1. 2001 – 3 AZR 769/98; BGH, Urteil vom 28. 9. 1981 – II ZR 181/80, DB 1982, S. 126.

Betriebszugehörigkeit (Mindestalter 35 unterstellt) verlangte, in der Praxis üblich.[26] Als Folge von Änderungen des Betriebsrentengesetzes gilt für ab dem 1. 1. 2009 erteilte Zusagen[27] nur noch eine fünfjährige Unverfallbarkeitsfrist sowie ein Mindestalter von 25 Jahren (§ 1 b Abs. 1 BetrAVG), bei Entgeltumwandlung sogar eine sofortige Unverfallbarkeit (§ 1 b Abs. 5 BetrAVG). Damit dürfte künftig ein Auseinanderfallen von Zusagen für „gewöhnliche" Arbeitnehmer und Geschäftsführer seltener werden. In der Praxis wird vielfach demgegenüber sogar eine sofortige Unverfallbarkeit (dem Grunde nach) vereinbart.

Was die Höhe der aufrechtzuerhaltenden Anwartschaft angeht, so sollten die Bestimmungen eine zeitanteilige Kürzung der vollen Leistung bei Erreichen der Altersgrenze vorsehen, bei beherrschenden Geschäftsführern/Vorständen gemäß dem Verhältnis der ab Zusageerteilung *erreichten* zu der bis zur Altersgrenze *erreichbaren* Dienstzeit.

Im Hinblick auf das steuerlich geltende Rückwirkungs- und Nachzahlungsverbot [siehe dazu Abschn. III. 3. b) cc)] ist bei der Gestaltung einer Versorgungszusage an einen beherrschenden Geschäftsführer (entsprechend auch bei Vorständen) darauf zu achten, dass von vornherein eine Werterhaltung des Versorgungsanspruchs während der Anwartschaftszeit und der Rentenlaufzeit vereinbart ist. Während der Anwartschaftszeit kann dies durch Abhängigkeit der zugesagten Leistungen von den letzten Bezügen des Geschäftsführers/Vorstands erreicht werden. Denkbar ist aber auch, eine Festbetragszusage zu erteilen und betragsmäßig feste Steigerungsbeträge oder eine prozentuale Anwartschaftsdynamik vorzusehen. Allerdings sollte hier auf das Stichtagsprinzip und die Einhaltung der Grenze von 75 % der letzten Bezüge [siehe Abschn. III. 2. b) und III. 3. f) aa)] unbedingt geachtet werden.

Hinsichtlich der Anpassung laufender Leistungen sind Wertsicherungsklauseln üblich. Dabei wird zum Teil nur eine entsprechende Anwendung von § 16 Abs. 1 BetrAVG (dreijährliche Anpassung an gestiegene Lebenshaltungskosten) vereinbart. Zunehmend an Bedeutung gewonnen hat die Vereinbarung eines prozentual festgelegten Rententrends (ggf. als Mindestsatz), der nunmehr auch im Betriebsrentengesetz genannt wird (vgl. § 16

---

26 Vgl. Doetsch, BB 1994, S. 327, 331 unter Hinweis auf hierzu eingeholte Auskünfte; Höfer/ Eichholz, DB 1995, S. 1246.
27 Siehe zu § 1 b BetrAVG auch die Übergangsregelung für ältere Zusagen in § 30 e BetrAVG.

Abs. 3 Nr. 1 BetrAVG). Der Grund hierfür liegt nicht zuletzt darin, dass durch einen solchen Trend wesentlich höhere Rückstellungswerte erreicht werden.[28] Falls Versorgungszusagen eine sog. reine Indexklausel vorsehen, welche den Betrag einer Geldschuld „unmittelbar und selbstständig" durch den Preis oder Wert einer anderen Leistung bestimmt, sind Preisangaben- und Preisklauselgesetz (PrAKG) und Preisklauselverordnung (PrKV) zu beachten. Für die Genehmigung ist das Bundesamt für Wirtschaft und Ausfuhrkontrolle (BAFA) zuständig. Bei Preisklauseln die nach dem 13. 9. 2007 vereinbart wurden, kann dagegen aufgrund § 3 Preisklauselgesetz die Genehmigungspflicht entfallen.

Einer ausdrücklichen Regelung bedarf auch die Inanspruchnahme vorzeitiger Versorgungsleistungen. Unabhängig davon, ob der Geschäftsführer/Vorstand eine gesetzliche Rente beziehen kann oder nicht, findet auf ihn der für Arbeitnehmer geltende § 6 BetrAVG keine Anwendung. Eine vorgezogene Altersrente kann ein beherrschender Gesellschafter-Geschäftsführer oder -Vorstand deshalb nur beanspruchen, wenn dies in der Versorgungszusage ausdrücklich vertraglich festgelegt ist. Üblich und steuerlich anerkennungsfähig ist eine Regelung dergestalt, dass frühestens ab dem Ausscheiden nach Vollendung des 60. Lebensjahres[29] die vorgezogene Altersrente beansprucht werden kann. Die Höhe einer solchen vorgezogenen Altersrente ist ebenfalls exakt festzulegen. Im Regelfall sind hier versicherungsmathematische Abschläge auf die bis zum Ausscheiden (zeitanteilig) erdiente Leistung vorzusehen. Solche Abschläge sollten, um nicht als „unüblich" zu gelten, zwischen 0,3 und 0,6 % pro Monat der vorzeitigen Inanspruchnahme liegen.

Zum **Mindestinhalt der Versorgungszusage** zugunsten eines beherrschenden Gesellschafter-Geschäftsführers bzw. -Vorstands gehören aus unserer Sicht folgende Elemente:

– Namen und gegebenenfalls Geburtsdatum des begünstigten Geschäftsführers/Vorstands; für den versicherungsmathematischen Gutachter ist zudem das Diensteintrittsdatum nützlich

---

28 Bei einem Rententrend von 2 % p. a. ergibt sich eine Erhöhung der steuerlichen Rückstellung um etwa 20 bis 25 %; siehe auch die Berechnungen von Grabner, BetrAV 1996, S. 162 ff. (169).
29 Wegen BMF vom 31. 3. 2010 (Rz. 249) für Neuzusagen ab dem 1. 1. 2012 = 62. LJ.

- Angabe, ob die Zusage eine fehlende gesetzliche Altersversorgung ersetzen und/oder ergänzen soll
- Leistungsarten (Alters-, Invaliden- und gegebenenfalls Hinterbliebenenleistungen), -höhe und -voraussetzungen (gegebenenfalls Wartezeit, Leistungsausschlüsse etc.)
- Regelaltersgrenze für die Gewährung der Altersrente
- Zeitpunkt und Voraussetzungen, unter denen die Altersrente sowie eine vorgezogene Altersrente bezogen werden können
- Benennung der versicherungsmathematischen Abschläge, die für jeden Monat des Vorziehens der Altersrente erhoben werden
- Dauer der Invalidenrente (bis zur Altersrente oder lebenslang)
- gegebenenfalls Regeln über die Anpassung/Anhebung der Versorgungsleistungen, sofern diese nicht gehaltsabhängig oder in anderer Weise an einen Index gekoppelt sind
- Voraussetzungen, unter denen der Versorgungsanspruch unverfallbar wird und Höhe der aufrechterhaltenen Anwartschaft bei vorzeitigem Ausscheiden
- Regeln über die Anpassung der laufenden Versorgungsleistungen (z. B. analoge Anwendung von § 16 BetrAVG bzw. Kopplung an einen Index)
- Zeitpunkt des Inkrafttretens der Versorgungszusage

3. Insolvenzschutz bei Versorgungszusagen

Wird die Versorgung über einen externen Versorgungsträger abgewickelt, der auf seine Leistungen einen Rechtsanspruch gewährt (Direktversicherung, Pensionskasse oder auch Pensionsfonds), dann bedarf es keiner besonderen Sicherung für den Insolvenzfall. Hier muss lediglich aus Sicht des Geschäftsführers/Vorstands darauf geachtet werden, dass ihm ein unwiderrufliches Bezugsrecht an allen (Versicherungs-)Leistungen zusteht. Eine Insolvenz des Unternehmens hat dann keinen Einfluss auf den extern abgewickelten Vorsorgevorgang. Ein Insolvenzverwalter kann – so das Bezugsrecht unwiderruflich ist – insbesondere nicht durch Widerruf des Bezugsrechts erreichen, dass die vorhandenen Deckungsmittel zur Masse gezogen werden. Eine Versicherung ist dann vom Insolvenzverwalter freizugeben,[30] denn der unwiderruflich Bezugsberechtigte hat in der Insolvenz ein Absonderungsrecht.[31]

Hat die Gesellschaft dagegen eine sog. **Direktzusage** (unmittelbare Versorgungszusage) erteilt – oder eine Unterstützungskassenzusage – dann ist die Situation anders. Hier sollten jedenfalls beherrschende Gesellschafter-Geschäftsführer bzw. -Vorstände im eigenen Interesse darauf achten, dass erstens eine externe Vorfinanzierung der von der Gesellschaft direkt übernommenen Versorgungsverpflichtungen erfolgt und zweitens gleichzeitig eine Sicherungsabrede vorgenommen wird.

Beide Ziele, Vorfinanzierung der späteren Leistungen und Insolvenzsicherung können in idealer Weise durch Abschluss einer sog. Rückdeckungsversicherung erreicht werden, deren Leistungen zugunsten des Geschäftsführers/Vorstands verpfändet werden. Denkbar, wenngleich weniger üblich ist eine Rückdeckung mittels Wertpapieren bzw. Anteilen an solchen Fonds (deren Leistungen im Außenverhältnis der Gesellschaft zustehen) mit gleichzeitiger Bestellung eines Pfandrechts an den Leistungen.

Mit dem Begriff Rückdeckungsversicherung wird eine von der Gesellschaft auf das Leben des Geschäftsführers/Vorstands abgeschlossene Lebensversicherung bezeichnet, deren Leistungen der Gesellschaft bei Eintritt eines Versorgungsfalles zustehen. Auch die von einer **rückgedeckten Unterstützungskasse** bei einem Versicherer abgeschlossene Rückdeckung kann zugunsten des Versorgungsberechtigten verpfändet werden. Die Verpfändung erfolgt deshalb durch die Unterstützungskasse[32] und dient der Absicherung des Versorgungsberechtigten für den Fall ihrer Insolvenz und nicht der des Arbeitgebers (Trägerunternehmen). Denn da sie eine externe Versorgungseinrichtung ist, gelten die oben erläuterten Grundsätze sinngemäß. Falls der Arbeitgeber zum Insolvenzschuldner wird, gibt es im Deckungsverhältnis zwischen ihm und der Unterstützungskasse grundsätzlich keine Rechtsgrundlage, aufgrund derer eine Auskehrung des Rückkaufswertes der Rückdeckungsversicherungen verlangt werden könnte.[33]

---

30 Stahlschmidt, Direktversicherungen und Rückdeckungsversicherungen in der Insolvenz, NZI 2006, S. 375 (377).
31 Stegmann/Lind, Der Lebensversicherungsvertrag in der Insolvenz, NVersZ 2002, S. 193 (194).
32 Die Auffassung des OLG Düsseldorf zum Erfordernis eines Gesellschafterbeschlusses, Urteil vom 23. 4. 2009 – 6 U 58/08, ist deshalb hier nicht einschlägig.
33 Vgl. BAG, Urteil vom 29. 9. 2010 – 3 AZR 107/08.

Sind die Leistungen, die der Versicherer bei Erreichen der Altersgrenze, Invalidität bzw. Tod zu erbringen hat, deckungsgleich mit den von der Gesellschaft an den Geschäftsführer/Vorstand zu erbringenden Leistungen, dann sind diese Versorgungsrisiken vollständig ausgegliedert. Die Verpflichtung in der Gesellschaft beschränkt sich wirtschaftlich betrachtet nur noch auf die Prämienzahlung an den Versicherer. Darüber hinausgehende Finanzierungsrisiken bestehen nicht.

Eine versicherungsmäßige Rückdeckung der Pensionsverpflichtungen zur **Sicherstellung der Leistungserfüllung** ist insbesondere in Bezug auf eine zugesagte Invaliden- und Todesfallleistung erforderlich. Die gebildeten Pensionsrückstellungen entsprechen nämlich versicherungsmathematischen Erwartungswerten. Nur bei einer sehr großen Zahl von homogenen Risiken wird die Gesamtsumme der gebildeten Rückstellungen daher auch bei vorzeitigen Versorgungsfällen die notwendigen Mittel sicherstellen. Bei einzelnen Versorgungszusagen oder einer geringen Zahl von Zusagen ist ein deutliches Abweichen der Zahlungsverpflichtungen gegenüber den Erwartungswerten möglich.

Geht es um einzelne, sehr hohe Risiken wie bei der Versorgungszusage an einen Geschäftsführer/Vorstand, dann kann – vor allem bei Eintritt eines vorzeitigen Versorgungsfalles kurz nach Finanzierungsbeginn – ohne eine versicherungsmäßige Rückdeckung eine übermäßige Liquiditätsbelastung und vor allem eine **bilanzielle Überschuldung** entstehen. Mit dem Eintritt eines Todes- oder Invaliditätsfalles wird eine ggf. hohe Zahlungsverpflichtung der Gesellschaft ausgelöst. In bilanzieller Hinsicht ist die handelsrechtlich und steuerrechtlich zu bildende Rückstellung auf den sog. Barwert der geschuldeten Hinterbliebenen- bzw. Invalidenrente aufzufüllen, wie die nachfolgende Grafik zeigt.

Wurde von der Gesellschaft zur Abdeckung der Versorgungsverpflichtungen eine Rückdeckungsversicherung abgeschlossen, dann ist in Form der fällig werdenden Versicherungsleistung ausreichende Liquidität zur Begleichung der Versorgungsverpflichtungen vorhanden. Mit dem Eintritt des Versorgungsfalles steigt dann parallel zum Rückstellungswert auch der Aktivwert der Rückdeckungsversicherung an. Der Gesamtvorgang stellt sich damit nur als Bilanzverlängerung dar. Wesentliche Auswirkungen auf das Ergebnis und eine Überschuldung werden damit vermieden.

Grafik 9   Bilanzsprungrisiko bei vorzeitigen Versorgungsfällen in der
           Steuerbilanz

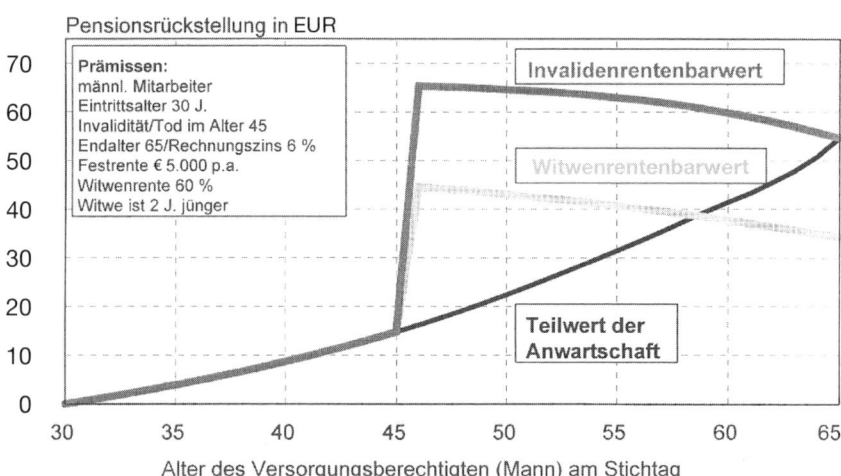

Pensionsrückstellung in EUR

Prämissen:
männl. Mitarbeiter
Eintrittsalter 30 J.
Invalidität/Tod im Alter 45
Endalter 65/Rechnungszins 6 %
Festrente € 5.000 p.a.
Witwenrente 60 %
Witwe ist 2 J. jünger

Invalidenrentenbarwert

Witwenrentenbarwert

Teilwert der
Anwartschaft

Alter des Versorgungsberechtigten (Mann) am Stichtag

Auf eine Rückdeckung kann ggf. verzichtet werden, wenn die Gesellschaft
nur eine reine Altersrente zugesagt hat, die vorzeitigen Leistungen sehr
niedrig sind oder die Gesellschaft über eine sehr hohe Kapitalausstattung
sowie Liquidität verfügt. Dies gilt jedenfalls dann, wenn es sich um Fremdgeschäftsführer bzw. unter den gesetzlichen Insolvenzschutz fallende Gesellschafter-Geschäftsführer bzw. -Vorstände handelt, da hier bereits ab
Vollendung der Fristen des § 1 b BetrAVG eine gesetzliche Insolvenzsicherung durch den Pensions-Sicherungs-Verein (PSVaG) besteht.

Neben der Beschaffung ausreichender Liquidität für die Erfüllung der Pensionsverpflichtungen dient eine Rückdeckungsversicherung bei der Versorgung von beteiligten Geschäftsführern/Vorständen, die nicht unter den Geltungsbereich des Betriebsrentengesetzes und damit der gesetzlichen Insolvenzsicherung fallen, nicht zuletzt der Schaffung eines **privatrechtlichen
Insolvenzschutzes**.[34] In der Praxis hat sich das sog. Verpfändungsmodell

34   Die Insolvenzsicherheit wurde vom BGH mit Urteil vom 10. 7. 1997 (IX ZR 161/96, DB 1997,
     S. 2113 mit Anm. von Doetsch) und zuletzt mit Urteil vom 7. 4. 2005 (IX ZR 138/04, DB 2005,
     S. 1453 = VersR 2005, S. 923) bestätigt. So schon LG Frankfurt, Urteil vom 24. 10. 1995 –
     2/14 O 199/95, EWiR § 7 BetrAVG 1/96, 8 und OLG Hamm, Urteil vom 12. 5. 1995 – 20 U
     37/95, BB 1995, S. 2083.

durchgesetzt, bei dem von der Gesellschaft eine deckungsgleiche Rückdeckungsversicherung abgeschlossen wird und deren Leistungen im zweiten Schritt an den Gesellschafter-Geschäftsführer bzw. Gesellschafter-Vorstand zur Sicherung seines Versorgungsanspruchs verpfändet werden.[35]

Solche Verpfändungsvereinbarungen sollten unbedingt mit Sorgfalt erstellt werden, da an ihrer „Funktionstüchtigkeit" im Falle eines Falles die Absicherung des Geschäftsführers/Vorstands und seiner Familie hängt. Für die Wirksamkeit ist unter anderem erforderlich, dass die Verpfändung dem Versicherer angezeigt wird und dass die Gesellschaft bei Abschluss der Verpfändungsvereinbarung ordnungsgemäß vertreten wurde [siehe Abschn. III. 3. b) aa)].

Nach Auffassung des OLG Düsseldorf[36] soll die **Verpfändung der Rückdeckungsversicherung** – analog zu jeder Änderung eines Dienstvertrags eines Geschäftsführers – wegen § 46 Nr. 5 GmbHG der **Zustimmung der Gesellschafterversammlung** bedürfen; andernfalls sei diese unwirksam. Denn die Verpfändung betreffe unmittelbar die Bedingungen des Anstellungsvertrages, weil sie eine zusätzliche Vereinbarung der Parteien dieses Vertrages erfordere, durch „die der bereits erteilten Versorgungszusage in dem Sinne eine neue Qualität beigelegt werde, dass sie dadurch im Ergebnis grundsätzlich insolvenzfest gemacht wird". Insofern habe sie auch einen eigenständigen, über die Versorgungszusage als solche hinausgehenden Entgeltcharakter. Um die Wirksamkeit des Sicherungsrechts nicht infrage zu stellen, sollte daher darauf geachtet werden, dass die Gesellschafterversammlung einer Rückdeckung der einem Geschäftsführer erteilten Versorgungszusage (gleich ob mittels Versicherungen, Fonds oder in anderer Weise) und der Verpfändung der Rechte aus der Rückdeckung an den Geschäftsführer und/oder seinen Hinterbliebenen zustimmt. Wo diese Zustimmung bislang fehlt, empfehlen wir diese nachträglich einzuholen. Mit der Zustimmung der Gesellschafterversammlung ist zugleich auch die **Saldierungsfähigkeit** der Rückdeckungsversicherung (§ 246 Abs. 2 S. 2 HGB) gesichert. Ein Vermögenswert ist nämlich nur dann dem Zugriff aller Gläubi-

---

35 Vgl. Ahrend/Förster/Rößler, 1. Teil, Rdnr. 1645; Langohr-Plato, Stbg 1992, S. 309 f.; Höfer, Bd I ArbR, Rdnr. 4592 ff.; Arteaga, Checkbuch Geschäftsführerversorgung, S. 48 ff.; Seppelt, VersR 2003, S. 292 ff., der nachweist, dass das Verpfändungsmodell der „überlegene" Weg der Insolvenzsicherung ist.
36 OLG Düsseldorf, Urteil vom 23. 4. 2009 – 6 U 58/08.

ger entzogen und dient ausschließlich der Erfüllung der Verbindlichkeit, wenn die Verpfändung auch wirksam erfolgt ist.

Aufgrund des Pfandrechts sind der Geschäftsführer/Vorstand und seine Hinterbliebenen im Falle der Insolvenz der Gesellschaft gesichert, soweit der verpfändete Versicherungsvertrag (bzw. ein anderes Sicherungsgut) werthaltig ist. Da bei der Rückdeckung von Pensionsverpflichtungen nicht selten mehr auf den Preis, d. h. die Höhe der Prämien, geschaut wird, als darauf, ob die Versicherungsleistung die zugesagte Versorgungsleistung wirklich in allen denkbaren Fällen voll abdeckt, ist in der Praxis häufig keine volle Absicherung gegeben. Insbesondere in Fällen, in denen erst einige Jahre nach Eintritt ins Unternehmen bzw. Zusageerteilung eine Rückdeckung erfolgt, besteht oft eine Lücke zwischen dem Wert der Rückdeckung und der schon erworbenen Anwartschaft.

Merke: Das Pfandrecht sichert den Geschäftsführer/Vorstand und seine Hinterbliebenen nur in dem Maße, indem der Wert des Sicherungsgegenstands (Versicherung, Wertpapierfonds etc.) dem der Versorgungszusage entspricht.

Ähnlich wie bereits im Rahmen der Konkursordnung, die ein Absonderungsrecht zugunsten des Pfandgläubigers vorsah,[37] sieht auch das seit dem 1. 1. 1999 geltende Insolvenzverfahren ein Recht von Pfandgläubigern auf abgesonderte Befriedigung vor (§ 50 InsO i. V. m. §§ 166 ff. InsO).

Bei den Anwartschaften auf betriebliche Altersversorgung handelt es sich um aufschiebend bedingte Ansprüche. Sie berechtigen – **vor Pfandreife** – nicht zu einem Zahlungsanspruch, sondern geben nur einen **Sicherstellungsanspruch gegen den Insolvenzverwalter**. Entgegen einer früheren in der Literatur[38] vertretenen Meinung kann vor Pfandreife eine verpfändete

---

37 Bei Fälligkeit des Versorgungsanspruchs! Vor Fälligkeit (d. h. Eintritt des Versorgungsfalles) hatte allerdings nach der Rechtsprechung des BGH eine „Hinterlegung" des Verwertungserlöses zu erfolgen sowie explizit für die neue Rechtslage, BGH, Urteil vom 7. 4. 2005 – IX ZR 138/04, a. a. O.

38 Wegener in Frankfurter Kommentar zur InsO, § 166 Rdnr. 6; Landfermann in Heidelberger Kommentar zur InsO, § 168 Rdnr. 19; Obermüller/Hess, InsO, 3. Aufl., Rndr. 1356, 1358; Blomeyer, BetrAV 1999, S. 17, 18; Kübler/Prütting, Kommentar zur InsO, § 166 Rdnr. 9; Schmid, InsO, § 166 Rdnr. 20.

Forderung damit nicht vom Pfandgläubiger eingezogen werden (vgl. § 1282 Abs. 1, § 1228 Abs. 2 BGB), sondern grundsätzlich nur vom Insolvenzverwalter.[39] Dieser muss den Erlös allerdings in Höhe der zu sichernden Forderung (vgl. § 45 Satz 1 InsO) zurückbehalten und vorrangig hinterlegen, bis die zu sichernden Versorgungsrechte fällig sind oder die Bedingung ausfällt (§§ 191 Abs. 1, 198 InsO). Für die Praxis erscheint in diesem Zusammenhang der Hinweis wichtig, dass bezogen auf eine Rückdeckungsversicherung als Sicherungsgut auch der Versicherer selbst eine geeignete Hinterlegungsstelle im Sinne von § 198 InsO ist. Die „Hinterlegung" der Versicherung beim Versicherer hat den Vorteil, dass das vorhandene Deckungskapital weiter verzinst wird. Aus diesem Grunde dürfte die Hinterlegung beim Versicherer die in der Regel im Interesse des Gläubigers beste Hinterlegungsmöglichkeit sein.

Besteht im Insolvenzfall noch kein Versorgungsanspruch, sondern nur eine aufschiebend bedingte Forderung (die Anwartschaft), so entsteht ein Anspruch auf Befriedigung aus dem Verwertungserlös erst bei Eintritt eines Versorgungsfalles. Erst dann wird der Hinterlegungsbetrag bis zur Höhe des (kapitalisierten und abgezinsten) Versorgungsanspruchs ausgezahlt, ein etwaiger Überschuss wird nachträglich verteilt. Wie schon nach altem Konkursrecht sind Rentenansprüche unter Berücksichtigung der anerkannten Regeln der Versicherungsmathematik zu kapitalisieren.[40]

Tritt später kein Versorgungsfall ein, etwa weil der Geschäftsführer/Vorstand ohne Hinterlassung eines versorgungsberechtigten Ehegatten oder Kindes als Anwärter stirbt, so ist nach § 203 InsO eine Nachtragsverteilung unter den noch nicht befriedigten Insolvenzgläubigern vorzunehmen.

---

39 BGH, Urteil vom 7. 4. 2005 – IX ZR 138/04 a. a. O. unter Hinweis darauf, dass die in § 173 Abs. 2 Satz 2 InsO vorgesehene vorherige Verwertung des Pfandgläubigers mangels Pfandreife „ins Leere" geht. Siehe dazu auch BGH, Urteil vom 10. 7. 1997 – IX ZR 161/96, DB 1997, S. 2113 mit Anm. von Doetsch.

40 Dies folgt aus § 45 InsO! Ebenso Schulz in Frankfurter Kommentar zur InsO, § 45 Rdnr. 13 ff.; BGH, Urteil vom 10. 7. 1997 – IX ZR 161/96, DB 1997, S. 2114 zur insoweit gleichen Rechtslage nach der Konkursordnung; a. A. Blomeyer (BetrAV 1999, S. 18), der ohne nähere Begründung davon ausgeht, dass die Hinterlegungsstelle Rentenleistungen sukzessive auszahlen muss. Problematisch ist die Kapitalisierung und Abzinsung des Versorgungsanspruchs. Nach dem Urteil des OLG Köln vom 26. 11. 2003 – 5 U 72/03, bei dem der Versorgungsberechtigte bereits zur Einziehung der Forderung und Befriedigung aus der Versicherung berechtigt war, sei hierbei nicht der gesetzliche Zinssatz zugrunde zu legen, sondern der „während der voraussichtlichen Dauer der Rentenzahlung wahrscheinlich erzielbare durchschnittliche Anlagezins".

Das geltende Insolvenzrecht sieht vor, dass – soweit der Insolvenzverwalter einzugsberechtigt ist[41] – der Anspruch des Pfandgläubigers mit Feststellungskosten (pauschal 4 % des Erlöses, § 171 Abs. 1 InsO) belastet wird. Hinzu kommen grundsätzlich auch noch Verwertungskosten in Höhe von 5 % des Verwertungserlöses, soweit tatsächlich nicht erheblich höhere oder niedrigere Kosten entstehen (§§ 170, 171 Abs. 2 InsO). Tatsächlich dürften Verwertungskosten jedoch regelmäßig entfallen, da der Pfandgläubiger dem Insolvenzverwalter bei Pfandreife in Bezug auf den Sicherungsgegenstand die Übernahme anbieten kann. Zu einer Übergabe ist der Insolvenzverwalter im Sinne einer kostengünstigen Verwertung dieses Sicherungsguts im Zweifel verpflichtet (vgl. § 168 Abs. 3 InsO). Vor Pfandreife führt die Belassung der Versicherung beim Versicherer als Hinterlegungsstelle faktisch zum Entfallen von Verwertungskosten. Nach tw. vertretener Meinung[42] soll der Insolvenzverwalter vor Pfandreife auch eine Liquidationsversicherung zugunsten des Versorgungsberechtigten abschließen können.

Tritt die Insolvenz **bei Pfandreife** ein, so ist nach §§ 1282 Abs. 1, 1228 Abs. 2 BGB i. V. m. §§ 166, 173 InsO primär der Geschäftsführer/Vorstand als Pfandgläubiger und nicht der Insolvenzverwalter zur Verwertung (Einzug) einer verpfändeten Forderung berechtigt. Bei verpfändeten Rückdeckungsversicherungen erfolgt dies in der Praxis nicht selten in der Weise, dass der Insolvenzverwalter die Versicherung freigibt und der Versicherer unmittelbar an den Geschäftsführer/Vorstand auszahlt, selbst wenn ein Versicherungsnehmer rechtlich nicht mehr existiert.

Als **Zwischenergebnis** ist damit festzuhalten, dass die Rückdeckung mit Verpfändung an die/den Versorgungsberechtigten diese(n) im Falle der Insolvenz der Gesellschaft sichert, soweit die Rückdeckung werthaltig ist.

Entgegen einer verbreiteten, allerdings regelmäßig begründungslosen Rechtsauffassung[43] wird die (Insolvenz-)Sicherheit des sog. Verpfändungsmodells

---

41 Soweit nach *Pfandreife* der GGF/Vorstand selbst die verpfändete Forderung einzieht, findet gemäß § 170 Abs. 1 InsO keine Belastung mit Feststellungs- und Verwertungskosten statt. So ausdrücklich Kübler/Prütting, InsO, § 173 Rdnr. 9.
42 Stahlschmidt, Direktversicherungen und Rückdeckungsversicherungen in der Unternehmensinsolvenz, NZI 2006, S. 375 (380); Rhein/Lasser, Verwertungsmöglichkeiten einer an den Gesellschafter-Geschäftsführer verpfändeten Rückdeckungsversicherung in der Insolvenz der Gesellschaft, NZI 2007, S. 153 (155).
43 Vgl. z. B. Fiala/Bosl, Versicherungswirtschaft 2006, S. 71 (73), die ohne rechtliche Begründung die falsche Behauptung aufstellen, „bei beherrschenden GGF führt diese Klausel jedoch im Insolvenzfall automatisch und unwiderruflich zum Verlust der gesamten Rückde-

nicht durch das Vorhandensein der steuerlich zulässigen **Widerrufsvorbe-halte** gemäß R 6 a (4) EStR 2008 gefährdet.[44] Dem liegt (wohl) die Befürchtung zugrunde, dass die Zusage (insgesamt) widerrufen werden könne. Das Pfandrecht ist nämlich wegen seiner Akzessorietät nur insoweit „werthaltig", wie dies der zugrunde liegende Anspruch ist: Entfällt dieser, entfällt das Pfandrecht und die Rückdeckung wird mangels Anspruchs frei.

Die steuerlichen Mustervorbehalte stellen zunächst nur eine Wiedergabe der gesetzlich ohnehin geltenden Regeln über die Störung der Geschäftsgrundlage (§ 313 BGB) dar.[45] Da sie mithin nur deklaratorische Bedeutung haben, kann die Insolvenzsicherheit einer Versorgungszusage nicht davon abhängen, ob sie in der Zusage enthalten sind. Allerdings dürfte das Vertrauen des Versorgungsberechtigten in den Bestand der Zusage, sofern diese mit Vorbehalten versehen wurde, etwas niedriger zu bewerten sein als ohne Vorbehalte. Entscheidend ist aber, dass weder die steuerunschädlichen Widerrufsvorbehalte noch die Regeln über die Geschäftsgrundlage den Insolvenzverwalter zum Widerruf einer dem Gesellschafter-Geschäftsführer oder Vorstand gegenüber erteilten Versorgungszusage berechtigen, schon gar nicht wegen einer bloßen wirtschaftlichen Notlage des Unternehmens. Denn die fehlende wirtschaftliche Leistungsfähigkeit ist nämlich ganz allgemein im Schuldrecht kein Grund, um sich einseitig von einer übernommenen Zahlungspflicht zu lösen.[46] Für den Geltungsbereich des Betriebsrentengesetzes gilt dies spätestens nach dem Entfall des Sicherungsfalles der wirtschaftlichen Notlage in § 7 BetrAVG.[47]

Vorherstehendes gilt umso mehr, wenn die wirtschaftliche Leistungsfähigkeit, jedenfalls hinsichtlich der Versorgungsverpflichtung, durch das Vorhandensein einer speziell zu deren Finanzierung abgeschlossenen, sicherungsverpfändeten Rückdeckungsversicherung hergestellt wird. Die wirtschaftliche Notlage kann dann kein tauglicher Grund für einen befürchteten Gesamt-Widerruf sein, denn in der Höhe, wie der Versicherungswert die in der Vergangenheit bereits erworbene Anwartschaft deckt, stellt diese Verpflichtung für die Gesellschaft keine Belastung mehr dar. Das angesammelte Ka-

---

ckungsversicherung"; Risiken sehen offenbar auch Beck/Henn, Pensionszusage – richtig gemacht, Rdnr. 23, 102 f.; Buttler/Baier, VW 2005, S. 1412, 1413.

44   Ebenso: Höfer/Veit/Verhuven, Bd II StR, S. 1447 (Rn 2994, 3235).

45   BAG, Urteil vom 17. 6. 2003 – 3 AZR 396/02, DB 2004, S. 324; ebenso Kemper/Kisters-Kölkes/Berenz/Huber, BetrAVG, § 1 Rn 359.

46   So ausdrücklich BAG, Urteil vom 17. 6. 2003 a. a. O. unter B II 3 b bb (4) der Gründe.

47   Vgl. BAG, Urteil vom 17. 6. 2003 a. a. O. unter B II 3 b bb (3)–(5) der Gründe.

pital soll nach der zugrunde liegenden Sicherungsabrede (gerade) auch für diesen Fall zur Verfügung stehen. Die zukünftigen Zuwächse werden – wie bei gewöhnlichen Arbeitnehmern – naturgemäß einen geringen Schutz vor Eingriffen genießen, doch wird es hierauf nicht ankommen, weil sich die Anwartschaft im Regelfall durch das Ende des Anstellungsverhältnisses (wegen der Insolvenz) auf den in der Vergangenheit bereits erdienten Teil beschränken wird.

Selbst wenn man davon ausginge, dass die für die (dem BetrAVG unterfallenden) Arbeitnehmer entwickelte Rechtsprechung des Bundesarbeitsgerichts bezüglich Eingriffen in Versorgungsanwartschaften zum erdienten Teil nicht analog übertragbar sei, so gelten doch nach allgemeinem Zivilrecht bei beherrschenden Gesellschafter-Geschäftsführern die Grundsätze zur Geschäftsgrundlage sowie Treu und Glauben. Wenn aber diese Grundsätze gelten, ist ein Eingriff in den erdienten – bereits ausfinanzierten – Teil nur schwer vorstellbar und ein Gesamt-Widerruf undenkbar.

Eine Möglichkeit zum Widerruf einer dem Gesellschafter-Geschäftsführer erteilten Versorgungszusage in der Krise der Gesellschaft kann auch nicht aus einer analogen Anwendung von § 87 Abs. 2 AktG im Rahmen der GmbH[48] hergeleitet werden. Aus der Treuepflicht gegenüber der Gesellschaft kann zwar wohl entsprechend § 87 Abs. 2 AktG bei einer sich wesentlich verschlechternden wirtschaftlichen Lage der Gesellschaft ggf. eine Zustimmungspflicht des Gesellschafter-Geschäftsführers zu einer Herabsetzung seiner Bezüge/Versorgung anzunehmen sein.[49] Voraussetzung wäre aber, dass eine im Zeitpunkt der Vereinbarung angemessene und mit dem Kapitalerhaltungsgebot des § 30 Abs. 1 GmbHG in Einklang stehende Vergütung oder Versorgung später nicht mehr diesen Kriterien entspricht. Im Zeitpunkt der verschlechterten wirtschaftlichen Lage sind bei einem Gesellschafter-Geschäftsführer jedoch „lediglich" die diesem gewährten Leistungen mit denen zu vergleichen, die ein Fremdgeschäftsführer unter denselben Umständen für die gleiche Tätigkeit erhalten hätte.[50] Bezogen auf Leistungen der betrieblichen Altersversorgung könnte im Übrigen – in extremen

48 Für die analoge Anwendung: BGH, Urteil vom 15. 6. 1992 – II ZR 88/91, BB 1992, S. 1583, 1585, und OLG Naumburg, Urteil vom 16. 4. 2003 – 5 U 12/03, GmbHR 2004, S. 423.
49 Zur nachträglichen Herabsetzung einer von AG-Vorständen erteilten Versorgungszusage durch den Aufsichtsrat siehe Doetsch, AG 2010, S. 465, 472 ff.
50 So ausdrücklich OLG Naumburg, Urteil vom 16. 4. 2003 – 5 U 12/03, a. a. O.; ähnlich BFH, Urteil vom 8. 11. 2000 – I R 70/99, BStBl II 2005, S. 653 = DStR 2001, S. 571 ff.

Fällen – eine Anpassung lediglich für die Zukunft in Betracht kommen.[51] Ein Verzicht des Gesellschafter-Geschäftsführers auf erdiente Versorgungsansprüche wäre selbst als verdeckte Einlage anzusehen.

Als Beleg für die hier vertretene Auffassung, dass das Treueverhältnis zur Gesellschaft auch für den Gesellschafter-Geschäftsführer Begrenzungen unterliegt und für ihn – wie bei einem gesellschaftsfremden Geschäftsführer – die „Regeln des Zivilrechts" gelten, kann das Urteil des Bundesfinanzhofs vom 8. 11. 2000 angeführt werden. Darin wird ausgeführt, dass selbst dann, wenn die Höhe der Zusage der maßgebliche Grund dafür ist, dass die Gesellschaft bilanziell überschuldet ist, keine grundsätzliche Obliegenheit zur Anpassung (sprich: Reduzierung) der Versorgungszusage angenommen wird.[52] Es dürfte vielmehr, so der Bundesfinanzhof, eine solche Anpassung regelmäßig als im Gesellschaftsverhältnis veranlasst anzusehen sein und damit zur Annahme einer verdeckten Einlage führen.[53]

Ungeachtet der vorstehenden rechtlichen Ausführungen sind Widerrufsvorbehalte in Versorgungszusagen an beherrschende Gesellschafter-Geschäftsführer und -Vorstände in der Praxis nicht zwingend erforderlich, weshalb hierüber jeder Ersteller einer Zusage letztlich selbst entscheiden muss.

---

51 Zur (fehlenden) Mögl. zum Widerruf der Versorgungsanwartschaft siehe auch: BGH, Urteil vom 10. 7. 1997 – IX ZR 161/96, NJW 1998, S. 312 ff. Dort (Ziffer III. 3. der Urteilsgründe) wird ein betriebsbedingter Widerruf der Versorgungsanwartschaft im Konkursfall bei Gesellschafter-Geschäftsführern für unwirksam gehalten. Verlangt werden könne wegen § 242 BGB von der Gesellschaft „lediglich eine Rücksichtnahme für die Zukunft, also lediglich eine zeitweilige Freistellung von laufenden Zahlungsverpflichtungen für die Dauer eines Sanierungsversuchs. Die Vorschrift gestattet es nicht, auch den Rückkaufswert von Versicherungen anzugreifen, der durch Einzahlungen in vergangenen, besseren Zeiten gebildet worden ist". In diesem Sinne siehe auch: Stahlschmidt, Direktversicherungen und Rückdeckungsversicherungen in der Unternehmensinsolvenz, NZI 2006, S. 375 (379).

52 So ausdrücklich BFH, Urteil vom 8. 11. 2000 – I R 70/99, DStR 2001, S. 571 ff., vgl. LS 3.

53 So ausdrücklich BFH, Urteil vom 8. 11. 2000 – I R 70/99, DStR 2001, S. 571 ff., vgl. LS 3.

Merke: Wird eine Rückdeckungsversicherung zur Sicherung der Versorgungsansprüche des Versorgungsberechtigten an diesen bzw. dessen Hinterbliebene verpfändet, so sind diese im Insolvenzfall im Umfang des Wertes der Rückdeckungsversicherung gesichert, sofern das Verwertungsrecht dem Insolvenzverwalter zusteht (vor Pfandreife) abzüglich von 4 % Insolvenz-Feststellungskosten.

Widerrufsvorbehalte, die den steuerlich unbedenklichen Mustervorbehalten entsprechen, stehen dem Insolvenzschutz nicht entgegen und berechtigen den Insolvenzverwalter grundsätzlich nicht zum Widerruf der Versorgungszusage.

Durch eine Übersicherung von > 104 % des jeweiligen Barwertes der erreichten Versorgungsanwartschaft kann ein vollumfänglicher Insolvenzschutz erreicht werden.

Abzuraten ist demgegenüber von einer Insolvenzsicherung durch „bedingte" Abtretungen. Obgleich dies steuerrechtlich unbedenklich ist, ist zweifelhaft ob sie im Insolvenzfall Bestand haben.[54]

---

54   Vgl. BAG, Urteil vom 16. 6. 1978 – 3 AZR 783/76, BB 1978, S. 1363 = DB 1978, S. 1843.

III. Steuerliche Behandlung von unmittelbaren Versorgungszusagen bei der Gesellschaft

1. Zweistufige Prüfung

Wird einem beteiligten GmbH-Geschäftsführer eine Versorgungszusage erteilt, so wird von der Finanzverwaltung kritisch untersucht, ob der Versorgungsaufwand bei der Gesellschaft steuerlich anzuerkennen ist bzw. wie er beim Geschäftsführer zu versteuern ist. Es wird insbesondere nach Anhaltspunkten gesucht, ob die Zusage ihre Ursache im Gesellschaftsverhältnis und nicht in der Tätigkeit des Geschäftsführers für die Gesellschaft haben könnte.[55]

Eine Veranlassung durch das Gesellschaftsverhältnis kann auch dann der Fall sein, wenn die Zusage nicht dem beteiligten Geschäftsführer selbst, sondern einer diesem **nahe stehenden Person** erteilt wurde.[56] Das nahe Verhältnis ist sogar Indiz für eine gesellschaftsrechtliche Veranlassung. Ausreichend ist hierfür jede (zum Zeitpunkt der Erteilung bestehende) Beziehung zwischen dem Geschäftsführer und der begünstigten Person, sei es familien-, gesellschafts-, schuldrechtlicher aber auch rein tatsächlicher Art, welche die Vermutung nahelegt, dass sie die Gewährung des Vorteils beeinflusst habe.[57] Diese Vermutung kann jedoch durch den Nachweis der „Üblichkeit" widerlegt werden – zu diesem Prüfungspunkt siehe die Ausführungen unter III. Ziffer 3. e) „Sonstiger Fremdvergleich/Üblichkeit". Unbedeutend ist dabei, ob die Erteilung für den Gesellschafter direkt vorteilhaft (etwa als begünstigter Hinterbliebener) wirkt.

---

55 Keine bAV, sondern Unternehmerlohn: Urteil des BAG vom 19. 1. 2010 – 3 AZR 42/08.
56 Vertiefend: Winter, Verdeckte Gewinnausschüttungen zugunsten nahestehender Personen, zum Tatbestandsmerkmal der Veranlassung durch das Gesellschaftsverhältnis, GmbHR 2010, S. 1073 ff.
57 Vgl. BFH, Urteil vom 18. 12. 1996 – I R 139/94, DStR 1997, S. 535 ff.; Nahestehende Personen und die Beurteilung einer vGA betrifft auch das Urteil des FG Saarland vom 3. 12. 2008 – 1 K 1377/04.

Die Prüfung, ob der Versorgungsaufwand steuerlich abzugsfähig ist, erfolgt zweistufig:

1. Stufe: Zunächst ist zu prüfen, ob das Einkommensteuergesetz für den entsprechenden Aufwand (bei unmittelbaren Versorgungszusagen die gebildete Pensionsrückstellung) allgemein einen Steuerabzug gewährt.

2. Stufe: Sofern die allgemeinen Voraussetzungen gegeben sind, ist bei wesentlich beteiligten Geschäftsführern zu untersuchen, ob der Aufwand betrieblich und nicht durch das Gesellschaftsverhältnis veranlasst ist (sog. verdeckte Gewinnausschüttung).

Für die Betroffenen und ihre steuerlichen Berater ist es nicht immer leicht, sich im „Dickicht" von Prüfungspraxis und BFH-Rechtsprechung zurechtzufinden, was wiederum neue streitige Verfahren produziert.

Im Folgenden soll die sich aus der jüngeren BFH-Rechtsprechung des Ersten Senats ergebende Rechtslage festgehalten und gleichzeitig von der teilweise übergeneralisierenden Praxis der Finanzverwaltung abgegrenzt werden. Es sollen damit zugleich auch Hinweise gegeben werden, welche Gestaltungen als zulässig anzusehen sind bzw. in der bisherigen BFH-Rechtsprechung nicht als Fall einer verdeckten Gewinnausschüttung angesehen wurden.

Auch wenn die Möglichkeiten einer steuerlich anzuerkennenden Versorgung von beteiligten Geschäftsführern durch die Judikatur, die von den fiskalpolitischen Tendenzen nicht völlig unbeeinflusst ist, in den vergangenen Jahren eingeengt worden sind, ist die grundsätzliche Legitimität der Versorgung von Organmitgliedern unbestritten.

2. Allgemeine Voraussetzungen für die steuerliche Anerkennung von Pensionsrückstellungen

Bevor der Frage nachgegangen wird, wann die einem beteiligten GmbH-Geschäftsführer erteilte Versorgungszusage unter dem Gesichtspunkt der verdeckten Gewinnausschüttung die Anerkennung zu versagen ist, sind die allgemeinen Voraussetzungen für die Bildung von Pensionsrückstellungen zu prüfen. Diese sind insoweit logisch vorrangig.[58]

---

58 So ausdrücklich Widmann, BetrAV 1996, S. 157.

Zu den allgemeinen Voraussetzungen für die Rückstellungsbildung gehören neben dem Grundsatz der Maßgeblichkeit der Handelsbilanz für die Steuerbilanz die in § 6 a EStG normierten Voraussetzungen für die Rückstellungsbildung, insbesondere das sog. Stichtagsprinzip.

a) Keine umgekehrte Maßgeblichkeit der Handelsbilanz mehr für die Steuerbilanz

Für die steuerliche Bilanzierung galt lange Zeit eine Verknüpfung von Steuer- und Handelsrecht, allgemein mit „Maßgeblichkeit der Handelsbilanz für die Steuerbilanz" bezeichnet. Mit dem Bilanzrechtsmodernisierungsgesetz (BilMoG) vom 25. 5. 2009[59] wurde jedoch der Satz „Steuerrechtliche Wahlrechte bei der Gewinnermittlung sind in Übereinstimmung mit der handelsrechtlichen Jahresbilanz auszuüben" im § 5 EStG geändert und ergänzt durch „es sei denn, im Rahmen der Ausübung eines steuerlichen Wahlrechts wird oder wurde ein anderer Ansatz gewählt". Damit ist die umgekehrte Maßgeblichkeit der Handelsbilanz für die Steuerbilanz weitgehend weggefallen.

In der Steuerbilanz darf nunmehr aufgrund eines ausgeübten steuerlichen Wahlrechts ein vom Handelsbilanzansatz abweichender Wert bilanziert werden. Eine in der Handelsbilanz niedriger angesetzte Pensionsrückstellung führt nicht mehr zu einem nicht nachholbaren Fehlbetrag in der Steuerbilanz.

An der Passivierung ändert sich dem Grunde nach durch das BilMoG nichts. Für Altzusagen bleibt es beim Passivierungswahlrecht (insoweit weiter mit Bindung gem. Art. 28 Abs. 1 Satz 1 EGHGB für die Zwecke der Steuerbilanz).

b) Voraussetzungen für die Bildung von Pensionsrückstellungen in der Steuerbilanz (Teilwertverfahren und Stichtagsprinzip)

Bei der Bilanzierung von unmittelbaren Pensionsverpflichtungen in der Steuerbilanz sind neben dem Grundsatz der Maßgeblichkeit der Handelsbilanz noch die besonderen einkommensteuerlichen Vorschriften des § 6 a EStG zu beachten. Diese schränken die Möglichkeit der Rückstellungsbildung für ertragsteuerliche Zwecke ein deutliches Stück gegenüber den handelsrechtlichen Bestimmungen ein.

---

59   BGBl I, S. 1102, BStBl I, S. 650.

III. Steuerliche Behandlung von unmittelbaren Versorgungszusagen

Nach § 6 a Abs. 1 EStG sind Grundvoraussetzungen für die Bildung einer steuerlichen Pensionsrückstellung, dass ein **Rechtsanspruch** auf eine einmalige oder laufende Pensionsleistung besteht, die **Versorgungszusage schriftlich**[60] **erteilt** wurde und **keine schädlichen Vorbehalte** enthält. Nach § 6 a Abs. 3 EStG darf eine Pensionsrückstellung höchstens mit dem „Teilwert" der Pensionsverpflichtung angesetzt werden. Für die Rückstellungsbildung ist gesetzlich damit das sog. **Teilwertverfahren** vorgeschrieben. Es führt für aktive Anwärter dazu, dass der nach versicherungsmathematischen Grundsätzen ermittelte Pensionsaufwand (Barwert der künftigen Pensionsleistungen) unter Berücksichtigung eines gesetzlich vorgeschriebenen Zinsfußes von 6 % gleichmäßig auf die ganze Zeit vom Diensteintritt[61] (nicht Zusagedatum!) bis zum vertraglichen Pensionierungsalter (bei beherrschenden Gesellschafter-Geschäftsführern mindestens aber zwischen dem vollendetem 65. bis 67. Lebensjahr)[62] verteilt wird.

Bei der Ermittlung des Teilwerts der Rückstellung ist, wenn das Dienstverhältnis des Pensionsberechtigten in einem Rumpfwirtschaftsjahr begonnen hat, von dem Beginn des betroffenen Kalenderjahres auszugehen.[63]

Eine steuerliche Rückstellung darf frühestens für das Wirtschaftsjahr gebildet werden, bis zu dessen Mitte der Pensionsberechtigte entweder das 27. Lebensjahr[64] vollendet oder in dessen Verlauf die Versorgungsanwartschaft gemäß den Vorschriften des Betriebsrentengesetzes unverfallbar wird (vgl. § 6 a Abs. 2 Nr. 1 EStG).

Beruht die Versorgungszusage auf einer **Entgeltumwandlung**, die nach dem 31. 12. 2000 vereinbart wurde, dann kann gemäß § 6 a Abs. 3 Satz 2 Nr. 1 Satz 6 EStG i. V. m. § 52 Abs. 16 b EStG abweichend von vorstehender Grundregel eine Rückstellung in Höhe des Barwertes der erreichten unverfallbaren Versorgungsleistung gebildet werden.

---

60 Schriftlich erteilt ist eine Versorgungszusage, wenn der Verpflichtete (ArbG) eine schriftliche Erklärung mit dem in § 6 a EStG genannten Inhalt abgibt und der Adressat der Zusage das darin liegende Angebot nach den Regeln des Zivilrechts, d. h. ggf. durch mündliche Erklärung, annimmt (BFH, Urteil vom 27. 4. 2005 – I R 75/04, DB 2005, S. 1940 = BB 2005, S. 2293).
61 Es gilt der Eintritt in das Unternehmen als Arbeitnehmer: R 6 a (8) EStR 2008 sowie das Mindestalter nach R 6 a (10) EStR 2008.
62 R 6 a (8) EStR 2008: bis Jahrgang 1952 = 65. LJ, 1953–1961 = 66. LJ, ab 1962 = 67. LJ.
63 BFH, Urteil vom 21. 8. 2007 – I R 22/07.
64 Gilt für Neuzusagen ab dem 1. 1. 2009. Für Altzusagen gilt: R 6 a (10) EStR 2008.

Wird eine Versorgungszusage später als im Jahr des Eintritts erteilt oder erhöht sie sich in den Folgejahren, dann muss zum Bilanzstichtag des Jahres der Erteilung bzw. Erhöhung der Versorgungszusage eine erhöhte Einmalrückstellung gebildet werden, die dem auf alle zurückliegenden Dienstjahre frühestens ab der möglichen ersten Bildung entfallenden Pensionsaufwand entspricht. Diese Einmalrückstellung darf allerdings, um die Bilanzauswirkungen zu glätten, ggf. auf drei Wirtschaftsjahre verteilt werden.

Als **Beginn des Dienstverhältnisses des Geschäftsführers bzw. Vorstands** (sog. Diensteintrittsdatum) gilt sein **tatsächlicher Dienstbeginn** im Rahmen des bestehenden Arbeitsverhältnisses, also nicht das Datum des Dienstvertrages und nicht der Beginn eines früheren, zwischenzeitlich beendeten Arbeitsverhältnisses mit der gleichen Gesellschaft.[65] Vertraglich vereinbarte Vordienstzeiten bzw. ein fiktiver früherer Dienstbeginn, der z. B. zur Erreichung höherer Leistungen im Rahmen einer allgemeinen Versorgungsregelung mit dem Geschäftsführer/Vorstand vereinbart wurde, sind hierbei grundsätzlich außer Ansatz zu lassen.[66] Etwas anderes gilt nur dann, wenn die Anrechnung von Vordienstzeiten aufgrund gesetzlicher Vorschriften (z. B. § 613 a BGB) erfolgt. Werden zu Unrecht Vordienstzeiten bei der Rückstellungsberechnung berücksichtigt, so führt dies – wie der Bundesfinanzhof[67] richtigstellte – nicht zur Annahme einer verdeckten Gewinnausschüttung, wenn die Versorgungszusage selbst dem Grunde und der Höhe nach einem Fremdvergleich standhält. Es ist lediglich die Gewinnermittlung der Gesellschaft zu korrigieren.

Entscheidend ist der **Eintritt** in die Gesellschaft **als Arbeitnehmer**. Der Eintritt als Gesellschafter bzw. – im Falle der „Umwandlung" einer Einzelfirma in eine GmbH oder AG – Unternehmer ist damit nicht gleichbedeutend.

In dem Fall, in dem der Geschäftsführer/Vorstand in die Gesellschaft zunächst als Arbeitnehmer eingetreten und erst nach Erlangung einer beherrschenden Stellung eine Zusage erhält, ist für die Zwecke der Rückstellungsbildung auch auf den Eintritt als Arbeitnehmer abzustellen.[68]

---

65 R 6 a (8) S. 2 EStR 2008; vgl. auch BFH, Urteil vom 17. 5. 2000 – I R 25/98, BetrAV 2001, S. 282.
66 R 6 a (10) S. 1 EStR 2008.
67 BFH, Urteil vom 18. 4. 2002 – III R 43/00, BFH/NV 2002, S. 1264 = BetrAV 2002, S. 719.
68 R 6 a (8) S. 2 EStR 2008.

Bei der Umwandlung einer Personengesellschaft (GmbH & Co. KG, KG oder oHG) in eine GmbH oder AG sind die Vordienstzeiten des Geschäftsführers/Vorstands in der Personengesellschaft nur dann zu berücksichtigen, wenn das in der früheren Personengesellschaft bestehende Dienstverhältnis fortgesetzt wird und die Pensionsberechtigung im Rahmen des früheren Dienstverhältnisses bei der Personengesellschaft gewinnmindernd in Abzug gebracht werden konnte (d. h. keine Beteiligung an der Personengesellschaft).[69] Etwas anders kann nur dann gelten, wenn der Geschäftsführer/Vorstand in der Personengesellschaft als nicht beteiligter Arbeitnehmer beschäftigt war und dieses Dienstverhältnis nicht endgültig und ohne eine unverfallbare Anwartschaft beendet wurde und die Zurechnung der Vordienstzeiten vertraglich vereinbart worden ist.[70]

Nach der Bildung der erstjährigen Rückstellung ist in den folgenden Wirtschaftsjahren eine Zuführung bzw. Rückstellungsauflösung in Höhe der Differenz zwischen der Soll-Rückstellung am Ende des Wirtschaftsjahres und der des Vorjahres vorzunehmen. Rückstellungserhöhungen, die in einem Wirtschaftsjahr zulässig gewesen wären, aber nicht erfolgten, dürfen später grundsätzlich nicht nachgeholt werden (**steuerliches Nachholverbot**, § 6 a Abs. 4 S. 1 EStG). Ausnahme hiervon ist der Eintritt des Versorgungsfalls oder ein Ausscheiden mit unverfallbarer Anwartschaft. Weitere durch die höchstrichterliche Rechtsprechung zugelassene Ausnahmen erfassen nach der Ansicht des BFH[71] aber nicht Berechnungsfehler eines versicherungsmathematischen Gutachters. Es greift das Nachholverbot und geht damit im Ergebnis der Passivierungspflicht vor.

Beim **Eintritt eines vorzeitigen Versorgungsfalles** (Invalidität oder Tod des Geschäftsführers/Vorstands) und beim vorzeitigen Ausscheiden des Geschäftsführers aus dem Dienstverhältnis unter Aufrechterhaltung eines Teilanspruchs ist der Rückstellungsbetrag auf den Barwert der einsetzenden Leistungen bzw. den Barwert der aufrechterhaltenen Anwartschaft aufzufüllen. Auch hier ist ggf. (wenn sich der Barwert um mehr als 25 % erhöhen würde) eine Verteilung auf drei Jahre möglich.

Scheidet der Geschäftsführer/Vorstand vorzeitig aus, ohne dass er eine unverfallbare Anwartschaft behält, oder verstirbt er ohne Hinterlassen von

---

69 Vgl. BFH, Urteil vom 9. 4. 1997 – I R 124/95, BStBl II 1997, S. 799.
70 Vgl. BFH, Urteil vom 9. 4. 1997 – I R 124/95 a. a. O.; zustimmend Hahn, DStZ 1997, S. 729 ff.; Langohr-Plato, INF 1998, S. 104.
71 BFH, Beschluss vom 14. 1. 2009 – I R 5/08.

Hinterbliebenen, ist zum nächstfolgenden Bilanzstichtag eine gewinnerhöhende Auflösung der in der Bilanz gebildeten Rückstellungen vorzunehmen. Eine Verteilung der Auflösung über mehrere Wirtschaftsjahre ist nicht möglich. Auch die Auszahlung der Rente führt zu einem (teilweisen) Rückstellungsverbrauch, soweit sich die Verpflichtung nicht gleichzeitig in anderer Weise – z. B. durch eine Rentenanpassung – erhöht.

Bei der Bildung von Pensionsrückstellungen in der Steuerbilanz ist das in § 6 a Abs. 3 S. 2 Nr. 1 EStG enthaltene **Stichtagsprinzip** zu beachten. Hiernach dürfen bei der Rückstellungsbildung nur solche Verhältnisse berücksichtigt werden, die am jeweiligen Bilanzstichtag bereits festgestanden haben.

Das erwähnte Stichtagsprinzip hat im Zusammenhang mit der Vereinbarung einer **festen Anwartschafts- und/oder Rentendynamik** bei der Versorgungszusage an Aktualität gewonnen. Im Anschluss an die h. M. in der Literatur[72] wurde auch vom Bundesfinanzhof nunmehr klargestellt, dass fest zugesagte prozentuale Erhöhungen von Renten und Rentenanwartschaften keine ungewissen Erhöhungen i. S. v. § 6 a Abs. 3 Nr. 1 Satz 4 EStG darstellen und mithin bei der Rückstellung zu berücksichtigen sind.[73] Diese Entscheidung ist von erheblicher praktischer Relevanz, da die Rückstellung bei Berücksichtigung einer Rentendynamik deutlich höher ist als ohne Berücksichtigung einer solchen Rentendynamik. Die steuerliche Rückstellung ist nämlich bei einer Rentendynamik von 1 % (2 %)[74] p. a. typischerweise ca. 10 % (20 %) höher[75]; handelsrechtlich kann diese Faustregel ebenfalls als grobe Orientierung dienen.

Von der Berücksichtigung einer fest zugesagten Anwartschaftsdynamik ist nach Ansicht des Bundesfinanzhofs nur dann abzusehen, wenn dadurch das in § 6 a Abs. 3 Nr. 1 Satz 4 EStG normierte Verbot der Vorwegnahme

---

72 Vgl. z. B. Doetsch BB 1994, S. 327, 328; Langohr-Plato, INF 1995, S. 171, 173 Ahrend/Förster/Rößler, 2. Teil, Rn 771 ff.; Höfer/Veit/Verhuven, Bd II StR, § 6 a, Rdnr. 346.

73 BFH, Urteile vom 17. 5. 1995 – I R 16/94, BB 1995, S. 2053 (Rentendynamik), vom 17. 5. 1995 – I R 105/94, BB 1995, S. 2470 (Rentendynamik) oder vom 25. 10. 1995 – I R 34/95, DStR 1996, S. 374 (Renten- und Anwartschaftsdynamik).

74 Eine feste Rentendynamik von jährlich 5 % wurde vom FG Baden-Württemberg (Urteil vom 18. 2. 1998 – 5 K 255/97, EFG 1998, S. 898, rkr.) aufgrund eines externen Betriebsvergleichs auf „angemessene 3 v. H. pro Jahr" reduziert und in dieser Höhe steuerlich anerkannt; im BMF-Schreiben vom 3. 11. 2004 (IV B 2 – S 2176 – 13/04) werden unter Rdnr. 12 3 % im Zusammenhang mit der Überversorgungsprüfung (75 %) angesprochen.

75 Entsprechend höher ist allerdings auch die fiktive Jahresnettoprämie, vgl. Abschn. III. 3. f) bb) (1).

ungewisser Leistungserhöhungen unterlaufen würde. Als einen solchen Fall hat es der Bundesfinanzhof angesehen, wenn eine gehaltsabhängige Zusage mit einer geometrischen prozentualen Steigerung verbunden wird[76] oder wenn – im Hinblick auf künftige ungewisse Einkommenserhöhungen – eine von vornherein überhöhte Festzusage erteilt wurde[77]. Ob in dieser Rechtsprechung eine zutreffende Auslegung von § 6 a Abs. 3 Nr. 1 Satz 4 EStG zu sehen ist, kann letztlich dahinstehen, da eine solche dreifache Dynamik (Steigerung mit den Dienstjahren, den Aktivlöhnen und zusätzlich geometrisch prozentual) in der Praxis nicht sehr häufig vorkommt.

Nach gefestigter Rechtsprechung des Bundesfinanzhofs, der sich die Finanzverwaltung angeschlossen hat, ist – soweit die (Gesamt)Versorgung aus betrieblicher Versorgungsanwartschaft und Anwartschaft in der gesetzlichen Rentenversicherung 75 % der am Bilanzstichtag bezogenen Aktivbezüge i. S. v. § 2 LStDV übersteigt (sog. **Überversorgung**) – generell („typisierend") von einer gegen § 6 a Abs. 3 Satz 2 Nr. 1 Satz 4 EStG verstoßenden unzulässigen Vorwegnahme künftiger Erhöhung der Aktivbezüge auszugehen.[78] Dies hat zur Folge, dass der die Angemessenheitsgrenze von 75 % der Barbezüge übersteigende Teil der unmittelbaren Pensionsverpflichtungen nicht nach § 6 a EStG rückstellungsfähig ist. Das gilt gleichermaßen für Gesellschafter-Geschäftsführer bzw. -Vorstände und nicht beteiligte Geschäftsführer/Vorstände.[79]

Aus Sicht der Autoren ist zu dieser Rechtsprechung anzumerken, dass eine typisierende Betrachtung jedenfalls dann ausscheidet, wenn aus der Zusage der Wille erkennbar wird, dem Versorgungsberechtigten eine über 75 % der Aktivbezüge hinausgehende Versorgung zukommen zu lassen.[80] Nach dem Grundsatz der Vertragsfreiheit ist der Arbeitgeber nämlich

---

76 BFH, Urteil vom 17. 5. 1995 – I R 16/94 a. a. O.; bestätigend BFH, Urteil vom 25. 10. 1995 – I R 34/95 a. a. O.

77 BFH, Urteil vom 13. 11. 1975, BStBl II 1976, S. 142; bestätigend BFH, Urteil vom 17. 5. 1995 – I R 16/94 a. a. O.

78 BFH, Urteile vom 17. 5. 1995 – I R 16/94 a. a. O., vom 31. 3. 2004 – I R 70/03, BStBl II 2004 , S. 937 und I R 79/03, BStBl II 2004, S. 940, vom 15. 9. 2004 – I R 62/03, BStBl II 2005, S. 176, vom 27. 4. 2005 – I R 75/04, BStBl II 2005, S. 702 und vom 9. 11. 2005 – I R 89/04, DB 2006, S. 20 sowie BMF-Schreiben vom 3. 11. 2004 – IV B 2 – S 2176 – 13/04, BStBl I 2004, S. 1045 (Abdruck im Anhang).

79 Die Frage einer vGA stellt sich, worauf der BFH zu Recht hinweist, damit nicht mehr, da es an einer Unterschiedsbetragsminderung fehlt.

80 Ähnlich wie hier: Höfer, BB 1996, S. 41, 43; a. A. jedoch OFD Koblenz, Vfg. vom 15. 10. 1996, WPg 1996, S. 880.

nicht gehindert, einem Beschäftigten eine betriebliche Altersversorgung zukommen zu lassen, die zu einer Überversorgung führt.[81] Diese wäre, da der Wortlaut von § 6 a EStG erfüllt und insbesondere das Verbot der Vorwegnahme ungewisser Erhöhungen in § 6 a Abs. 3 Nr. 1 Satz 4 dann nicht berührt ist,[82] in vollem Umfang rückstellungspflichtig. Soweit eine Überversorgung einem wesentlich oder sogar mehrheitlich beteiligten Geschäftsführer/Vorstand zugesagt wird, wäre die zugesagte Versorgung oberhalb der 75%-Grenze allerdings nach Finanzverwaltung und Rechtsprechung im Regelfall – d. h. sofern der interne Fremdvergleich kein anderes Ergebnis erbringt – als vom Gesellschaftsverhältnis veranlasst (als verdeckte Gewinnausschüttung) anzusehen.[83]

Nicht steuerlich rückstellungsfähig sind Versorgungszusagen nach § 6 a Abs. 1 Nr. 2 EStG auch insoweit, als die **Pensionsleistung** von künftigen **gewinnabhängigen Bezügen abhängt**. Nach Auffassung der Rechtsprechung[84] soll diese Vorschrift eng auszulegen sein. Die „künftigen" gewinnabhängigen Bezüge in diesem Sinne seien solche, welche nach Erteilung der Pensionszusage, nicht aber solche, welche nach dem jeweiligen Bilanzstichtag entstünden. Entscheidend sei die „Künftigkeit" aus Sicht des Zusagezeitpunkts.

Die eher pauschalen Aussagen des BFH dürfen, wie Höfer[85] zu Recht ausführt, nicht ohne weiteres auf jegliches Versorgungssystem übertragen werden. Ein Versorgungssystem, dessen (kumulierte) Versorgungsleistung sich etwa aus Bausteinen zusammensetzt, deren jeweilige Höhe u. a. an am Bilanzstichtag feststehenden Tantiemen gemessen wird, dürfte nicht steuerschädlich sein, da die vom Gesetzgeber unerwünschten Effekte nicht auftreten können.

---

81 Vgl. BMF-Schreiben vom 3. 11. 2004 (IV B2 – S 2176 – 13/04) unter IV. (Rn 6).
82 So zu Recht Höfer, BB 1996, S. 41, 43.
83 Siehe zu den Voraussetzungen und Folgen einer vGA im Einzelnen III. 3. und 3. g).
84 BFH, Beschluss vom 3. 3. 2010 – I R 31/09, DStR 2010, S. 691 = BB 2010, S. 1015 = DB 2010, S. 757.
85 Höfer, Pensionsrückstellungen und gewinnabhängige Altersversorgung, DB 2010, S. 925.

3. Besondere Voraussetzungen für die steuerliche Anerkennung von unmittelbaren Versorgungszusagen an beteiligte GmbH-Geschäftsführer

Liegen die in § 6 a EStG genannten allgemeinen Voraussetzungen für die Bildung von Pensionsrückstellungen vor, dann ist bei Versorgungszusagen an beteiligte GmbH-Geschäftsführer weiter zu prüfen, ob die Zusage auch als betrieblich veranlasst anzuerkennen ist.

Soweit der Gesellschafter-Geschäftsführer auf Basis eines Dienstvertrages tätig ist, ist diese betriebliche Veranlassung nach § 4 Abs. 4 EStG grundsätzlich gegeben, es sei denn, es liegen die von Finanzverwaltung und Rechtsprechung aufgestellten Kriterien für die Annahme einer verdeckten Gewinnausschüttung vor.

Eine **verdeckte Gewinnausschüttung** i. S. d. § 8 Abs. 3 Satz 2 KStG ist nach der auf der BFH-Rechtsprechung basierenden Definition[86] in R 36 (1) KStR 2004

– eine Vermögensminderung oder verhinderte Vermögensmehrung, die durch das Gesellschaftsverhältnis veranlasst ist,[87]

– sich auf die Höhe des Unterschiedsbetrages gemäß § 4 Abs. 1 Satz 1 EStG i. V. m. § 8 Abs. 1 KStG auswirkt und

– nicht auf einem den gesellschaftsrechtlichen Vorschriften entsprechenden Gewinnverteilungsbeschluss beruht.

Eine verdeckte Gewinnausschüttung setzt damit voraus, dass ohne den fraglichen Vorgang das Saldo zwischen den ertragsteuerlich anzusetzenden Werten der Aktiva und der Passiva des Betriebsvermögens besser ausge-

---

86 Siehe zur Definition unter anderem BFH, Urteile vom 4. 9. 2002 – I R 48/01, BFH/NV 2003, S. 347 und vom 22. 10. 2003 – I R 37/02, BFHE 204, S. 96 = BStBl II 2004, S. 121 (m. w. Nachw.). Die frühere Definition bezog sich auf die Einkommenshöhe und erfasste keine steuerfreien Minderungseffekte.

87 Erforderlich dafür ist ein Zuwendungswille. Dieser ist ausnahmsweise nicht vorhanden bei durch vs.math. Gutachter falsch berechneter Rückstellung, vgl. BFH, Urteil vom 28. 4. 2010 – I R 78/08, dort Rn 56–57. Zwar setze die vGA neben der obj. Vermögensminderung grds. keine subj. Handlungserfordernisse voraus (also keine best. Ausschüttungsabsicht oder Einigung zwischen Gs. und Gstr. über die verd. Zuwendung, vgl. u. a. BFH, Urteil vom 29. 4. 2008 – I R 67/06, BFHE 221, 201.) Die handelnde Person muss weder den Tatbestand der vGA kennen noch das Geschehene rechtlich zutreffend würdigen. Erforderlich ist aber die konkrete Veranlassung, vgl. Gosch, KStG, 2. A., § 8 Rz. 277.

fallen wäre und sich damit für die Gesellschaft ein höherer Gewinn oder geringerer Verlust ergeben hätte.[88] In der Entscheidung vom 14. 3. 2006[89] lehnte der BFH eine rein wirtschaftliche Betrachtungsweise, etwa durch Gegenüberstellung von Werten (Bildung eines Saldos), ab. Vielmehr wurde der Sachverhalt rein vorgangsbezogen betrachtet, weshalb die für die vGA erforderliche Vermögensminderung (bei der Gesellschaft) im Fall bereits in der Hingabe des Vermögenswertes aus einer Rückdeckungsversicherung lag – und zwar unabhängig davon, dass der GF zugleich auf seine Versorgungsanwartschaft (verdeckte Einlage) verzichtete.

Bei dem vorstehend beschriebenen Fall gab es allerdings die Besonderheit, dass bereits die Abfindung selbst als vGA zu beurteilen war. Gleichwohl gilt: aufeinander bezogene (synallagmatische) Rechtsgeschäfte können die vGA-Regeln nicht aushebeln. Obgleich dies im Allgemeinen zu verneinen sein wird, ist stets der Einzelfall zu betrachten. Denn für die Annahme einer vGA gilt der Grundsatz der Geschäftsvorfallbezogenheit.[90]

Die Annahme einer vGA wird nicht dadurch gehindert, dass der Betreffende im Zeitpunkt des Zuflusses nicht mehr Gesellschafter ist.[91]

Im Übrigen hat die Qualifizierung als vGA keine Auswirkung auf die Beiträge einer evtl. Rückdeckungsversicherung, denn letztere ist unabhängig davon eine betrieblich veranlasste Finanzierungsmaßnahme.[92] In der erwähnten Entscheidung hat der Bundesfinanzhof als weiteres viertes Kriterium einer verdeckten Gewinnausschüttung verlangt, dass die (verhinderte) Unterschiedsbetragsminderung die Eignung hat, – ggf. irgendwann – beim Gesellschafter einen Beteiligungsertrag i. S. d. § 20 Abs. 1 Nr. 1 Satz 2 EStG auszulösen (sog. Korrespondenzprinzip).[93] Relevanz kommt dem Korrespondenzprinzip nur in besonders gelagerten Fällen zu, so in dem vom Bundesfinanzhof untersuchten Fall von Beiträgen zu einer Versicherung, die der Rückdeckung einer Versorgungszusage dienen, die eine verdeckte Gewinnausschüttung darstellt (Bundesfinanzhof: keine vGA mangels Vorteil des Gesellschafters).

---

88 Vgl. zur Definition Freericks in Blümich, § 8 KStG Rdnr. 95.
89 BFH, Urteil vom 14. 3. 2006 – I R 38/05, DStR 2006, S. 1172.
90 Vgl. Gosch, Aus der Rechtsprechung des Bundesfinanzhofs, BetrAV 2007, S. 713 ff. (717).
91 BFH, Urteil vom 22. 6. 1977 – I R 171/74, BB 1977, S. 1746 = DB 1977, S. 2417.
92 BFH, Urteil vom 7. 8. 2002 – I R 2/02, BB 2003, S. 32 = DB 2002, S. 2686.
93 BFH, Urteil vom 7. 8. 2002 – I R 2/02, DB 2002, S. 2686; dazu ausführlich Wassermeyer, DB 2002, S. 2668 ff.

a) Wichtige Unterscheidungen

aa) Unterscheidung zwischen steuerlich beherrschenden und nicht beherrschenden Gesellschafter-Geschäftsführern

In der Rechtsprechung des Bundesfinanzhofs wird zum Teil zwischen beherrschenden und nicht beherrschenden Gesellschafter-Geschäftsführern einer GmbH unterschieden. Für beherrschende Gesellschafter-Geschäftsführer werden dabei strengere Prüfungskriterien für die Anerkennung von Versorgungszusagen aufgestellt als für nicht beherrschende.

Beherrschend ist ein Gesellschafter im Sinne der **steuerlichen Rechtsprechung** dann, wenn er seinen Willen in der Kapitalgesellschaft rechtlich oder tatsächlich durchsetzen kann. Das ist der Fall, wenn er aufgrund der ihm aus seiner Gesellschafterstellung herrührenden **Stimmrechte** (nicht Kapitalanteile, soweit hiervon abweichend) den entscheidenden Beschluss durchsetzen kann.[94] In der Regel ist damit Voraussetzung, dass er über eine Mehrheit der Stimmrechte verfügt oder dass bei einer geringeren Beteiligung besondere Umstände hinzutreten, die eine tatsächliche Beherrschung der Gesellschaft begründen. Von einer Beherrschung wird trotz Minderheitsbeteiligung etwa dann ausgegangen, wenn bei dem fraglichen Rechtsgeschäft tatsächlich mehrere Minderheits-Gesellschafter mit gleich gerichteten Interessen zusammenwirken (z. B. alle Gesellschafter-Geschäftsführer erhalten gleichzeitig eine Versorgungszusage: Indizwirkung).[95] Ein bloßes verwandtschaftliches Verhältnis zu einem anderen Gesellschafter reicht dagegen als solches nicht aus, um gleich gerichtete Interessen anzunehmen.[96]

Bei der Prüfung, ob ein Gesellschafter-Geschäftsführer steuerlich beherrschend ist, sind auch mittelbare Beteiligungen (z. B. die mehrheitliche Beteiligung des Minderheitsgesellschafters an einer GmbH oder oHG, die ihrerseits wieder Anteile an der GmbH hält) sowie treuhänderisch gehaltene Stimmrechte zu berücksichtigen.[97] Der ertragsteuerliche Begriff der Beherr-

---

94 Siehe hierzu auch: Matrix zur Statusfeststellung, Anhang VI.
95 Im BFH-Urteil vom 18. 2. 1999 – I R 51/98, DStRE 1999, S. 630 ff. wurde eine deutlich abweichende Höhe der Zusage als ausreichend angesehen, um gleich gerichtete Interessen zu verneinen; siehe zum Begriff des beherrschenden Gesellschafters Klingebiel/Dötsch/Geiger/Lang/Rupp/Wochinger, vGA, Kapitel D Rdnr. 300 ff.
96 Vgl. BVerfG, Urteil vom 13. 3. 1985, BStBl II 1985, S. 475.
97 Vgl. BFH, Urteile vom 8. 1. 1969, BStBl II 1969, S. 347, vom 21. 7. 1976, BStBl II 1976, S. 734 und vom 23. 10. 1985, BStBl II 1986, S. 195; siehe wegen der Einzelheiten auch Höfer/Veit/Verhuven, Bd II StR, Rn 2848 (S. 1321).

schung unterscheidet sich nach alledem von dem Begriff der Beherrschung, wie er für die betriebsrentenrechtliche bzw. insolvenzrechtliche Abgrenzung verwendet wird[98] (siehe Abschn. II. 2.) und deutlich von der für die Feststellung der Sozialversicherungspflicht[99] verwendeten Definition [siehe Abschn. V. 5.) und Anhang VI., Matrix zur Statusfeststellung].

Die beherrschende Stellung muss im Zeitpunkt der Vereinbarung und des Vollzugs der Vermögensminderung vorliegen.[100]

Relevanz hat die Unterscheidung zwischen beherrschendem und nicht beherrschendem Gesellschafter-Geschäftsführer insoweit, als

- die Erdienbarkeitsfrist von 10 Jahren
  sowie

- das Gebot einer klaren und eindeutigen im Voraus erteilten Zusage (d. h. das sog. Nachzahlungs- oder Rückvergütungsverbot)

nur für steuerlich beherrschende Gesellschafter-Geschäftsführer gelten.

Die weiteren Prüfkriterien für eine betriebliche Veranlassung der Versorgungszusage, die auf einem Fremdvergleich beruhen, sind – auch wenn nicht überall eine explizite Aussage des Bundesfinanzhofs insoweit vorliegt – auch auf nicht beherrschende Gesellschafter-Geschäftsführer anwendbar, die nicht lediglich geringfügig (d. h. mit weniger als 10 %) an einer GmbH beteiligt sind. Dies ergibt sich aus der Rechtsprechung des Bundesfinanzhofs, die bei wesentlich beteiligten Geschäftsführern grundsätzlich für das Kriterium der betrieblichen Veranlassung auf einen Fremdvergleich abstellt.[101] Allerdings erfolgt ggf. eine Modifikation der Kriterien unter Berücksichtigung des Umstands, dass das Nachzahlungsverbot für diesen Personenkreis nicht gilt.

---

98 Siehe zur Abgrenzung: BFH, Urteil vom 28. 4. 2010 – I R 78/08, Rn 43.
99 Zum Sozialversicherungsrecht siehe: Freckmann, Der GmbH-Geschäftsführer im Arbeits- und Sozialversicherungsrecht – Ein Überblick unter Berücksichtigung der neuesten Rechtsprechung, DStR 2008, S. 52 ff. (56).
100 Wochinger, Rdnr. 54.
101 Vgl. auch die Hinweise des Vorsitzenden Richters am BFH Widmann in BetrAV 1996, S. 157, 161.

bb) Unterscheidung zwischen Zusagen, die die gesetzliche Altersversorgung ersetzen, und solchen, die sie ergänzen[102]

Die neuere Rechtsprechung des Bundesfinanzhofs, namentlich die Urteile vom 28. 1. 2004[103] und 31. 3. 2004[104], lässt es ratsam erscheinen, künftig bei Gesellschafter-Geschäftsführern, die nicht rentenversicherungspflichtig sind, zwei Arten von Versorgungszusagen zu unterscheiden: zum einen Zusagen, welche die fehlende Anwartschaft auf gesetzliche Rentenleistungen ersetzen sollen (im Folgenden: **ersetzende Versorgungszusagen**), und zum anderen Zusagen, die diese bzw. erstere Zusage ergänzen wollen (im Folgenden: **ergänzende Versorgungszusagen**).[105] Diese Unterscheidung wird nunmehr auch von der Literatur konsequent nachvollzogen.[106] In diesen Entscheidungen legte der Bundesfinanzhof zu Recht einen unterschiedlichen Prüfungsmaßstab an, je nachdem ob die betreffende Versorgungszusage lediglich „den Wert einer fehlenden Anwartschaft auf gesetzliche Rentenleistungen ersetzt" oder ob sie darüber hinausgeht. Zusagen, die bei nicht rentenversicherungspflichtigen Gesellschafter-Geschäftsführern bzw. -Vorständen die gesetzlichen Leistungen ersetzen sollen, werden vom Bundesfinanzhof nur in dem Umfang anerkannt, in welchem sie aus den anderweitig ersparten Arbeitgeberbeiträgen gespeist werden.

Der Gesellschaft ist es natürlich unbenommen, worauf Gosch[107] zu Recht hinweist, die Versorgungszusage an einen Gesellschafter-Geschäftsführer/ Vorstand nicht nur als ersetzende, sondern auch als ergänzende Versorgung auszugestalten. Dies folgt schon daraus, dass die betriebliche Altersversorgung für nicht beteiligte Geschäftsführer/Vorstände und andere Mitarbeiter im Regelfall eine ergänzende Versorgungszusage ist.[108]

---

102 Siehe hierzu grundlegend: Doetsch/Lenz, Notwendigkeit der Unterscheidung von ersetzenden und ergänzenden Pensionszusagen an Gesellschafter-Geschäftsführer, DB 2006, S. 1028 ff. = BetrAV 2006, S. 524 ff.
103 BFH, Urteil vom 28. 1. 2004 – I R 21/03, DB 2004, S. 1073.
104 BFH, Urteil vom 31. 3. 2004 – I R 65/03, DB 2004, S. 536 = BFH-PR 2004, S. 357 (LS) mit Praxis-Hinweisen von Gosch.
105 Ebenso Gosch, unter Ziff. 4 seiner Praxis-Hinweise, BFH-PR 2004, S. 358.
106 Vgl. Höfer/Veit/Verhuven, Bd II StR, Rn 2860 ff. (2922, 2932, 2948, 2959, 3018, 3022); Doetsch/Lenz, Notwendigkeit der Unterscheidung von ersetzenden und ergänzenden Pensionszusagen an Gesellschafter-Geschäftsführer, DB 2006 a. a. O.
107 BFH-PR 2004, S. 358.
108 Durch das Haushaltsbegleitgesetz 2006 hat der Gesetzgeber die Folgen der überraschenden Entscheidung des Bundessozialgerichts vom 24. 11. 2005 (B 12 RA 1/04 R, BB 2006, S. 553 LS) im Wesentlichen neutralisiert und klargestellt, dass die vor dem Urteil ange-

Auch wenn eine erweiterte, über den Ersatz der gesetzlichen Rente hinausgehende Versorgungsfunktion bei beherrschenden Gesellschafter-Geschäftsführern/Vorständen in der Praxis der Regelfall sein dürfte, sollte aufgrund der Hinweise in den genannten BFH-Urteilen künftig unzweideutig dokumentiert werden, dass neben dem Ersetzen der Grundversorgung aus der gesetzlichen Rentenversicherung eine Ergänzung gewollt ist.[109]

Die Unterscheidung und – jedenfalls bei Neuzusagen von den Autoren empfohlene – physische Trennung der ersetzenden Versorgungszusage und der darüber hinausgehenden ergänzenden Versorgung ermöglichen es, künftig beim betriebsinternen und betriebsexternen Fremdvergleich die richtige Messlatte anzuwenden.

Die vorstehende Unterscheidung hat weitgehende Auswirkungen. Sie hat, denkt man sie unter dem Aspekt des Fremdvergleichs konsequent zu Ende, nämlich Auswirkungen im Hinblick auf

– den **Zeitpunkt der Zusageerteilung**: Sofern die Risiken kongruent rückgedeckt wurden und sich die Verpflichtung der Gesellschaft wirtschaftlich gesehen im Wesentlichen in deren Beitragszahlung erschöpft, ist u. E. bei ersetzenden Zusagen keine Einhaltung von Erdienbarkeitsfrist, Zusagehöchstalter, Probezeit etc. notwendig.[110] Auch einem gesellschaftsfremden Geschäftsführer bzw. Vorstand würde eine Gesellschaft sofort mit der Einstellung, unabhängig von seinem Alter und einer Erprobung, in Höhe eingesparter Arbeitgeberbeiträge zur gesetzlichen Rentenversicherung eine Grundversorgung ermöglichen, jedenfalls sofern sie damit über den Beitragsaufwand während der Diensttätigkeit hinaus keine wesentlichen zusätzlichen Kosten und Risiken eingeht. Angesichts einer uneinheitlichen Verwaltungspraxis dürfte es sich insoweit empfehlen, hierzu ggf. eine verbindliche Auskunft der zuständigen Finanzverwaltung einzuholen.

---

wandte Rechtspraxis der Rentenversicherungsträger auch der gewollten Rechtsanwendung entsprach. Lediglich wenn keine anderen Arbeitnehmer als der Geschäftsführer beschäftigt werden, kann dieser als „arbeitnehmerähnlicher Selbstständiger" nach § 2 Satz 1 Nr. 9 SGB VI rentenversicherungspflichtig sein.

109 So auch: Höfer/Veit/Verhuven, Bd II StR, S. 1359 (Rn 2950).
110 Vgl. hierzu auch BFH, Urteil vom 24. 4. 2002 – I R 43/01, BStBl II 2003, S. 416 = BB 2002, S. 2319, 2320 und LS, wonach trotz deutlich kürzerer als zehnjähriger Erdienbarkeitsfrist keine vGA angenommen wurde, „weil der Geschäftsführer nicht anderweitig eine angemessene Altersversorgung aufbauen konnte".

– die Prüfung der **Angemessenheit der Versorgungszusage**: Bei ersetzenden Zusagen ist eine betriebliche Veranlassung grundsätzlich schon dann zu bejahen, wenn der von der Gesellschaft zu tragende Versorgungsaufwand die (gedachten) Arbeitgeberbeiträge zur gesetzlichen Rentenversicherung nicht wesentlich übersteigt (Letzteres ist insbesondere mit einer beitragsorientierten Zusage gut darstellbar). Eine Überversorgung (Versorgung in Höhe von mehr als 75 % der Barbezüge) kann eine ersetzende Versorgungszusage kaum auslösen, da die eingesparten Beiträge zur gesetzlichen Rentenversicherung ja von der Höhe der Barbezüge abhängen.

Mit der Herausnahme des dem Arbeitgeberbeitrag zur gesetzlichen Rentenversicherung entsprechenden Versorgungsaufwandes des Arbeitgebers aus der Prüfung der betrieblichen Veranlassung richtet sich das Augenmerk nun auf den richtigen Sachverhalt, nämlich allein den Ergänzungsteil der Zusage bzw. die separate ergänzende Versorgungszusage. Nur sie kann sinnvollerweise im Rahmen einer allgemeinen Angemessenheitsprüfung mit der (ebenfalls die gesetzliche Rentenversicherung ergänzenden) betrieblichen Versorgungszusage für angestellte Geschäftsführer/Vorstände und Führungskräfte verglichen werden. Nur aus dieser Ergänzungszusage kann ggf. eine Überversorgung entstehen, die gemäß § 6 a EStG mit ihrem Überversorgungsteil rückstellungsmäßig nicht berücksichtigt werden darf.

– die **Ermittlung und Prüfung der Gesamtbezüge**: Die Differenzierung zwischen ersetzender und ergänzender Versorgung ermöglicht es, den Arbeitgeberbeitrag zu einer ersetzenden Versorgungszusage außer Ansatz zu lassen, zumal er im einkommensteuerlichen Sinne nicht zum Arbeitslohn zählt.[111] Bei der Betrachtung der Gesamtausstattung von nicht am Unternehmen beteiligten Geschäftsführern und Vorständen wird der Arbeitgeberanteil an den (Pflicht-)Beiträgen zur gesetzlichen Rentenversicherung und anderen Zweigen der Sozialversicherung ebenfalls nicht berücksichtigt.

Sind sowohl eine ersetzende als auch eine ergänzende Versorgungszusage erteilt worden oder hat eine Zusage (erkennbar) Mischcharakter, dann ist bei konsequenter Umsetzung der BFH-Rechtsprechung – eine angemesse-

---

111 So ausdrücklich BFH, Urteil vom 2. 12. 2005 – VI R 16/03.

Tabelle 3 *Unterschiede bei der steuerlichen Prüfung von ersetzenden und ergänzenden Zusagen*

Prüfung der Veranlassung im Dienstverhältnis bezüglich:	Ersetzende Versorgungs-zusagen	Ergänzende Versorgungs-zusagen
■ Nachzahlungsverbot	notwendig	notwendig
■ Ernsthaftigkeit / Finanzierbarkeit	notwendig	notwendig
■ Erdienbarkeit u. sonstige zeitliche Grenzen		
– Erdienbarkeitsfrist (10 Jahre bzw. 3+12)	nicht notwendig	notwendig
– Zusage-Höchstalter (60)	nicht notwendig	notwendig
– Einhaltung einer „Probezeit"	nicht notwendig	notwendig
– Ertragsaussichten der Ges. beurteilbar	nicht notwendig[1]	notwendig
■ Überversorgung („75 %")	nicht notwendig[2]	notwendig
■ allgemeine Angemessenheit bzw. Üblichkeit der Zusage („75 %")	nicht notwendig[2]	notwendig
■ Angemessenheit Gesamtvergütung	notwendig AG-Beitrag bzw. fiktive Nettoprämie bleibt außer Ansatz[2]	notwendig Berücksichtigung der fiktiven Nettoprämie

[1] Jedenfalls sofern die Gesellschaft mit der Zusage keine über den im Jahr entstehenden Versorgungsaufwand hinausgehenden Risiken übernimmt (d. h. bei externer Finanzierung).
[2] Sofern der Versorgungsaufwand, den die Gesellschaft für den GGF/Vorstand erbringt, nicht den Arbeitgeberbeitrag in der gesetzlichen Rentenversicherung übersteigt.

ne Höhe der die gesetzlichen Rentenversicherung ersetzenden Zusage unterstellt – künftig nur der ergänzende Versorgungsteil (bzw. der die fiktiven Beiträge zur gesetzlichen Rentenversicherung übersteigende Versorgungsaufwand) daraufhin zu untersuchen, ob er der Höhe nach angemessen ist. Nur er wäre im Rahmen eines betriebsinternen Vergleichs mit den Anwartschaften von anderen rentenversicherungspflichtigen Führungskräften auf Leistungen der betrieblichen Altersversorgung zu betrachten. Erst bei der Beurteilung der Angemessenheit des die ersetzende Zusage übersteigenden Teils, also des Ergänzungsteils, wird auch dieser Teil (aber nur im Hinblick auf die Angemessenheit des Ergänzungsteils) betrachtet.

Folgt man der hier vertretenen Auffassung, dann ist auch bei vorhandenen Zusagen aus Vorsichtsgründen zu empfehlen, ggf. eine entsprechende Klarstellung in der Zusage bzw. dem ihr zugrunde liegenden Gesellschafterbeschluss vorzunehmen.[112]

Es bleibt zu hoffen, dass die künftige BFH-Rechtsprechung weitere Klarstellungen zur Behandlung von ersetzenden und ergänzenden Versorgungszusagen vornimmt.

Hiernach sind bei Direktzusagen folgende Prüfkriterien zu beachten:

b) Zivilrechtlich wirksame sowie klare und im Voraus geschlossene Zusage

Im Hinblick auf den fehlenden Interessengegensatz zwischen Gesellschaft und beherrschendem Gesellschafter wird zusätzlich zu der schon in § 6 a EStG geforderten Schriftform für die steuerliche Anerkennung der Gewährung von Pensionsleistungen verlangt, dass die Versorgungsleistungen auf einer zivilrechtlich wirksamen, klaren und im Voraus geschlossenen Vereinbarung beruhen.[113]

aa) Zivilrechtliche Wirksamkeit

Für die steuerliche Anerkennung von unmittelbaren Versorgungszusagen (und auch anderen Formen von Versorgungszusagen: Zusage von Leistungen einer Unterstützungskasse, einer Pensionskasse oder eines Pensionsfonds bzw. Abschluss einer Direktversicherung) gegenüber einem beherrschenden Gesellschafter-Geschäftsführer ist Voraussetzung, dass diese zivilrechtlich wirksam sind.[114] Schließlich muss die Zusage auch tatsächlich durchgeführt werden.[115]

Wird die GmbH durch den begünstigten Geschäftsführer bei Erteilung der Versorgungszusage vertreten, so ist für die zivilrechtliche Wirksamkeit auch bei einer Ein-Personen-GmbH, also wenn der beteiligte Geschäftsführer sämtliche Anteile an der Gesellschaft hält, seine **Befreiung vom Verbot des Selbstkontrahierens** nach § 181 BGB erforderlich. Diese muss in der Satzung geregelt und sollte, jedenfalls um eine Beanstandung durch die Fi-

---

112 Vgl. Gosch, BFH-PR 2004, S. 358.
113 Vgl. R 36 (2) und H 36 III. KStR 2004.
114 Vgl. BFH, Urteil vom 13. 3. 1991 – I R 1/90, BStBl II 1991, S. 597 = BB 1991, S. 1398.
115 So ausdrücklich Dötsch u. a., vGA, Kapitel D, Rdnr. 304, 333 ff., 369 ff., siehe dazu auch Abschn. III. 3. c) (Ernsthaftigkeit).

nanzverwaltung zu vermeiden, zudem ins Handelsregister eingetragen sein.[116] Ein Vertragsschluss, bei dem der Geschäftsführer auf beiden Seiten des Geschäftes beteiligt ist, ist ohne Befreiung vom Selbstkontrahierungsverbot schwebend unwirksam (§ 177 BGB). Eine spätere Genehmigung durch die Gesellschafterversammlung führt rückwirkend – auch mit steuerlicher Wirkung – zur Wirksamkeit.[117]

Ist neben dem Geschäftsführer noch mindestens eine weitere Person an der Gesellschaft beteiligt, so bedarf es zur Wirksamkeit der Versorgungszusage oder ihrer Änderung nach der neueren Rechtsprechung des Bundesgerichtshofs[118] eines entsprechenden **Beschlusses der Gesellschafter-Versammlung**, soweit die Satzung keine anderweitige Zuständigkeit bestimmt. Bei der erwähnten Zuständigkeit kommt es auch nicht darauf an, wie die Zusage wirtschaftlich finanziert wird, weshalb sie auch bei einer Entgeltumwandlung einschlägig ist. Das Erfordernis eines Gesellschafterbeschlusses gilt selbst dann, wenn der beteiligte Geschäftsführer über die Mehrheit der Stimmrechte verfügt und den Beschluss daher erzwingen kann. Dies folgt schon aus der Regel, dass Gesellschafterbeschlüsse in der Gesellschafterversammlung gefasst werden (§ 48 Abs. 1 GmbHG).[119] Versorgungszusagen, die ohne Beachtung der Kompetenz der Gesellschafterversammlung vom versorgungsberechtigten Gesellschafter-Geschäftsführer selbst oder von einem Mitgeschäftsführer erteilt wurden, gelten steuerlich als verdeckte Gewinnausschüttung.[120] Wegen der Zuständigkeit der Gesellschafterversammlung für jegliche Veränderungen des Anstellungsvertrages ist auch bei nicht beherrschenden Geschäftsführern bzw. Fremdgeschäftsführern ein Beschluss ratsam.[121]

Der erforderliche Gesellschafterbeschluss muss, sofern der Gesellschaftsvertrag keine andere Regelung trifft, nicht förmlich im Rahmen einer Gesell-

---

116 Vgl. H 36 I. KStR 2004; die Eintragung ins Handelsregister ist jedoch nach dem Urteil des BFH vom 31. 5. 1995 – I R 64/94, BB 1995, S. 2518 = DB 1995, S. 2452 „jedenfalls derzeit" keine Wirksamkeitsvoraussetzung.

117 Vgl. BFH, Urteile vom 23. 10. 1996 – I R 71/95, DStR 1996, S. 1996 und vom 15. 10. 1997 – I R 19/97, BFH/NV 1998, S. 746.

118 Vgl. das Urteil vom 25. 3. 1991 – II ZR 169/90, BB 1991, S. 927, 928 f. = DB 1991, S. 1065.

119 Ein Stimmrechtsausschluss nach § 47 Abs. 4 GmbHG liegt insoweit nicht vor, vgl. BGHZ 18, S. 210.

120 BMF-Schreiben vom 16. 5. 1994 – IV B 7 – S 2742 – 14/94, BStBl I 1994, S. 868 = NZA 1995, S. 20.

121 BGH, Urteil vom 25. 3. 1991 – II ZR 169/90, BB 1991, S. 927; auch bei Verpfändung einer Rückdeckung: OLG Düsseldorf, Urteil vom 23. 4. 2009 – 6 U 58/08; siehe hierzu auch Ziffer II. 3.

schafterversammlung erfolgen. Der Sinn und Zweck der Entscheidungskompetenz der Gesellschafterversammlung ist vielmehr u. E. auch dann erfüllt, wenn die Versorgungszusage von sämtlichen[122] Gesellschaftern unter-
zeichnet ist.[123] Verlangt der Gesellschaftsvertrag dagegen für Änderungen
des Dienstvertrages einen ausdrücklichen Gesellschafterbeschluss, so sollte dieser aus Vorsichtsgründen[124] vorgenommen werden.

Ist die Entscheidungskompetenz auf einen Beirat, Aufsichtsrat oder ein anderes Gremium verlagert, was vor allem bei größeren Gesellschaften der
Fall ist, dann muss das entscheidungsberechtigte Gremium die Zusageerteilung beschlossen haben.

Hat der Geschäftsführer als Gesellschafter selbst an der Beschlussfassung
teilgenommen, so bedarf es keiner Umsetzung des Gesellschafterbeschlusses in Form einer förmlichen Ergänzung des Dienstvertrages mehr.[125] Wird
ein entsprechender Gesellschafterbeschluss vom beteiligten Geschäftsführer in Form einer Versorgungszusage umgesetzt, bei deren Ausgestaltung er
keinen Entscheidungsspielraum hat, ist nicht einmal die Befreiung des Geschäftsführers von § 181 BGB erforderlich.[126]

In Bezug auf Altzusagen wurde von der Finanzverwaltung eine Frist zur
Nachholung des fehlenden Gesellschafterbeschlusses durch die aktuellen
Anteilseigner bis zum 31. 12. 1996 gewährt.[127] Die Nachholung eines fehlenden Gesellschafterbeschlusses wird von der Finanzverwaltung auch in
Fällen, in denen die Versorgungsbezüge bereits gezahlt wurden, verlangt.[128]
Das Kriterium einer zivilrechtlich wirksamen Vereinbarung gilt auch bei nicht
beherrschenden Gesellschafter-Geschäftsführern.[129] Es hat hier jedoch
keine große Bedeutung, da Mängel durch Nachholung des fehlenden Gesellschafterbeschlusses bzw. Neuerteilung der Zusage ohne Schwierigkeiten nachträglich beseitigt werden können [siehe zum Nachzahlungsverbot
Abschn. III. 3. b) cc)].

---

122 Eine Unterzeichnung durch eine (qualifizierte) Mehrheit von Gesellschaftern reicht u. E.
nicht aus!
123 Ebenso Tillmann/Schmidt, GmbHR 1995, S. 796.
124 Vgl. FG Hessen, Urteil vom 15. 3. 1994 – 4 K 1135/91, EFG 1995, S. 384.
125 BFH, Urteil vom 11. 12. 1991 – I R 49/90, BB 1992, S. 1124.
126 Vgl. Tillmann, Rdnr. 19.
127 BMF-Schreiben vom 21. 12. 1995 – IV B 7 – S 2742 – 68/95, BB 1996, S. 151 = DB 1996,
S. 17; BMF-Schreiben vom 16. 5. 1994 – IV B 7 – S 2742 – 14/94, BStBl I 1994, S. 868.
128 Vgl. die Verfügung der OFD Hamburg vom 24. 4. 1996 – S 2742 – 8/94 – St 31.
129 Vgl. den Hinweis von Widmann, BetrAV 1996, S. 161.

bb) Klarheit und Eindeutigkeit

Ist eine Versorgungszusage nlcht klar und eindeutig formuliert, so geht dies zulasten des Steuerpflichtigen[130] und kann ggf. dazu führen, dass die Versorgungszusage insgesamt nicht anerkannt wird.[131] Hierdurch sollen nachträgliche Gewinnmanipulationen ausgeschlossen werden.

Bei der Versorgungszusage an einen beherrschenden Geschäftsführer müssen sämtliche leistungsbestimmende Merkmale (Leistungsarten, Leistungshöhe, Leistungsvoraussetzungen, Höhe der Ansprüche bei vorzeitigem Ausscheiden, Höhe der Ansprüche bei einer Inanspruchnahme einer vorzeitigen Altersrente etc.) ausdrücklich geregelt sein. Die gesetzlichen Regeln zur Unverfallbarkeit, Inanspruchnahme einer vorgezogenen Altersrente sowie der Anpassung laufender Leistungen gelten für Unternehmer[132] nämlich nicht (siehe Abschn. II. 2.).

Die Voraussetzungen, unter denen die Leistungen gewährt werden, müssen zudem klar und eindeutig formuliert sein und dürfen nicht etwa in der Disposition der Gesellschaft stehen, um eine Beeinflussung des Gewinns der Gesellschaft nach dem Belieben des Gesellschafter-Geschäftsführers auszuschließen. Eine klare Vereinbarung fehlt nach Ansicht des Bundesfinanzhofs z. B. dann, wenn die Leistungsbemessung vom Gewinn abhängt, der nach „steuerlich zulässigen Maßnahmen" oder nach dem „Ergebnis der Steuerbilanz" erfolgen soll[133] oder unter dem Vorbehalt eines ausreichenden Gesellschaftsgewinns steht.[134]

An einer eindeutigen und klaren Versorgungszusage fehlt es auch, wenn die Höhe der Versorgungszusage bzw. die Höhe der Vergütung, die Bemessung für die Versorgungszusage ist, in das Ermessen einer dritten Person (z. B. eines Schiedsgutachters) gestellt ist.[135] Voraussetzung für eine eindeutige

130 BFH, Urteil vom 22. 10. 2003 – I R 37/02, BB 2004, S. 209, 211.
131 BFH, Urteil vom 16. 12. 1992 – I R 2/92, BStBl II 1993, S. 455 = BB 1993, S. 918 = DB 1993, S. 913.
132 Alleingesellschafter, Mehrheitsgesellschafter oder Minderheitsgesellschafter, der zusammen mit anderen Minderheitsgesellschaftern über die Mehrheit des Kapitals oder der Stimmrechte verfügt, vgl. Förster/Rühmann/Cisch, BetrAVG, § 17 Rn 5 ff.
133 BFH, Urteil vom 1. 7. 1992 – I R 78/91, BStBl II 1992, S. 975 = BFHE 168, S. 293.
134 BFH, Urteil vom 29. 4. 1992 – I R 21/90, BStBl II 1992, S. 851 = BB 1992, S. 1914.
135 So ausdrücklich FG Berlin, Urteil vom 28. 4. 1997 – 8263/96, EFG 1997, S. 1141 zu einer Vergütungsvereinbarung, deren Höhe vom gemeinsamen Steuerberater von GmbH und -Gesellschafter-Geschäftsführer als Schiedsgutachter festgelegt werden sollte.

und klare Zusage ist nämlich, dass ihre Höhe im Voraus so geregelt ist, dass sie durch Rechenvorgänge ermittelt werden kann.[136] Soweit eine Versorgungszusage die Höhe des Versorgungsanspruchs von der Höhe der Jahres- oder Monatsbezüge des Gesellschafter-Geschäftsführers abhängig macht, muss klar und eindeutig erkennbar sein, auf welche Bezüge (nur Fest- oder auch variable Bezüge, Bezüge des jeweils laufenden Jahres oder im Durchschnitt aller Jahre etc.) die Zusage Bezug nimmt.[137]

Problematisch im Hinblick auf das für beherrschende Gesellschafter-Geschäftsführer geltende Gebot einer klaren (und von vornherein geschlossenen) Vereinbarung ist auch, wenn mehrere sich widersprechende zeitgleiche Versorgungszusagen existieren. Ist nach außen hin nicht klar erkennbar, welche von mehreren existierenden Versorgungszusagen gelten soll, dann fehlt es damit ggf. an einer steuerlich anzuerkennenden Zusage.[138] Da bei unterschiedlich datierten Zusagen die spätere Zusage (nach Auslegung) grundsätzlich die frühere(n) verdrängt, kann diese Problematik allerdings wohl primär in solchen Fällen auftreten, in denen „getrickst" werden soll, d. h. eine dem Finanzamt vorzulegende Zusage und eine arbeitsrechtlich gewollte „Tresor-Zusage" existieren.

Auch **Versorgungsverträge von (beherrschenden) Gesellschafter-Geschäftsführern sind auslegungsfähig.**[139] Unklarheiten in der Zusage sind zunächst im Wege einer Auslegung zu klären. Erst wenn auf diese Weise der Inhalt einer Vereinbarung sich nicht zweifelsfrei feststellen lässt, ist für die Annahme einer verdeckten Gewinnausschüttung aufgrund beherrschender Gesellschaftsverhältnisse Raum.

cc) Rückwirkungs- bzw. Nachzahlungsverbot

Ebenfalls um nachträgliche Gewinnmanipulationen auszuschalten, sind Versorgungszusagen an beherrschende Gesellschafter steuerlich nur dann anzuerkennen, wenn sie auf einer „im Voraus getroffenen Vereinbarung" be-

---

136 Vgl. BFH, Urteil vom 29. 4. 1992 – I R 21 /90, BStBl II 1992, S. 851; EStH 6 a Abs. 7.
137 Vgl. Niedersächsisches FG, Urteil vom 9. 12. 1997 – VI 607/93, EFG 1998, S. 782.
138 Vgl. BFH, Urteil vom 24. 3. 1998 – I R 96/97, GmbHR 1998, S. 1048 f., in dem allerdings nach dem vom FG getroffenen Feststellungen erkennbar war, welche Fassung gelten sollte.
139 So ausdrücklich BFH, Urteile vom 4. 12. 1991 – I R 63/90, BStBl II 1992, S. 362, vom 25. 10. 1995 – I R 9/95, BStBl II 1997, S. 703 und vom 24. 3. 1999 – I R 20/98, DStR 1999, S. 1393, 1394.

ruhen.[140] Eine rückwirkende, d. h. nicht zukünftige, sondern vergangene Dienste belohnende, Zusage auf Versorgungsleistungen oder Verbesserung einer solchen Zusage stellt eine verdeckte Gewinnausschüttung dar.[141]

Dem Rückwirkungsverbot kommt für die betriebliche Altersversorgung – neben dem separat zu prüfenden Kriterium der Erdienbarkeit der Versorgungsleistung [siehe nachfolgend Abschn. III. 3. d)] – eine erhebliche Bedeutung zu. Seine Anwendbarkeit im Bereich der betrieblichen Altersversorgung ist allerdings schwierig, da diese von ihrer Definition her die gesamte Betriebstreue entgilt und nicht lediglich künftige Betriebstreue.

Relevanz hat das Rückwirkungsverbot insbesondere in Bezug auf die Anpassung laufender Versorgungsleistungen. Sieht eine Versorgungszusage an einen beherrschenden Gesellschafter-Geschäftsführer keine Anpassung der laufenden Renten vor, so darf eine solche grundsätzlich nicht vorgenommen werden. Die gesetzliche Anpassungsüberprüfung findet hier keine Anwendung, da die Versorgung außerhalb des Anwendungsbereichs des Betriebsrentengesetzes liegt. Um einer solchen Kollision mit dem Rückwirkungsverbot zu entgehen, muss in der Versorgungszusage selbst rechtzeitig, d. h. zur Sicherheit spätestens zehn Jahre vor der frühesten Inanspruchnahme,[142] eine Anpassung der Versorgung an einen bestimmten Index vorgesehen werden oder hilfsweise zumindest ein Vorbehalt enthalten sein, die Versorgungsbezüge später anpassen zu können (sog. Spannungsklausel).

Auch ohne eine vertragliche Anpassungsklausel verstößt eine Erhöhung von Versorgungsbezügen nach der Rechtsprechung dann nicht gegen das Rückwirkungsverbot, wenn die Gesellschaft auch die vergleichbaren Bezüge früherer Arbeitnehmer in gleicher Weise anpasst,[143] oder wenn eine Rente wegen deutlich gestiegener Lebenshaltungskosten zur Erhaltung eines bescheidenen Lebensunterhaltes des ausgeschiedenen Geschäftsführers oder seiner Ehefrau erforderlich ist.[144]

---

140 R 36 (2) KStR 2004.
141 Vgl. BFH, Urteil vom 30. 1. 1985 – I R 37/82, BStBl II 1985, S. 345 = BB 1985, S. 982.
142 Wochinger, Rdnr. 442, spricht davon, dass die Einfügung der Klausel nicht erst „im vorgerückten Alter" erfolgen darf.
143 BFH, Urteil vom 6. 4. 1979 – I R 39/76, BStBl II 1979, S. 687.
144 BFH, Urteile vom 22. 6. 1977 – I R 125/67, BStBl II 1978, S. 33 und vom 28. 4. 1982 – I R 51/76, BStBl II 1982, S. 612 = BB 1982, S. 1347 = DB 1982, S. 1544.

Mittelbare Auswirkungen hat das Rückwirkungsverbot im Übrigen auf andere Prüfungskriterien, so die Erdienbarkeit (Zehnjahresfrist; keine Berücksichtigung der zurückliegenden Dienstzeit bei beherrschenden Gesellschafter-Geschäftsführern) und bei der Ermittlung der fiktiven Jahresnettoprämie bei Zusageerhöhungen (Verteilung auf die restliche Dienstzeit bei beherrschenden Gesellschafter-Geschäftsführern).

Bedeutung hat das Nachzahlungsverbot schließlich für die Ermittlung der Höhe der bei vorzeitigem Ausscheiden aufrechtzuerhaltenden Anwartschaft [siehe Abschn. III. 3. e) bb) (1)] bzw. des Abfindungswertes einer solchen Anwartschaft.[145]

c) Ernsthaftigkeit und Finanzierbarkeit

Eine Versorgungszusage an einen beteiligten Geschäftsführer muss weiterhin „ernsthaft" und „finanzierbar" sein, um steuerlich anerkannt zu werden. Mit dem Kriterium der Finanzierbarkeit wird die Tragbarkeit der übernommenen Finanzierungsrisiken erfasst, die bislang von Rechtsprechung und Finanzverwaltung unter dem Gesichtspunkt der Ernsthaftigkeit subsumiert worden sind.

(1) Ein Indiz für eine mangelnde Ernsthaftigkeit einer Versorgungszusage wird darin gesehen, dass auf die erdiente Anwartschaft bei fortbestehendem Dienstverhältnis ohne triftigen Grund verzichtet wird.[146] Erfolgt der Verzicht dagegen bei Ausscheiden gegen Zahlung einer Abfindung in Höhe des Barwertes der Versorgungszusage[147] oder im Hinblick auf eine nach der Versorgungszusage wesentlich veränderte Lage, so kann allein daraus auf eine mangelnde Ernsthaftigkeit nicht geschlossen werden.[148] Ein (teilweiser) Verzicht auf die Versorgungszusage bei einer wesentlich verschlechterten wirtschaftlichen Lage der Gesellschaft nach Zusageerteilung ist, wenn ein Fremdgeschäftsführer unter den gleichen Umständen mit der gleichen Reduzierung der Versorgung für die Zukunft einverstanden gewesen wäre, ohne die Gefahr steuerlicher Sanktionen möglich.[149]

---

145 Siehe Briese, DStR 2004, S. 1276, 1277.
146 Zum speziellen Fall eines Verzichts auf den sog. „future-service" siehe unter VI. 1. b) bb) (1).
147 Ein jederzeitiges Recht der Gesellschaft zur Abfindung der Anwartschaft lediglich in Höhe der gebildeten Rückstellung ist nach Auffassung des BFH (Urteil vom 10. 11. 1998 – I R 49/97, DB 1999, S. 617) ein steuerschädlicher Vorbehalt.
148 Ebenso Langohr-Plato, Stbg 1992, S. 257, 260; Dötsch u. a., vGA, Kapitel D Rdnr. 707 ff.
149 Siehe dazu im Einzelnen Abschn. VI. 1. b); vgl. BGH, Urteil vom 15. 6. 1992 – II ZR 88/91, BB 1992, S. 1583 ff.

Behält sich die Gesellschaft das Recht vor, die Zusage jederzeit ohne besonderen Grund mit dem Teilwert abzufinden, so fehlt es zwar wohl nicht an der Ernsthaftigkeit. In diesem Fall liegt jedoch ein steuerschädlicher Vorbehalt vor, der gemäß § 6 a Abs. 1 Nr. 2 EStG zur Nicht-Anerkennung der Pensionsrückstellung führt.[150]

(2) Relevanz für das Kriterium der Ernsthaftigkeit hat auch das vereinbarte Pensionsalter.

Eine vertragliche Altersrente, die vor Erreichen des 60. Lebensjahres ausgezahlt wird, wird von der Finanzverwaltung unter dem Aspekt der Ernsthaftigkeit nicht anerkannt.[151] Auch bei einer höheren Altersgrenze als 75 Jahre ist es in der Praxis schon vereinzelt zu einer Beanstandung durch die Finanzverwaltung gekommen, wenngleich es schwierig ist, aus einer zu hohen Altersgrenze eine fehlende betriebliche Veranlassung herzuleiten.

Für die **Rückstellungsbildung** ist bei beherrschenden Gesellschafter-Geschäftsführern und übrigens auch Geschäftsführerinnen[152] grundsätzlich auf die **Vollendung des 65. bis 67. Lebensjahres**[153] abzustellen, unabhängig davon, ob vertraglich ein niedrigeres Pensionsalter vereinbart wurde. Ein niedrigeres Pensionsalter wird für die Rückstellungsbildung nur dann anerkannt, wenn besondere Gründe (z. B. eine nachgewiesene Schwerbehinderung) dies rechtfertigen.[154]

Die Vereinbarung einer vertraglich niedrigeren Altersgrenze hat, wenn ein Ausscheiden tatsächlich zu diesem Zeitpunkt erfolgen soll, den Vorteil, dass die Rückstellung im Zeitpunkt des Ausscheidens – ohne Verstoß gegen das Nachzahlungsverbot – auf den Barwert der bei Pensionierung beginnenden Rente aufgestockt werden kann.[155]

---

150 So zutreffend FG Berlin, Urteil vom 10. 2. 1997 – VIII 23/94, DStRE 1997, S. 706; bestätigend BFH, Urteil vom 10. 11. 1998 – I R 49/97 a. a. O. und ausdrücklich Schreiben des BMF vom 6. 4. 2005 – IV B2 – S 2176 – 10/05, BStBl I 2005, S. 619 (Abdruck im Anhang).
151 R 38 KStR 2004; im Sinne dieses Mindestalters auch Schreiben des BMF vom 31. 3. 2010 (IV C 3 – S 2222/09/10041; IV C 5 – S 2333/07/0003), dort Rn 249.
152 Vgl. Wochinger, Rdnr. 361.
153 Siehe R 6 a (8) EStR 2008.
154 So auch R 6 a (8) EStR 2008: je nach Geburtsjahrgang 60.–62. LJ; der BFH stellt darauf ab, ob es „hinreichend wahrscheinlich" ist, dass der GGF vor Vollendung des 65. Lebensjahres in Rente geht, BFH, Urteil vom 23. 1. 1991 – I R 113/88, BStBl II 1991, S. 379; so auch H 38 KStH 2008.
155 Ebenso Langohr-Plato, Stbg 1992, S. 261; Höfer/Veit/Verhuven, Bd II StR (2004), Rdnr. 1985.

(3) Von großer Bedeutung für die steuerliche Anerkennung von Versorgungszusagen an beteiligte Geschäftsführer ist das Kriterium der **Finanzierbarkeit.** Dahinter steckt die Überlegung, dass die Gesellschaft einem nicht beteiligten Geschäftsführer im Zweifel keine Zusage machen würde, mit deren Erfüllung sie sich wirtschaftlich überfordern würde.

Die Frage der Finanzierbarkeit stellt sich nicht, wenn die Gesellschaft die Verpflichtungen aus einer dem Geschäftsführer erteilten Versorgungszusage von Anfang an kongruent mittels einer **Rückdeckungsversicherung** abgedeckt hat.[156] In diesem Fall beschränkt sich die Finanzierbarkeitsfrage auf die jährlichen Versicherungsbeiträge.[157] Der Vollständigkeit halber sei erwähnt, dass eine kongruente, d. h. sämtliche fällig werdende Versorgungsleistungen abdeckende, Rückdeckungsversicherung den weiteren Vorteil bietet, dass über eine Verpfändung derselben an einen beherrschenden Gesellschafter-Geschäftsführer ein privatrechtlicher Insolvenzschutz hergestellt werden kann (siehe Abschn. II. 3.).

Während die Finanzverwaltung bei der Frage der Finanzierbarkeit früher darauf abstellte, ob bei einem unmittelbar nach dem Bilanzstichtag eintretenden Versorgungsfall der Rentenbarwert der künftigen Pensionsleistungen zu einer bilanziellen Überschuldung führt, hat sie sich mit BMF-Schreiben vom 6. 9. 2005[158] der Auffassung des Bundesfinanzhofs angeschlossen.[159] Der Bundesfinanzhof lehnt nämlich seit dem Jahre 2000 eine solche „worst case"-Betrachtung ab.[160] Der Bundesfinanzhof prüfte für die Frage der Finanzierbarkeit vielmehr, ob die Passivierung des **Anwartschaftsbarwertes** zu einer **Überschuldung im insolvenzrechtlichen Sinne** führte.[161] Dabei sollten, worauf Gosch[162] zutreffend hinwies, die Ertragsaussichten zu be-

---

156 Vgl. z. B. BFH, Urteil vom 8. 11. 2000 – I R 70/99, DB 2001, S. 787 ff.; siehe auch zur älteren Rechtsprechung das BFH-Urteil vom 30. 9. 1992 – I R 75/91, BFH/NV 1993, S. 330; BFH, Urteile vom 21. 12. 1994 – I R 98/93, BStBl II 1995, S. 419; vom 5. 4. 1995 – I R 138/93, BStBl II 1995, S. 478 = BB 1995, S. 1276 = DB 1995, S. 1225.
157 BMF-Schreiben vom 6. 9. 2005 – IV B7 – S 2742 – 69/05, BStBl I 2005, S. 875 (Abdruck im Anhang).
158 BMF-Schreiben vom 6. 9. 2005 (Abdruck im Anhang).
159 Vgl. H 38 KStH 2008 – Finanzierbarkeit.
160 BFH, Urteile vom 8. 11. 2000 – I R 70/99, DB 2001, S. 787 ff., vom 20. 12. 2000 – I R 15/00, BB 2001, S. 1135 = DB 2001, S. 1119 = DStZ 2001, S. 478 ff. = BetrAV 2001, S. 478 ff., vom 7. 11. 2001 – I R 79/00, BetrAV 2002, S. 322, vom 28. 11. 2001 – I R 86/00, BetrAV 2002, S. 812 und vom 4. 9. 2002 – I R 7/01, BFHE 194, S. 191 = DB 2003, S. 242.
161 BFH, Urteil vom 4. 9. 2002 – I R 7/01, BFHE 194, S. 191 = DB 2003, S. 242 m. w. Nachw.; zur Kritik der Finanzverwaltung an dieser Rechtsprechung siehe Gosch, BetrAV 2002, S. 756.
162 Ebenda.

rücksichtigen sein. Ausnahmsweise konnte der handelsrechtlich maßgebliche Teilwert der Pensionsverpflichtung angesetzt werden, wenn die Gesellschaft nachwies, dass dieser geringer als der Anwartschaftsbarwert war.[163]

Ein ordentlicher Kaufmann würde, so der Bundesfinanzhof, nicht von dem größten denkbaren Risiko (hier: sofortiger vorzeitiger Versorgungsfall) ausgehen. Dem Verhalten eines ordentlichen Kaufmannes würde es vielmehr entsprechen, wenn bei der Erteilung einer Versorgungszusage „diejenigen Risiken berücksichtigt werden, die nach den Regeln der Versicherungsmathematik ... in den Barwert der konkret entstehenden Pensionsverpflichtung", den Anwartschaftsbarwert, eingehen.[164] Der Begriff der Überschuldung ist dabei richtigerweise nicht als bilanzielle Überschuldung im Sinne einer Überschuldung in der Steuer- oder Handelsbilanz zu verstehen, sondern als Überschuldung im insolvenzrechtlichen Sinne. Entsprechend § 19 Abs. 2 Satz 2 InsO muss mithin gefragt werden, ob die GmbH in absehbarer Zukunft über ausreichend Finanzkraft zur Finanzierung des Barwertes der Versorgungszusage verfügt.

Hinzuweisen ist darauf, dass der Tatbestand der Überschuldung neu gefasst wurde.[165] Es wurde nämlich die Bedeutung der Fortbestehensprognose erhöht, wodurch, obgleich rein bilanziell eine Überschuldung vorliegen kann, die Stellung des Insolvenzantrags bei positiver Prognose im Einzelfall vermieden werden kann.[166]

Die für die fiktive Überschuldungsbilanz in der Vergangenheit angesetzten Werte können aber keine Geltung mehr haben. Denn nach dem BilMoG erfolgt der Ansatz der Verbindlichkeit nach „vernünftiger kaufmännischer Beurteilung" auf Basis des gemittelten Marktzinses (jeweils bekannt gemacht durch die Deutsche Bundesbank) mit dem „notwendigen Erfüllungsbetrag" (§ 253 HGB) – siehe dazu auch Abschnitt VII. Der Ansatz mit dem steuerli-

---

163 BFH, Urteil vom 4. 9. 2002 – I R 7/01, DB 2003, S. 242.
164 BFH, Urteil vom 20. 12. 2000 – I R 15/00, DB 2001, S. 1119 mit zustimmenden Anm. von Gosch, DStR 2001, S. 882 ff. und Buciek, DStZ 2001, S. 480 f. sowie kritischer Anm. von Gramm, BetrAV 2001, S. 480; vgl. auch BFH-Urteil vom 8. 11. 2000 – I R 70/99, BB 2001, S. 765 = DB 2001, S. 787; zustimmend Janssen, BB 2001, S. 1818 ff.
165 Finanzmarktstabilisierungsgesetz vom 17. 10. 2008 (BGBl I 2008, S. 1982), zunächst zeitlich bis zum 31. 12. 2010 befristet und hiernach durch das Gesetz zur Erleichterung der Sanierung von Unternehmen vom 24. 9. 2009 (BGBl I 2009, S. 3151) um weitere drei Jahre, also bis zum Ablauf des 31. 12. 2013 verlängert.
166 Zur Thematik der Überschuldung in der Handelsbilanz siehe auch Harle, Der Verzicht auf die Pensionszusage – Die Neubewertung von Pensionsrückstellungen und die Überschuldung in der Handelsbilanz, NWB 2010, S. 1675 ff.

chen Wert in der Handelsbilanz lässt sich daher nicht mehr aufrechterhalten und der maßgebliche Wert steht faktisch bereits in der Handelsbilanz.[167]

Selbst wenn die Finanzierbarkeit zu bejahen ist, kann es dennoch in Einzelfällen Zweifel an der betrieblichen Veranlassung der von der Kapitalgesellschaft übernommenen Versorgungsrisiken (vor allem Berufsunfähigkeitsrisiken) geben. Ein denkbarer Anwendungsfall ist die Zusage einer unüblich hohen Invaliditätsabsicherung für einen jungen Gesellschafter-Geschäftsführer, auch für außerdienstlich veranlasste Invalidität.[168]

(4) Bei Zusagen, die sowohl eine Altersversorgung als auch vorzeitige Versorgungsfälle abdecken, sind **die einzelnen Risiken getrennt voneinander zu betrachten**.[169] Kann die Gesellschaft das Invaliditätsrisiko nicht tragen, so liegt eine verdeckte Gewinnausschüttung nur in den Pensionsrückstellungen, die auf der Invaliditätsleistungszusage beruhen, nicht in den Rückstellungen im Hinblick auf die Altersversorgung.[170]

(5) Die **Prüfung** der Finanzierbarkeit hat gemäß der BFH-Rechtsprechung[171] grundsätzlich **nur im Zeitpunkt der Zusageerteilung** oder einer wesentlichen Zusageänderung (bezogen auf eine dann vorgenommene Verbesserung) zu erfolgen. Kommt es später zu einer wesentlichen **Verschlechterung der wirtschaftlichen Verhältnisse** der Gesellschaft mit der Folge, dass die Finanzierbarkeit dann nicht mehr gegeben ist, dann liegt in der weiteren Aufrechterhaltung der Zusage nur dann eine verdeckte Gewinnausschüttung vor, wenn ein ordentlicher und gewissenhafter Geschäftsleiter in der gegebenen Situation die einem Fremdgeschäftsführer erteilte Versorgungszusage an die geänderten Verhältnisse angepasst hätte. Der Bundesfinanzhof stellt dafür darauf ab, **ob** ein zivilrechtlicher **Anspruch auf einen**

---

167 Vgl. FG Berlin-Brandenburg, Urteil vom 12. 1. 2010 – 6 K 11136/07, BB 2010, S. 1274.

168 Vgl. FG München, Urteil vom 19. 3. 2002 – 6 K 1001/99, EFG 2002, S. 941; Gosch, BetrAV 2002, S. 757.

169 BFH-Urteile vom 8. 11. 2000 – I R 70/99 a. a. O. und vom 20. 12. 2000 – I R 15/00 a. a. O. Zustimmend Buciek, DStZ 2001, S. 481, und Gosch, DStR 2001, S. 884 f.; so nunmehr auch die Finanzverwaltung, Schreiben des BMF vom 6. 9. 2005 – IV B 7 – S 2742 – 69/05 (Abdruck im Anhang).

170 Vgl. BFH, Urteile vom 8. 11. 2000 – I R 70/99 a. a. O. und vom 20. 12. 2000 – I R 15/00 a. a. O.; so schon BFH, Urteil vom 29. 10. 1997 – I R 52/97, BStBl II 1999, S. 318 = BB 1998, S. 730 = DB 1998, S. 706; Kramer, DStR 1998, S. 759, 760.

171 So ausdrücklich BFH, Urteile vom 8. 11. 2000 – I R 70/99 a. a. O., vom 20. 12. 2000 – I R 15/00 a. a. O. und vom 4. 9. 2002 – I R 7/01 a. a. O., dem sich die Finanzverwaltung mit Schreiben vom 6. 9. 2005 (IV B 7 – S 2742 – 69/05) angeschlossen hat, dort: Einleitung.

Widerruf oder eine Herabsetzung der Zusage bestand und räumt zudem eine gewisse Überlegensfrist ein.[172] In entsprechender Anwendung von § 87 Abs. 2 AktG wird damit nur in sehr extremen Situationen (z. B. Existenzgefährdung des Unternehmens ohne andere geeignete Abwehrmaßnahmen) und unter strengen Maßstäben Raum für ein Herabsetzungsverlangen, bezogen auf bestehende Versorgungsanwartschaften, sein. Bei schon laufenden Rentenansprüchen wird eine Kürzung nur in extremen Ausnahmefällen in Betracht kommen.[173]

d) Erdienbarkeit

Für die Frage, ob einem gesellschaftsfremden Geschäftsführer ebenfalls eine entsprechende Versorgungszusage erteilt worden wäre, spielt es nach der Rechtsprechung auch eine wesentliche Rolle, ob der beteiligte Geschäftsführer die Pension künftig noch erdienen kann.[174] Die Erdienbarkeit hängt in diesem Sinne vom Alter des Geschäftsführers im Zeitpunkt der Zusageerteilung und von dem Zeitpunkt ab, zu dem er erstmals Anspruch auf Versorgungsleistungen hat.

Mit verschiedenen Entscheidungen[175] hat der Bundesfinanzhof klargestellt, dass er entgegen der Kritik aus dem Schrifttum[176] an dem Kriterium der Erdienbarkeit festhalten will. Er hat gleichzeitig in Bezug auf die sog. Erdienbarkeitsfrist wie auch das Höchstalter für die Erteilung einer Versorgungszusage die weiter unten beschriebenen Grundsätze festgelegt.

Wichtig ist: Der Bundesfinanzhof wendet die nachfolgend dargestellten Fristen – anders als häufig die Finanzverwaltung – nicht stur an. Er nimmt

172 Vgl. BFH, Urteile vom 8. 11. 2000 – I R 70/99 a. a. O., vom 20. 12. 2000 – I R 15/00 a. a. O. und vom 4. 9. 2002 – I R 7/01 a. a. O.; zustimmend Gosch, BetrAV 2002, S. 756 mit Hinweis auf zwei Entscheidungen des BGH vom 17. 12. 2001 bzw. 11. 3. 2002; ebenso: Höfer/Veit/Verhuven, Bd II StR, S. 1365 (Rn 2966).

173 Vgl. Gosch, DStR 2001, S. 884; derselbe, BetrAV 2002, S. 756; siehe dazu auch Doetsch, AG 2010, S. 472 ff. zur Herabsetzung von Vorstandspensionen durch den AR.

174 Vgl. BFH, Urteile vom 13. 12. 1991 – I 311/60 U, BStBl III 1962, S. 243 = BB 1962, S. 588, vom 20. 5. 1992 – I R 2/91, BFH/NV 1993, S. 52, vom 10. 11. 1993 – I R 36/93, BFH/NV 1994, S. 827 und vom 21. 12. 1994 – I R 98/93 a. a. O.

175 BFH, Urteile vom 21. 12. 1994 – I R 98/93 a. a. O. und vom 5. 4. 1995 – I R 138/93 a. a. O.; BFH-Beschluss vom 19. 6. 2000 – I B 110/99, BetrAV 2001, S. 284; a. A. wohl das FG Brandenburg (Urteil vom 24. 3. 1999 – 2 K 884/98 K, EFG 1999, S. 625), das den Fristen nur indiziellen Charakter zumisst und primär auf Angemessenheit der Gesamtvergütung abstellt.

176 Vgl. z. B. Baer, BB 1989, S. 1529; Förster/Heger, DStR 1994, S. 507 ff., 511; Höfer/Kisters-Kölkes, BB 1989, S. 1157.

vielmehr eine Würdigung aller Umstände des Einzelfalles vor und lässt dann je nach Fallgestaltung auch eine Unterschreitung bzw. Nichteinhaltung der genannten Fristen zu.

Wird die Zusage vom Geschäftsführer im Wege der **Entgeltumwandlung** selbst finanziert, bedarf es u. E. grundsätzlich keiner Erdienbarkeit, denn das (umgewandelte) Entgelt steht diesem auch ohne Probezeiten zu.[177]

aa) Erdienbarkeitsfrist

Während früher beispielsweise in Nordrhein-Westfalen[178] und Baden-Württemberg[179] davon ausgegangen wurde, dass bei einer mindestens sieben Jahre betragenden Restdienstzeit die Erdienbarkeit zu bejahen ist, entschied der Bundesfinanzhof mit Urteil vom 21. 12. 1994,[180] dass „im Interesse der Rechtssicherheit" unabhängig von den Verhältnissen des Einzelfalles zwischen Zusageerteilung und Eintritt des Ruhestands für den **beherrschenden** Gesellschafter-Geschäftsführer eine **Erdienbarkeitsfrist** von mindestens **10 Jahren** liegen muss.[181] In einer neueren Entscheidung hat er allerdings klargestellt, dass er diese Frist nicht taggenau einhalten, sondern im konkreten Einzelfall ggf. auch eine kürzere Frist als ausreichend ansehen will.[182] Voraussetzung ist, dass aufgrund der Gegebenheiten des Falles sichergestellt ist, dass die Zusage der künftigen Arbeitsleistung des Gesellschafter-Geschäftsführers dient.[183] In dem entschiedenen Fall wurde das vom Senat mit Hinweis darauf bejaht, dass der Geschäftsführer vorher keine ausreichende Altersversorgung aufbauen konnte. In einem anderen

---

177 Doetsch, Besonderheiten der Versorgung von Gesellschafter-Geschäftsführern und Vorständen, BetrAV 2005, S. 33 ff. (36); ebenso Wellisch/Gahl, Zweifelsfragen bei der körperschaftsteuerlichen Anerkennung von Pensionszusagen an Gesellschafter-Geschäftsführer – Zur Wartezeit, Erdienbarkeit und Unverfallbarkeit einer Pensionszusage, BB 2009, S. 2340 (2341). Gleicher Ansicht auch Höfer/Veit/Verhuven, Bd II StR, im Zusammenhang zur Probezeit u. a. unter Rn 2932 und bei der Erdienbarkeit unter Rn 3019.

178 OFD Münster, Vfg. vom 14. 11. 1996 – S 2742 – 1 – St 13-31; FG Köln, Urteil vom 9. 3. 1992 – 7 K 37/87, EFG 1993, S. 54, 56.

179 Vgl. Borst, BB 1989, S. 44.

180 BFH, Urteil vom 21. 12. 1995 – I R 98/93 a. a. O.

181 Besondere Umstände in den neuen Bundesländern führen grundsätzlich zu keiner kürzeren Frist, vgl. BFH, Urteil vom 23. 7. 2003 – I R 80/02, BB 2003, S. 2549.

182 Vgl. BFH, Urteil vom 24. 4. 2002 – I R 43/01, BB 2002, S. 2319; für Anwendung des Urteils in gleich gelagerten Ausnahmefällen: BMF-Schreiben vom 13. 5. 2003 – IV A 2 – S 2742 – 27/03, DB 2003, S. 1299.

183 Ebenda.

Fall wurde eine Unterbrechung des Geschäftsführer-Dienstverhältnisses als unschädlich angesehen.[184]

Trotz des zuvor erwähnten Falles sollte die Praxis die zehnjährige Erdienbarkeitsfrist grundsätzlich beachten, zumal an ihr im Schreiben des BMF vom 9. 12. 2002[185] unter Ziffer 2 ausdrücklich festgehalten wurde.[186] Das gilt, obwohl die Herleitung der Zehnjahresfrist nach § 1 BetrAVG (a. F.) wenig plausibel ist.[187]

Für Altfälle, also solche Versorgungszusagen, die vor dem 8. 7. 1995[188] erteilt wurden, besteht allerdings im Hinblick auf die bis dahin geltende finanzgerichtliche Rechtsprechung und Verwaltungspraxis Vertrauensschutz, sofern die seinerzeit geltende Erdienbarkeitsfrist von sieben Jahren eingehalten worden ist.[189]

Für neue Zusagen ab dem 1. 1. 2001 ist im Hinblick auf die Verkürzung der gesetzlichen Unverfallbarkeitsfrist von zehn auf fünf Jahre weiterhin zu fordern, dass eine Zusageerteilung noch bis fünf Jahre vor Eintritt in den Ruhestand steuerlich anerkannt wird.[190] Einer Verkürzung trat die Finanzverwaltung allerdings, wie erwähnt, bereits mit BMF-Schreiben vom 9. 12. 2002[191] entgegen und stellt weiter auf eine zehnjährige Erdienbarkeitsfrist ab.

bb) Höchstalter bei Zusageerteilung

Unabhängig von der Frist zwischen Zusageerteilung und Beginn der Leistungen wird vom Bundesfinanzhof für die Erdienbarkeit der Zusage verlangt, dass die **Zusage vor Vollendung des 60. Lebensjahres** erteilt

---

184 Vgl. BFH, Urteil vom 30. 1. 2002 – I R 56/01, BFH/NV 2002, S. 1055 = BetrAV 2002, S. 719 (nur Leitsatz).
185 BMF-Schreiben vom 9. 12. 2002 – IV A2 – S 2742 – 68/02 (Abdruck im Anhang).
186 Vgl. H 38 KStH 2004 unter „Erdienbarkeit".
187 Vgl. Förster/Heger, DStR 1994, S. 507 ff., 511.
188 Datum der Veröffentlichung der Entscheidung im BStBl.
189 Siehe das BMF-Schreiben vom 1. 8. 1996 – IV B7 – S 2742 – 88/96, DB 1996, S. 1702.
190 Der BFH führt aus, dass die Bezugnahme auf die im BetrAVG enthaltenen Fristbestimmungen „ausschließlich dem Ziel diene, den arbeitsrechtlichen Vorschriften eine Leitlinie für die rein steuerrechtliche Beurteilung der Erdienbarkeit zu entnehmen", Urteil vom 23. 7. 2003 – I R 80/02, BB 2003, S. 2550.
191 BMF-Schreiben vom 9. 12. 2002 – IV A 2 – S 2742 – 68/02, DB 2002, S. 2624; a. A. Höfer/ Kaiser, BetrAV 2003, S. 207.

wird.[192] Eine nach Vollendung des 60. Lebensjahres erteilte Zusage soll, selbst wenn sie auf ein höheres als das 70. Lebensjahr gerichtet ist, „grundsätzlich"[193] eine verdeckte Gewinnausschüttung darstellen.[194] Auch aus der allgemein erhöhten Lebenserwartung ergebe sich nichts anderes, denn mit fortschreitendem Alter steige das Risiko einer Minderung der Leistungsfähigkeit deutlich an, was die Erdienbarkeit unabhängig vom konkreten Gesundheitszustand infrage stelle.[195] Da sich die Altersgrenze von 60 Jahren in der früheren BFH-Rechtsprechung bereits angedeutet hatte,[196] sah die Finanzverwaltung keine Übergangsregelung für Altfälle vor.

Die **Erdienbarkeitsfrist** muss nach der Rechtsprechung bis zu dem vorgesehenen Eintritt in den Ruhestand erfüllt sein. Für die Inanspruchnahme zugleich eingeräumter Invaliden- und/oder Hinterbliebenenleistungen gilt die Frist grundsätzlich nicht.[197] Sollte die Zusage eine vorgezogene Altersrente vorsehen, so sollte die Zehnjahresfrist grundsätzlich bis zum Zeitpunkt einer vorgezogenen Rente eingehalten sein.[198] Allerdings ist die Wahlmöglichkeit, eine vorgezogene Altersrente vor Ablauf von zehn Jahren nach Zusageerteilung beanspruchen zu können, wohl noch nicht steuerschädlich, weil die Möglichkeit allein nicht mit der Wahrscheinlichkeit der Inanspruchnahme gleichzusetzen ist.[199]

cc) Anwendung auf nicht beherrschende Gesellschafter-Geschäftsführer

Die jüngste Rechtsprechung des Bundesfinanzhofs zur Erdienbarkeit von Versorgungszusagen wurde zwar für beherrschende Gesellschafter-Geschäftsführer entwickelt. Da die beiden Kriterien, die Mindest-Erdienbarkeitsfrist und das Höchstalter für die Erteilung einer Versorgungszusage

---

192 BFH, Urteile vom 21. 12. 1994 – I R 98/93 a. a. O., vom 5. 4. 1995 – I R 138/93 a. a. O., vom 16. 12. 1998 – I R 96/95, GmbHR 1999, S. 667 = BetrAV 1999, S. 416 sowie vom 23. 7. 2003 – I R 80/02, BB 2003, S. 2550.
193 Mit Urteil vom 16. 12. 1998 – I R 96/95, GmbHR 1999, S. 667 deutete der BFH an, dass es Ausnahmen geben könne und erwähnte in diesem Zusammenhang die Ergänzung einer aus früherer nichtselbstständiger Tätigkeit schon vorhandenen Versorgungsanwartschaft.
194 BFH, Urteil vom 5. 4. 1995 – I R 138/93 a. a. O.
195 BFH, Urteil vom 23. 7. 2003 – I R 80/02, BB 2003, S. 2550.
196 Vgl. BFH, Urteil vom 25. 5. 1988 – I R 107/84, BFH/NV 1989, S. 195.
197 Vgl. BFH, Urteil vom 29. 10. 1997 – I R 52/97 a. a. O. m. w. Nachw. bezogen auf die Invaliditätsleistung „jedenfalls dann wenn ... die Berufsunfähigkeit durch einen Bescheid des Trägers der gesetzlichen Krankenversicherung oder ein entsprechendes Gutachten eines von der Klägerin zu benennenden Facharztes nachzuweisen ist".
198 Vgl. Doetsch, BB 1994, S. 328.
199 BFH, Beschluss vom 8. 4. 2008 – I B 168/07, BetrAV 2008, S. 631 f.

vom Bundesfinanzhof unter dem Gesichtspunkt des Fremdvergleichs hergeleitet wurden, sind sie grundsätzlich **auch auf nicht beherrschende Gesellschafter-Geschäftsführer** anwendbar.[200] Mit Urteilen vom 24. 1. 1996 und 29. 10. 1997[201] hat der Bundesfinanzhof dies ausdrücklich bestätigt. In dem Urteil hat er jedoch aufgrund des Umstands, dass für nicht beherrschende Gesellschafter-Geschäftsführer das Nachzahlungsverbot nicht gilt, eine Erdienbarkeit alternativ zur Zehnjahresfrist auch dann angenommen, wenn der Zeitraum von der Zusageerteilung bis zum Pensionsbeginn mindestens **drei Jahre** beträgt und der Beginn der Betriebszugehörigkeit[202] mindestens **zwölf Jahre** zurückliegt. Auch von der Finanzverwaltung wird das Kriterium[203] auf nicht beherrschende Gesellschafter-Geschäftsführer angewandt.

Die Begründung des Urteils vom 24. 1. 1996 macht ebenfalls deutlich, dass das Höchstalter für die Erteilung einer Versorgungszusage grundsätzlich auch auf nicht beherrschende Gesellschafter-Geschäftsführer anwendbar ist.

dd) Erhöhungen der Zusage

Unabhängig davon, ob nachträglich eine wesentliche Erhöhung einer Versorgungszusage erfolgt oder eine Erhöhung auf einem wesentlichen Anstieg der Bemessungsgrundlage beruht, ist bei ihr nach Überzeugung der Autoren erneut die Erdienbarkeit (sowie die Einhaltung der sonstigen Kriterien) zu prüfen.[204]

---

200 Im Ergebnis ebenso Tillmann/Schmidt, GmbHR 1995, S. 803; Widmann, BetrAV 1996, S. 157, 161, der ausdrücklich von der Anwendbarkeit des Kriteriums der Unüblichkeit auch auf nicht beherrschende Gesellschafter ausgeht, BFH-Beschluss vom 28. 6. 2005 – I R 25/04, GmbHR 2005, S. 1510; vgl. auch Ahrend/Förster/Rößler, 6. Teil, Rdnr. 21.
201 I R 41/95, BStBl II 1997, S. 440 = BB 1996, S. 1713 bzw. I R 52/97 a. a. O. mit ausdrücklicher Klarstellung gegenüber dem Urteil vom 24. 1. 1997, dass im vorgesehenen Zeitpunkt des Eintritts in den Ruhestand der Beginn der Betriebszugehörigkeit entsprechend § 1 Abs. 1 BetrAVG a. F. 12 und nicht 15 Jahre betragen muss bei mindestens drei Jahren Zusagedauer. Zeiten, die arbeitsrechtlich als Dienstzeit zählen (z. B. vor einem Betriebsübergang oder einer Gesamtrechtsnachfolge) sind auch hier zu berücksichtigten; vgl. BFH, Urteil vom 15. 3. 2000 – I R 40/99, BetrAV 2000, S. 493, 494.
202 I R 52/97 a. a. O. mit ausdrücklicher Klarstellung gegenüber dem Urteil vom 24. 1. 1997, dass im vorgesehenen Zeitpunkt des Eintritts in den Ruhestand der Beginn der Betriebszugehörigkeit entsprechend § 1 Abs. 1 BetrAVG a. F. 12 und nicht 15 Jahre betragen muss bei mindestens drei Jahren Zusagedauer.
203 So bereits H 38 KStH 2008 „Erdienbarkeit" mit Verweis auf das BFH-Urteil vom 24. 1. 1996 a. a. O.
204 Vgl. auch Alber, Aktuelle steuerliche Fragen bei Pensionszusagen an Gesellschafter-Geschäftsführer, BetrAV 2007, S. 415 ff. (418).

Auch wenn sich die Erhöhung in der fiktiven Jahresnettoprämie für die Zusage widerspiegelt und damit in die Angemessenheitsprüfung eingeht, erscheint es jedenfalls bei wesentlichen Erhöhungen der Zusage naheliegend, unter dem Aspekt der Erdienbarkeit neu zu prüfen.[205] Die Einhaltung der zehnjährigen Frist ist nach den Ausführungen des BFH[206] mangels gesetzlicher Vorgabe zwar keine allgemeingültige und zwingend einzuhaltende Voraussetzung – doch müsse ansonsten anderweitig sichergestellt sein, dass mit der Zusage die künftige Arbeitsleistung abgegolten werde. Denn ein ordentlicher und gewissenhafter Geschäftsleiter würde einem Nichtgesellschafter eine erteilte Pensionszusage in der Regel nur dann erhöhen, wenn er noch mindestens zehn Jahre für die Gesellschaft tätig sein würde. Eine Ausnahme vom Grundsatz der Zehnjahresfrist bedürfe daher einer besonderen Begründung.[207] **Erstzusagen** und deren **Erhöhung** seien auseinander zu halten und jeweils **eigenständig** auf ihre **Erdienbarkeit zu prüfen**; dabei sei in beiden Fallgestaltungen derselbe Maßstab zugrunde zu legen.

Keine wesentliche Verbesserung liegt in jedem Fall in solchen Änderungen, die den Werterhalt der Zusage sichern[208] bzw. die Anpassung an ihrerseits angemessene Gehaltserhöhungen. Wäre bei Zusageerteilung eine voll-dynamische Zusage zulässig gewesen, dann entspricht eine nachträgliche Anpassung einer statischen Zusage nur einer vorsichtigen Vorgehensweise des Geschäftsleiters.

e) Sonstiger Fremdvergleich/„Üblichkeit"

Neben den gängigen allgemeinen Prüfungskriterien Ernsthaftigkeit, Finanzierbarkeit, Erdienbarkeit und Angemessenheit dem Grunde und der Höhe nach prüft die Rechtsprechung seit einer Reihe von Jahren bei Versorgungszusagen an Gesellschafter-Geschäftsführer ganz allgemein, ob die Zusage betrieblich veranlasst ist. Hierzu wird von den Finanzgerichten all-

---

205 Ebenso Wanninger/Nikolaidu, BB 2002, S. 2470, 2479; Niedersächsisches FG, Urteil vom 22. 4. 2004 – 6 K 91/00, EFG 2004, S. 1081; FG Düsseldorf, Urteil vom 14. 9. 2004 – 6 K 2701/02; implizit auch BFH, Urteil vom 23. 7. 2003 – I R 80/02, BStBl II 2003, S. 926.

206 BFH, Urteil vom 23. 9. 2008 – I R 62/07, DStR 2009, S. 43 ff. = DB 2009, S. 95 ff., vgl. dort insb. Rn 17. Im Fall hatte das FG den verbl. Zeitraum von 8 Jahren und 11 Monaten nur als Indiz zusammen mit anderen Punkten wie der Relation der Erhöhung zur vorherigen Pensionszusage sowie der Höhe der Aktivbezüge gesehen.

207 Nach BFH, Urteil vom 23. 9. 2008 – I R 62/07, etwa wenn ein Festbetrag zugesagt worden sei, der sich infolge erheblicher Steigerung der Lebenshaltungskosten als ungeeignet zur Alterssicherung erweise.

208 Vgl. Gosch, Körperschaftsteuergesetz, 1. A. 2005, § 8 KStG Rn 1999.

gemeiner „Fremdvergleich" vorgenommen. Es wird untersucht, ob auch nicht beteiligten Geschäftsführern des gleichen Unternehmens (interner Fremdvergleich) oder einer signifikanten Zahl von Fremdgeschäftsführern vergleichbarer fremder Unternehmen (externer Fremdvergleich) eine Zusage unter den gleichen Voraussetzungen erteilt worden wäre.

Bei dem vorzunehmenden Fremdvergleich ist **vorrangig der innerbetriebliche Vergleich** maßgebend.[209] Er führt systembedingt immer dann zur Anerkennung einer Versorgungszusage als betrieblich bedingt, wenn die untersuchte Regelung nicht nur für beteiligte (insbesondere beherrschende) Geschäftsführer, sondern auch für Fremdgeschäftsführer und/oder nicht beteiligte leitende Angestellte gilt. In einem solchen Fall liegt nämlich ein starkes Indiz dafür vor, dass es bei ihr nicht um einen Sondervorteil für den Geschäftsführer geht, sondern um eine unabhängig von der Beteiligung an der Gesellschaft gewährte Vergünstigung für Führungskräfte.

Wie viele Fremdgeschäftsführer in anderen Firmen im Rahmen eines externen Betriebsvergleichs eine entsprechende Zusage erhalten haben müssen, dass die Zusage(gestaltung) unter dem Aspekt des Fremdvergleichs (die Finanzverwaltung spricht zumeist von „Üblichkeit") als betrieblich veranlasst anzusehen ist, wird weder vom Gesetz noch in der Rechtsprechung genau definiert. Unseres Erachtens muss für den externen Fremdvergleich genügen, wenn bei einer repräsentativen Untersuchung (Betrachtung von z. B. 500 Fremdgeschäftsführern) mehr als 10 % eine vergleichbare Behandlung erfahren.

Wie vom Bundesfinanzhof[210] ausdrücklich klargestellt wurde, können – entgegen einer in der Finanzverwaltung immer wieder vertretenen Auffassung – die einzelnen Kriterien des Fremdvergleichs (z. B. der Zeitpunkt der Zusage) nicht im Sinne von absoluten Tatbestandsmerkmalen verstanden werden. Sie sind vielmehr nur indiziell zu würdigen, ob sie den Rückschluss auf eine Veranlassung durch das Gesellschaftsverhältnis zulassen. Nicht jede unübliche Gestaltung führt mithin zur Annahme einer verdeckten Gewinnausschüttung (vGA). Besondere Umstände des Einzelfalles können ungeachtet

---

209 Ebenso OFD Frankfurt, Vfg. vom 23. 8. 1999 – S 2742 A – 19 – St II 10, GmbHR 1999, S. 1114; nach BFH, Urteil vom 14. 7. 2004 – I R 111/03, BB 2004, S. 2282, 2283, kann eine vGA trotz Unüblichkeit im wirtschaftlichen Wirtschaftsleben zu verneinen sein, wenn sie einem betriebsinternen Fremdvergleich standhält.
210 BFH, Urteil vom 29. 10. 1997 – I R 24/97, BB 1998, S. 776; so schon immer die h. M. in der Literatur, vgl. Wassermeyer, DStR 1996, S. 733 ff.; Tillmann, GmbHR 1993, S. 466, 467 f.

einer unüblichen Gestaltungsweise die Feststellung erlauben, dass eine entsprechende Vereinbarung so auch mit einem Fremdgeschäftsführer abgeschlossen worden wäre.[211]

Merke: Unter dem Gesichtspunkt des Fremdvergleichs liegt eine betriebliche Veranlassung (also keine vGA) vor, wenn

- Fremd-Geschäftsführer bzw. nicht beteiligte Führungskräfte des gleichen Unternehmens in gleicher Weise behandelt werden (positiver interner Fremdvergleich),

- eine signifikante Zahl vergleichbarer Unternehmen ihren Fremd-Geschäftsführern nachweislich unter den gleichen Voraussetzungen eine Versorgungszusage erteilt oder

- die Gesamtumstände trotz Unüblichkeit der Versorgungszusage den Schluss zulassen, dass sie auch einem Fremdgeschäftsführer in gleicher Situation so erteilt worden wäre.

Unter dem Gesichtspunkt des allgemeinen Fremdvergleichs sind folgende Einzelfälle von besonderem Interesse:

aa) Zeitpunkt der Zusageerteilung

In jüngerer Zeit wurde unter dem Gesichtspunkt des Fremdvergleichs das „Ob" bzw. der Zeitpunkt einer Versorgungszusage betrachtet. Wäre, so fragt die Rechtsprechung, einem gesellschaftsfremden Geschäftsführer eine Versorgungszusage im zu prüfenden Fall auch erteilt worden?

Unter dem Aspekt des Zusagezeitpunkts hält eine (ergänzende) Versorgungszusage nach der Rechtsprechung des Bundesfinanzhofs einem Fremdvergleich stand, wenn aus Sicht des Zusagezeitpunkts

- die Pension noch erdient werden kann (→ Erdienungsfrist; vor vollendetem 60. LJ);

- **die Qualifikation des Geschäftsführers, insbesondere aufgrund einer Probezeit feststeht,**

---

211 So schon BFH, Urteile vom 2. 12. 1992 – I R 54/91, BStBl II 1993, S. 311, 314, in dem die Unüblichkeit ausdrücklich als „Indiz für das Fehlen einer ernsthaften schuldrechtlichen Vereinbarung" bezeichnet wird, und vom 28. 10. 1987 – I R 22/84, BB 1989, S. 463.

- **die voraussichtliche Ertragsentwicklung die Zusage erlaubt und**

- keine anderen betrieblichen Besonderheiten (z. B. Wahrung des sozialen Friedens) der Zusage entgegenstehen.

Bedeutung haben dabei vor allem das zweite und das dritte Kriterium, bei denen die Nichteinhaltung nach neuerer Rechtsprechung[212] gravierende Konsequenzen haben kann.

Unabhängig von der Erfüllung der nachfolgenden Kriterien ist u. E. eine Versorgungszusage an einen Gesellschafter-Geschäftsführer sofort nach Anstellung durch eine ggf. soeben gegründete Gesellschaft im Zweifel anzuerkennen, wenn sie auf einer allgemeinen Versorgungsregelung beruht, die auch für andere nicht beteiligte Führungskräfte gilt. Hier führt nämlich bereits der interne Fremdvergleich dazu, dass die Zusage betrieblich veranlasst ist.

(1) Erdienbarkeit

Das Kriterium der Erdienbarkeit, d. h. die Einhaltung einer Erdienbarkeitsfrist und eines Höchstzusagealters 60, wurde bereits an anderer Stelle [siehe Abschn. III. 3. d)] behandelt. Hierauf wird verwiesen.

(2) Nachgewiesene Qualifikation des Gesellschafter-Geschäftsführers bei Zusageerteilung (Probezeit)

Bei Gesellschafter-Geschäftsführern wird von Finanzverwaltung[213] und Rechtsprechung[214] gefordert, dass die Zusage erst nach erfolgreichem Ablauf einer „unter Fremden üblichen" Probezeit erteilt wird. Das wird damit begründet, dass ein ordentlicher Geschäftsleiter einem Fremdgeschäftsführer ohne Erprobung oder anderen Nachweis einer ausreichenden Eignung, Befähigung und Fachkenntnis für seine Aufgabe angeblich keine Versorgungszusage erteilen würde.[215]

Dafür, welche Länge eine Probezeit mindestens haben muss, gibt es keine festen Regeln. In der Rechtsprechung wurde in einzelnen ent-

---

212 BFH, Urteil vom 28. 4. 2010 – I R 78/08, dort Rn 37, siehe dazu III. 3. g) bb).
213 Vgl. H 38 KStH 2008 – Warte-/Probezeit; mit BMF-Schreiben vom 14. 5. 1999 (abgedruckt im Anhang) wurde klargestellt, dass der Begriff der Wartezeit im Sinne einer Probezeit verwendet wird.
214 Vgl. BFH, Urteile vom 15. 10. 1997 – I R 42/97, BB 1998, S. 628 = DB 1998, S. 652 und vom 23. 2. 2005 – I R 70/04, BB 2005, S. 1947, 1948 = DB 2005, S. 1145 m. w. Nachw.
215 Vgl. BFH, Urteile vom 30. 9. 1992 – I R 75/91, BFH/NV 1993, S. 330 und vom 25. 4. 1988 – I R 107/84, BFH/NV 1989, S. 195 = BetrAV 1990, S. 86.

schiedenen Fällen eine Dauer von über 18 Monaten[216] bis hin zu drei Jahren[217] bzw. mehr als fünf Jahren[218] als ausreichend angesehen. Für das BMF ist nunmehr eine persönliche **Probezeit von zwei bis drei Jahren** „regelmäßig ausreichend".[219] Im Falle der bloßen Änderung des Rechtskleides (z. B. Umwandlung oder Management-buy-out) wird eine erneute Probezeit generell für nicht erforderlich erachtet.[220]

Unter dem Gesichtspunkt des Fremdvergleichs sollte u. E. aus dem Fehlen einer zusagefreien Probezeit nicht der Schluss gezogen werden, dass die Versorgungszusage durch das Gesellschaftsverhältnis veranlasst ist. Das folgt schon daraus, dass es – entgegen der Annahme von Rechtsprechung und Finanzverwaltung – üblich ist, um nicht zu sagen, der Regelfall ist, dass eine Zusage bereits im Zusammenhang mit der Einstellung erteilt wird.[221] Das gilt nach den Erfahrungen der Autoren insbesondere für Fremd-Geschäftsführer sowie leitende Angestellte von Kapitalgesellschaften und für Vorstände von Aktiengesellschaften. Die Zusagen werden hier zumeist sofort erteilt, allerdings in der Regel verbunden mit einer Unverfallbarkeitsfrist. In bestimmten Fällen, namentlich bei der Einstellung älterer oder besonders erfahrener Führungskräfte, findet nicht selten sogar – nach Festeinstellung – eine Zusageerteilung mit sofortiger Unverfallbarkeit dem Grunde nach statt.[222] Der Erteilung einer Zusage können nämlich verschiedene Motivationen zugrunde liegen. Anstelle der möglichen Bindungswirkung kann nämlich auch der Vergütungscharakter gewollt sein.

Ungeachtet dieser generellen Zweifel am Kriterium der Probezeit ist festzuhalten, dass vom Bundesfinanzhof[223] keineswegs generell eine

---

216 FG Berlin, Urteil vom 15. 9. 1997 – 8534/96, EFG 1998, S. 137, für einen „branchenerfahrenen" Geschäftsführer.
217 FG Saarland, Urteile vom 2. 2. 1998 – 1 V 301/97, EFG 1998, S. 687 und vom 2. 4. 1998 – 1 K 158/97, NWB EN-Nr. 1015/98; Niedersächsisches FG, Urteil vom 24. 3. 1998 – VI 189/96, StEd 813/1998, in dem drei Jahre wirtschaftliche Betätigung der GmbH und drei Jahre Erprobung des Geschäftsführers gefordert werden; FG Köln, Urteil vom 11. 4. 2001 – 13 K 4287/99, BetrAV 2001, S. 386, 389.
218 Vgl. BFH, Urteil vom 15. 10. 1997 – I R 42/97, BB 1998, S. 628 = DB 1998, S. 652.
219 BMF-Schreiben vom 14. 5. 1999, unter Ziff. 1.1 (abgedruckt im Anhang).
220 Vgl. BFH, Urteile vom 15. 10. 1997 – I R 42/97 a. a. O. und vom 23. 2. 2005 – I R 70/04 a. a. O. m. w. Nachw.
221 Höfer/Veit/Verhuven, Bd II StR, S. 1348 Rn 2920.
222 Doetsch, BB 1994, S. 331, unter Hinweis auf die Befragung führender Personalberatungsunternehmen; Höfer/Eichholz, DB 1995, S. 1246.
223 BFH, Urteile vom 29. 10. 1997 – I R 52/97 a. a. O., Tätigkeit in Vorgesellschaft, und vom 18. 8. 1999 – I R 10/99, BetrAV 2000, S. 291, Tätigkeit in einer Schwester-GmbH.

Wartefrist vor Zusageerteilung verlangt, sondern auf die Umstände des Einzelfalles abgestellt wird. Zu Recht sieht der Bundesfinanzhof eine Wartefrist für die Zusageerteilung dann als gänzlich entbehrlich an, wenn die Gesellschaft aus eigener Erfahrung bereits Kenntnisse über die Befähigung des Geschäftsführers hat, z. B. weil er schon für eine Vorgängergesellschaft oder Schwestergesellschaft mit vergleichbaren Aufgaben tätig war.[224] Liegt zwar eine langjährige Vortätigkeit für das Unternehmen vor, die aber nicht vergleichbar ist, wird eine Probezeit gefordert. Dabei kommt es nicht darauf an, dass die Zusage in der Zeit vor der Ernennung als GF habe erteilt werden können und dies dann betrieblich veranlasst gewesen wäre. Denn die steuerliche Beurteilung orientiert sich an den tatsächlichen und nicht an den möglichen Gegebenheiten.[225]

Ein Sonderfall, bei dem u. E. immer ohne eine Probezeit eine betriebliche Versorgung zulässig sein sollte, ergibt sich bei **sozialversicherungsfreien Gesellschafter-Geschäftsführern**. Im Hinblick darauf, dass für Fremdgeschäftsführer Arbeitgeberbeiträge zur gesetzlichen Rentenversicherung und den anderen Zweigen der gesetzlichen Sozialversicherung zu erbringen sind und bei Vorständen von Aktiengesellschaften eine Erstattung bzw. eine Zusatzversorgung in Höhe eingesparter Arbeitgeberbeiträge üblich ist, müssen unter dem Gesichtspunkt des Fremdvergleichs jedenfalls lediglich auf eingesparten Arbeitgeberanteilen zur Sozialversicherung fußende Versorgungszusagen als betrieblich veranlasst anerkannt werden. Dabei kann es keine Rolle spielen, ob die eingesparten Arbeitgeberanteile zur Rentenversicherung und den weiteren Zweigen der gesetzlichen Sozialversicherung zusätzlich zum Gehalt bar ausgezahlt, in eine Direktversicherung eingezahlt oder zur Finanzierung einer versicherungsmäßig rückgedeckten Direktzusage verwendet werden.

Solches kann auch aus der neueren Rechtsprechung des Bundesfinanzhofs [vgl. Abschn. III. 3. a) bb)] gefolgert werden, welche die Zusagen nach ihrer „ersetzenden" oder „ergänzenden" Wirkung unterscheidet.

Als Ergebnis ist damit festzuhalten, dass es für die Frage, ob bzw. welche zusagefreie Probezeit unter dem Gesichtspunkt des Fremdvergleichs verlangt werden kann, auf die Gesamtwürdigung der **Umstände**

---

224 Vgl. BFH, Urteil vom 24. 4. 2002 – I R 18/01, BB 2002, S. 1999, 2000 = BetrAV 2003, S. 160 m. w. Nachw.
225 BFH, Beschluss vom 17. 3. 2010 – I R 19/09.

des Einzelfalls ankommt. Hier wird insbesondere eine Rolle spielen, ob die erteilte Zusage sofort unverfallbar ist oder erst nach drei, fünf oder mehr Jahren unverfallbar wird [siehe Abschn. III. 3. e) bb) (1)]. Es bleibt darüber hinaus zu hoffen, dass der Bundesfinanzhof seine Rechtsprechung grundsätzlich korrigiert.

(3) Gesicherte Gewinnerwartung der GmbH bei Zusageerteilung

Nach ständiger Rechtsprechung des Bundesfinanzhofs[226] und der Prüfungspraxis der Finanzverwaltung[227] wird die Versorgungszusage an einen Gesellschafter-Geschäftsführer nur dann als betrieblich veranlasst anerkannt, wenn im Zeitpunkt der Zusageerteilung davon auszugehen war, dass die künftige Ertragslage der Gesellschaft die Erfüllung der Versorgungszusage erlaubt.

Einen festen Zeitpunkt, zu dem „gesicherte Erkenntnisse" über die künftige Ertragsentwicklung vorliegen, nennt die Rechtsprechung nicht. Der Bundesfinanzhof hat in seinem Urteil vom 11. 2. 1998[228] allerdings die Auffassung vertreten, dass „im Regelfall" 15 Monate nach Unternehmensgründung noch keine solchen Erkenntnisse vorliegen, sondern erst „einige Jahre nach Gründung". In der gleichen Entscheidung hat der Bundesfinanzhof jedoch noch einmal bestätigt, dass insoweit auf die Umstände des Einzelfall abgestellt werden muss. Vom BMF wird „in der Regel" ein Zeitraum von „wenigstens **fünf Jahren**" ab Gründung verlangt.[229]

Als Sonderfälle, in denen ggf. schon nach wenigen Monaten eine Zusage erteilt werden könnte, wären nach der Rechtsprechung solche Fälle anzusehen, in denen aufgrund

- der Erfahrungen mit einer Einzelfirma bzw. einer Vorgängergesellschaft bereits Erkenntnisse vorliegen, die eine verlässliche Ertragsprognose ermöglichen,[230]

---

226 Vgl. BFH, Urteile vom 30. 9. 1992 – I R 75/91, a. a. O., vom 29. 10. 1997 – I R 52/97, a. a. O., vom 11. 2. 1998 – I R 73/97, GmbHR 1998, S. 893 und vom 23. 2. 2005 – I R 70/04 a. a. O.
227 Vgl. H 38 KStH 2008 – Finanzierbarkeit.
228 BFH, Urteil vom 11. 2. 1998 – I R 73/97, a. a. O.
229 BMF-Schreiben vom 14. 5. 1999 unter Ziff. 1.1 (abgedruckt im Anhang).
230 So ausdrücklich BFH, Urteile vom 29. 10. 1997 – I R 52/97 a. a. O. sowie vom 24. 4. 2002 – I R 18/01 a. a. O. und die h. M. in der Literatur; vgl. Alber, BetrAV 1996, S. 304, 306; Höfer/Veit/Verhuven, Bd II StR, S. 1346 Rn 2917; Gosch, BB 1996, S. 1694; Langohr-Plato, INF 1998, S. 102, 104.

• der Eigenheit der Branche unter Berücksichtigung der gewährten Barvergütung und der sonstigen Aufwendungen der Gesellschaft mit hinreichender Sicherheit eine ausreichende Ertragslage prognostiziert werden kann.

Unseres Erachtens ist auch in solchen Fällen, in denen die Gestaltung der (ergänzenden) Zusage in einer Weise erfolgt, dass sich die finanzielle Belastung der Gesellschaft allein auf die Zahlung von Beiträgen zu einer die Versorgungszusage voll abdeckenden Rückdeckungsversicherung beschränkt, keine besondere Frist zu fordern. Die Zusage ist hier steuerlich anzuerkennen, soweit die „Gesamtvergütung" angemessen ist und insbesondere von der Gesellschaft auf Basis ihrer aktuellen Umsatz- und Ertragslage verkraftet werden kann. Wirtschaftlich gesehen entsprechen hier nämlich die Barvergütung zusammen mit der rückgedeckten Versorgungszusage einer reinen Barvergütung auf entsprechend höherem Niveau. Auch einem Fremd-Geschäftsführer gegenüber wäre eine neu gegründete Gesellschaft auch ohne sichere Ertragsaussichten eine solch begrenzte Finanzierungsverpflichtung neben der Barvergütung eingegangen.

Dieser Auffassung steht u. E. auch nicht das BFH-Urteil vom 30. 9. 1992 entgegen. In jenem Fall ging es nämlich um eine nicht rückgedeckte Versorgungszusage. Wenn hierzu festgestellt wurde, dass ein ordentlicher und gewissenhafter Geschäftsleiter einer neu gegründeten GmbH „mit einer das Ergebnis dauernd belastenden Versorgungszusage einige Jahre warten (würde), bis er die Ertragsaussichten der Gesellschaft zuverlässig abschätzen kann", dann ist dem zuzustimmen. Die Überlegungen des Bundesfinanzhofs sind jedoch nicht auf den Fall übertragbar, bei dem aufgrund einer kongruenten Rückdeckung der Versorgungszusage sich für die Gesellschaft weder eine höhere finanzielle Belastung noch ein höheres Finanzierungsrisiko ergibt als bei einer fiktiv höheren Barvergütung.[231]

Unter dem Gesichtspunkt des Fremdvergleichs sind jedenfalls u. E. solche Versorgungsvereinbarungen sofort nach Gründung einer Gesellschaft als betrieblich veranlasst anzuerkennen, die sich darauf beschränken, sozialversicherungsfreien Gesellschafter-Geschäftsführern den eingesparten Sozialversicherungsaufwand zu erstatten [siehe Abschn. III. 3.

---

231 Vgl. auch Höfer/Veit/Verhuven, Bd II StR, S. 1350 Rn 2927.

e) aa) (2) und die neue Unterscheidung nach „ersetzenden" oder „ergänzenden" Zusagen].[232]

(4) Keine entgegenstehenden sonstigen betrieblichen Besonderheiten

An der betrieblichen Veranlassung kann es schließlich dann fehlen, wenn der Zusageerteilung gegenüber einem Gesellschafter-Geschäftsführer andere betriebliche Besonderheiten entgegenstehen. Als Beispiel nennt der Bundesfinanzhof in seinem Urteil vom 29. 10. 1997[233] die Wahrung des sozialen Friedens. Er sieht es dabei aufgrund der herausgehobenen Stellung und der verantwortlichen Tätigkeit der einzigen Gesellschafter-Geschäftsführerin einer GmbH als unbedenklich an, wenn nur ihr und nicht auch anderen Mitarbeitern eine Versorgungszusage erteilt wird.

Gibt es im Unternehmen jedoch Arbeitnehmer, die hinsichtlich ihrer Stellung im Unternehmen oder der Art und dem Umfang ihrer Tätigkeit mit dem Gesellschafter-Geschäftsführer vergleichbar sind, dann ist diesen Personen unter vergleichbaren Konditionen eine Versorgungszusage zu erteilen, zumindest jedoch anzubieten. Das gilt insbesondere auch dann, wenn die Versorgungszusage eine Eigenbeteiligung verlangt oder auf Entgeltumwandlung beruht.[234]

bb) Gestaltung der Versorgungszusage (Wartezeit, Unverfallbarkeit, Hinterbliebenenleistungen an Lebensgefährten etc.)

Unter dem Gesichtspunkt des Fremdvergleichs wird eine Versorgungszusage auch dahin gehend untersucht, ob ihre Ausgestaltung den Schluss zulässt, dass die Zusage ganz oder teilweise durch das Gesellschaftsverhältnis veranlasst ist und nicht betrieblich.

In der Prüfungspraxis sind dies vor allem die Kriterien Wartezeit bzw. Unterverfallbarkeitsfrist, die hier geprüft werden, und vereinzelt auch die Gestaltung einer Hinterbliebenenversorgung. Sofern der Versorgungsberechtigte bereits schwer erkrankt ist, bevor die Zusage erteilt wird, dürfte eine Zu-

---

232 Siehe Abschn. III. 3. a) bb).
233 BFH, Urteil vom 29. 10. 1997 – I R 52/97 a. a. O.
234 Siehe zu Versorgungszusagen aus Entgeltumwandlung („Deferred Compensation"-Zusagen) näher Doetsch, Altersvorsorge für Manager, S. 133 ff.

sage auf Hinterbliebenen- oder Invaliditätsversorgung nämlich unüblich sein,[235] weil ein Fremdvergleich im Regelfall hiergegen spricht.

(1) Warte- und Unverfallbarkeitsfristen

Ungeachtet des Umstands, dass in der Vergangenheit von Betriebsprüfern und Finanzgerichten unter dem Gesichtspunkt des Fremdvergleichs das Fehlen oder eine zu kurze „Wartezeit" als Indiz für eine Veranlassung von Versorgungszusagen an beteiligte Geschäftsführer im Gesellschaftsverhältnis gesehen wurde, ist weithin unklar, was mit dem Begriff der „Wartezeit" bezeichnet sein soll:

• Der Begriff der **„Wartezeit"** bezeichnet in seinem engeren, im Arbeitsrecht üblichen Sinn streng genommen nur die Zeit zwischen der Erteilung einer Versorgungszusage und dem Zeitpunkt, zu dem erstmalig bei Eintritt eines in der Zusage bezeichneten Versorgungsfalls Leistungen zu erbringen sind. Die Wartezeit ist mithin als **leistungsausschließende Frist** zu verstehen.

• Die „Wartezeit" ist damit von der Unverfallbarkeitsfrist zu unterscheiden, die den Zeitraum bezeichnet, nach dessen Ablauf der Versorgungsanwärter bei vorzeitigem Ausscheiden (d. h. Ausscheiden vor Erreichen der Altersgrenze oder einem anderen Leistungsfall) seine bis dahin erdiente Anwartschaft behält. Die Unverfallbarkeitsfrist regelt allein die Frage, welche Rechte im Falle eines vorzeitigen Ausscheidens verbleiben.

• Der Begriff „Wartezeit" ist schließlich von der Wartefrist vor der Erteilung einer Versorgungszusage zu unterscheiden. Letztgenannter Begriff wird nämlich teilweise auch für die „Probezeit" verwendet [siehe Abschn. III. 3. e) aa)].

Soweit die **„Unverfallbarkeit"** der Anwartschaft bei einem vorzeitigen Ausscheiden unter dem Gesichtspunkt des Fremdvergleichs betrachtet wird, ist u. E. wie folgt zu differenzieren:

Mit BMF-Schreiben vom 9. 12. 2002 hat die Finanzverwaltung ihre bisherige Auffassung aufgegeben, nach der aus der sofortigen Unverfallbarkeit der Versorgungszusage allgemein der Schluss gezogen

---

235 Vgl. BFH, Urteil vom 11. 8. 2004 – I R 108-110/03, BetrAV 2005, S. 401.

werden könne, dass die Versorgungszusage durch das Gesellschafts-verhältnis veranlasst sei.

Dieser Ansicht hatte schon die BFH-Rechtsprechung[236] entgegenge-standen, wonach eine sofortige Unverfallbarkeit ggf. nur eines von mehreren Kriterien war, welches in der Gesamtschau den (zutreffen-den) Schluss auf eine Veranlassung der Zusage im Gesellschaftsver-hältnis zuließ. Sie war zudem auf heftige Kritik in der Literatur[237] ge-stoßen.

Bei Geschäftsführern von Kapitalgesellschaften wie auch Vorständen von Aktiengesellschaften werden in der Praxis die gesetzlichen Un-verfallbarkeitsfristen häufig abgekürzt oder es wird eine sofortige Un-verfallbarkeit eingeräumt.[238] Eine sofortige Unverfallbarkeit der Zu-sage ist insbesondere bei der Einstellung älterer oder besonders er-fahrener Führungskräfte und bei der Erteilung der Zusage an einen Geschäftsführer, der bereits bei einer Vorgängerfirma langjährig tätig war, üblich.[239] Der Trend hin zu Unverfallbarkeitsfristen von wenigen Jahren bis hin zum völligen Verzicht auf eine Unverfallbarkeitsfrist wird sich bei Fremd-Geschäftsführern in der Praxis noch verstärken, da Versorgungszusagen immer stärker Entgeltcharakter haben und gesetzlich – wie erwähnt – nur noch maximal eine fünfjährige Unver-fallbarkeitsfrist (§ 1 b Abs. 1 BetrAVG) gilt. Für den durchzuführenden Fremdvergleich bedeutet das, dass eine fünfjährige Unverfallbarkeits-frist absolut unbedenklich ist und selbst eine deutlich kürzere Unver-fallbarkeitsfrist bis hin zum Verzicht auf eine solche nicht per se zur Annahme einer Veranlassung der Zusage im Gesellschaftsverhältnis führt.[240]

---

236 BFH, Urteil vom 16. 12. 1992 – I R 2/92, a. a. O.

237 Vgl. Doetsch, BB 1994, S. 330; Höfer/Veit/Verhuven, Bd II StR, S. 1348 Rn 2920; schon während der Geltung der zehnjährigen gesetzlichen Unverfallbarkeitsfrist befürworteten viele eine Anerkennung einer nur fünfjährigen Frist bei Gesellschafter-Geschäftsführern; vgl. Alber, BetrAVG 1996, S. 306; Tillmann, Der Geschäftsführervertrag, Rdnr. 317; Förs-ter/Heger, DStR 1994, S. 510.

238 Vgl. schon die Hinweise von Doetsch aufgrund der Befragung führender Personalberatun-gen, BB 1994, S. 331.

239 Ebenda; Höfer/Eichholz, DB 1995, S. 1246.

240 Die Formulierung des BMF-Schreibens vom 9. 12. 2002 – IV A 2 – S 2742 – 68/02, DB 2002, S. 2624 unter Ziff. 1 erweckt sogar den Eindruck, als wäre eine sofortige ratierliche Unverfallbarkeit als solche immer unschädlich.

Sofern es sich um eine „ersetzende" Zusage handelt, dürfte das Fehlen einer „Wartezeit" u. E. unschädlich sein, wenn die Höhe der Beiträge den bereits erläuterten Anforderungen entspricht.[241]

Unabhängig von der Unverfallbarkeitsfrist ist Voraussetzung für die steuerliche Anerkennung einer (ergänzenden) Zusage gegenüber einem **beherrschenden** Gesellschafter-Geschäftsführer nach BMF-Auffassung, dass sich die **Unverfallbarkeit der Höhe nach beschränkt auf die vom Zusagezeitpunkt bis zum Ausscheiden ratierlich erdiente Anwartschaft**.[242] Auch wenn die Zusage durch das Gesellschaftsverhältnis veranlasst anzusehen ist, soll bei einem vorzeitigen Ausscheiden eines beherrschenden Gesellschafter-Geschäftsführers eine vGA vorliegen, soweit die Rückstellung den Betrag übersteigt, der sich bei einer ratierlichen Ermittlung der Unverfallbarkeit ab Zusage (nicht schon dem Eintritt) ergeben würde.[243] Der Forderung nach einer zeitanteiligen Kürzung ist zuzustimmen, nicht dagegen der generellen Rechnung ab Zusageerteilung.

Wird entsprechend § 2 Abs. 5 a BetrAVG wegen **Umwandlung von Barbezügen** in einen wertgleichen Versorgungsanspruch eine **sofortige Unverfallbarkeit vereinbart**, so ist diese Gestaltung auch nach Auffassung der Finanzverwaltung grundsätzlich nicht durch das Gesellschaftsverhältnis veranlasst.[244] Auch dieser neueren Praxis der Finanzverwaltung ist zuzustimmen. Nicht nur bei nicht beteiligten Geschäftsführern sowie Führungskräften der zweiten Führungsebene, sondern auch bei beherrschenden Gesellschafter-Geschäftsführern wird ein Vergütungsanspruch, auf den Anspruch im Hinblick auf die Tätigkeit für die Gesellschaft besteht, in einen Versorgungsanspruch getauscht. Wegen dieses Vergütungscharakters ist bei der Gehaltsumwandlung eine sofortige Unverfallbarkeit der Zusage nunmehr (d. h. bei Geltung des Betriebsrentengesetzes) in § 2 Abs. 5 a BetrAVG vor-

---

241 Siehe Abschn. III. 3. a) bb)].
242 BMF-Schreiben vom 9. 12. 2002 (abgedruck im Anhang); das führt, wie Prost (DB 2004, S. 2064 f.) belegt, ggf. zu deutlich niedrigeren aufrecht zu erhaltenden Beträgen.
243 Ebenda; kritisch Höfer/Kaiser, BetrAV 2003, S. 206 mit Hinweis darauf, dass sich hier eine Kollision der ratierlichen Berechnung und des Nachzahlungsverbots ergibt, sowie mit Hinweis auf BFH, Urteil vom 24. 1. 1996 – I R 41/95 a. a. O.
244 BMF-Schreiben vom 9. 12. 2002 (abgedruckt im Anhang).

geschrieben.[245] Bei Zusagen aus Entgeltumwandlung muss sich die Höhe des bei vorzeitigem Ausscheiden aufrechterhaltenen Anspruchs auf die bis dahin finanzierten Leistungen beschränken.

Entgegen vereinzelt in der Literatur[246] vertretener Ansicht ist die entsprechende Anwendung der **beitragsorientierten Berechnungsweise nach § 2 Abs. 5 a BetrAVG** für beherrschende GGF nicht per se ausgeschlossen.[247] Sofern die Versorgung im Wege der Entgeltumwandlung finanziert wird, ergibt sich dies bereits direkt aus dem erwähnten Schreiben des BMF.[248] Falls es sich um eine arbeitgeberfinanzierte beitragsorientierte Leistungszusage handelt, gilt systematisch die für diese Sonderform der Leistungszusage einschlägige Berechnungsweise nach BetrAVG. Für die körperschaftsteuerliche Anerkennung kommt es allerdings darauf an, ob die Gestaltung der Zusage geeignet ist, das Nachzahlungsverbot zu verletzen. Falls eine exakte Definition der Dotierungsweise und der zu gewährenden Leistungen der Fall ist und die Dotierung durch laufende Beiträge parallel zum Dienstverhältnis (und nicht vor Erteilung der Zusage) erfolgt, dann bestehen u. E. keine Bedenken, auch bei einer arbeitgeberfinanzierten beitragsorientierten Zusage bei vorzeitigem Ausscheiden des Geschäftsführers den Versorgungsanspruch auf die mit den bisherigen Beiträgen finanzierten Leistungen zu beschränken. Denn bei der vorgenannten Finanzierungsweise ergibt sich ein aufrecht erhaltener Anspruch bei vorzeitigem Ausscheiden, der sich systematisch gesehen nicht von der im Schreiben des BMF[249] vorgesehenen Berechnungsweise unterscheidet (erdient wird ab Zusage und bis Austritt).

Zumindest bei Anwartschaften aus Entgeltumwandlung, beitragsorientierten Leistungszusagen und Beitragszusagen mit Mindestleistung sowie versicherungsförmigen Zusagen kann u. E. somit ohne Gefahr einer vGA – entsprechend den Regeln des BetrAVG – ein Anspruch

---

245 Zuvor hatte das BAG die sofortige Unverfallbarkeit schon ausdrücklich gefordert bzw. im Wege der Auslegung in Versorgungszusagen hineingedeutet, vgl. BAG, Urteil vom 8. 6. 1993 – 3 AZR 670/92, BB 1994, S. 73 = DB 1993, S. 2538.
246 A. A.: Briese, Wechselwirkungen von Betriebsrentenrecht und Steuerrecht bei Pensionszusagen an Gesellschafter-Geschäftsführer; DB 2009, S. 2346 (2348).
247 So auch: Wellisch, Zweifelsfragen bei der körperschaftsteuerlichen Anerkennung von Pensionszusagen an Gesellschafter-Geschäftsführer – zur Wartezeit, Erdienbarkeit und Unverfallbarkeit einer Pensionszusage, BB 2009, S. 2340 (2343).
248 BMF-Schreiben vom 9. 12. 2002 – IV A2 – S 2742 – 68/02 (abgedruckt im Anhang).
249 BMF-Schreiben vom 9. 12. 2002 – IV A2 – S 2742 – 68/02 (abgedruckt im Anhang).

auf die ratierlich vorhandenen/finanzierten Leistungen gewährt werden.

Soweit die „Wartezeit" im engeren, arbeitsrechtlichen Sinn als **leistungsausschließende Wartezeit** nach Erteilung einer Zusage untersucht wird, gilt u. E. Folgendes:

Es ist für den Fremdvergleich danach zu differenzieren, ob es sich um eine versicherungsmäßig rückgedeckte Zusage handelt oder eine Zusage, bei der die GmbH selbst das Risiko vorzeitiger Versorgungsleistungen trägt.

Von der Finanzverwaltung wurde in der Vergangenheit unter Hinweis auf das BFH-Urteil vom 14. 7. 1989[250] bzw. wegen fehlender Üblichkeit unter Hinweis auf die weiteren BFH-Urteile vom 16. 12. 1992 und vom 28. 1. 2004[251] in der Zusage einer **dienstzeitunabhängigen Invalidenrente** an einen beteiligten Geschäftsführer ohne eine leistungsausschließende Wartezeit eine vGA gesehen. Ein genereller Schluss dieser Art ist jedoch der BFH-Rechtsprechung nicht zu entnehmen.[252]

Bei der Beamtenversorgung und nicht selten auch bei Versorgungszusagen für in der Privatwirtschaft beschäftigte Arbeitnehmer – im letzteren Falle dann, wenn keine versicherungsmäßige Rückdeckung erfolgt – werden in der Tat häufig leistungsausschließende Wartezeiten vorgesehen. Diese betragen üblicherweise zwischen drei und fünf Jahren,[253] bei Vorständen und Geschäftsführern zumeist nur ein bis fünf Jahre. Bei Invalidität und Tod aufgrund eines Betriebs- bzw. Dienstunfalls wird üblicherweise sogar ganz auf eine Wartezeit verzichtet.

Eine allgemeine Regel, dass beim Fehlen einer Wartezeit von einer Veranlassung der Zusage im Gesellschaftsverhältnis auszugehen ist, lässt sich unter dem Gesichtspunkt des Fremdvergleichs nicht herleiten. Das Fehlen einer leistungsausschließenden Wartezeit kann zwar

250   III R 97/86, BStBl II 1989, S. 969 = BB 1989, S. 2080 (Ehegattenversorgung).
251   BFH, Urteile vom 16. 12. 1992 – I R 2/92, a. a. O., und vom 28. 1. 2004 – I R 21/03, DB 2004, S. 1073 (dienstzeitunabhängige Invalidenrente von 75 % des Bruttogehaltes bei einer Zusage, die die gesetzliche Rentenleistungen ersetzt).
252   A. A. wohl Neumann, FS Kemper, S. 337, 345.
253   So auch Langohr-Plato, INF 1998, S. 103.

im Einzelfall ein Indiz für eine Veranlassung der Versorgungszusage im Gesellschaftsverhältnis sein. Das gilt jedoch grundsätzlich nur dann, wenn ein vorzeitiger Leistungsfall (Tod bzw. Invalidität) zu einer übermäßigen bzw. untragbaren finanziellen Belastung für die Gesellschaft führen kann. In diesem Falle fehlt es an dem Kriterium der Finanzierbarkeit, das bereits an anderer Stelle abgehandelt wurde [siehe Abschn. III. 3. c)].

Fehlt ein solches Risiko, etwa weil die zugesagte Invalidenrente **versicherungsmäßig rückgedeckt** wurde oder sie dienstzeitabhängig gestaffelt ist, dann ist jedoch der Schluss berechtigt, dass ein ordentlicher und gewissenhafter Geschäftsleiter sich auch bei einem nicht beteiligten Geschäftsführer auf eine solche Zusage eingelassen hätte. In Bezug auf die versicherungsmäßige Rückdeckung einer Invaliditäts- bzw. Todesfallleistung ergibt sich dies schon daraus, dass die Bedingungen der Versicherer bislang nicht die Möglichkeit einer solchen Wartezeit vorsehen. Von daher macht eine leistungsausschließende Wartezeit oder Staffelung der Leistung bei Versicherungszusagen bzw. rückgedeckten Versorgungszusagen keinen Sinn und wird in der Praxis bei solchen Zusagen auch nicht vorgesehen.

(2) Hinterbliebenenzusagen (Zusagen an Lebensgefährten/100 % Witwen-/Witwerpension)

Unter dem Gesichtspunkt des Fremdvergleichs wird auch die weitere Ausgestaltung von Versorgungszusagen gegenüber Gesellschafter-Geschäftsführern untersucht.

Soweit es um die Zusage von Hinterbliebenenrenten bzw. -leistungen geht, steht nicht die Anerkennung der Versorgungszusage insgesamt, sondern im Zweifel nur die (isolierbare) Zusage einer Hinterbliebenenversorgung infrage.[254] Auch insoweit ist jedoch zu prüfen, ob die Zusage bei nicht beteiligten Geschäftsführern unüblich ist und – falls ja – ob die Gesamtumstände des Falles den Schluss darauf zulassen, dass die unübliche Gestaltung ihre Ursache im Gesellschaftsverhältnis hat.

---

254 So zu Recht ausdrücklich BFH, Urteil vom 15. 10. 1997 – I R 42/97 a. a. O. für unangemessen hohe Witwenpension, später erteilte Zusage einer Witwenpension und Begünstigung der beherrschenden Gesellschafterin.

Mit dem In-Kraft-Treten des Lebenspartnerschaftsgesetzes ist eine Hinterbliebenenversorgung für einen eingetragenen Lebenspartner nicht als durch das Gesellschaftsverhältnis veranlasst anzusehen.

Auch eine Hinterbliebenenversorgung für nicht eingetrage Lebensgefährten ist als betrieblich veranlasst anzuerkennen, wenn die von der Finanzverwaltung dafür aufgestellten Kriterien erfüllt sind.[255] Unabhängig von dieser erfreulichen Klarstellung wären solche Zusagen auch nach allgemeinen Grundsätzen als betrieblich veranlasst anzuerkennen, da heute nach den Erfahrungen der Autoren neben Ehegatten auch (benannte) Lebensgefährten in einer signifikanten Zahl von Fällen im Rahmen von Versorgungsregelungen für gewöhnliche Arbeitnehmer leistungsberechtigt sind. Der Bundesfinanzhof hat die Hinterbliebenenzusage an einen nichtehelichen Lebensgefährten – abhängig von den Umständen des Einzelfalles – daher bereits in seiner Entscheidung vom 29. 11. 2000[256] explizit grundsätzlich für zulässig erachtet. Er begründet dies unter anderem damit, dass auch für die Absicherung eines Lebensgefährten ein Bedürfnis besteht, auch wenn es keine zivilrechtlichen Unterhaltsansprüche gibt. Die Rechtsprechung spricht dafür, dass eine betriebliche Veranlassung im Bereich der Gesellschafter-Geschäftsführerversorgung jedenfalls bei der Zusage an einen benannten Lebensgefährten im Haushalt des Geschäftsführers zu bejahen ist, wenn die Zusage mit einer – auch bei Ehegattenzusagen üblichen – „Bestandsklausel" verbunden ist.

Auch Zusagen an gleichgeschlechtliche Lebensgefährten oder an Lebensgefährten, solange keine Ehe besteht, sind anzuerkennen. Etwas anderes kann aber aufgrund des internen Fremdvergleichs gelten, etwa wenn anderen, nicht beteiligten Mitarbeitern eine entsprechende Zusage verweigert wird.

Keine verdeckte Gewinnausschüttung dürfte auch dann vorliegen, wenn statt der üblichen 60 % **Hinterbliebenenrente** die Höhe der Hinterbliebenenrente bis zu 100 % der Alters- oder Invalidenrente beträgt. Solche Zusagen sind schon heute in einzelnen Fällen bei Arbeitnehmern anzu-

---

255 BMF-Schreiben vom 25. 7. 2002 – IV A6 – S 2176 – 28/02, BStBl I 2002, S. 706; siehe auch BFH, Urteil vom 29. 11. 2000 – I R 90/99, BetrAV 2001, S. 286; insbesondere das Schreiben des BMF vom 31. 3. 2010 – IV C 3 – S 2222/09/10041; IV C 5 – S 2333/07/0003, dort Rz. 250.
256 BFH, Urteil vom 29. 11. 2000 – I R 90/99, a. a. O.

treffen. Bei **Kapitalzusagen** sind sie der Regelfall und kommen bei Rentenzusagen, die auf Entgeltumwandlung beruhen, in einer schon namhaften Zahl von Fällen vor. Weiterhin lassen sie in der Regel unter Berücksichtigung der Gesamtumstände nicht den Schluss zu, dass sie ihre Ursache im Gesellschaftsverhältnis haben. Dies gilt jedenfalls in den Fällen, in denen nachgewiesen werden kann, dass die höhere Hinterbliebenenversorgung zulasten der Höhe der Altersrente ging. In diesem Fall hätte sich ein verständiger Unternehmensleiter auch bei einem nicht beteiligten Geschäftsführer oder sonstigen Mitarbeiter auf eine entsprechende Änderung der Zusage eingelassen.

Steuerlich unschädlich ist das Beibehalten der Hinterbliebenenversorgung trotz Scheidung[257], da auch Geschiedene zu begünstigende Hinterbliebene sind.

Zuletzt ist darauf hinzuweisen, dass das maximal versorgungsfähige Alter für Neuzusagen ab dem 1. 1. 2007 bei **Waisenrenten** auf das vollendete 25. Lebensjahr herabgesetzt wurde.

Im Übrigen bestehen grds. keine Bedenken dagegen, dass ein Gesellschafter-Geschäftsführer neben seinem Aktivgehalt selbst eine Rente aufgrund seiner Eigenschaft als hinterbliebener Ehegatte bezieht.

cc) „Erweiterter Fremdvergleich"

Bei der Prüfung, ob eine Versorgungszusage betrieblich oder durch das Gesellschaftsverhältnis veranlasst ist, wird von den Finanzgerichten ein **allgemeiner Fremdvergleich** vorgenommen. Dieser erfasst mit dem Maßstab „Handeln eines ordentlichen und gewissenhaften Geschäftsleiters"[258] nur aus Sicht der Gesellschaft nachteilige Vereinbarungen. Mit seiner Entscheidung vom 17. 5. 1995 zur „Nur-Pension"[259] hat der Bundesfinanzhof jedoch Veranlassung zu der Annahme gegeben, dass er bei Versorgungszusagen an Gesellschafter-Geschäftsführer – wie bereits vereinzelt in der Vergangenheit bei Gehaltsvereinbarungen[260] – zusätzlich einen **Fremdvergleich aus**

---

257 Vgl. BFH, Urteil vom 6. 2. 1985 – I R 80/81, BB 1985, S. 1450 = DB 1985, S. 1567.
258 Vgl. z. B. BFH, Urteile vom 16. 3. 1967 – I R 161/63, BStBl III 1967, S. 626 und vom 29. 4. 1992 – I R 21/90, BStBl II 1992, S. 851 = BB 1992, S. 1914.
259 I R 147/93, BStBl II 1996, S. 204 = DB 1995, S. 2296 = BB 1995, S. 2054.
260 I R 147/93 a. a. O. Vgl. auch BFH, Urteile vom 2. 12. 1992 – I R 54/91, BStBl II 1993, S. 311, 314 (Gewinntantieme), vom 13. 12. 1989 – I R 99/87, BStBl II 1990, S. 454, BFH/NV 1989, S. 131 und vom 18. 12. 1962 – I 158/61 U, BStBl III 1963, S. 99.

Sicht des Vertragspartners der Gesellschaft vornehmen will. In der erwähnten Entscheidung hat der Bundesfinanzhof nämlich den allgemeinen Fremdvergleich um die Prüfung erweitert, ob ein gesellschaftsfremder Angestellter sich auf eine ihn einseitig belastende, für die Gesellschaft jedoch vorteilhafte Vereinbarung eingelassen hätte.

Soweit der Bundesfinanzhof im Rahmen des Fremdvergleichs damit auch der Interessenlage des Vertragspartners (Geschäftsführers) Beachtung schenkt, folgt daraus allerdings – wie schon erwähnt – nicht, dass jede unübliche, für den beteiligten Geschäftsführer nachteilige Gestaltung zur Annahme einer Veranlassung der Versorgungszusage im Gesellschaftsverhältnis führt. In der Literatur[261] wurde vielmehr überzeugend dargelegt, dass der Bundesfinanzhof mit dem Kriterium der „Unüblichkeit" letztlich keinen neuen Prüfungsmaßstab geschaffen hatte, sondern in der Unüblichkeit der für den Gesellschafter-Geschäftsführer risikoreichen Vereinbarung ein Indiz[262] für eine fehlende Ernsthaftigkeit der Versorgungszusage sieht (nicht jedoch, wie wohl zum Teil die Finanzverwaltung annimmt, ein eigenes Tatbestandsmerkmal im Sinne eines unwiderleglichen Beweises). Einen guten Beleg für diese Ansicht liefert die Argumentation des Bundesfinanzhofs in der Nur-Pension-Entscheidung vom 17. 5. 1995.[263] Dort führt der Bundesfinanzhof aus, dass sich ein fremder Angestellter mit einer „derartig einseitigen Risikoverteilung" nicht einverstanden erklärt hätte.

Soweit die Ernsthaftigkeit jedoch nicht infrage steht, ist ggf. auch eine unübliche Gestaltung anzuerkennen. Anzuerkennen ist insbesondere eine Gestaltung, die insoweit unüblich ist, als sie für den Geschäftsführer ungünstiger gestaltet ist als bei Versorgungszusagen an vergleichbare angestellte Geschäftsführer. So wird vom Bundesfinanzhof in den Entscheidungsgründen des Urteils vom 17. 5. 1995 zur Nur-Pension ausdrücklich darauf hingewiesen, dass der Gesellschafter-Geschäftsführer die Möglichkeit habe, der Gesellschaft Dienstleistungen unter Marktwert zu erbringen.[264]

---

261 Wassermeyer, DStR 1996, S. 733 ff.; Tillmann, GmbHR 1993, S. 466, 467 f.
262 So ausdrücklich BFH, Urteil vom 2. 12. 1992, I R 54/91, BStBl II 1993, S. 311, 314. In diesem Urteil wird die Unüblichkeit ausdrücklich als „Indiz für das Fehlen einer ernsthaften schuldrechtlichen Vereinbarung" bezeichnet. Vgl. auch Urteil vom 28. 10. 1987 – I R 22/84, BB 1989, S. 463.
263 I R 147/93 a. a. O.
264 Vgl. auch den Beschluss des Großen Senats des BFH vom 26. 5. 1987 – GrS 2/86, BStBl II 1988, S. 348.

Ein anderes Ergebnis wäre auch nicht mit dem Begriff der verdeckten Gewinnausschüttung zu vereinbaren. Diese verlangt nämlich eine Vermögensminderung bzw. verhinderte Vermögensmehrung, die sich auf den Gewinn auswirkt (siehe Abschn. III. 3.). Lässt sich der Gesellschafter-Geschäftsführer jedoch auf eine geringere als übliche Vergütung bzw. eine für ihn nachteilige Gestaltung der betrieblichen Altersversorgung ein, dann tritt hierdurch keine Vermögensminderung bei der GmbH ein, sondern allenfalls eine Vermögens- und Gewinnmehrung!

Unter dem Gesichtspunkt des erweiterten Fremdvergleichs sind mithin folgende **Prüfkriterien** zu beachten:

(1) Keine unübliche, nachteilige Belastung der Gesellschaft

- durch eine unangemessen hohe Gesamtvergütung (als Gegenleistung für die Geschäftsführertätigkeit),

- durch Übernahme einer untragbaren finanziellen Belastung,

- durch Besserstellungen bei der Ausgestaltung der Versorgungszusage.

(2) Keine den Geschäftsführer in unüblicher Weise benachteiligende Gestaltung der Versorgungszusage, die auf eine nicht ernsthaft gemeinte Verpflichtung schließen lässt.

Bei der Anwendung dieses „erweiterten Fremdvergleichs"[265] für beteiligte Geschäftsführer ist darauf zu achten, dass Maßstab für den Fremdvergleich nicht der nicht beteiligte Angestellte ist, sondern ein nicht beteiligter Geschäftsführer. Aus diesem Grunde ist die zum Teil in der BFH-Rechtsprechung anzutreffende Orientierung an den gesetzlichen Mindestschutzvorschriften des Betriebsrentengesetzes für Arbeitnehmer wenig plausibel. Die entsprechenden BFH-Urteile dürften allerdings darauf beruhen, dass von Seiten des Geschäftsführers in den Verfahren zur Üblichkeit der Ausgestaltung von Versorgungszusagen an Geschäftsführer nicht substantiiert genug vorgetragen worden ist.

---

265 So die Bezeichnung durch Gschwendtner, DStZ 1996, S. 7, 9.

f) Angemessenheit der Höhe nach

aa) Angemessenes Verhältnis zwischen Aktivbezügen und Versorgungsbezügen (Überversorgungsverbot bzw. 75 %-Grenze)

Von den Finanzgerichten[266] und der Finanzverwaltung[267] wird die einem beteiligten Geschäftsführer erteilte Versorgungszusage unter anderem daraufhin überprüft, ob die zugesagte Altersrente zusammen mit etwaigen Leistungsansprüchen in der gesetzlichen Rentenversicherung ein angemessenes Niveau im Verhältnis zu den Aktivbezügen einhält. Übersteigen die Rentenbezüge 75 % der letzten Aktivbezüge, dann wird der 75 % des letzten Aktivbezuges übersteigende Rentenanspruch (sog. Überversorgung) beanstandet. Es liegt insoweit, wie die neuere BFH-Rechtsprechung deutlich macht, in Bezug auf die **Pensionsrückstellung** keine vGA vor, sondern eine gegen § 6 a Abs. 3 Satz 2 Nr. 1 EStG verstoßende Vorwegnahme künftiger Entwicklungen in Gestalt ansteigender säkularer Einkommenstrends.[268] Dies führt zu einer Kürzung der Pensionsrückstellung. Der vorstehende Grundsatz gilt allerdings nur bei endgehalts**un**abhängigen Pensionszusagen, denn bei endgehalts**ab**hängigen Zusagen ist eine Vorwegnahme zukünftiger Einkommenstrends nicht denkbar, denn die Anwartschaft entwickelt sich stets analog zum Aktivlohn. Damit scheidet die bilanzielle Korrektur aus. Ergibt die Prüfung in diesen Fällen die Unangemessenheit der Versorgung (auf der 2. Stufe), liegt eine vGA vor und es erfolgt eine außerbilanzielle Hinzurechnung der Zuführungen zur Rückstellung in dem Maße wie die 75%-Grenze überschritten wird.[269]

Renten-Steigerungen werden dann nicht in die Überversorgungsgrenze rechnerisch einbezogen, wenn sie den Eckwert von jährlich 3 % nicht übersteigen.[270]

---

266   Vgl. BFH, Urteil vom 15. 9. 2004 – I R 62/03, BB 2005, S. 321 = DB 2005, S. 21 m. w. Nachw.

267   Vgl. BMF-Schreiben vom 7. 1. 1998 – IV B 2 – S 2176 – 178/97 und BFH, Urteil vom 15. 9. 2004; sowie BMF-Schreiben vom 3. 11. 2004 – IV B 2 – S 2176 – 13/04, dort Rz. 7 ff.

268   Vgl. BFH, Urteil vom 15. 9. 2004 – I R 62/03 a. a. O.

269   Vgl. Alber, Aktuelle steuerliche Fragen bei Pensionszusagen an Gesellschafter-Geschäftsführer, BetrAV 2007, S. 415 ff. (419); siehe zur endgehaltsabhängigen Zusage auch: BMF-Schreiben vom 3. 11. 2004 a. a. O. Rz. 16.

270   Gosch, Aus der Rechtsprechung des Bundesfinanzhofs, BetrAV 2007, S. 713 ff. (715); siehe auch BMF-Schreiben vom 3. 11. 2004 – IV B 2 – S 2176 – 13/04, dort Rn 12 und BFH, Urteil vom 31. 3. 2004 – I R 79/03.

Werden **Leistungen** erbracht, die über ein angemessenes Niveau (max. 75 % der Aktivbezüge) hinausgehen, stellt der übersteigende Teil eine vGA dar.[271] Die Überschreitung der 75%-Grenze führt nicht automatisch zu einer Überversorgung; sie kann im Einzelfall gerechtfertigt sein.[272]

Wird kein Aktivgehalt gewährt, wohl aber eine Versorgungszusage (Fall der sog. **Nur-Pension**), sind die sich ergebenden **Rechtsfolgen** zwischen Finanzverwaltung und Rechtsprechung stark **umstritten**.

Nach der Rechtsprechung kann eine verdeckte Gewinnausschüttung (vGA) vorliegen (so die frühere höchstrichterliche Rechtsprechung) oder bilanzsteuerlich wegen unzulässiger Vorwegnahme künftiger Entwicklungen eine Rückstellungsbildung ganz oder teilweise wegen Überversorgung unzulässig sein (neuere Auffassung).

Der Auffassung des BFH[273] hatte sich die Finanzverwaltung[274] zunächst angeschlossen. Nach Auffassung des BFH[275] hatte eine Überversorgung zur Folge, dass die Pensionsrückstellung um den Teil zu kürzen ist, der die sog. 75 %-Grenze übersteigt. Später entschied der BFH,[276] dass eine Nur-Pension grundsätzlich zu einer Überversorgung führt (sofern dies nicht auf eine Entgeltumwandlung zurückzuführen war) und begründete dies u. a. mit dem Stichtagsprinzip bzw. dem Verbot der Vorwegnahme künftiger ungewisser Entwicklungen. Daraufhin erkannte das BMF,[277] dass die Rechtsprechung nicht im Einklang mit dem Schreiben des BMF zur Überversorgung[278] stand. Überdurchschnittlich hohe Zusagen waren danach anzuerkennen, soweit sie arbeitsrechtlich zulässig und betrieblich veranlasst waren. Mangels laufender Gehaltsansprüche in der Anwartschaftsphase sei eine Vorwegnahme künftiger Lohn- und Gehaltsentwicklung nicht möglich. Das Schreiben des BMF betraf allein die bilanzsteuerrechtliche Anerkennung,[279] nicht dagegen

---

271 BFH, Urteil vom 15. 9. 2004 – I R 62/03, a. a. O.
272 So FG München, Urteil vom 6. 5. 2008 – 6 K 4096/05, DStRE 2009, S. 521.
273 BFH, Urteil vom 17. 5. 1995 – I R 147/93.
274 BMF-Schreiben vom 28. 1. 2005 – IV B 7 – S 2742 – 9/05 – zur Vereinbarung einer Nur-Pension mit dem Gesellschafter-Geschäftsführer einer Kapitalgesellschaft.
275 BFH, Urteil vom 31. 3. 2004 – I R 70/03.
276 BFH, Urteil vom 9. 11. 2005 – I R 89/04.
277 BMF-Schreiben vom 16. 6. 2008 – IV C 6 – S 2176/07/10007
278 BMF-Schreiben vom 3. 11. 2004 – I V B 2 – S 2176 – 13/04.
279 Für die körperschaftsteuerrechtliche Betrachtung siehe BMF-Schreiben vom 28. 1. 2005 – IV B 7 – S 2742 – 9/05. Aber: Auch ein Fremdvergleich kann zur Annahme einer vGA führen.

die davon separat zu beurteilende Frage, ob eine solche Zusage durch das Gesellschaftsverhältnis veranlasst ist.

Mit einem neueren Urteil[280] tritt der BFH dem Nichtanwendungserlass des BMF[281] entgegen: Erteilt eine GmbH ihrem Gesellschafter-Geschäftsführer eine sog. Nur-Pensionszusage, ohne dass dem eine ernstlich vereinbarte Umwandlung anderweitig vereinbarten Barlohns zugrunde liegt, soll die Zusage der Versorgungsanwartschaft regelmäßig eine sog. Überversorgung nach sich ziehen.[282] Der BFH bestätigt damit seine Auffassung, dass ein Verstoß gegen § 6 a Abs. 3 Satz 2 Nr. 1 Satz 4 i. V. m. Nr. 2 Halbsatz 2 EStG und die daraus abzuleitenden sog. Überversorgungsgrundsätze nur vorliegt, wenn künftige Pensionssteigerungen oder -minderungen am Bilanzstichtag berücksichtigt werden; jedoch nicht, wenn die zugesagte Pension höher ist als der zuletzt gezahlte Aktivlohn.[283]

Der BFH weist in dem Urteil aber – systematisch richtig – darauf hin, dass eine Nur-Pensionszusage nach dem Eintritt des Versorgungsfalls ertragsteuerlich anders zu behandeln ist. Hier kann die Nur-Pensionszusage schon begrifflich keine Vorwegnahme künftiger Entwicklungen mehr darstellen. Es steht in diesem Fall ja fest, dass die zugesagte Pension höher ist als der zuletzt gezahlte Aktivlohn. Das Gesetz geht insofern von der kapitalisierten Ausfinanzierung der Versorgungsansprüche aus. Ein Verstoß gegen § 6 a Abs. 3 Satz 2 Nr. 1 Satz 2 EStG ist daher, sofern die weiteren Voraussetzungen der Vorschrift erfüllt sind, nicht gegeben (vgl. auch BMF-Schreiben in BStBl I 2004, S. 1045 Tz. 6).

Es ist daher stets zwischen den Auswirkungen in der Anwartschaftsphase und den in der Leistungsphase zu differenzieren; in der Leistungsphase kann die Rückstellung daher nicht aufzulösen sein, obwohl keine Aktivbezüge gezahlt worden waren. Die laufenden Zahlungen könnten und dürften jedoch in diesem Fall eine verdeckte Gewinnausschüttung darstellen. Die bis zur Ablösung der Pensionsverpflichtung gezahlten Renten sind dann insoweit als vGA zu erfassen, als sie zu Minderungen des Unterschiedsbetrags nach § 4 Abs. 1 Satz 1 EStG i. V. m. § 8 Abs. 1 des Körperschaftsteuergesetzes (KStG) geführt haben.[284]

---

280 BFH, Urteil vom 28. 4. 2010 – I R 78/08, dort Rn 22.
281 BMF-Schreiben vom 16. 6. 2008 – IV C6 S2176/07/10007.
282 BFH, Urteil vom 28. 4. 2010 – I R 78/08, dort Rn 22; Bestätigung des Senatsurteils vom 9. 11. 2005 – I R 89/04, BFHE 211, S. 287 = BStBl II 2008, S. 523.
283 Ebenso BMF-Schreiben vom 3. 11. 2004, BStBl I 2004, S. 1045 Tz. 6.
284 BFH, Urteil vom 28. 4. 2010 – I R 78/08, dort Rn 31ff.

Wenngleich es schwer ist, eine Begrenzung der Versorgung eines beteiligten Geschäftsführers auf 75 % seiner letzten Aktivbezüge aus § 6 a EStG oder einem Fremdvergleich herzuleiten,[285] ist die 75 %-Grenze grundsätzlich zu beachten. Ein Hoffnungsschimmer ergibt sich insoweit aus der jüngeren Rechtsprechung des Bundesfinanzhofs,[286] in der für den Fall, dass die Aktivgehälter „unangemessen niedrig sind" oder die betriebliche Altersversorgung aus Entgeltumwandlung resultiert, die Anwendbarkeit der Rechtsprechungsgrundsätze zur Überversorgung ausdrücklich offen gelassen wurde.

Für die Praxis ist wichtig, bei der Anwendung der 75 %-Grenze folgende Punkte zu beachten:

(1) Stichtagsbezogene Anwendung der 75 %-Grenze

Die 75 %-Kappung wird von der Finanzverwaltung stichtagsbezogen angewendet. Das bedeutet, dass zu jedem Bilanzstichtag die Höhe der insgesamt zugesagten betrieblichen Altersleistungen (sowie einer etwaigen Anwartschaft in der gesetzlichen Rentenversicherung) ins Verhältnis zu den Aktivbezügen des pensionsberechtigten Gesellschafter-Geschäftsführers gesetzt wird.[287] Es kommt also weder allein auf das Verhältnis bei Erteilung der Zusage noch bei Erreichen der Altersgrenze an, sondern auf den gesamten Anwartschaftszeitraum.

Eine Minderung der Barbezüge oder eine stärkere Erhöhung der Pensionsbezüge als der Barbezüge (z. B. durch eine feste prozentuale Anwartschaftsdynamik) kann damit für das betreffende Wirtschaftsjahr dazu führen, dass die die Kappungsgrenze übersteigende Versorgungsanwartschaft als nicht betrieblich veranlasst anzusehen ist.

(2) Einbeziehung einer Direktversicherung

Bei der Anwendung der 75 %-Grenze sind – neben der zu erwartenden Sozialversicherungsrente – „sämtliche am Bilanzstichtag vertraglich zugesagten Altersversorgungsansprüche"[288] zu berücksichtigen. Da hin-

---

285 Vgl. Förster/Heger, DStR 1994, S. 510.
286 BFH, Beschluss vom 2. 1. 2002 – I B 73/00, BFH/NV 2002, S. 679 = BetrAV 2002, S. 719; ebenso Gosch, Aus der Rechtsprechung des Bundesfinanzhofs, BetrAV 2007, S. 713 ff. (714).
287 Vgl. das BMF-Schreiben vom 3. 11. 2004 – IV B 2 – S 2176 – 13/04 (abgedruckt im Anhang).
288 Vgl. das BMF-Schreiben vom 3. 11. 2004 – IV B 2 – S 2176 – 13/04, Rdnr. 12 (Abdruck im Anhang).

sichtlich der Art der Zusage bzw. ihres Durchführungsweges nicht unterschieden wird, sind alle dem Gesellschafter-Geschäftsführer zugesagten arbeitgeberfinanzierten Leistungen der betrieblichen Altersversorgung mitzuzählen, auch die Versicherungsleistung aus einer für den Geschäftsführer von der Gesellschaft abgeschlossenen Direktversicherung.[289]

Da Direktversicherungen als Alters- und Todesfallleistung oft eine einmalige Kapitalleistung und keine monatliche Rente vorsehen, stellt sich die Frage der Umrechnung in eine monatliche Leistung. Nach dem Schreiben des BMF vom 3. 11. 2004 (dort Rz. 14) gelten 10 % der Kapitalleistung als Jahresbetrag einer lebenslänglich laufenden Leistung.

(3) Aktivbezüge = fixe und variable Barbezüge

Die vom Geschäftsführer zu erwartenden gesetzlichen Versorgungsbezüge und die von der Gesellschaft sind ins Verhältnis zu den „Aktivbezügen"[290] zu setzen. Die Aktivbezüge entsprechen dem Arbeitslohn i. S. d. § 2 LStDV,[291] der bei der Gesellschaft, welche die Zusage erteilt hat,[292] bezogen wird.

Zu den Barbezügen gehören auch variable Bezugsbestandteile wie Gewinntantiemen[293] oder Bonifikationen, unabhängig von ihrer Zahlungsweise. Auch solche Sonderleistungen sind Barvergütung für die Arbeitsleistung, selbst wenn sie in einem Betrag nachträglich erbracht werden und auf sie kein monatlicher Vorschuss gewährt wird.

Für Geschäftsführer, die die 75 %-Grenze „ausreizen" wollen, erscheint es ungeachtet der vorstehenden Auslegung des Begriffs der „(Aktiv)-Bezüge" problematisch, diese für die Bemessung der Pensionsbezüge mit zu berücksichtigen, soweit sie nicht der Höhe nach garantiert sind. Insoweit besteht nämlich das Risiko, dass sie in einem Jahr niedrig ausfallen und es dann zu einer teilweisen Kappung der steuerlich anzu-

---

289 So ausdrücklich FG Baden-Württemberg, Urteil vom 18. 2. 1998 – 5 K 255/97, EFG 1998, S. 898 = BB 1998, S. 1201 ff. (rkr.); BMF-Schreiben vom 3. 11. 2004 (abgedruckt im Anhang).
290 Vgl. BFH, Urteil vom 17. 5. 1995 – I R 147/93 a. a. O.
291 Vgl. BMF-Schreiben vom 3. 11. 2004, Rdnr. 9 (abgedruckt im Anhang).
292 Gilt auch bei Betriebsaufspaltung, siehe BFH, Urteil vom 28. 4. 2010 – I R 78/08, dort Rn 27 f.
293 Zur Annahme einer vGA bei Gewinntantiemen, die 25 % der Bezüge übersteigen, und zur Deckelung von Tantiemen siehe BFH, Urteile vom 27. 2. 2003 – I R 46/01, DB 2003, S. 1989 und vom 4. 6. 2003 – I R 24/02, DB 2003, S. 2258.

erkennenden betrieblichen Versorgungsleistungen kommt. Nach dem Schreiben des BMF vom 3. 11. 2004 (dort Rz. 11) ist bei variablen Gehaltsbestandteilen der Durchschnitt der letzten fünf Jahre maßgebend.

Die Annahme einer verdeckten Gewinnausschüttung ist bei gehaltsunabhängigen Zusagen und Überschreiten der Grenze nicht gerechtfertigt, weil eine solche Gestaltung für die Gesellschaft, nach Rückstellungskorrektur, im Ergebnis zu keiner Vermögensminderung führt.

Hinterfragt werden muss die Anwendung der 75 %-Grenze unter dem Gesichtspunkt der „Üblichkeit" insbesondere in solchen Fällen, in denen eine **Gehaltsumwandlung** erfolgt. Im Rahmen einer solchen Gehaltsumwandlung ist es auch bei Führungskräften und nicht beteiligten Geschäftsführern üblich, dass das Versorgungsniveau gegenüber den reduzierten Versorgungsbezügen 75 % überschreitet. Zumindest wäre es sachgerecht, den ohne die Gehaltsumwandlung abzugsfähigen Barlohn als eine Art Vorteilsausgleich gegenzurechnen[294] oder die 75 %-Grenze auf das fiktive Gehalt unter Hinzurechnung des Umwandlungsbetrages anzuwenden. Nach dem Schreiben des BMF vom 3. 11. 2004 (Abdruck im Anhang) gelten nach Rz. 18 die um die Entgeltumwandlung verminderten Aktivbezüge i. S. v. § 2 LStDV als Bezugsgröße;[295] andererseits sollen aber die hieraus resultierenden Leistungen außer Acht bleiben.

Es ist unklar, ob der Bundesfinanzhof bei beteiligten Geschäftsführern – wie schon bei Ehegatten[296] – die oben erwähnte Nur-Pension unter dem Gesichtspunkt der Überversorgung in jedem Fall als nicht betrieblich veranlasst ansieht. In seinem Urteil vom 17. 5. 1995 zur Nur-Pension bei einem Gesellschafter-Geschäftsführer[297] begründete er die Annahme einer verdeckten Gewinnausschüttung mit dem Gesichtspunkt des Fremdvergleichs. Er kam in dem entschiedenen Fall zu der Annahme, dass sich ein nicht beteiligter Geschäftsführer auf eine solche Vereinbarung nicht eingelassen hätte. Diese Begründung überzeugte im entschiedenen Fall schon deshalb, da es hier, worauf der Bundesfinanzhof ausdrücklich hinwies, an dem Abschluss einer an den GF verpfändeten Rückdeckungsversicherung fehlte und somit der Geschäftsführer das Risiko einging, für seine Tätigkeit später keine Vergütung zu erhalten. Bei einer solchen Gestaltung lag der Verdacht

---

294 Vgl. Gosch, BB 1996, S. 1692.
295 Ebenso Hessisches FG, Urteil vom 20. 5. 2009 – 4 K 409/06.
296 Vgl. BFH, Urteil vom 25. 7. 1995 – VIII R 38/93, DB 1995, S. 2247.
297 I R 147/93 a. a. O.

nahe, dass sich der Geschäftsführer nur formell eine Pension versprechen ließ, auf diese jedoch später bei Bedarf verzichten wollte.

Die BFH-Rechtsprechung lässt bislang offen, wie der Fall zu entscheiden ist, bei dem im Rahmen einer Gehaltsumwandlung sehr niedrige Aktivbezüge vorgesehen sind und eine im Verhältnis dazu sehr hohe Versorgungszusage.[298] Sollte in einem solchen Fall aus Sicht des Geschäftsführers ein Risiko fehlen und an der Ernsthaftigkeit der Zusage keine Zweifel bestehen, etwa weil die Versorgungszusage durch Abschluss einer Rückdeckungsversicherung vorfinanziert wird und durch Verpfändung derselben an ihn ein Insolvenzrisiko ausgeschlossen ist, dann dürfte aus unserer Sicht davon auszugehen sein, dass eine solche Vereinbarung auch mit einem nicht beteiligten Geschäftsführer auf dessen Wunsch hin zustande gekommen wäre.[299] Sollte dieser Weg begangen werden, dann sollten jedoch die Ratschläge der Literatur[300] beachtet werden, dass hier die sich ohne Gehaltsumwandlung ergebende Vergütung benannt werden sollte.

Der guten Ordnung halber ist an dieser Stelle zu erwähnen, dass die Prüfung einer Überversorgung den **allgemeinen Fremdvergleich** daraufhin, ob eine solche Zusage auch einem nicht beteiligten Geschäftsführer gemacht worden wäre, nicht entbehrlich macht. Wird vergleichbaren Arbeitnehmern (etwa einem nicht beteiligten Geschäftsführer) ein niedrigerer Prozentsatz der Aktivbezüge als Pension zugesagt, so kann dies für eine verdeckte Gewinnausschüttung sprechen. Auch ein externer Fremdvergleich kann in der zweiten Prüfungsstufe ggf. zur Annahme einer vGA wegen **„Unüblichkeit"** der Versorgungshöhe führen.[301]

Letzterer Punkt ist deshalb beachtenswert, weil aus dem BMF-Schreiben vom 3. 11. 2004 interpretiert werden kann, dass bei **gehaltsabhängigen Zusagen** die 75 %-Grenze nicht einzuhalten sei, siehe dort Rz. 16, weil die Einhaltung der Grenze mit dem Stichtagsprinzip verknüpft wird. Hiermit ist

---

298 Ausdrücklich offen gelassen in BFH, Urteil vom 15. 9. 2004 – I R 62/03, BB 2005, S. 321, 323 = DB 2005, S. 21, 22; ähnlich BFH, Urteil vom 9. 11. 2005 – I R 89/04, BB 2006, S. 80, 82.
299 Nach Gosch, Aus der Rechtsprechung des Bundesfinanzhofs, BetrAV 2007, S. 713 ff. (715), soll der Überversorgungsvorwurf grundsätzlich auch bei einer Totalumwandlung, die im Ergebnis zu einer Nur-Pension führt, entfallen können.
300 Förster/Heger, DStR 1994, S. 507, 511.
301 So BFH, Urteil vom 28. 1. 2004 – I R 21/03, DB 2004, S. 1073 für den Fall einer an die Stelle der gesetzlichen Rentenleistungen tretenden dienstzeitunabhängigen Invaliditätsversorgung eines 41-jährigen GGF in Höhe von 75 % des Bruttogehaltes.

aber keine Aussage zur „Üblichkeit" getroffen. Darauf hinzuweisen ist auch, dass das erwähnte Schreiben die „bilanzsteuerrechtliche Berücksichtigung", nicht aber die körperschaftsteuerrechtliche Behandlung betrifft.

Allerdings wird bei Versorgungszusagen, die keinen Bezug auf die Sozialversicherungsrente nehmen, das Fehlen einer Versicherungspflicht beim beteiligten Geschäftsführer eine entsprechend höhere Betriebspension rechtfertigen. Nicht zu beanstanden ist auch, dass die mehreren Gesellschafter-Geschäftsführern erteilte Versorgungszusage gleich hoch ist, obwohl das Alter der Geschäftsführer bei Zusageerteilung deutlich unterschiedlich war. Die Gesellschaft ist nämlich bei Arbeitnehmern[302] wie Geschäftsführern nicht gezwungen, die betriebliche Altersversorgung dienstzeitabhängig auszugestalten. Sie kann auch auf den im Wesentlichen von den letzten Bezügen ableitbaren Versorgungsbedarf abstellen.

Abschließend ist darauf hinzuweisen, dass die **unveränderte Anwendung** der vorstehend dargestellten **Grundsätze zur Überversorgung** u. E. in **manchen Fällen unangebracht** ist. Hiermit sind Fälle gemeint, bei denen das zugesagte Gehalt (bei guter wirtschaftlicher Lage der Gesellschaft) etwa wegen einer alters- oder krankheitsbedingten Minderung der Arbeitsleistung herabgesetzt wird oder (bei schlechter wirtschaftlicher Lage) zur Vermeidung einer Insolvenz der Gesellschaft. Eine **Gehaltsreduzierung** führt in jedem Falle zu einem Absinken der für die Beurteilung der Überversorgung entscheidenden Bezugsgröße „letztes Aktivgehalt", was für endgehaltsunabhängige Zusagen problematisch werden kann – und bei endgehaltsabhängigen Zusagen jedenfalls dazu führt, dass auch die vor der Herabsetzung erdiente Anwartschaft abgewertet würde. In den oben erwähnten Fällen fehlt u. E. der Grund für eine Orientierung an dem letzten Aktivgehalt zum jeweiligen Bilanzstichtag.[303]

In jedem Falle sollte die Zusage bei einer Gehaltsreduzierung unverzüglich um eine diesbezügliche Regelung (schriftlich und mittels Gesellschafterbeschluss – zum Regelungsinhalt siehe weiter unten) ergänzt werden. Denn nach der Rechtsprechung[304] ist es bei einer endgehaltsabhängigen Zusage

---

302 Vgl. zum Gestaltungsspielraum des Arbeitgebers BAG, Urteil vom 27. 2. 1996 – 3 AZR 886/94, BB 1996, S. 1561, 1562.
303 Ebenso: Gosch, Aus der Rechtsprechung des Bundesfinanzhofs, BetrAV 2007, S. 713 ff. (716).
304 BFH, Urteil vom 12. 10. 2010 – I R 17, 18/10.

andernfalls nicht ausgeschlossen, dass die Versorgungsanwartschaft auf null absinken kann.

Fraglich ist, wie diese Problematik aufgelöst werden kann. Nach unserer Auffassung ist es in den oben dargestellten Fällen zweckmäßig, beim **Gehalt** eine **Durchschnittsbetrachtung** anzustellen.[305]

Beim endgehaltsunabhängigen Zusagetyp wird dadurch der vor der Herabsetzung zeitanteilig bereits erdiente Anwartschaftsteil verschont und erst das ermittelte „Mischgehalt" bildet die Bezugsgröße für die Begrenzung der nach Herabsetzung zu erwerbenden Anwartschaft.

Beim endgehaltsabhängigen Zusagetyp ist es demgegenüber zweckmäßig, für die Zeit vor und nach Herabsetzung Teilanwartschaften zu bilden und hieraus die Gesamtanwartschaft zu berechnen. Diese Vorgehensweise kann schon deshalb geboten sein, weil nach teilweise vertretener Ansicht der Finanzverwaltung[306] bereits die Nichtbeachtung der erwähnten Berechnungsweise zur Annahme eines Verzichts führen kann. Als Begründung wird ausgeführt, dass ein Fremdgeschäftsführer den sich aufgrund des Wortlauts der Zusage rein zivilrechtlich ergebenden (herabgesetzten) Anspruch nicht akzeptiert hätte; vielmehr hätte er sich die vor der Gehaltsherabsetzung anteilig erdiente Anwartschaft vertraglich zusichern lassen. In dem Unterlassen einer vertraglichen Rettungsklausel liege damit ein gesellschaftsrechtlich veranlasster Verzicht mit der Folge der verdeckten Einlage der Differenz zwischen dem tatsächlichen zivilrechtlichen Anspruch zur vorerwähnten Berechnungsweise (erdiente Anwartschaft) – vorausgesetzt, dass die Anwartschaft werthaltig war und der Verzicht nicht zur Abwendung der Insolvenz erfolgte. Der dargestellten Auffassung ist zuzugeben, dass das sich ohne Rettungsklausel ansonsten zivilrechtlich ergebende Ergebnis schon deshalb unbillig erscheint, weil der im Unternehmen verbleibende, betriebstreue Versorgungsberechtigte schlechter gestellt wird als bei einem anlässlich der Gehaltsherabsetzung gedachten vorzeitigen Austritt, denn dieser hätte die bereits erworbene Anwartschaft festgeschrieben.

---

305 Analoge Anwendung der Durchschnittsberechnung des Schreibens des BMF vom 3. 11. 2004 – IV B 2 – S 2176 – 13/04, Rz. 19, dort nur für einen Wechsel des Beschäftigungsgrades (Vollzeit/Teilzeit) vorgesehen; siehe hierzu auch: Höfer/Veit/Verhuven, Bd II StR, S. 1307 (Rn 2809); mit Rechenbeispielen: Alber, Aktuelle steuerliche Fragen bei Pensionszusagen an Gesellschafter-Geschäftsführer, BetrAV 2007, S. 415 ff. (420).
306 Etwa: Alber, Aktuelle steuerliche Fragen bei Pensionszusagen an Gesellschafter-Geschäftsführer, BetrAV 2007, S. 415 ff. (420).

bb) Angemessenheit der Gesamtbezüge

Es ist schließlich bei Geschäftsführern, die zu mindestens 25 % an der GmbH beteiligt sind,[307] zu prüfen, ob die einem beteiligten Geschäftsführer von der GmbH für seine Tätigkeit gewährte Gesamtvergütung – unter Hinzurechnung des Wertes der Versorgungszusage – im Hinblick auf seine Tätigkeit „angemessen" ist, d. h. auch einem nicht beteiligten Geschäftsführer gewährt worden wäre.[308]

Im Rahmen der Prüfung der Angemessenheit der Gesamtbezüge des beteiligten Geschäftsführers sind sämtliche Vergütungsbestandteile zu berücksichtigen („Summe aller Vorteile").[309] Hierzu gehören neben der Barvergütung (laufendes Gehalt, Tantieme) der Wert einer ergänzenden Versorgungszusage, Prämien für eine ergänzende Direktversicherung, die Übernahme der Steuern auf solche Prämien sowie sonstige Sachbezüge (Wert eines Dienstwagens, Übernahme von Sozialabgaben und Krankenkassenbeiträgen, Übernahme von Telefonkosten etc.).[310] Die Angemessenheit der Gesamtausstattung eines Gesellschafter-Geschäftsführers muss grundsätzlich anhand derjenigen Umstände und Erwägungen beurteilt werden, die im Zeitpunkt der Gehaltsvereinbarung vorgelegen haben und angestellt worden sind.[311]

(1) Berücksichtigung der „fiktiven Jahresnettoprämie" bei Versorgungszusagen

Der Wert einer ergänzenden Versorgungszusage ist in die Prüfung der Angemessenheit der Gesamtbezüge mit der sog. fiktiven Jahresnettoprämie einzubeziehen.[312]

Die fiktive Jahresnettoprämie ist die Prämie, die die Gesellschaft jährlich an eine Versicherung zahlen müsste, um von dieser die zugesagten Leistungen

---

307 So ausdrücklich BFH, Urteil vom 4. 8. 1959, BStBl III 1959, S. 374 = BB 1959, S. 984.
308 Vgl. BFH, Urteil vom 4. 8. 1959 – I 4/59, BStBl III 1959, S. 374 und vom 11. 9. 1968 – I 89/63, BStBl II 1968, S. 809, 810; vgl. auch R 38 KStR 2004 i. V. m. H 38 KStH 2008 „Angemessenheit" sowie Grabner, BetrAV 1996, S. 162 ff.
309 BFH, Urteile vom 27. 2. 2003 – I R 46/01, DB 2003, S. 1990 und vom 4. 6. 2003 – I R 24/02, DB 2003, S. 2258.
310 Vgl. zu den Einzelheiten Spitaler-Niemann, S. 68 ff.
311 BFH, Urteile vom 27. 2. 2003 – I R 46/01, DB 2003, S. 1989, vom 4. 6. 2003 – I R 24/02, DB 2003, S. 2258 und I R 38/02, DB 2003, S. 2260.
312 H 38 KStH 2008 „Angemessenheit"; so schon BFH, Urteil vom 4. 8. 1959 – I 4/59, BStBl III 1959, S. 374.

zu erhalten. Die fiktive Jahresnettoprämie ist mit den Rechnungsgrundlagen, insbesondere dem Rechnungszins (6 %) zu ermitteln, der auch für die Berechnungen der steuerlichen Pensionsrückstellungen verwendet wird.[313] Etwaige Abschluss- und Verwaltungskosten sind außer Ansatz zu lassen.

Maßgebendes Anfangsalter für die Berechnung der fiktiven Jahresnettoprämie ist bei beherrschenden Gesellschafter-Geschäftsführern – als Folge des Rückwirkungsverbots – das Alter bei Zusageerteilung. Bei nicht beherrschenden Gesellschafter-Geschäftsführern ist dagegen das ggf. frühere Alter bei Aufnahme der Tätigkeit für die GmbH zugrunde zu legen.[314] Als maßgebliches Endalter ist das vertragliche Endalter, nicht das steuerlich zulässige Finanzierungsendalter zu berücksichtigen.[315]

Die fiktive Jahresnettoprämie ist der Maßstab für die Berücksichtigung einer Versorgungszusage auch dann, wenn von der GmbH tatsächlich eine Rückdeckungsversicherung abgeschlossen wurde. Denn die tatsächlich gezahlte Prämie ist hier schon deshalb kein sachgerechter Maßstab, weil sie in vielen Fällen keine gleichmäßige Verteilung des Versorgungsaufwandes auf die Dienstzeit von Erteilung der Versorgungszusage bis zum vertraglich vereinbarten Pensionsalter widerspiegelt. Ihre Höhe kann von der Gesellschaft dadurch beeinflusst werden, dass der Versicherungszeitraum und/oder der Prämienzahlungszeitraum vom Zeitraum zwischen der Gewährung der Versorgungszusage und dem vertraglich vereinbarten Pensionsalter abweicht. Auch die Wahl der Gewinnverwendungsart hat Einfluss auf die Prämienhöhe.

Bei späteren Erhöhungen der Versorgungszusage – mit Ausnahme von laufenden Anpassungen an gestiegene Lebenshaltungskosten – an einen beherrschenden Gesellschafter-Geschäftsführer ist die fiktive Jahresnettoprämie nach H 38 KStH 2008 („Angemessenheit") für den Erhöhungteil gesondert zu ermitteln. Sie ist dabei vom Jahr der Erhöhung bis zum vertraglichen Pensionsalter gleichmäßig zu verteilen. Dies kann im „fortgeschrittenen Lebensalter" im Einzelfall zu einem drastischen Anstieg der Gesamtvergütung führen. Bei nicht beherrschenden Gesellschafter-Geschäftsführern ist dagegen auch bei späteren Erhöhungen der Versorgung, da das Rück-

---

313   H. M. siehe Mahlow, DB 2005, S. 2651, 2655; Beck in Drols (Hrsg.), Handbuch betriebliche Altersversorgung, 2. Aufl. 2005, S. 519 ff., 561; Höfer/Veit/Verhuven, Bd II StR, S. 1391 Rn 3039; vgl. auch H 38 KStH 2008 „Angemessenheit", der streng genommen sich nur auf eine spätere Erhöhung der Pensionszusage bezieht.
314   Höfer/Veit/Verhuven, Bd II StR, S. 1391, Rn 3040.
315   Höfer/Veit/Verhuven, Bd II StR, S. 1391, Rn 3041.

wirkungsverbot nicht gilt, eine Verteilung auf die gesamte Dienstzeit vorzunehmen.[316]

Erfolgt ab Rentenbeginn laufend eine Anpassung der Versorgungszusage an gestiegene Lebenshaltungskosten, dann wird nach den Körperschaftsteuerrichtlinien auf die Ermittlung einer zusätzlichen fiktiven Jahresnettoprämie für die Steigerungen, gerechnet ab dem Erhöhungszeitpunkt, verzichtet.[317] Wann eine Anpassung „laufend" erfolgt, ist dabei nicht definiert. In entsprechender Anwendung von § 16 BetrAVG dürfte von einer laufenden Anpassung aber nicht nur bei einer jährlichen Erhöhung, sondern zumindest auch noch bei einer alle drei Jahre durchgeführten Anpassung gesprochen werden.

Der laufenden Anpassung der Versorgungszusage an gestiegene Lebenshaltungskosten ist nach herrschender Ansicht[318] die Erhöhung des Pensionsanspruchs durch Gehaltserhöhungen im Rahmen einer (end-)gehaltsabhängigen Versorgungszusage gleichzusetzen, jedenfalls sofern die Gehaltserhöhungen selbst den üblichen Rahmen (z. B. die Gehaltserhöhungen bei den anderen Angestellten des Unternehmens bzw. der Branche, den Beamten oder einem anderen vergleichbaren Indikator) nicht wesentlich übersteigen. Was bei Zusageerteilung einmal angemessen war und nur dem üblichen Gehaltstrend folgt, kann nicht später unangemessen werden. Steigt das Gehalt an, dann wird streng genommen auch nicht die Versorgungszusage erhöht; es erhöht sich vielmehr nur ein in der Versorgungszusage enthaltener Bemessungsmaßstab.

(2) Ermittlung der „angemessenen" Gesamtbezüge

Für die Feststellung, ob die Gesamtbezüge eines beteiligten Geschäftsführers der Höhe nach (noch) angemessen sind, gibt es für Finanzverwaltung und Betroffene keine festen Orientierungsgrößen oder betraglichen Grenzen.[319] Die obere Grenze der Gesamtausstattung, die einem nicht beteiligten Geschäftsführer gewährt worden wäre, ist daher im Einzelfall durch Schätzung zu ermitteln, wobei der Bereich des Angemessenen sich auf

---

316 Vgl. Heubeck, Rdnr. 154.
317 Vgl. H 38 KStH 2008 „Angemessenheit".
318 Vgl. z. B. Heubeck, Rdnr. 155; Höfer/Veit/Verhuven, Bd II StR, S. 1392 Rn 3046.
319 So ausdrücklich BFH, Urteile vom 28. 6. 1989 – I R 89/85, BStBl II 1989, S. 854, 855, vom 27. 2. 2003 – I R 46/01, DB 2003, S. 1990, vom 4. 6. 2003 – I R 24/02, DB 2003, S. 2258 und I R 38/02, DB 2003, S. 2260.

eine Bandbreite von Beträgen erstrecken kann.[320] Unangemessen sind nur die Beträge, die den oberen Rand dieser Bandbreite übersteigen. Es können dabei sowohl inner- als auch außerbetriebliche Merkmale einen Anhaltspunkt bieten.

Zu dem von der Rechtsprechung für relevant erachteten Beurteilungskriterium gehört unter anderem die Art und der Umfang der Tätigkeit (das Vorhandensein von Mitgeschäftsführern; der Verantwortungsbereich des Geschäftsführers etc.), besondere Fähigkeiten, Kenntnisse und Ausbildung des Geschäftsführers, die Belegschaftsgröße, die künftigen Ertragsaussichten des Unternehmens sowie das Verhältnis des Geschäftsführergehalts zum Gesamtgewinn und zur verbleibenden Kapitalverzinsung.[321]

Auch wenn der Bundesfinanzhof in seiner Rechtsprechung immer betont hat, dass es keine feste Grenze für eine „angemessene" Kapitalverzinsung gibt,[322] orientiert sich die Finanzverwaltung bei der Betriebsprüfung zum Teil, in Anlehnung an Einzelfallentscheidungen des Bundesfinanzhofs, an bestimmten Richtgrößen. Beim Verhältnis zwischen der Gesamtvergütung und dem Gesamtgewinn (Jahresüberschuss zuzüglich der Vergütung an Gesellschafter-Geschäftsführer) wird zum Teil ein Mindestsatz von 5 % verlangt, der bei der Gesellschaft verbleiben muss. Hinsichtlich der Stammkapitalverzinsung (Verhältnis von ausschüttungsfähigem Gewinn zum Stammkapital), die unter Berücksichtigung der Gesellschafter-Geschäftsführer-Vergütung verbleiben muss, wird dann von unangemessen hohen Geschäftsführerbezügen ausgegangen, wenn im Schnitt der Jahre eine Verzinsung von 10 %[323] nicht erreicht oder durch die Bemessung der variablen Vergütung eine hohe Kapitalverzinsung unmöglich gemacht wird.

Als anerkannte, verlässliche Hilfsmittel der Angemessenheitsprüfung kommen der interne Fremdvergleich, d. h. ein Vergleich mit nicht beteiligten Geschäftsführern und leitenden Angestellten der gleichen Gesellschaft, und der äußere Fremdvergleich, d. h. der Vergleich mit Vergütungen, die gleichartige Betriebe ihren Geschäftsführern für entsprechende Leistungen ge-

---

320 vgl. BMF vom 14. 10. 2002 – IV A2 – 2741 – 62/02, unter D. 3. c) (abgedruckt im Anhang).
321 Vgl. im Einzelnen BMF-Schreiben vom 14. 10. 2002 – IV A2 – S 2742 – 62/02 (Abdruck im Anhang); Spitaler/Niemann, S. 28 ff.; Langohr-Plato, Stbg 1992, S. 257 ff., 261 ff.; siehe auch BFH, Urteil vom 4. 6. 2003 – I R 38/02, DB 2003, S. 2260, 2262.
322 Vgl. BFH, Urteil vom 23. 5. 1984 – I R 204/80, BStBl II 1984, S. 673.
323 Vgl. BFH, Urteile vom 4. 5. 1977 – I R 11/75, BStBl II 1977, S. 679 und vom 5. 10. 1977 – I R 230/75, BStBl II 1978, S. 234.

währen, in Betracht. Anhaltspunkte für einen externen Fremdvergleich[324] ergeben die diversen Gehaltsuntersuchungen bei GmbH-Geschäftsführern.[325] Von der OFD Karlsruhe[326] wurde eine Auswertung verschiedener Gehaltsuntersuchungen vorgenommen, die künftig als Anhaltspunkt für die Prüfung dienen soll (siehe Tabelle 4).

Eine verdeckte Gewinnausschüttung infolge einer unangemessen hohen Gesamtvergütung ist nach der Rechtsprechung dann anzunehmen, wenn die vom Finanzgericht ermittelte **Angemessenheitsgrenze um mehr als 20 % überschritten** wird.[327] Abzustellen ist dabei auf die Verhältnisse im

Tabelle 4   *Angemessenheit von Geschäftsführergehältern ab dem Jahr 2009*
(OFD Karlsruhe, Schreiben vom 3. 4. 2009, S 274.2/84 – St 221)

Branchen-gruppe	Umsatz < 2 500 000 € < 20 Mitarbeiter	Umsatz 2 500 000 € – 5 000 000 € 20–50 Mitarbeiter	Umsatz 5 000 000 € – 25 000 000 € 51–100 Mitarbeiter	Umsatz 25 000 000 € – 50 000 000 € 101– 500 Mitarbeiter
Industrie/ Produktion	141 000 € – 182 000 €	177 000 € – 235 000 €	224 000 € – 260 000 €	279 000 € – 441 000 €
Großhandel	161 000 € – 198 000 €	173 000 € – 237 000 €	198 000 € – 257 000 €	260 000 € – 450 000 €
Einzelhandel	123 000 € – 152 000 €	131 000 € – 178 000 €	178 000 € – 213 000 €	212 000 € – 439 000 €
Freiberufler	159 000 € – 228 000 €	231 000 € – 272 000 €	270 000 € – 325 000 €	279 000 € – 478 000 €
Sonstige Dienstleistung	136 000 € – 182 000 €	188 000 € – 230 000 €	213 000 € – 265 000 €	242 000 € – 459 000 €
Handwerk	102 000 € – 146 000 €	136 000 € – 191 000 €	184 000 € – 237 000 €	205 000 € – 364 000 €

---

324 Siehe zum Fremdvergleich auch BFH, Urteil vom 27. 2. 2003 – I R 46/01, DB 2003, S. 1991.

325 Vgl. die Vergütungsreports von impulse/BBE, Grätz, GeVa, Kienbaum u. a.

326 OFD Karlsruhe, Verfügung vom 17. 4. 2001 – S 2724 A St 331 (Abdruck im Anhang). Die Grundsätze werden weiterhin angewandt und die Gehaltstabelle 2009 aktualisiert: OFD Karlsruhe, Schreiben vom 3. 4. 2009 – S 274.2/84 – St 221; siehe zur Anwendung der Tabelle auch FG Berlin-Brandenburg vom 16. 1. 2008 – 12 K 8321/04 B, BB 2008, S. 1489 f.

327 So ausdrücklich BFH, Urteil vom 28. 6. 1989 – I R69/85, BStBl II 1989, S. 854, 856; BMF-Schreiben vom 14. 10. 2002 unter D. 3. c) (abgedruckt im Anhang).

Zeitpunkt des Vertragsabschlusses.[328] Dies ist der Abschluss der Vergütungsvereinbarung bzw. eine spätere Änderung derselben, insbesondere die Neuerteilung einer Versorgungszusage.

Schließlich noch ein letzter Hinweis: Wird zunächst eine Vergütung gewährt, die deutlich unterhalb der Obergrenze für eine angemessene Geschäftsführervergütung liegt, dann ist es unschädlich, wenn diese Vergütung später ggf. in ungewöhnlich starken Sprüngen bis an die Angemessenheitsgrenze herangeführt wird.[329]

(3) Zusammenrechnung der Vergütung bei Tätigkeit für mehrere GmbHs

Ist ein Geschäftsführer für mehrere Gesellschaften einer Unternehmensgruppe, an der er maßgeblich beteiligt ist, tätig, dann kann für die Beurteilung der Angemessenheit von der Finanzverwaltung aus den einzelnen Vergütungen ein Gesamtbetrag gebildet werden, der dann auf die Angemessenheit untersucht wird.[330]

Da der Geschäftsführer sich nicht in jedem einzelnen Unternehmen so einbringen kann, als wäre er ausschließlich dort tätig, ist es gerechtfertigt, im Hinblick auf die Mehrfachgeschäftsführung einen Abschlag (z. B. von 25 %) auf die angemessene Vergütung (die zwar stark, aber nicht proportional vom Umsatz bzw. der Mitarbeiterzahl in den Unternehmen abhängt) in den einzelnen Gesellschaften vorzunehmen.[331]

Um verdeckte Gewinnausschüttungen zu vermeiden, sollte bei der Tätigkeit für mehrere Gesellschaften daher im jeweiligen Anstellungsvertrag eine Regelung über den verminderten Arbeitseinsatz aufgenommen werden und das Vollzeitgehalt entsprechend angepasst werden.

g) Folgen einer Veranlassung durch das Gesellschaftsverhältnis[332]

Steht fest, dass die einem beteiligten Geschäftsführer gewährte Versorgungszusage bzw. Gesamtvergütung nicht betrieblich, sondern durch das

---

328   Vgl. BFH, Urteil vom 28. 6. 1989 – I R 69/85, a. a. O., m. w. Nachw.
329   So ausdrücklich FG Saarland, Urteil vom 4. 2. 1998 – I K 184/95, GmbHR 1998, S. 650.
330   Vgl. FG Nürnberg, Urteil vom 20. 7. 1999 – I 202/97, GmbHR 1999, S. 1308 f. = EFG 1999, S. 1152 (rkr.); vgl. auch BFH, Urteil vom 27. 2. 2003 – I R 46/01, DB 2003, S. 1989, 1992.
331   Vgl. FG Nürnberg, Urteil vom 20. 7. 1999 – I 202/97, a. a. O.
332   Siehe dazu im Detail BMF-Schreiben vom 28. 5. 2002 – IV A 2 – S 2742 – 32/02 (Abdruck im Anhang).

Gesellschaftsverhältnis veranlasst ist, dann stellt sich die Frage, welche steuerlichen Folgen dies für Gesellschaft und Gesellschafter hat.

Die Konsequenzen der Qualifizierung einer Versorgungszusage bzw. Vergütungsabrede als durch das Gesellschaftsverhältnis veranlasst sind sehr unterschiedlich, je nachdem ob die Zusage dem Grunde nach eine verdeckte Gewinnausschüttung darstellt oder nur der Höhe nach unangemessen war (und damit ggf. nur eine Bilanzberichtigung zur Folge hat).

aa) Keine Anerkennung (100%ige vGA)

Fehlt es an einer zivilrechtlich wirksamen, klaren und im Voraus geschlossenen Zusage, dann ist die Versorgungszusage dem Grunde nach (insgesamt) durch das Gesellschaftsverhältnis veranlasst. Die gebildeten Pensionsrückstellungen und bei Eintritt des Versorgungsfalles an den Gesellschafter erbrachten Leistungen sind damit in vollem Umfange als verdeckte Gewinnausschüttung anzusehen.

Ein „Alles-oder-nichts"-Prinzip wird von der Rechtsprechung darüber hinaus grundsätzlich in den Fällen bejaht, in denen es an der Ernsthaftigkeit der Zusage fehlt.

Auch in den Fällen, in denen keine Erdienbarkeit der Zusage mehr möglich ist (Zusage nach Vollendung des 60. Lebensjahres bzw. bei Unterschreiten der Erdienbarkeitsfrist zwischen Zusageerteilung und Pensionierungsalter), ist die gesamte Versorgung als verdeckte Gewinnausschüttung anzusehen.

Eine unter Zugrundelegung eines zu niedrigen rechnerischen Pensionsalters gebildete Pensionsrückstellung für einen beherrschenden Gesellschafter-Geschäftsführer ist allerdings nur in Höhe des Differenzbetrages zur Rückstellung auf das zutreffende Alter als verdeckte Gewinnausschüttung zu behandeln.[333]

bb) Temporäre vollständige Nichtanerkennung (temporäre vGA)

Umstritten sind die Rechtsfolgen in solchen Fällen, in denen die Zusage wegen Nichteinhaltung einer ausreichenden zusagefreien Probezeit als durch das Gesellschaftsverhältnis veranlasst angesehen werden kann.

---

333 Vgl. FG Niedersachsen, Urteil vom 21. 6. 1991, NWB Eilnachrichten 1992, Fach 1, S. 64; Wochinger, Rdnr. 361.

Nach **Auffassung der Finanzverwaltung** sollen die gesamten Rückstellungszuführungen bis zum Ablauf einer angemessenen (zusagefreien) Probezeit als verdeckte Gewinnausschüttung zu behandeln sein.[334] Nach Ablauf der angemessenen Probezeit sollen die weiteren Zuführungen jedoch für die Folgezeit gewinnmindernd berücksichtigt werden können.

Tritt vor Ablauf der für erforderlich gehaltenen Probezeit ein Versorgungsfall ein, werden die Zuführungen zu den Pensionsrückstellungen (Auffüllung auf den Rentenbarwert) und die Pensionsleistungen an den Gesellschafter-Geschäftsführer, soweit sie nicht mit der Rückstellung verrechnet wurden (also soweit sie Einfluss auf die Höhe des Steuerbilanzergebnisses gehabt haben), als verdeckte Gewinnausschüttung behandelt. Gleiches gilt für Pensionszahlungen, die nach Ablauf der Probezeit weitergezahlt werden.[335]

Nach der **neueren BFH-Rechtsprechung**[336] ergibt sich eine abweichende Rechtsfolge. Wird eine Zusage unmittelbar nach Einstellung des Gesellschafter-Geschäftsführers oder nach Gründung der Gesellschaft zugesagt, soll es sich bei den Zuführungen zur Rückstellung (wie zuvor) um eine vGA handeln. Für die Beurteilung der vGA soll aber nur die **Situation im Zusagezeitpunkt** ausschlaggebend sein, weshalb die Anwartschaft auch nach Ablauf der angemessenen Probe- oder Karenzzeiten nicht in eine fremdvergleichsgerechte Versorgungszusage „hineinwachsen" kann.

Es kann sich daher empfehlen, nach Ablauf der Probezeit die alte Zusage aufzuheben und eine neue Zusage zu erteilen.[337] Hierbei ist zu beachten, dass in der Aufhebung der Zusage ein Verzicht mit der Folge der verdeckten Einlage liegen kann.[338]

cc) Teilweise Anerkennung (teilweise vGA bzw. erforderliche Bilanzberichtigung)

In einer Reihe anderer Fälle sind die Pensionsrückstellungen bzw. Pensionsleistungen an den Gesellschafter-Geschäftsführer ggf. nur teilweise als verdeckte Gewinnausschüttung zu behandeln.

---

334 Vgl. BMF-Schreiben vom 14. 5. 1999 (abgedruckt im Anhang) unter Ziff. 1.2.; siehe auch: OFD Koblenz, Verfügung vom 23. 8. 1999, GmbHR 1999, S. 1267.
335 Vgl. Wanninger/Nikolaidu, BB 2002, S. 2479.
336 BFH, Urteil vom 28. 4. 2010 – I R 78/08, dort Rn. 37.
337 Wanninger/Nikolaidu, ebenda.
338 So vor der neuen Rspr.: Alber, Aktuelle steuerliche Fragen bei Pensionszusagen an Gesellschafter-Geschäftsführer, BetrAV 2007, S. 415 ff. (416).

In seiner Rechtsprechung zur Finanzierbarkeit von Versorgungszusagen geht der Bundesfinanzhof davon aus, dass bei einer in ihrer Gesamtheit nicht finanzierbaren Zusage ein ordentlicher Geschäftsleiter statt der unfinanzierbaren eine finanzierbare Verpflichtung eingegangen wäre.[339] Damit wird die Zusage ggf. teilweise als durch das Dienstverhältnis veranlasst aufrechterhalten.

Diese Rechtsprechung hatte sich angebahnt, als vom Bundesfinanzhof in früheren Entscheidungen deutlich gemacht wurde, dass bei Zusagen, die mehrere Risiken abdecken, die einzelnen Risiken getrennt voneinander zu betrachten sind.[340] Der Bundesfinanzhof hat damit ausdrücklich der früheren Praxis der Finanzverwaltung,[341] Versorgungszusagen zwingend als einheitliches Wirtschaftsgut zu behandeln, eine Absage erteilt.[342]

Die Rechtsprechung, die die verschiedenen Bestandteile einer Versorgungszusage getrennt betrachtet, ist u. E. auch auf die Fälle zu übertragen, in denen einzelne Bestandteile einer Versorgungszusage aus anderen Gründen als dem Aspekt der Finanzierbarkeit als nicht betrieblich veranlasst angesehen werden. Sollte, wovon allerdings im Normalfall nicht ausgegangen werden kann, eine Witwenklausel oder die Zusage an einen (ggf. gleichgeschlechtlichen) Lebensgefährten[343] von der Finanzverwaltung als „unüblich" und damit durch das Gesellschaftsverhältnis veranlasst angesehen werden, so würde das die Anerkennung der Zusage im Übrigen grundsätzlich nicht gefährden.

Wenn eine Versorgungszusage (Überversorgung) bzw. die Gesamtvergütung in quantitativer Hinsicht über das Maß, das einem Fremdgeschäftsführer bei Durchführung eines Fremdvergleichs zugebilligt werden kann,

---

339 BFH, Urteile vom 7. 11. 2001 – I R 79/00, BFHE 197, S. 164 = BFH/NV 2002, S. 287 = BetrAV 2002, S. 322, vom 28. 11. 2001 – I R 86/00, NFH/NV 2002, S. 675 = BetrAV 2002, S. 812 und vom 4. 9. 2002 – I R 7/01, DB 2003, S. 242 = BetrAV 2003, S. 161, 162.
340 Vgl. BFH-Urteile vom 8. 11. 2000 – I R 70/99 a. a. O. und vom 20. 12. 2000 – I R 15/00 a. a. O.; so schon BFH, Urteil vom 29. 10. 1997 – I R 52/97 a. a. O.; Kramer, DStR 1998, S. 759, 760.
341 Vgl. BMF-Schreiben vom 14. 5. 1999 – IV C 6 – S 2742 – 9/99 (abgedruckt im Anhang).
342 Ebenso Kramer, DStR 1998, S. 759, 760 unter Hinweis auf das noch anders lautende BFH-Urteil vom 3. 2. 1992 – I B 50/92, EBetrAV 70.7, Nr. 21 a.
343 Für die steuerliche Anerkennung von Versorgungsleistungen an einen nichtehelichen Lebensgefährten ausdrücklich Doetsch, BB 1994, S. 331; Färber, Betrieb und Wirtschaft 1995, S. 157. Bei einer Anwendung pauschaler Verheiratungswahrscheinlichkeiten (kollektive Bewertung) fehlt ohnehin eine Basis für die Annahme überhöhter Rückstellungen. Siehe nunmehr BFH, Urteil vom 29. 11. 2000 – I R 90/99 a. a. O.

hinausgeht, wird nach einhelliger Auffassung in Rechtsprechung und Praxis nur der unangemessene/überhöhte Teil als vGA betrachtet bzw. nach § 6 a EStG nicht anerkannt. Das ist namentlich bei einer unangemessen hohen Gesamtvergütung[344] sowie bei einem unangemessenen Verhältnis zwischen Aktivbezügen und Pensionsansprüchen[345] (Überschreitung der 75 %-Grenze) der Fall. In letzterem Fall liegt nach Urteil des Bundesfinanzhofs[346] keine verdeckte Gewinnausschüttung vor. Vielmehr ist die Rückstellung nach § 6 a EStG so zu ermitteln (und dann zu berichtigen), als ob die Versorgungsbezüge in Höhe des angemessenen Prozentsatzes der jeweiligen Aktivbezüge zugesagt worden wären.

dd) Aufteilung bei Überversorgung

In den Fällen, in denen die Gesamtbezüge inklusive des Wertes der Versorgungszusage als unangemessen angesehen werden, ist bislang ungeklärt, ob der steuerpflichtigen Gesellschaft ein Wahlrecht zuzubilligen ist, die erforderliche Kürzung bei den laufenden Bezügen oder bei der Versorgungszusage vorzunehmen.[347] Eine anteilige Aufteilung auf laufende Bezüge und betriebliche Altersversorgung ist sicherlich unproblematisch. Wird die Grenze einer angemessenen Vergütung erst durch eine nachfolgende Ergänzung der Vergütungsabrede, durch eine Erhöhung der Barvergütung oder durch eine neu erteilte Versorgungszusage ausgelöst, dann ist es u. E. aber sachgerecht, die Kürzung auf den die Unangemessenheit auslösenden Vergütungsbestandteil zu beschränken.

Die Aufteilung des unangemessenen Teils auf die laufenden Bezüge oder die Versorgungszusage ist deswegen von Bedeutung, da die steuerlichen Wirkungen für die Gesellschaft unterschiedlich sind. Eine Pensionsrückstellung für den unangemessenen Teil einer Versorgungszusage stellt eine ver-

---

344 Vgl. BFH, Urteile vom 16. 5. 1995 – XI R 87/93, DB 1995, S. 2249, 2250, vom 11. 9. 1987 – III R 267/83, BFH/NV 1988, S. 225, vom 10. 11. 1982 – I R 135/80, BStBl II 1983, S. 173 = DB 1983, S. 532 (zur Ehegattenversorgung), vom 17. 5. 1995 – I R 16/94 a. a. O., vom 25. 10. 1995 – I R 34/95 a. a. O. (Gesellschafter-Geschäftsführer-Versorgung) und vom 5. 10. 1994 – I R 50/94, BB 1995, S. 955 = DB 1995, S. 957 (unangemessene Tantieme).

345 Vgl. BFH, Urteile vom 28. 6. 1989 – I R 89/85, BStBl II 1989, S. 854, vom 21. 1. 1970 – I R 125/67, BStBl II 1970, S. 466 und vom 30. 9. 1992 – I R 75/91, BFH/NV 1993, S. 330; h. M., vgl. Ahrend/Förster/Rößler, 6. Teil, Rdnr. 39.

346 BFH, Urteil vom 17. 5. 1995 – I R 16/94, BStBl II 1996, S. 420.

347 Für ein solches Wahlrecht ausdrücklich Ahrend/Förster/Rößler, 6. Teil, Rdnr. 39; Höfer/Veit/Verhuven, Bd II StR, S. 1393 Rn 3048; a. A. wohl Widmann, BetrAV 1996, S. 160, unter Hinweis auf das Urteil des BFH vom 14. 3. 1990 – I R 79/87, BStBl II 1990, S. 651.

deckte Gewinnausschüttung i. S. v. § 8 Abs. 3 Satz 2 KStG dar. Nach der Rechtsprechung des Ersten Senats des Bundesfinanzhofs hat dann keine Auflösung der Pensionsrückstellung bzw. Korrektur der Steuerbilanz zu erfolgen. Vielmehr muss der Gewinn außerhalb der Steuerbilanz durch Hinzurechnung zum Steuerbilanzgewinn erhöht werden.[348] Dahinter steckt die Überlegung, dass die Bilanz als solche zutreffend ist, eine zivilrechtlich wirksame Verbindlichkeit besteht und damit sich handelsrechtlich eine Passivierungspflicht ergibt.[349] Relevanz hat diese Auffassung insbesondere in den Fällen, in denen die Veranlagung der Gesellschaft bestandskräftig ist, also nicht mehr abgeändert werden kann. In einem solchen Falle kann die „richtige" Bilanz nach der Auffassung des Bundesfinanzhofs nicht mehr nachträglich korrigiert werden. Lediglich Zuführungen zu den Pensionsrückstellungen in Jahren, in denen die Veranlagung noch geändert werden kann, können hier als verdeckte Gewinnausschüttung behandelt werden.

ee) Behandlung einer vGA bei der Gesellschaft und dem Gesellschafter

Soweit die Pensionsrückstellung als vGA, weil überhöht oder steuerlich unzulässig, anzusehen ist, ist sie auf der Gesellschaftsebene nach § 8 Abs. 3 Satz 2 KStG in der **Anwartschaftsphase** (bevor eine Pensionszahlung erfolgt) außerbilanziell dem Gewinn hinzuzurechnen. Es erfolgt keine Herstellung der Ausschüttungsbelastung wie nach dem vor dem Steuersenkungsgesetz vom 23. 10. 2000[350] geltenden Recht. Die Steuerbelastung (KSt-Belastung von 15 % plus Sol.Z. zzgl. 14 % GewSt-Belastung) wird unter der Gültigkeit des Halbeinkünfteverfahrens definitiv.[351] Die verdeckte Gewinnausschüttung führt damit letztlich – nach Ablauf einer Übergangsregelung bzw. soweit kein vEK 02 vorhanden ist – zu einem Abgang beim maßgeblichen Eigenkapital der Steuerbilanz. Eine KSt-Gutschrift – wie im alten Recht – erfolgt gemäß § 37 Abs. 2 S. 1 KStG bei verdeckten Gewinnausschüttungen nicht mehr. Ist eine Hinzurechnung unterblieben und aus verfahrensrechtlichen Gründen eine Änderung der betreffenden Steuerbeschei-

---

348 So ausdrücklich BFH, Urteile vom 29. 6. 1994 – I R 137/93, BB 1994, S. 2319 = DB 1994, S. 2526, vom 5. 6. 1996 – I B 105/95, BFH/NV 1996, S. 932 = GmbHR 1996, S. 136 (nur Leitsatz) und vom 16. 12. 1998 – I R 96/95 a. a. O.; siehe dazu im Einzelnen auch BMF-Schreiben vom 28. 5. 2002 – IV A 2 – S 2742 – 32/02 (Abdruck im Anhang).
349 Vgl. Widmann, BetrAV 1996, S. 162; Brenner, DStZ 1996, S. 68 f.
350 BGBl I 2000, S. 1433; BStBl I 2000, S. 1428.
351 Staiger/Scholz, BB 2002, S. 2633, 2637.

de nicht mehr möglich, können die rückgestellten Beträge auf der Ebene der Kapitalgesellschaft nicht mehr als vGA berücksichtigt werden.[352]

In der Anwartschaftsphase kommt es zu keinen steuerlichen Auswirkungen auf der Ebene des Gesellschafters, da ihm in dieser Phase noch nichts zugeflossen ist.[353]

In der **Leistungsphase**, also bei Eintritt des Versorgungsfalles, ergibt sich nach den Grundsätzen von R 6 a (22) EStR 2008 eine gewinnerhöhende Auflösung der Pensionsrückstellung in der Steuerbilanz. Die laufenden Pensionszahlungen führen gleichzeitig zu Betriebsausgaben. Auf der Ebene der Gesellschaft kommt es damit nur in Höhe des Saldos beider Größen zu einer Vermögensminderung und damit zu einer verdeckten Gewinnausschüttung.[354] Diese wird wie vorstehend dargestellt behandelt.

Für die Ausschüttung sind beide Vorgänge auf der Ebene der Gesellschaft und auf der Ebene des Gesellschafters getrennt zu betrachten. Es ist dabei möglich, dass die verdeckte Gewinnausschüttung auf der Ebene der Gesellschaft noch nach altem Recht (Herstellung einer Ausschüttungsbelastung) und beim Gesellschafter nach neuem Recht (Halbeinkünfteverfahren) behandelt wird.

Auf der Ebene des Gesellschafter-Geschäftsführers sind Versorgungsleistungen, soweit sie eine verdeckte Gewinnausschüttung darstellen, der Abgeltungssteuer zu unterwerfen,[355] im Übrigen als Einkünfte aus nichtselbstständiger Arbeit nach § 19 EStG zu versteuern.

h) „Heilung" einer verdeckten Gewinnausschüttung

Eine verdeckte Gewinnausschüttung kann nicht mit steuerlicher Wirkung rückgängig, d. h. ungeschehen, gemacht werden.[356] Eine „Heilung" ist ggf. nur für die Zukunft, d. h. für das Wirtschaftsjahr, in dem die Heilungsmaßnahme erfolgt, und die nachfolgenden Wirtschaftsjahre möglich. Wird etwa der in einer Versorgungszusage vorgesehene Eintritt des Versorgungsfalles durch eine spätere Änderung der Zusage hinausgeschoben, so ist für die

---

352 BFH, Urteil vom 28. 4. 2010 – I R 78/08.
353 Staiger/Scholz, BB 2002, S. 2640.
354 Vgl. BMF-Schreiben vom 28. 5. 2002 – IV A 2 – S 2742 – 32/02 unter Ziff. II 2 f, BB 2002, S. 1689, 1691; siehe auch Wochinger, Rdnr. 140 ff.
355 Seit dem Jahre 2008, durch die Unternehmenssteuerreform 2007 geändert.
356 Wochinger Rdnr. 8, 130 ff.

Zeit bis zum Wirksamwerden der Änderung die Erdienbarkeit des Versorgungsanspruchs nach Maßgabe der ursprünglichen Zusage zu beurteilen.[357] Ist eine Versorgungszusage bzw. die für sie gebildete Pensionsrückstellung insgesamt als verdeckte Gewinnausschüttung anzusehen (z. B. wegen Nichteinhaltung der Zehnjahresfrist, verfrühter Zusageerteilung etc.), so kann durch Neuerteilung der Versorgungszusage diese „geheilt" werden, sofern zum Zeitpunkt der Neuerteilung eine Versorgungszusage (noch) möglich ist und sie nicht mit den Mängeln der alten Zusage behaftet ist. Die Neuzusage führt allerdings dazu, dass die bislang gebildeten Rückstellungen aufzulösen sind (außerordentlicher Ertrag) und im Hinblick auf die Neuzusage nach den für sie geltenden Bedingungen Pensionsrückstellungen zu bilden sind (Aufwand).

4. Zusammenfassung

Für die Praxis stellt sich die Rechtsprechung des Bundesfinanzhofs zur steuerlichen Anerkennung von Versorgungszusagen an beteiligte Geschäftsführer (sowie Vorstände) nach wie vor als schwer durchschaubares Regelwerk dar. Misslich ist vor allem, dass sich die steuerlichen Regeln zum Teil in erheblichem Umfang verändern. Dies erschwert die Orientierung für alle diejenigen, für die die Gestaltung bzw. steuerliche Beurteilung von Versorgungszusagen an Gesellschafter-Geschäftsführer und Gesellschafter-Vorstände nicht zum täglichen Geschäft gehört.

Zur Vermeidung einer Kollision mit der vom Bundesfinanzhof für Gesellschafter-Geschäftsführer angewandten Begrenzung der betrieblichen Altersbezüge auf 75 % der Aktivbezüge werden Festbetragszusagen abnehmen und endgehaltsabhängige Versorgungszusagen wieder stärker zunehmen. Letztere haben zwar den Vorteil, dass sie für die Gesellschaft wie den Steuerberater „pflegeleicht" sind. Finanzwirtschaftlich führen sie jedoch zu einem Nachfinanzierungseffekt, d. h. zu einer Belastung künftiger Dienstjahre mit verhältnismäßig höherem Finanzierungsaufwand.

In Bezug auf die Ausgestaltung von Versorgungszusagen an beteiligte Geschäftsführer/Vorstände ist zu erwarten, dass die Finanzverwaltung den Gesichtspunkt der „Üblichkeit" künftig stärker als bisher als Hebel verwenden

---

357 BFH, Urteil vom 23. 7. 2003 – I R 80/02, BB 2003, S. 2549.

wird, um eine Versorgungszusage als durch das Gesellschaftsverhältnis veranlasst zu qualifizieren. Bei solchen Beanstandungen sollte der Vergleichsmaßstab hinterfragt und darauf geachtet werden, dass lediglich ein Vergleich mit angestellten Geschäftsführern/Vorständen und nicht etwa sonstigen Arbeitnehmern erfolgt. Schließlich sollte darauf geachtet werden, dass die „Üblichkeit" nicht Selbstzweck ist, sondern nur dann Relevanz hat, wenn Abweichungen vom Üblichen zu einer Belastung der Gesellschaft führen bzw. den Schluss zulassen, dass die Versorgungszusage nicht ernsthaft gewollt ist. Es ist ratsam, die Gründe für Abweichungen von „üblichen" Gestaltungen bei anderen, nicht beteiligten Geschäftsführern/Vorständen im Einzelfall zu dokumentieren. Weiter ist es nach Ansicht der Autoren zweckmäßig zu dokumentieren, ob eine ersetzende oder ergänzende Versorgung beabsichtigt ist. Nach der hier vertretenen Ansicht [siehe Abschn. III. 3. a) bb)] sind damit unterschiedliche Anforderungen verbunden.

Ganz generell gilt, dass bei Umfang und Ausgestaltung von Versorgungszusagen mit Augenmaß vorgegangen werden sollte. Wird dieser Grundsatz berücksichtigt, dann kann einer Betriebsprüfung gelassen entgegengesehen werden.

IV. Steuerliche Behandlung von mittelbaren Versorgungs-zusagen (Direktversicherungs-, Unterstützungskassen-, Pensionskassen- und Pensionsfondszusagen) bei der Gesellschaft

1. Vorbemerkungen

Die Erteilung einer unmittelbaren Versorgungszusage ist, wie eingangs dargelegt wurde, die weitaus häufigste Form der betrieblichen Versorgung von beteiligten Geschäftsführern und Vorständen. Als Alternative und ggf. Ergänzung besteht jedoch auch die Möglichkeit einer sog. mittelbaren Versorgungszusage. Hierbei sagt die Gesellschaft ihrem Geschäftsführer/Vorstand zu, dass von einer rechtlich selbstständigen Versorgungseinrichtung (Unterstützungskasse, Versicherer, Pensionskasse bzw. Pensionsfonds) die festgelegten Versorgungsleistungen erbracht werden.

Damit der Aufwand, der von der Gesellschaft an diese selbstständige Versorgungseinrichtung zur Finanzierung der Versorgungsleistungen erbracht wird, steuerlich abzugsfähig ist, müssen zunächst die im Einkommensteuergesetz enthaltenen, auch für die Versorgung von nicht beteiligten Mitarbeitern geltenden Zuwendungsvorschriften eingehalten werden. Dies sind bei der Versorgung über eine Unterstützungskasse die gleichermaßen detaillierten wie komplizierten Bestimmungen des § 4 d EStG.[358] Für die steuerliche Abzugsfähigkeit von Beiträgen zu einer Direktversicherung bzw. Zuwendungen an eine Pensionskasse ist nach den §§ 4 b bzw. 4 c EStG dagegen grundsätzlich nur Voraussetzung, dass solche Beiträge im Versicherungsvertrag bzw. der Kassensatzung vorgesehen sind; bei Pensionsfonds muss es sich nach § 4 e EStG um eine festgelegte Verpflichtung oder die Abdeckung von Fehlbeträgen handeln.

Zuwendungen für die Versorgung eines Geschäftsführers/Vorstands an eine Unterstützungs- oder Pensionskasse dürfen nach dem ausdrücklichen Wortlaut von § 4 d Abs. 1 Satz 1 bzw. § 4 c Abs. 2 EStG darüber hinaus nur dann als Betriebsausgaben abgezogen werden, „soweit die Leistungen der

---

358 Wegen näherer Einzelheiten zu den Anforderungen von § 4 d EStG an den Betriebsausgabenabzug siehe Ahrend/Förster/Rößler, 3. Teil; Buttler, Steuerliche Behandlung von Unterstützungskassen, II.; Doetsch, BB 1995, S. 2553 ff.

Kasse, wenn sie vom Trägerunternehmen unmittelbar erbracht würden, bei diesem betrieblich veranlasst wären"; entsprechendes gilt nach § 4 e Abs. 2 EStG für Pensionsfonds. Hierdurch ist die Verbindung zu der schon dargestellten Rechtsprechung des Bundesfinanzhofs zur Anerkennung von unmittelbaren Versorgungszusagen hergestellt. Für die Direktversicherung ergibt sich die Erforderlichkeit einer betrieblichen Veranlassung für den Betriebsausgabenabzug aus § 4 Abs. 4 EStG.

Wegen der weiteren Einzelheiten für die steuerliche Anerkennung des Versorgungsaufwandes bei mittelbaren Versorgungszusagen gilt Folgendes:

2. Steuerliche Anerkennung von Beiträgen für eine Direktversicherung des (Gesellschafter-)Geschäftsführers

Für den Gesellschafter-Geschäftsführer einer GmbH kann ebenso wie für nicht beteiligte Geschäftsführer und Mitarbeiter eine Direktversicherung abgeschlossen werden. Die Beiträge zu einer solchen Direktversicherung stellen nach § 4 Abs. 4 EStG eine Betriebsausgabe dar, wenn sie betrieblich veranlasst sind und nicht ihre Ursache in der Gesellschafterstellung haben.

a) Zivilrechtlich wirksame, klare und im Voraus geschlossene Direktversicherungszusage

Voraussetzung für den Betriebsausgabenabzug der Beiträge zur Finanzierung einer Direktversicherung für den beherrschenden Geschäftsführer ist zunächst, dass eine zivilrechtlich wirksame, klare und im Voraus geschlossene Direktversicherungszusage vorliegt. Hierfür genügt bereits der Abschluss eines Versicherungsvertrages, sofern der Geschäftsführer hiervon und von den Vertragsklauseln Kenntnis erlangt. Eine förmliche Versorgungszusage der Gesellschaft (sog. Versicherungszusage) ist nicht erforderlich, zumal das Betriebsrentengesetz (vgl. § 1 Abs. 2 BetrAVG) eine solche selbst nicht vorsieht.

Für die zivilrechtliche Wirksamkeit einer schuldrechtlichen/dienstvertraglichen Verpflichtung im Innenverhältnis zwischen Gesellschaft und Gesellschafter zum Versicherungsabschluss und zur Beitragszahlung ist erforderlich, dass ihr bei Geschäftsführern ein entsprechender **Gesellschafterbeschluss** zugrunde liegt bzw. ein anderes durch die Satzung der GmbH ermächtigtes Organ eine solche Verpflichtung seitens der Gesellschaft begründet hat. Die BGH-Rechtsprechung zur Kompetenz der Gesellschafterversammlung für die Erteilung und Änderung des Geschäftsführerdienstvertrages ist somit nicht nur auf Versorgungszusagen [siehe dazu Abschn. III. 3. b) aa)], sondern auch auf die Versorgung mittels einer Direktversicherung übertragbar. Auch hier gilt § 181 BGB.

Im Deckungsverhältnis, d. h. im Außenverhältnis der Gesellschaft zum Versicherer, führt eine fehlende Verpflichtung jedoch nicht zur Unwirksamkeit des Versicherungsvertrages, da es für die Wirksamkeit des Versicherungsvertrages nur auf die handelsrechtliche Vollmacht der die Gesellschaft vertretenden Person (Geschäftsführer, Prokurist etc.) ankommt. Allerdings dürfte die Gesellschaft bei Fehlen einer wirksamen Verpflichtung der Gesellschaft zu einer Vorsorge für den Geschäftsführer mittels einer Direktversicherung berechtigt sein, vom Geschäftsführer die Zustimmung zur Änderung des Bezugsrechts bzw. – im Leistungsfall – Rückgewähr der eingezahlten Prämien aus dem Gesichtspunkt des Schadenersatzes bzw. der ungerechtfertigten Bereicherung zu verlangen.

Die Klarheit und Eindeutigkeit der Vereinbarung bereitet bei Direktversicherungen in der Regel kein Problem, da der Versicherer durch die Bedingungen des Versicherungsvertrages hier bereits ausreichende Klarheit schafft. Dies gilt insbesondere für den Fall des vorzeitigen Ausscheidens. Ob und unter welchen Voraussetzungen das Bezugsrecht des Geschäftsführers bei einem vorzeitigen Ausscheiden aufrechterhalten bleibt, ist im Versicherungsvertrag in aller Regel festgelegt. Sollten solche Regelungen im Einzelfall fehlen, wären sie durch eine separate vertragliche Vereinbarung festzulegen.

Zu beachten ist auch bei der Direktversicherung das Rückwirkungsverbot (Nachzahlungsverbot). Auf die Ausführungen zu unmittelbaren Versorgungszusagen wird insoweit verwiesen [siehe Abschn. III. 3. b) cc)].

b) Ernsthaftigkeit und Finanzierbarkeit

Auch die Versorgung mittels einer Direktversicherung muss ernsthaft gewollt und für die Gesellschaft finanzierbar sein. Beide Kriterien haben jedoch keine praktische Relevanz bei der Versorgung über eine Direktversicherung.

Was zunächst die Frage der Ernsthaftigkeit angeht, so ist diese bei Direktversicherungen grundsätzlich gegeben. Selbst wenn später eine Änderung des Bezugsrechts in der Weise erfolgt, dass die Leistungen nicht mehr dem

Geschäftsführer, sondern der Gesellschaft zustehen, sind die in der Vergangenheit gezahlten Versicherungsbeiträge nicht rückwirkend als nicht betrieblich veranlasst anzusehen. Die Änderung des Bezugsrechts führt allerdings nach § 4 b EStG dazu, dass der Wert der Versicherung dann zu aktivieren ist (Betriebsvermögen) und sich damit der Gewinn erhöht.

Da im Rahmen einer Direktversicherung die Risiken eines vorzeitigen Versorgungsfalles wie auch der Leistungsverpflichtung bei regulärem Ablauf der Versicherung auf den Versicherer ausgelagert werden, kann sich bei der Direktversicherung die Frage einer Überschuldung oder liquiditätsmäßigen Überforderung aufgrund eines Versorgungsfalles nicht stellen. Sofern die Gesellschaft in der Lage ist, die laufenden Prämien zu erbringen, kann unter dem Gesichtspunkt der Finanzierbarkeit nicht von einer verdeckten Gewinnausschüttung ausgegangen werden.

Eine Direktversicherung kann auch auf einen früheren Zeitpunkt als die Vollendung des 65. Lebensjahres abgeschlossen werden. Aus einem individuellen Pensionsalter kann insbesondere nicht geschlossen werden, dass die Versorgungszusage nicht ernsthaft gewollt ist.

Bei einem niedrigeren Pensionsalter als 65 dürfte allerdings von der Finanzverwaltung geprüft werden, ob hierin ein Sondervorteil zugunsten eines beteiligten Geschäftsführers zu sehen ist, der unter dem Kriterium der „Üblichkeit" zur Annahme einer verdeckten Gewinnausschüttung führt. Dies ist selbst dann, wenn man dem Kriterium der „Üblichkeit" überhaupt eine solche Bedeutung beimisst [siehe Abschn. III. 3. e)] im Zweifel bei einem Pensionsalter ab Vollendung des 60.[359] Lebensjahres zu verneinen. Eine verdeckte Gewinnausschüttung ist unter diesem Gesichtspunkt in jedem Fall dann zu verneinen, wenn auch nicht beteiligte Geschäftsführer zu einem solchen Zeitpunkt Leistungen aus ihrer Direktversicherung in Anspruch nehmen können.

c) Erdienbarkeit

Die neuere Rechtsprechung des Bundesfinanzhofs zur Erforderlichkeit einer Erdienungsfrist zwischen Zusageerteilung und Pensionierungszeitpunkt ist entsprechend auch auf den Abschluss einer Direktversicherung übertrag-

---

359 Wegen BMF-Schreiben vom 31. 3. 2010 (Rz. 249) für Neuzusagen ab dem 1. 1. 2012 = 62. LJ.

bar. In der Praxis stellte dies bis 2004 kein Problem dar, da bei Direktversicherungen, die eine Kapitalleistung vorsehen, ohnehin nur bei einer mindestens zwölfjährigen Versicherungsdauer die Steuerfreiheit der Kapitalerträge gegeben war; ab 2005 ist mit der Einhaltung der zwölfjährigen Frist immerhin noch eine vorteilhafte Besteuerung verbunden. Welche Beitragszahlungsdauer besteht, ist dagegen nicht Gegenstand der steuerlichen Prüfung. Dies ist eine reine Finanzierungsfrage, die auf die Anerkennung der Versicherungsbeiträge als betrieblich veranlasst keinen Einfluss hat.

Erdienbar ist die Direktversicherung im Übrigen nur dann, wenn der beteiligte Geschäftsführer bei Abschluss der Direktversicherung das 60. Lebensjahr noch nicht vollendet hatte. Wird für einen mehr als 60 Jahre alten Geschäftsführer eine Direktversicherung abgeschlossen, dann wird seitens der Finanzverwaltung bzw. der Finanzgerichte im Zweifel davon ausgegangen werden, dass eine solche späte Versorgung durch das Gesellschaftsverhältnis veranlasst ist. Sachgerecht wäre eine solche Einordnung bei Versicherungen mit laufender Beitragszahlung aber nicht, da die Gesellschaft mit dem Abschluss einer Direktversicherung außer der Beitragszahlungspflicht keine weitere Verpflichtung übernimmt und der Betriebsausgabenabzug nicht höher ist als bei der Barvergütung. Nach der hier vertretenen Auffassung dürfte das Kriterium der Erdienbarkeit auch bei „ersetzenden" Zusagen keine Rolle spielen.

d) Sonstige Üblichkeit

Die für unmittelbare Versorgungszusagen dargestellten Regeln sind grundsätzlich entsprechend auch auf Direktversicherungen anwendbar. Der Maßstab wird hier im Zweifel eher weniger scharf sein als bei unmittelbaren Versorgungszusagen.[360]

Der Abschluss einer Direktversicherung mit einem uneingeschränkt unwiderruflichen Bezugsrecht unmittelbar nach einer Unternehmensgründung bzw. Einstellung des Geschäftsführers sollte u. E. zulässig sein, da weder bei einem vorzeitigen Versorgungsfall noch bei einem frühzeitigen Ausscheiden, bei Nutzung der „versicherungsvertraglichen Lösung" (§ 2 Abs. 2 S. 2 BetrAVG), eine Dauerbelastung (d. h. eine über die eingezahlten Prä-

---

360　Ebenso in der Tendenz BFH, Urteil vom 14. 7. 1989 – III R 97/86, BStBl II 1989, S. 969, 970 zur Direktversicherung für einen Arbeitnehmer-Ehegatten.

IV. Steuerliche Behandlung von mittelbaren Versorgungszusagen

mien hinausgehende Belastung) entstehen kann.[361] Der Abschluss von Direktversicherungen mit unwiderruflichem Bezugsrecht unmittelbar nach Eintritt in die Firma bzw. Firmengründung ist im Übrigen auch bei nicht beteiligten Geschäftsführern und Angestellten üblich.

Üblich ist auch die Einräumung eines sofort uneingeschränkt unwiderruflichen Bezugsrechts. Die Einräumung eines solchen Bezugsrechts kann, unabhängig davon, ob es sich um Gehaltsumwandlung oder eine arbeitgeberfinanzierte Altersversorgung handelt, nicht zur Annahme einer verdeckten Gewinnausschüttung führen. Schließlich sind leistungsausschließende Wartezeiten in Bezug auf vorzeitige Versorgungsleistungen völlig unüblich und nach Kenntnis der Autoren auch versicherungstechnisch nicht möglich.

Auch bei der Versorgung des Geschäftsführers über eine Direktversicherung ist darauf zu achten, dass es zu keiner Überversorgung kommt, d. h. die sog. 75 %-Grenze eingehalten wird.[362] Es ist zu vermeiden, dass die Versicherungsleistung, die sich unter Berücksichtigung der zum Prüfungsstichtag bereits vom Versicherer zugeteilten Gewinnanteile ergibt, **zusammen** mit den Leistungen aus der gesetzlichen Rentenversicherung und ggf. noch bestehenden anderen Versorgungsbezügen zu einer Überversorgung (mehr als 75 % der Aktivbezüge) führt.

Falls die Direktversicherung (noch) eine Kapitalleistung vorsieht, ist diese entsprechend den Vorgaben des Schreibens des BMF[363] zu bewerten.

e) Angemessenheit der Gesamtvergütung

Im Rahmen der Prüfung der Angemessenheit der Gesamtvergütung ist auch eine Direktversicherung zu berücksichtigen. Anders als bei unmittelbaren Versorgungszusagen ist hier nicht eine fiktive Jahresnettoprämie maßgebend, sondern die tatsächlich gezahlte **jährliche Bruttoprämie**.[364]

Die jährlich gezahlte Bruttoprämie ist allerdings in solchen Fällen, in denen die Direktversicherung eine abgekürzte Beitragszahlungsdauer vorsieht, ein ungeeigneter Maßstab. Hier wird man der Barvergütung des Geschäftsführers die von der Gesellschaft bei Beitragzahlung während der gesamten

361 So im Ergebnis ebenfalls der Centrale Gutachtendienst, GmbHR 1993, S. 217.
312 So ausdrücklich der BFH im Urteil vom 16. 5. 1995 – XI R 87/93, DB 1995, S. 2249, 2250 m. w. Nachw.
363 BMF-Schreiben vom 3. 11. 2004 – IV B2 – S 2176 – 13/04, dort Rz 14.
364 Ahrend/Förster/Rößler, 6. Teil, Rn 754; Reuter, GmbHR 1985, S. 28 ff.

120

Vertragsdauer notwendige fiktive Bruttojahresprämie hinzurechnen müssen und nicht die deutlich höhere Prämie bei abgekürztem Prämienzahlungszeitraum. Die Höhe der Prämie in Relation zu dem vom Geschäftsführer erreichten Vorteil ist bei einer Abkürzung der Finanzierung nämlich genauso wenig aussagefähig wie die Rückstellungshöhe bei unmittelbaren Versorgungszusagen.

3. Steuerliche Anerkennung von Zuwendungen für den (Gesellschafter-)Geschäftsführer an eine Unterstützungskasse

Neben der Grundvoraussetzung, dass der Versorgungsberechtigte im steuerlichen Sinne ein Leistungsanwärter[365] oder -empfänger sein kann, sind Zuwendungen für einen (Gesellschafter-)Geschäftsführer nur dann steuerlich abzugsfähig, wenn die zugesagten Leistungen – wären sie vom Trägerunternehmen (GmbH) selbst erbracht worden – „betrieblich veranlasst" sind. Bei Letzterem ist hier wie bei den Direktzusagen zu prüfen, ob die Zusage betrieblich veranlasst ist. Für die Zuwendung an eine UK existieren durch § 4 d EStG weitere (umfangreiche) steuerliche Vorgaben, die zwar auch den Betriebsausgabenabzug betreffen können, auf die hier aber nicht explizit eingegangen wird, da sie im Wesentlichen von der Verwaltung der UK beachtet werden müssen.

a) Zivilrechtlich wirksame, klare und im Voraus geschlossene Zusage

Auch bei Unterstützungskassen erfordert die steuerliche Anerkennung der Versorgung von Geschäftsführern einer GmbH zunächst, dass die dem Geschäftsführer erteilte Versorgungs-„Zusage" auf einem **Gesellschafterbeschluss** beruht bzw. sich aus der Satzung die Zuständigkeit eines anderen Organs für die Zusageerteilung ergibt [siehe Abschn. III. 3. b) aa)]. Insbesondere bei einer Ein-Mann-GmbH muss der Gesellschafter-Geschäftsführer zudem vom Selbstkontrahierungsverbot befreit sein.

Zu beachten ist bei Unterstützungskassenversorgungen zudem das Klarheitsgebot [siehe Abschn. III. 3. b) bb)]. Es gilt zudem seit 1996 für Unterstützungskassenzusagen ein Schriftformerfordernis (vgl. § 4 d Abs. 1 Satz 1 Nr. 1 b Satz 2 EStG).

---

365   Siehe § 4 d Abs. 1 Nr. 1 EStG: mindestens vollendetes 27. LJ bzw. nach Ziff. 1 c) alternativ vertraglich unverfallbare Anwartschaft.

Schließlich ist bei beherrschenden Geschäftsführern auch das Nachzahlungsverbot [siehe Abschn. III. 3. b) cc)] zu berücksichtigen. Eine rückwirkende Gewährung von Leistungen bei Unterstützungskassen ist ebenso wenig steuerlich anzuerkennen wie bei unmittelbaren Versorgungszusagen.

b) Ernsthaftigkeit und Finanzierbarkeit

Die Versorgung bei der Unterstützungskasse wird steuerlich nur dann anerkannt, wenn sie ernsthaft gewollt und finanzierbar ist. Es gelten insoweit grundsätzlich die allgemeinen Voraussetzungen, die für unmittelbare Versorgungszusagen dargestellt wurden [siehe Abschn. III. 3. c)].

Die Frage der Finanzierbarkeit stellt sich grundsätzlich nur bei sog. pauschaldotierten Unterstützungskassen. Nur hier kann die Problematik auftauchen, dass bei einem vorzeitigen Versorgungsfall die Kasse nicht ausreichend dotiert ist und ein plötzlicher Nachfinanzierungsbedarf entsteht, der ggf. die finanziellen Möglichkeiten der Gesellschaft übersteigt. Bei rückgedeckten Unterstützungskassen ist, sofern die Rückdeckung mit den zugesagten Versorgungsleistungen deckungsgleich ist, dagegen ein Nachfinanzierungsbedarf bei vorzeitigen Versorgungsfällen ausgeschlossen. Liquiditätsschwierigkeiten oder eine Überschuldung der Kapitalgesellschaft können hier also nicht eintreten. Das Kriterium der Finanzierbarkeit ist bei rückgedeckten Unterstützungskassen damit immer gegeben, sofern die laufenden vorgesehenen Zuwendungen die finanziellen Möglichkeiten der Gesellschaft nicht überschreiten.

c) Erdienbarkeit

Bei der Zusage von Unterstützungskassenleistungen ist – trotz des formal fehlenden Rechtsanspruchs – auch die neuere Rechtsprechung des Bundesfinanzhofs zur Erdienbarkeitsfrist zwischen Zusageerteilung und frühestem Pensionierungszeitpunkt anwendbar [siehe Abschn. III. 3. d)].

Erdienbar ist die (ergänzende) Versorgung im Übrigen nur dann, wenn der beteiligte Geschäftsführer bei Zusageerteilung das 60. Lebensjahr noch nicht vollendet hatte. Wird davon abweichend ein Geschäftsführer in die Unterstützungskassenversorgung aufgenommen, dann wird seitens der Finanzverwaltung bzw. der Finanzgerichte im Zweifel davon ausgegangen werden, dass eine solche späte Versorgung durch das Gesellschaftsverhältnis veranlasst ist. Etwas anderes kann eventuell dann gelten, wenn der Leistungsplan generell kein Höchstalter für die Aufnahme in die Versorgung vorsieht. Der interne Fremdvergleich führt in einem solchen Fall dazu, dass die Aufnahme eines älteren Gesellschafter-Geschäftsführers nicht durch das Gesellschaftsverhältnis veranlasst ist, jedenfalls soweit die ihm zugesagten Leistungen nicht von denen angestellter Geschäftsführer bzw. Führungskräfte abweichen. Für eine ersetzende Zusage dürfte ohnehin keine Erdienbarkeitsfrist bzw. ein Höchstalter gelten [siehe Abschn. III. 3. a) bb)].

d) Sonstige Üblichkeit der Versorgungszusage

Die für unmittelbare Versorgungszusagen [siehe Abschn. III. 3. e)] gemachten Ausführungen zum Anwendungsbereich des Fremdvergleichs, insbesondere zu Versorgungszusagen unmittelbar nach Unternehmensgründung bzw. Dienstbeginn, zu sofort unverfallbaren Versorgungszusagen und solchen ohne Wartezeit in Bezug auf vorzeitige Versorgungsleistungen und schließlich zur Einhaltung der sog. 75 %-Grenze gelten für Zusagen auf Unterstützungskassenleistungen entsprechend.[366]

Den Wert der Unterstützungskassenversorgung wird man, wenn es sich nicht um eine rückgedeckte Unterstützungskasse handelt, wie bei unmittelbaren Versorgungszusagen mit der sog. fiktiven Jahresnettoprämie ermitteln müssen. Ein Ansetzen der Zuwendung an die Unterstützungskasse ist bei sog. pauschaldotierten Unterstützungskassen nicht sachgerecht, da die Zuwendungen hier freiwillig sind und von Jahr zu Jahr nach dem Willen der Gesellschaft im Rahmen der gesetzlichen Möglichkeiten schwanken können.

e) Angemessenheit der Gesamtvergütung

Die Angemessenheit der Gesamtvergütung ist bei Geschäftsführern, die eine Unterstützungskassenzusage erhalten haben, unter Berücksichtigung des Wertes der Versorgungszusage (fiktive Jahresnettoprämie) zu ermitteln. Für die Ermittlung der fiktiven Jahresnettoprämie gelten die bei unmittelbaren Versorgungszusagen dargelegten Kriterien [siehe Abschn. III. 3. f) bb) (1)] analog. Übersteigt die Gesamtvergütung die Angemessenheitsgrenze deutlich, dann liegt eine verdeckte Gewinnausschüttung vor. Die Versorgungsaufwendungen bzw. die Vergütung sind dann anteilig zu reduzieren [siehe Abschn. III. 3. g) cc)].

---

366 Vgl. Höfer/Veit/Verhuven, Bd II StR, S. 1397 f. Rn 3067–3078; Briese, Wechselwirkungen von Betriebsrentenrecht und Steuerrecht bei Pensionszusagen an Gesellschafter-Geschäftsführer, BetrAV 2010, S. 31 ff.; Probst, Versorgung von Gesellschafter-Geschäftsführern über Unterstützungskassen, BetrAV 2010, S. 536 ff.

4. Steuerliche Anerkennung von Beiträgen für den (Gesellschafter-)Geschäftsführer an eine Pensionskasse oder einen Pensionsfonds

Nach § 4 c Abs. 2 EStG sind Zuwendungen für einen (Gesellschafter-)Geschäftsführer an eine Pensionskasse und nach § 4 e Abs. 2 EStG Beiträge an einen Pensionsfonds steuerlich abzugsfähig, wenn die zugesagten Leistungen – wären sie vom Trägerunternehmen (GmbH) selbst erbracht worden – „betrieblich veranlasst" gewesen wären.

Die zur Versorgung über Direktversicherungen gemachten Aussagen gelten für Pensionskassen bzw. Pensionsfonds entsprechend.

5. Steuerliche Anerkennung von Beiträgen und Zuwendungen für den (Gesellschafter-)Vorstand bei mittelbaren Versorgungszusagen

Die für GmbH-Gesellschafter-Geschäftsführer entwickelten Prüfkriterien für die steuerliche Anerkennung von mittelbaren Versorgungszusagen bzw. des Gesellschaftsaufwandes für solche Zusagen können wegen der Unterschiede der Struktur der Aktiengesellschaft zur GmbH-Struktur nicht ohne weiteres auf die Aktiengesellschaft übertragen werden.

Sofern allerdings im Einzelfall besondere Umstände hinzutreten, namentlich der an der Gesellschaft mehrheitlich beteiligte Vorstand faktisch einen beherrschenden Einfluss auf den Aufsichtsrat ausübt oder die eine unterschiedliche Behandlung von beteiligten und nicht beteiligten Vorständen eine Veranlassung des Versorgungsaufwands im Gesellschaftsverhältnis indiziert, kann auch hier die Versorgungszusage bzw. der Versorgungsaufwand eine verdeckte Gewinnausschüttung darstellen.

Wegen Einzelheiten wird auf die Ausführungen unter VI. 5. verwiesen.

6. Steuerfreiheit von Pensions- und Unterstützungskassen im Hinblick auf die Versorgung von beteiligten Geschäftsführern bzw. Vorständen

Bei der Versorgung über eine Unterstützungs- oder Pensionskasse ist zu beachten, dass die in der Regel gewünschte Steuerbefreiung der Kasse unter anderem voraussetzt, dass die in §§ 5 und 6 KStG, §§ 1–3 KStDV sowie

IV. Steuerliche Behandlung von mittelbaren Versorgungszusagen

in Abschn. 6 KStR genannten Voraussetzungen zu den Leistungsempfängern der Kasse, der Vermögensbindung und der Leistungsbegrenzung eingehalten werden.

Von Bedeutung für die Versorgung von an der Gesellschaft beteiligten Geschäftsführern und Vorständen können vor allem zwei Voraussetzungen sein:

(1) Zum einen dürfen die Leistungsempfänger der Kasse, damit diese als steuerbefreite „soziale Einrichtung" anerkannt wird, sich in der Mehrzahl nicht aus „Gesellschaftern oder deren Angehörigen" zusammensetzen (§ 1 Nr. 1 KStDV).

Mit „Gesellschafter" sind, wie sich aus dem Kontext mit Begriff des Unternehmers ergibt, u. E. allerdings nur Gesellschafter von Personengesellschaften gemeint. GmbH-Gesellschafter-Geschäftsführer und AG-Vorstände, die im Rahmen eines Dienstverhältnisses mit der Gesellschaft tätig werden, sind dagegen – ungeachtet ihrer Beteiligung an der Gesellschaft – steuerlich als Arbeitnehmer anzusehen (vgl. etwa § 1 LStDV). Auch für § 1 KStDV ist somit von dem zuvor angesprochenen steuerrechtlichen Arbeitnehmerbegriff auszugehen.[367]

Da einzelne Finanzämter in der Vergangenheit den Standpunkt eingenommen haben, dass beherrschende Gesellschafter-Geschäftsführer einer GmbH als „Unternehmer" bzw. „Gesellschafter" i. S. v. § 1 Nr. 1 KStDV anzusehen sind, sollte ggf. im Interesse der wünschenswerten Steuerfreiheit der Kasse darauf geachtet werden, dass beherrschende Gesellschafter-Geschäftsführer bzw. -Vorstände und deren Angehörige nicht die Mehrheit der Versorgungsberechtigten ausmachen.

(2) Zum Zweiten müssen die in § 2 KStDV genannten Leistungsgrenzen eingehalten werden.

Nach § 2 KStDV darf die von steuerbefreiten Kassen gewährte Alters- oder Invaliditätsrente den Betrag von € 25 769 und eine Witwen-/ Witwerrente einen Betrag von € 17 179 jährlich grundsätzlich nicht übersteigen. Sofern eine Vielzahl von Mitarbeitern über die Kasse versorgt wird, darf allerdings in bis zu 12 % der Fälle die Alters- und Invali-

---

367   A. A. mit weitem Unternehmerbegriff: Höfer/Veit/Verhuven, Bd II StR, S. 1040, Rdnr. 2151.

ditätsrente max. € 38 654 jährlich betragen und in bis zu 4 % der Fälle gibt es keine Höchstgrenze.

Für Waisenleistungen bzw. Sterbegelder enthält § 2 KStDV eigene niedrigere Leistungshöchstgrenzen. Kapitalleistungen sind für die Anwendung der Leistungslimitierung nach R 14 (3) KStR 2004 versicherungsmathematisch unter Anwendung eines Rechnungszinses von 5,5 % in eine Rente umzurechnen.

Diese dargestellte körperschaftsteuerliche Leistungsbegrenzung für steuerbefreite Kassen kann, bezogen auf die Versorgung von Geschäftsführern und Vorständen, dazu führen, dass über die Unterstützungs- oder Pensionskasse ggf. nur ein Teil der beabsichtigten betrieblichen Versorgungsleistungen erbracht werden kann.

V. Steuerliche Behandlung der betrieblichen Altersversorgung beim Geschäftsführer bzw. Vorstand

1. Einkommensteuerliche Behandlung des Geschäftsführers/ Vorstands bei unmittelbaren Versorgungszusagen und der Versorgung über eine Unterstützungskasse

a) Besteuerung während der aktiven Dienstzeit

Eine Direktzusage oder Zusage auf Unterstützungskassenleistungen löst beim Geschäftsführer/Vorstand – unabhängig davon, ob er an der Gesellschaft beteiligt ist oder nicht – in der Anwartschaftsphase noch keine Lohn- bzw. Einkommensteuer aus.

Steuerliche Auswirkungen der betrieblichen Altersversorgung beim Geschäftsführer/Vorstand		
Durchführungsweg	Ansparphase	Auszahlungsphase
Direktzusage	kein steuerpflichtiger Zufluss	Leistungen sind als „Einkünfte aus nichtselbstständiger Arbeit" voll steuerpflichtig (§ 19 Abs. 1 S. 1 Nr. 2 EStG)
Unterstützungs-kasse	kein steuerpflichtiger Zufluss	Leistungen sind als „Einkünfte aus nichtselbstständiger Arbeit" voll steuerpflichtig (§ 19 Abs. 1 S. 1 Nr. 2 EStG)
Direktversicherung	**Zusagen ab 1. 1. 2005:** steuerfrei bis 4 % der BBG (§ 3 Nr. 63 EStG); zusätzlicher steuerfreier Erhöhungsbetrag von € 1 800 p. a., sofern bei dem Betreffenden nicht § 40 b EStG in der bis zum 31. 12. 2004 geltenden Fassung des EStG angewandt wird; darüber hinaus voll steuerpflichtig	**Zusagen ab 1. 1. 2005:** Leistungen aus nach § 3 Nr. 63 EStG steuerfreien Beiträgen als „sonstige Einkünfte" voll steuerpflichtig (§ 22 Nr. 5 S. 1 EStG); im Übrigen sind Rentenleistungen aus versteuerten Beiträgen mit dem Ertragsanteil steuerpflichtig (§ 22 Nr. 1 EStG); (Teil-)Kapitalleistungen können i. d. R. nach § 20 Abs. 1 Nr. 6 EStG (1/2 Differenzbetrag zw. Lstg. u. Btrg.) versteuert werden

Fortsetzung nächste Seite

Durchführungsweg	Ansparphase	Auszahlungsphase
Fortsetzung Direktversicherung	**Zusagen bis 31. 12. 2004 („Altzusage"):** steuerpflichtiger Zufluss; aber bis € 1 752 (bzw. € 2 148 bei Durchschnittsbildung) pauschale Versteuerung mit dem Steuersatz 20 % möglich (§ 40 b EStG i. d. F. 31. 12. 2004)	**Zusagen bis 31. 12. 2004 („Altzusage"):** laufende Leistungen nur mit Ertragsanteil steuerpflichtig (§ 22 Nr. 1 EStG); Kapitalleistung aus bis zum vorgenannten Stichtag *abgeschlossenen* Versicherungen i. d. R. steuerfrei (§ 20 Nr. 6 S. 2 a. F. i. V. m. § 52 Abs. 36 S. 5 EStG); ansonsten i. d. R. § 20 Abs. 1 Nr. 6 EStG (1/2 Differenzbetrag zw. Lstg. u. Btrg.)
Pensionskasse	steuerfrei bis 4 % der BBG (§ 3 Nr. 63 EStG); für ab dem 1. 1. 2005 erteilte Zusagen zusätzlicher steuerfreier Erhöhungsbetrag von € 1 800 p. a., sofern bei dem Betreffenden nicht § 40 b EStG in der bis zum 31. 12. 2004 geltenden Fassung des EStG angewandt wird; darüber hinaus voll steuerpflichtig alternativ: bei **Zusageerteilung vor 1. 1. 2005 („Altzusage"),** bis € 1 752 (bzw. € 2 148 bei Durchschnittsbildung) Möglichkeit der pauschalen Versteuerung mit dem Satz 20 % (§ 40 b EStG)	Leistungen aus nach § 3 Nr. 63 EStG steuerfreien Beiträgen als „sonstige Einkünfte" voll steuerpflichtig (§ 22 Nr. 5 EStG); im Übrigen sind Rentenleistungen aus versteuerten Beiträgen mit Ertragsanteil steuerpflichtig (§ 22 Nr. 1 EStG) (Teil-)Kapitalleistungen können i. d. R. nach § 20 Abs. 1 Nr. 6 EStG (1/2 Differenzbetrag zw. Lstg. u. Btrg.) versteuert werden
Pensionsfonds	steuerfrei bis 4 % der BBG (§ 3 Nr. 63 EStG); für ab dem 1. 1. 2005 erteilte Zusagen zusätzlicher steuerfreier Erhöhungsbetrag von € 1 800 p. a., sofern bei dem Betreffenden nicht § 40 b EStG in der bis zum 31. 12. 2004 geltenden Fassung des EStG angewandt wird; darüber hinaus voll steuerpflichtig	Leistungen aus nach § 3 Nr. 63 EStG steuerfreien Beiträgen sind als „sonstige Einkünfte" voll steuerpflichtig (§ 22 Nr. 5 EStG); im Übrigen sind Rentenleistungen mit Ertragsanteil steuerpflichtig (§ 22 Nr. 1 EStG) Teilkapitalleistungen können i. d. R. nach § 20 Abs. 1 Nr. 6 EStG (1/2 Differenzbetrag zw. Lstg. u. Btrg.) versteuert werden

Einer Besteuerung bereits während der aktiven Dienstzeit steht entgegen, dass dem Geschäftsführer/Vorstand vor Eintritt eines Versorgungsfalles, d. h. der Fälligkeit von Leistungen, noch kein Vermögensvorteil endgültig zugeflossen ist. Das im Einkommen- und Lohnsteuerrecht geltende Zuflussprinzip (vgl. § 11 Abs. 1 EStG) verlangt für eine entsprechende Besteuerung jedoch, dass der Steuerpflichtige einen „Zufluss" von Einnahmen oder eines geldwerten Vorteils erfahren hat. Die Versorgungsanwartschaft selbst bewirkt, unabhängig davon, ob sie verfallbar oder bereits unverfallbar ist, jedoch nach herrschender Auffassung noch keine Vermögensmehrung in diesem Sinne.[368] Auch die gebildeten Pensionsrückstellungen stellen, obwohl sie für die Gesellschaft Aufwand darstellen, noch keinen Vermögensvorteil beim Geschäftsführer/Vorstand dar. Sie sind vielmehr ein rein bilanztechnischer Vorgang.[369]

Auch durch den Abschluss einer Rückdeckungsversicherung, deren Leistungen zur Sicherung des Pensionsanspruchs an den Geschäftsführer/Vorstand verpfändet sind, wird noch kein einkommen- bzw. lohnsteuerpflichtiger Zufluss ausgelöst.[370]

b) Kürzung von Sonderausgabenabzügen bei Vorsorgeaufwendungen

Der Grundsatz, dass die Erteilung einer Direktzusage oder Unterstützungskassenzusage bei dem Pensionsberechtigten, mangels steuerlichem Zufluss, während der Anwartschaftsphase keinen Einfluss hat, erfährt hier eine Ausnahme. Denn die Zusageerteilung wirkte sich insofern aus, als nach der Vorstellung des Gesetzgebers jeder, der eine Altersversorgung ohne eigenen Beitragsaufwand erhielt, bei der Geltendmachung seiner (möglichen) Sonderausgabenabzüge hinsichtlich Vorsorgeaufwendungen beschränkt wurde.

Für „gewöhnliche" Arbeitnehmer hat dies kaum Bedeutung, da sie im Regelfall in der gesetzlichen Rentenversicherung versichert sind und die diesbezüglichen Beiträge auf ihre anderweitigen, privaten Sonderausgaben angerechnet werden. Bei den von der gesetzlichen Rente befreiten Geschäftsführern oder Vorständen kann sich die – pauschale – Minderung von Abzugsvolumen dagegen negativ auswirken.

Durch das **Alterseinkünftegesetz** (AltEinkG) wurde die Abzugsfähigkeit von Vorsorgeaufwendungen – der Systematik und der Höhe nach – zum 1. 1. 2005 grundlegend modifiziert.

---

368 Vgl. BFH, Urteil vom 31. 10. 1957 – VI 1/54 U, BStBl III 1958, S. 4; Ahrend/Förster/Rößler, 2. Teil, Rn 1636, 1637 m. w. N.
369 Ahrend/Förster/Rößler, 2. Teil, Rn 1637.
370 Höfer/Veit/Verhuven, Bd II StR, S. 1448 Rn 3236.

Allerdings bleibt das alte Recht im Rahmen einer steuerlichen **Günstiger-prüfung** (Vergleich der Abziehbarkeit gegenüber neuem Recht; wobei nur die nach neuem Recht abzugsfähigen Aufwendungen betrachtet werden) bis zum Jahre 2019 anwendbar, ohne dass es eines Antrags des Versorgungsberechtigten bedarf, weswegen das alte Recht hier weiterhin zusätzlich zum neuen Recht dargestellt wird.

aa) Altes Recht bis zum 31. 12. 2004

Nach altem Recht gab es nur einen einheitlichen Höchstbetrag für alle Vorsorgeaufwendungen (§ 10 Abs. 3 EStG a. F.: € 5 069; verdoppelt bei Ehegatten).

Bei dem gemäß § 10 Abs. 3 Nr. 2 EStG a. F. vorgesehenen **Vorwegabzug** für Vorsorgeaufwendungen (ab dem Jahre 2011 nur noch € 2 700 und ab dann jährlich um je € 300 fallend, bis zur letztmaligen Anwendung im Jahre 2019 – die vorgenannten Beträge verdoppeln sich im Falle der Zusammenveranlagung von Ehegatten) handelt es sich um altes Recht.

Der Vorwegabzug wird bei Versorgungsberechtigten, die zum Personenkreis des § 10 c Abs. 3 Satz 1 Nr. 2 EStG a. F. gehören und nicht ausschließlich steuerfreie Beiträge nach § 3 Nr. 63 EStG erhalten, nach § 10 Abs. 3 Satz 2 Buchst. a EStG a. F. um 16 % der Summe der Einnahmen aus nichtselbstständiger Arbeit (außer den Versorgungsbezügen i. S. von § 19 Abs. 2 EStG) **gekürzt**. Zu diesem Personenkreis gehören insbesondere beherrschende Gesellschafter-Geschäftsführer einer GmbH oder Vorstände von Aktiengesellschaften, die nicht der gesetzlichen Rentenversicherungspflicht unterliegen und die aufgrund einer vertraglichen Vereinbarung **Anwartschaftsrechte** auf eine Altersversorgung **ganz oder zum Teil ohne eigene Beitragsleistung erworben** haben. Die Kürzung des Vorwegabzugs für Vorsorgeaufwendungen ist dabei unabhängig von der Höhe der erteilten Versorgungszusage.[371]

Umstritten war jedoch, was unter „ganz oder zum Teil ohne eigene Beitragsleistung" zu verstehen war, also wann der Versorgungsberechtigte seine Anwartschaft durch volle – eigene – Beitragsleistung erwarb.

Nach der Rechtsprechung des Bundesfinanzhofs erwirbt jedenfalls der geschäftsführende **Alleingesellschafter** einer GmbH seine Pensionsrechte

---

371 Vgl. BFH, Urteil vom 16. 10. 2002 – XI R 61/00, BetrAV 2003, S. 566.

durch eigene Beiträge, nämlich durch einen Verzicht auf Gewinnausschüttung bzw. auf Auskehrung eines Liquidationsgewinns.[372] Dies muss entsprechend auch für den Vorstand gelten, der alle Aktien einer Aktiengesellschaft hält. Beitragsleistung i. S. v. § 10 c Abs. 3 Nr. 2 EStG, so der BFH, sei nämlich nicht nur eine Zahlung, sondern jede Minderung eines Vermögensanspruchs gegen eine Versorgungszusage. Verzichtet der Gesellschafter-Geschäftsführer (bzw. Gesellschafter-Vorstand) für den Erwerb einer Altersversorgung auf ihm zustehende vermögenswerte Rechtspositionen, so steht ihm nach dem Sinn und Zweck der Kürzungsregelung der ungekürzte Vorwegabzug zu.[373] Die Kürzung des Vorwegabzugs entfällt, wie der BFH klarstellt, übrigens auch dann, wenn die Versorgungszusage als vGA anzusehen ist.

Nach einem weiteren Urteil des BFH[374] erwerben auch **zwei zu gleichen Teilen beteiligte** Geschäftsführer ihre (der Höhe und den Anspruchsvoraussetzungen nach gleiche) Altersversorgung durch eigene Beitragsleistung. In diesem Fall wurde allerdings offen gelassen, wie es sich genau mit der Hinterbliebenenversorgung verhält, weil der Kläger eine ältere Ehefrau als der andere Geschäftsführer hatte. Weil seine Hinterbliebenenrentenanwartschaft damit geringer zu bewerten war als die des anderen (denn dessen Ehefrau war ja jünger), stehe jedenfalls fest, dass der Kläger bei einer hälftigen Gewinnauskehrung seinen Teil durch eigene Beiträge finanziert habe. Unklar blieb damit leider, wie es bei dem anderen Geschäftsführer mit dem Vorwegabzug steht.

Der vorstehenden Rechtsprechung war der Grundsatz zu entnehmen, dass der Vorteil des begünstigen Gesellschafter-Geschäftsführers in Form der Versorgungszusage und sein Anteil an der Gewinnminderung auf Gesellschaftsebene möglichst genau miteinander korrespondieren müssen.

Keine Kürzung des Vorwegabzugs darf jedenfalls eine **Entgeltumwandlungsversorgung** des Gesellschafter-Geschäftsführers bzw. -Vorstands auslösen.

Im Falle der Zusammenveranlagung von Ehegatten ist es ernstlich zweifelhaft, ob der Vorwegabzug allein deshalb vom zusammengerechneten Ar-

---

372 So ausdrücklich BFH, Urteil vom 16. 10. 2002 – XI R 25/01, BB 2003, S. 293 = BetrAV 2003, S. 164.
373 Ebenda; so ausdrücklich auch Langohr-Plato, INF 2002, S. 648 ff.
374 BFH, Urteil vom 23. 2. 2005 – XI R 29/03, DStR 2005, S. 1177.

beitslohn vorzunehmen ist, weil ein Ehegatte sozialversicherungspflichtigen Arbeitslohn bezogen hat.[375]

Der pauschale Ansatz von Vorsorgeaufwendungen im Veranlagungsverfahren mittels **Vorsorgepauschale** (§ 10 c EStG) wurde mit Wirkung ab VEZ 2010 **abgeschafft** (eine Vorsorgepauschale wird ab 2010 nur noch im Lohnsteuerabzugsverfahren berücksichtigt), weshalb hier nicht weiter darauf eingegangen wird.

Im Falle einer Direktzusage, die eine **verdeckte Gewinnausschüttung** darstellt, ist damit zu rechnen, dass es trotz fehlender steuerlicher Anerkennung der Zusage bei der Kürzung des Vorwegabzugs verbleibt.[376] Beruht die Zusage andererseits auf Entgeltumwandlung oder ist diese in anderer Weise als Gegenleistung für den Verzicht auf eine vermögenswerte Rechtsposition anzusehen, entfällt auch dann, wenn die Zusage eine verdeckte Gewinnausschüttung darstellt, die Kürzung des Vorwegabzugs.[377]

Die vorstehend dargestellte Rechtslage, welche maßgeblich durch die Anwendung der von der Rechtsprechung aufgestellten Grundsätze bestimmt war, wurde für die Praxis durch die Anwendung des in dem Schreiben des BMF vom 22. 5. 2007[378] enthaltenen **Prüfungsschemas** abgelöst.

Aus dem Schreiben ergibt sich die nachfolgende Vorgehensweise zur Ermittlung, ob eine eigene Beitragsleistung vorliegt:

Zunächst ist der auf den einzelnen Gesellschafter-Geschäftsführer entfallende Versorgungsaufwand zu ermitteln (Aufwandsquote). Nach dem BMF ist nur auf die erteilte Altersversorgung abzustellen; etwaige Invaliditäts- und Hinterbliebenenleistungen bleiben unberücksichtigt.[379] Der nach steuerlichen Grundsätzen errechnete Barwert der Leistung ist zum Beginn der jeweiligen Auszahlungsphase zu ermitteln (entscheidend ist der frühest-

---

375 BFH, Beschluss vom 14. 4. 2003 – XI B 226/02, BB 2003, S. 1314.
376 So urteilte jedenfalls das FG München, Urteil vom 4. 11. 1996 – 6 V 1560/96, EFG 1997, S. 472 mit eingehender Begründung.
377 BFH, Urteil vom 16. 12. 2002 – XI R 25/01 a. a. O.
378 BMF-Schreiben vom 22. 5. 2007 – IV C 8 – 2221/07/0002.
379 A. A. aber BFH, Urteil vom 27. 5. 2009 – X R 50/06, dort Rz 23–27. Es seien auch vertr. vereinbarte Ansprüche auf Hinterbliebenenversorgung zu berücksichtigen, weil der Begriff eines „Anspruchs auf Altersversorgung" entsprechend den Regelungen des SGB IV auszulegen sei; letzterer Begriff habe einen erweiterten Leistungskatalog. Dazu komme, dass sich der Anspruch auf Hinterbliebenenversorgung auch auf den Ertrag der Gesellschaft auswirke.

mögliche Auszahlungsbeginn). Der Aufwand ist für alle Gesellschafter zu ermitteln; bei aus dem Erwerbsleben ausgeschiedenen Gesellschaftern nach dem tatsächlichen Zahlungsbeginn. Eine neue Ermittlung hat zu erfolgen, wenn sich aufwandsrelevante Änderungen ergeben.

Vereinfachend kann auch auf die nominale Altersleistung abgestellt werden, wenn der voraussichtliche Leistungsbeginn der Versorgungen „nicht mehr als fünf Jahre auseinander liegt" und die Leistungen strukturell vergleichbar sind (etwa: Dynamisierung).

Die zu den vertraglichen Endaltern gesetzte Bedingung kann abstrakt oder konkret verstanden werden. Konkret bedeutet hier, dass sie sich auf den tatsächlichen Leistungsbeginn unter Einbeziehung der jeweiligen Geburtsjahrgänge beziehen soll. Für die Abstraktion spricht der Vereinfachungszweck. In der Beispielsrechnung der OFD Münster[380] werden konkrete Lebensalter genannt (die nicht mehr als fünf Jahre auseinander liegen), was darauf hindeutet, dass die Bedingung eng auszulegen ist. Die Aufwandsquote ist periodenübergreifend zu ermitteln, die Beteiligungsquote aber nach der im Veranlagungszeitraum tatsächlichen Situation (mittelbare Beteiligungen sind zu beachten).

Hiernach folgt der bereits angesprochene Vergleich von Aufwands- und Beteiligungsquote. Eine wesentliche Erleichterung ist, dass hierbei, nach der sog. Bagatellgrenze, Abweichungen von bis zu 10 Prozentpunkten zugunsten des Steuerpflichtigen unbeachtlich sein sollen. Zusammenveranlagte Gesellschafter-Geschäftsführer sind getrennt zu beurteilen.

Der Gesellschafter-Geschäftsführer ist für das Vorliegen der für ihn günstigen Voraussetzungen darlegungs- und beweispflichtig und muss sich daher an sein Wohnsitzfinanzamt wenden.

bb) Neues Recht ab dem 1. 1. 2005

Nach neuem Recht (§ 10 Abs. 1 EStG) wird bei den Vorsorgeaufwendungen unterschieden zwischen Altersvorsorgeaufwendungen (§ 10 Abs. 3 EStG: neuer Höchstbetrag € 20 000) und sonstigen Vorsorgeaufwendungen (§ 10 Abs. 4 EStG: € 1 900 bei steuerfreien Zuschüssen zur Krankenversicherung

---

380   OFD Münster, Kurzinfo betr. Kürzung des Vorwegabzugs nach § 10 Abs. 3 Nr. 2 Satz 2 a EStG i. d. F. bis VZ 2004, ESt Nr. 005/2006, aktualisiert am 6. 3. 2007, 14. 8. 2007 und 25. 8. 2008.

bzw. € 2 800 falls diese alleine getragen wird) – jeweils verdoppelt bei zusammenveranlagten Ehegatten, stets abzugsfähig sind hierbei die Beiträge
für eine Basiskranken- und Pflegepflichtversicherung, auch wenn diese
über den Höchstbeträgen liegen (Rechtsstand ab VEZ 2010).

Als Altersvorsorgeaufwendungen zählen Beiträge zur gesetzlichen Rentenversicherung, zu den berufsständischen Versorgungswerken und Beiträge
zum Aufbau einer privaten kapitalgedeckten Altersversorgung (Auszahlung
ab best. Mindestalter, nicht vererbbar, veräußerbar, kapitalisierbar, übertragbar, beleihbar = sog. „Rürup-Rente"). Die Abzugsfähigkeit der Aufwendungen ist allerdings beschränkt. Im Jahre 2005 konnten zunächst nur 60 %
der Vorsorgeaufwendungen steuerlich geltend gemacht werden; maximal
60 % des Höchstbetrages von € 20 000. Der Prozentsatz der anerken-
nungsfähigen Aufwendungen und des Höchstbetrages steigt seitdem jährlich um 2 Prozentpunkte bis auf 100 % im Jahre 2025, mithin im Jahre 2011
auf 72 %.

Für den Personenkreis des § 10 c Abs. 3 Nr. 2 EStG wird der neue **Altersvorsorge-Höchstbetrag** von € 20 000 p. a. um einen fiktiven Höchstbei-
trag zur gesetzlichen Rentenversicherung (Ost) **gekürzt.**

Die Kürzung des Höchstbetrags ist für gesetzlich nicht rentenversicherungspflichtige Geschäftsführer und Vorstände aber nur unter bestimmten
Umständen von Bedeutung [siehe hierzu Abschn. V. 1. b) cc)].

Bei rentenversicherungspflichtigen Personen (z. B. Fremdgeschäftsführern),
die deshalb nicht zum Personenkreis des § 10 c Abs. 3 Nr. 2 EStG gehören,
werden deren abzugsfähige Aufwendungen um den steuerfreien Beitrags-
anteil des Arbeitgebers zur gesetzlichen Rentenversicherung gekürzt.

Im Übrigen galt, dass wenn der Steuerpflichtige lediglich aufgrund steuer-
freier Beitragszahlungen nach § 3 Nr. 63 EStG zum Personenkreis des § 10
c Abs. 3 Nr. 2 gehört, keine Kürzung des Höchstbetrages erfolgt, da insofern das Merkmal des Erwerbs „ohne eigene Beitragsleistung" fehlt.

Das **Jahressteuergesetz 2008** führte für Gesellschafter-Geschäftsführer zu
einer wesentlich ungünstigeren Behandlung ihrer Vorsorgeaufwendungen,
die aus der Änderung der §§ 10 Abs. 3 Satz 3 i. V. m. 10 c Abs. 3 Nr. 2
EStG resultierte.

Hiernach reicht es für die Kürzung des Höchstbetrages für Vorsorgeaufwendungen ab dem Veranlagungszeitraum 2008 grundsätzlich aus, dass der

Gesellschafter-Geschäftsführer nicht der gesetzlichen Rentenversicherungspflicht unterliegt und im Zusammenhang mit seiner Anstellung im jeweiligen Kalenderjahr Anwartschaftsrechte auf eine Altersversorgung erwirbt. Dabei soll es nach Auffassung des BMF[381] unerheblich sein, ob im betreffenden Veranlagungszeitraum Beiträge erbracht wurden oder die Versorgungsanwartschaft angewachsen ist.

Es kommt in jedem Falle **nicht** mehr darauf an, ob diese Altersversorgung **ganz oder teilweise ohne eigene Beitragsleistung** bzw. durch steuerfreie Beiträge i. S. d. § 3 Nr. 63 EStG erworben wurde. Im Ergebnis führt damit **jede Anwartschaft auf eine betriebliche Altersversorgung**, unabhängig von der erworbenen Höhe und sogar unabhängig davon, ob sie im Wege der Entgeltumwandlung finanziert wurde, zu einer **Kürzung des Sonderausgaben-Höchstbetrags** der Basisversorgung um den fiktiven Gesamtbeitrag zur gesetzlichen Rentenversicherung (Beitragsbemessungsgrenze Ost).

Aus der Gesetzesänderung ergibt sich u. E. jedoch nicht, dass diese Kürzung auch bei der sog. Günstigerprüfung (Kürzung des Vorwegabzugs nach alter Rechtslage) nachzuvollziehen ist.[382] Die Auswirkungen betreffen daher nur Gesellschafter-Geschäftsführer, welche im Rahmen der Altersversorgung auch eine Basisrente nutzen wollen.

cc) Allgemeine Gestaltungsüberlegungen wegen der Auswirkungen

Eine sachgerechte Betrachtung der Auswirkungen ist nur möglich, wenn alle **Durchführungswege gesamtheitlich betrachtet** werden, ergänzend wird auf Abschnitt I. 2. verwiesen.

Die pauschale Kürzung des **Vorwegabzugs** bei Direktzusagen und Zusagen auf Unterstützungskassenleistungen von geringer Höhe an nicht sozialversicherungspflichtige Geschäftsführer/Vorstände kann im Einzelfall (junger Geschäftsführer/Vorstand mit niedriger Zusage) dazu führen, dass eine Erhöhung der Aktivbezüge zur Finanzierung einer wertgleichen (Netto-Vergleich) betrieblichen Direktversicherungs-, Pensionskassen- oder Pensions-

---

381 BMF-Schreiben vom 26. 4. 2010, Einkommensteuerrechtliche Behandlung von Vorsorgeaufwendungen und Altersbezügen, IV C3 S-2222/09/10041; IV C5 S-2345/08/0001, dort Rz 36.
382 Ebenso: Siegle, Vorsorgeaufwendungen bei Gesellschafter-Geschäftsführern von Kapitalgesellschaften, DStR 2007, S. 1662 ff. (1664).

fondsversorgung oder sogar privaten Lebensversicherung effektiver wäre als eine Direktzusage.[383] Bei diesen wird, wie bei privaten Vorsorgemaßnahmen auch, der Vorwegabzug nämlich nicht geschmälert.

Weil die Minderung des **Altersvorsorge-Höchstbetrags** ab dem Veranlagungszeitraum 2008 wegen jeglicher betrieblicher Anwartschaften ebenfalls unabhängig von der konkreten Höhe der betrieblichen Zusage (pauschal) stattfindet, sollte der Wert dieser Zusage mindestens so hoch sein, dass die Minderung des Abzugsvolumens ausgeglichen wird. Ein Geschäftsführer mit Bezügen oberhalb der Beitragsbemessungsgrenze der gesetzlichen Rentenversicherung sollte daher zumindest eine Direktzusage oder Unterstützungskassenzusage in Höhe eines Wertes von 19,9 % (2011) der Beitragsbemessungsgrenze haben.

Bei einer schwerpunktmäßigen betrieblichen Versorgung hat die Minderung des Altersvorsorge-Höchstbetrags nur dann wirtschaftliche Auswirkung, wenn der Geschäftsführer zusätzlich – **privat** – eine sog. **„Rürup-Rente"** abschließt, denn nur dann betrifft ihn auch die Kürzung des Altersvorsorge-Höchstbetrags, weil er nur in diesem Fall in dieser Hinsicht relevante Beiträge leistet.

c) Besteuerung bei Erhalt von Versorgungsleistungen

Die im Versorgungsfall von der Gesellschaft oder einer von ihr beauftragten Unterstützungskasse an den Geschäftsführer/Vorstand bzw. dessen Hinterbliebenen gezahlten Versorgungsleistungen unterliegen dagegen nach § 19 Abs. 1 Nr. 2 EStG der Besteuerung. Nach dieser Vorschrift gehören zu den Einkünften aus nichtselbstständiger Arbeit unter anderem auch „Ruhegelder, Witwen- und Waisengelder und andere Bezüge und Vorteile aus früheren Dienstleistungen".

Von der Betriebsrente wird wie von anderen Einkünften aus nichtselbstständiger Arbeit die Einkommensteuer durch Steuerabzug vom Arbeitslohn (sog. Lohnsteuer) erhoben.[384] Zusätzlich zur Einkommensteuer wird ggf. auch der Solidaritätszuschlag erhoben.

---

383   Vgl. z. B. Kußmaul, S. 173 ff., wo allerdings der wichtige Effekt der Laufzeit nicht berücksichtigt wird und nur Kapital-Pensionszusagen mit einer Kapital-Direktversicherung verglichen werden.
384   Vgl. § 38 Abs. 1 EStG i. V. m. § 2 Abs. 2 Nr. 2 sowie § 1 Abs. 1 LStDV.

Die von der Gesellschaft an den Geschäftsführer/Vorstand bzw. dessen Hinterbliebene gezahlten Leistungen der Alters-, Invaliditäts- und Hinterbliebenenversorgung stellen Versorgungsbezüge i. S. v. § 19 Abs. 2 EStG dar. Von solchen Versorgungsbezügen bleiben 30,4 % höchstens jedoch ein Betrag von € 2 280 und ein Zuschlag von € 684 pro Jahr steuerfrei (**Versorgungsfreibetrag** – Rechtsstand 2011). Der Versorgungsfreibetrag darf auch bei einmaligen Versorgungsleistungen (Kapitalleistung) angesetzt werden. Er wird in diesem Falle jedoch auch nur einmal berücksichtigt. Bei Leistungen wegen Erreichens der Altersgrenze ist eine weitere Voraussetzung für die Gewährung des Versorgungsfreibetrages, dass der Versorgungsberechtigte das 63. Lebensjahr – bei Schwerbehinderten das 60. Lebensjahr – vollendet hat. Wird eine vorgezogene Altersrente bereits ab Vollendung z. B. des 60. Lebensjahres gewährt, dann wird bis zur Vollendung des 63. Lebensjahres kein Versorgungsfreibetrag berücksichtigt. Erst ab Vollendung des 63. Lebensjahres kommt dann der Versorgungsfreibetrag zum Zug. Durch das Alterseinkünftegesetz werden die Prozentsätze sowie die Höchstbeträge und der Zuschlag bis zum Jahre 2040 schrittweise abgeschmolzen. Der Zuschlag ersetzt den entfallenden Arbeitnehmerpauschbetrag.

Neben dem Versorgungsfreibetrag ist bei der Besteuerung der Versorgungsbezüge nur noch der **Werbungskostenpauschbetrag** gemäß § 9 a Abs. 1 Nr. 1 b EStG zu berücksichtigen.

Sieht die Versorgungszusage an den Geschäftsführer/Vorstand von vornherein eine Kapitalleistung vor, was der Ausnahmefall sein dürfte, so unterliegt diese grundsätzlich in vollem Umfang der Einkommensteuer.

Auf Antrag, der unwiderruflich ist, ist jedoch auf alle außerordentlichen Einkünfte gemäß § 34 Abs. 2 Nr. 4 i. V. m. § 34 Abs. 1 EStG die sog. **Fünftelungsregelung** anwendbar. Hiernach beträgt die Einkommensteuer auf Einkünfte, die eine Vergütung für eine mehrjährige Tätigkeit sind, das Fünffache des Unterschiedsbetrages zwischen der Einkommensteuer für das um diese Einkünfte verminderte zu versteuernde Einkommen und der Einkommensteuer für das verbleibende zu versteuernde Einkommen zuzüglich eines Fünftels dieser Einkünfte. Nicht anwendbar ist die Fünftelungsregelung aber dann, wenn keine „Zusammenballung" im eigentlichen Sinne vorliegt; so etwa bei Kapitalleistungen, die aus einmaligen Entgeltverzichten resultieren. Die Beispielrechnung (nächste Seite) macht den komplizierten Rechenprozess der Fünftelungsregelung transparent und zeigt gleichzeitig, dass hierdurch ggf. eine gewisse Steuerersparnis erreichbar ist.

Beispiel zur sog. Fünftelungsregelung:

Der Geschäftsführer, mit sonstigem zu versteuernden Einkommen von € 80 000, erhält von der Gesellschaft bei Eintritt in den Ruhestand mit 65 Jahren ein Alterskapital in Höhe von € 300 000.

Berechnung der Steuer (Steuerklasse III/0; Splittingtabelle)*:

		2011
1	Zu versteuerndes Einkommen ohne Sonderzahlung	80 000 €
2	hieraus Einkommensteuer + SolZ	19 005 €
3	Zu versteuerndes Einkommen einschließlich einem Fünftel der Sonderzahlung	140 000 €
4	hieraus Einkommensteuer + SolZ	44 791 €
5	Differenz (Zeile 4 ./. Zeile 2)	25 786 €
6	Gesamte Einkommensteuer (Zeile 2 + (5 x Zeile 5))	147 935 €
7	Zu versteuerndes Einkommen ohne Berücksichtigung von § 34 Abs. 1 EStG	380 000 €
8	hieraus Einkommensteuer + SolZ	151 135 €
9	Steuerersparnis durch Anwendung von § 34 Abs. 1 EStG (Zeile 8 ./. Zeile 6)	3 200 €

* Die vorstehende Beispielrechnung erfolgt ohne Berücksichtigung von ggf. zur Verfügung stehenden Freibeträgen (z. B. Versorgungsfreibetrag und Arbeitnehmer-Pauschbetrag).

Quelle: compertis Beratungsgesellschaft für betriebliches Vorsorgemanagement mbH, Wiesbaden

2. Einkommen- und lohnsteuerliche Behandlung des Geschäftsführers/Vorstandes bei Direktversicherungen oder Pensionskassen mit pauschal oder voll versteuerten Beiträgen (Zusageerteilung vor dem 1. 1. 2005 bzw. dem 1. 1. 2002)

a) Besteuerung während der aktiven Dienstzeit

Im Rahmen des Alterseinkünftegesetzes wurde die Möglichkeit der lohnsteuerlichen Pauschalierung für ab dem 1. 1. 2005 erteilte Zusagen endgültig abgeschafft. Die nachfolgenden Erläuterungen beziehen sich daher auf **sog. „Altzusagen"**.

Die von der Gesellschaft gezahlten Beiträge für eine vor dem 1. 1. 2005 zugesagte **Direktversicherung** des Geschäftsführers/Vorstands stellen Arbeitslohn, d. h. Einkünfte aus nichtselbstständiger Arbeit i. S. v. § 19 Abs. 1

Nr. 1 EStG, dar. Zum Arbeitslohn gehören nach § 2 Abs. 3 Nr. 2 LStDV auch Ausgaben des Arbeitgebers, die er für die Zukunftssicherung des Mitarbeiters leistet, insbesondere Beiträge/Zuwendungen zur Finanzierung von Altersversorgungsleistungen durch eine Direktversicherung oder eine Pensionskasse.[385]

Auch für die Lohnbesteuerung bei Direktversicherungen gilt das Zuflussprinzip. Die Steuerpflicht richtet sich damit nach dem Zufluss, d. h. der Vermögensmehrung durch die Beitragszahlung an den Versicherer. Voraussetzung dafür, dass eine solche Vermögensmehrung stattfindet und eine Direktversicherung überhaupt vorliegt, ist ein unmittelbares Bezugsrecht des Geschäftsführers/Vorstands bzw. seiner Hinterbliebenen auf die vorgesehenen Versorgungsleistungen.

Für welchen Zeitraum der Versorgungsaufwand erbracht wird, ist dagegen unerheblich. Die Lohnbesteuerung von Beiträgen zu einer Direktversicherung besteht unabhängig davon, ob es sich um laufende, um – im Verhältnis zur Laufzeit der Versicherung – abgekürzte oder um einmalige Beiträge bzw. Zuwendungen handelt. Auch die Beitragszahlungsweise (vor- bzw. nachschüssig, monatlich, vierteljährlich oder jährlich) ist unerheblich. Eine im Dezember gezahlte Jahresprämie zu einer Direktversicherung führt damit im betreffenden Wirtschaftsjahr in voller Höhe zu einer Lohnbesteuerung, nicht etwa nur mit einem Zwölftel ihres Betrags.[386]

Die steuerliche Attraktivität der Direktversicherung – im Vergleich zu einer privaten Absicherung aus versteuertem Einkommen – ergab sich für den Geschäftsführer/Vorstand aus der Möglichkeit der **Pauschalierung der Lohnsteuer** von den Beiträgen bzw. Zuwendungen der Gesellschaft. Nach § 40 b EStG a. F. konnte die Gesellschaft die Lohnsteuer auf Direktversicherungsbeiträge mit einem Pauschsteuersatz[387] 20 %[388] der Beiträge bzw. Zuwendungen erheben, sofern diese nicht ausnahmsweise ganz steuerfrei waren.

---

385 Vgl. im Einzelnen Ahrend/Förster/Rößler, 4. Teil, Rn 175 ff.
386 Entscheidend ist die arbeitgeberseitige Anweisung der Überweisung an die Bank, vgl. BFH, Urteil vom 7. 7. 2005 – IX R 7/05, DStR 2005, S. 1071.
387 Siehe zu den Änderungen durch das Jahressteuergesetz 1996 Doetsch, DB 1995, S. 2339 ff.
388 Inklusive Kirchensteuer (9 %) und Solidaritätszuschlag (7,5 %) ergibt sich ein Steuersatz von 23,3 %.

Die Möglichkeit der Pauschalierung der Lohnsteuer war nach § 40 b Abs. 2 Satz 1 EStG begrenzt auf einen Höchstbetrag von jährlich € 1 752. Bestehen neben der Versorgung für den Geschäftsführer/Vorstand noch weitere Direktversicherungen bzw. sind noch mehr Mitarbeiter über eine Pensionskasse versorgt, dann können jährlich bis zu € 2 148 Beiträge bzw. Zuwendungen pauschal lohnversteuert werden, sofern der Durchschnittsbetrag für alle Mitarbeiter nicht € 1 752 übersteigt (§ 40 b Abs. 2 Satz 2 EStG).

Eine Lohnsteuerpauschalierung war auch bei beherrschenden Gesellschafter-Geschäftsführern bzw. -Vorständen möglich, da diese lohnsteuerlich als Arbeitnehmer anzusehen sind. Soweit die Versicherungsbeiträge für einen Geschäftsführer die genannten Höchstbeträge übersteigen, unterliegen sie der normalen Lohnsteuer. Ein Vorteil gegenüber einer privaten Lebensversicherung bestand insoweit ggf. nur noch in einem Gruppenversicherungsrabatt, den die Gesellschaft – anders als der Geschäftsführer/Vorstand privat – im Hinblick auf die Versicherungsnahme für mehrere Mitarbeiter erzielen konnte.

Für die Pauschalbesteuerung war es unerheblich, ob es sich um eine Kapital-Lebensversicherung, Risikoversicherung oder Rentenversicherung handelte, ob der Versicherungsvertrag bei einem in- oder ausländischen Versicherer abgeschlossen wurde und ob die Versicherungsbeiträge bzw. Zuwendungen zusätzlich zur vertraglich vereinbarten Vergütung erbracht wurden oder anstelle der geschuldeten Vergütung (sog. Entgelt- bzw. Barlohnumwandlung).[389]

Voraussetzung für eine Pauschalbesteuerung bei Direktversicherungen war allerdings, dass

– die Versicherung nicht auf den Erlebensfall eines früheren als des 60. Lebensjahres (= Vollendung des 59. Lebensjahres!) abgeschlossen wurde;

– die Abtretung, Beleihung oder vorzeitige Kündigung des Versicherungsvertrages ausgeschlossen war;

– die Pauschalierung im Rahmen eines ersten Dienstverhältnisses des Geschäftsführers/Vorstands erfolgt (bei der Tätigkeit für zwei Gesellschaften ist damit die Pauschalierung nur einmal möglich!);

---

389 Vgl. R 40 b. 1 Abs. 2 und 5 LStR 2011.

– die Vertragsdauer von Kapitalversicherungen bzw. Rentenversicherungen mit Kapitalwahlrecht mindestens fünf Jahre betrug, sofern die Versicherungsnahme für einen älteren Geschäftsführer/Vorstand nicht unter dem Gesichtspunkt der Gleichbehandlung im Rahmen eines Gruppenversicherungsvertrages erfolgte;

– die Todesfallleistung bei nach dem 31. 12. 1996[390] abgeschlossenen Kapitalversicherungen über die gesamte Vertragsdauer mindestens 60 % der Summe der Beiträge für die gesamte Laufdauer des Versicherungsvertrages beträgt.[391]

Sollte eine Pauschalierung nach § 40 b EStG nicht möglich sein, können andere Ermäßigungen greifen. So können Einmal**beiträge**, nicht aber die resultierende Leistung, ggf. gemäß § 34 Abs. 2 Nr. 4 EStG als „Vergütung für mehrjährige Tätigkeit" bzw. als „Entschädigung" für entgehende oder entgangene Einnahmen nach § 24 Nr. 1 Buchst. a EStG i. V. m. § 34 Abs. 1 und Abs. 2 Nr. 2 EStG der sog. Fünftelungsregelung unterworfen werden. Wegen der Voraussetzungen dieser Steuererleichterungen wird auf die Ausführungen zur Besteuerung von Pensionsleistungen [Abschn. V. 2. c)] verwiesen.

Die vorstehenden Ausführungen zu Beiträgen zu einer Direktversicherung galten bis zum 31. 12. 2001 entsprechend auch für Zuwendungen an eine **Pensionskasse**. Ab 1. 1. 2002 gelten sie nur noch für den Teil der Zuwendungen, der 4 % der Beitragsbemessungsgrenze in der gesetzlichen Rentenversicherung übersteigt.

Alle oben gemachten Ausführungen gehen davon aus, dass es sich begrifflich um eine „**Altzusage**" – und keine „Neuzusage" – im Sinne des AltEinkG (und insbesondere der Auffassung der Finanzverwaltung) handelt.

Bei der **Abgrenzung** kommt es auf den **Zeitpunkt** der **Zusage** an, der vor dem 1. 1. 2005 liegen muss; nicht entscheidend ist damit der Zeitpunkt der

---

390 Bei früher abgeschlossenen Verträgen gilt Folgendes: Kapitalversicherungen mit steigendem Todesfallschutz, die vor dem 1. 8. 1994 abgeschlossen worden sind, müssen eine anfängliche Todesfallleistung von mindestens 10 % der Erlebensfallleistung vorsehen, nach dem 31. 7. 1994 und bis zum 31. 12. 1996 abgeschlossene Kapital-Direktversicherungen eine Todesfallleistung über die gesamte Versicherungsdauer von mindestens 50 % der für den Erlebensfall vereinbarten Kapitalleistung, vgl. R 40 b. 1 Abs. 2 S. 2 u. 3. LStR 2011.
391 R 40 b. 1 Abs. 2 S. 4 LStR 2011.

ersten Beitragszahlung, § 52 Abs. 52 a S. 1 EStG. Die Frage „wann" die Zusage erteilt wurde, ist nach **arbeitsrechtlichen Grundsätzen** zu entscheiden – und damit nach dem Zeitpunkt der rechtsverbindlichen (arbeits- bzw. betriebsrentenrechtlichen) Verpflichtungserklärung des Arbeitgebers.[392] Bei einer Entgeltumwandlung sollen zwischen der erstmaligen Herabsetzung und dem vorgenannten Zeitpunkt aber nicht mehr als 12 Monate liegen dürfen.[393] Schwierig kann die Abgrenzung aber dann zu beurteilen sein, wenn die Versorgungszusage nicht nur Arbeitgeberleistungen sondern auch eine finanzielle Beteiligung des Arbeitnehmers vorsieht (Faustregel: streng obligatorische Beteiligung – wohl auflösende Bedingung und damit Zusage bereits erteilt; bei möglicher Entscheidungsfreiheit wegen der Eigenbeteiligung wohl nur aufschiebend bedingt – und damit nach hinten verlagerter Zusagezeitpunkt).

Obgleich die (vor Inkrafttreten des AltEinkG höchst umstrittene) Frage immer noch nicht höchstrichterlich geklärt wurde, kann man **auch bei den versicherungsförmigen Durchführungswegen** der betrieblichen Altersversorgung davon ausgehen, dass es insoweit auf die oft vorgelagerte **Zusage** des Arbeitgebers – und nicht auf den meist späteren technischen Versicherungsbeginn – ankommt.[394]

Ein Verlust der Möglichkeit der Pauschalbesteuerung konnte bei **Direktversicherungen** dadurch geschehen, dass eine Versicherung vorlag, welche die Voraussetzungen des § 3 Nr. 63 EStG erfüllte und der Arbeitnehmer nicht auf die Anwendung der Steuerfreistellung der Beiträge verzichtet hat (**Wahlrecht** nach § 52 Abs. 52 a S. 2 EStG i. V. m. § 52 Abs. 6 S. 1 und 2 EStG).[395] Allerdings kam in der Praxis die Ausübung des Wahlrechts nur selten zum Zuge, da die vor 2005 abgeschlossenen Versicherungen die Voraussetzungen zur Steuerbegünstigung meist gar nicht erfüllten, etwa weil sie eine Kapitalleistung vorsahen oder deren Bedingungen eine Vererblichkeit). Durch die Ausübung des Wahlrechts eröffnete sich allerdings nicht der

---

392 Vgl. BMF-Schreiben vom 31. 3. 2010 – IV C 3 -S 2222/09/10041; IV C 5 – S 2333/07/0003, dort Rz 307.

393 BMF-Schreiben vom 31. 3. 2010 a. a. O., dort Rz 307.

394 Erinnert sei hier an den „alten" Meinungsstreit zur Unverfallbarkeit wegen des Wortlauts des § 1 b Abs. 2 S. 4 BetrAVG; so wie hier auch Höfer/Veit/Verhuven, Bd II StR, S. 864, Rdnr. 1773 – und wohl auch die Ansicht der Finanzverwaltung.

395 Zu den Einzelheiten der Ausübung des Wahlrechts siehe Höfer/Veit/Verhuven, Bd II StR, S. 860, Rdnr. 1760 ff.

um € 1 800 erweiterte steuerliche Förderungsrahmen, da hierdurch keine nach dem 1. 1. 2005 erteilte Zusage (Neuzusage) vorlag.

Für – ganz oder teilweise – pauschalbesteuerte **Pensionskassenzusagen** wurde dagegen (insofern inkonsequent) **kein Wahlrecht** vorgesehen, sodass deren Beiträge auch in Zukunft weiter unverändert pauschalbesteuert werden können. Letzteres hat bei Altzusagen etwa das Fortbestehen der Möglichkeit der Nutzung einer pauschalbesteuerten „Vervielfältigungsregelung" zur Folge.

Eine **Änderung** der Versorgungszusage bedeutet grundsätzlich nicht den Verlust der Eigenschaft als „Altzusage" da insofern der „Grundsatz der Einheit der Versorgungszusage" gilt. Solche Zusagen können daher erhöht und geändert werden.

Ausdrücklich unschädlich sein soll, wenn bei ansonsten unveränderter Zusage[396]:

– Beiträge und/oder Leistungen erhöht und vermindert werden,

– die Finanzierungsform ersetzt oder ergänzt wird (rein arbeitgeberfinanziert, Entgeltumwandlung oder Eigenbeiträge i. S. d. § 1 Abs. 1 und 2 BetrAVG),

– der Versorgungsträger/Durchführungsweg gewechselt wird,

– die zu Grunde liegende Rechtsgrundlage gewechselt wird (z. B. bisher tarifvertraglich jetzt einzelvertraglich),

– eine befristete Entgeltumwandlung erneut befristet oder unbefristet fortgesetzt wird.

Die genannten Voraussetzungen dürfen auch kumulativ eintreten.

Nichts anderes soll sich für den Fall der Übernahme der Zusage (Schuldübernahme) nach § 4 Abs. 2 Nr. 1 BetrAVG durch einen neuen Arbeitgeber oder (bei Geschäftsführern wegen der Organstellung allerdings nicht anwendbar) bei einem Betriebsübergang nach § 613 a BGB ergeben.

Es soll aber nach Ansicht der Finanzverwaltung **schädlich** sein, wenn **neue biometrische Risiken** hinzugenommen werden (trotz Grundsatz der Einheit

---

396   Siehe zur Auffassung der Finanzverwaltung: BMF-Schreiben vom 31. 3. 2010 – IV C 3 – S 2222/09/10041; IV C 5 – S 2333/07/0003, dort Rz 308–315.

143

der Zusage) oder nicht die Zusage selbst, sondern nur deren **Wert** nach § 4 Abs. 2 Nr. 2 BetrAVG übertragen wird. Wegen der Risiken soll es aber unschädlich sein, wenn deren Aufnahme von vornherein in der Zusage angelegt war und es nicht zu einer Beitragsanpassung kommt.

Unschädlich soll weiter die (zeitlich unbegrenzte) private Weiterführung (beitragsfrei oder -pflichtig) etwa bei der „versicherungsvertraglichen Lösung" der Versicherung sein, wenn die Versicherung, beispielsweise nach Arbeitslosigkeit, sodann auf einen neuen Arbeitgeber als Direktversicherung übertragen wird. Auch ohne private Weiterführung soll dies möglich sein, wenn die Versicherung nach Ausscheiden beim alten Arbeitgeber verbleibt. Eine Übertragung nach dem in der Versicherungswirtschaft bestehenden „Abkommen zur Übertragung von Direktversicherungen oder Versicherungen einer Pensionskasse" soll, auch bei Änderung der biometrischen Risiken, die Pauschalversteuerung erhalten, wenn hierbei keine Beitragsänderung erfolgt.[397]

Die Anwendung der „**Vervielfältigungsregel**" des § 40 b EStG a. F. führt nicht zu einer Neuzusage, auch wenn das Ausscheiden nach dem 1. 1. 2005 erfolgt.

Das Bestehen einer Altzusage steht einer Nutzung von steuerfreien Beiträgen bei einer Neuzusage nach § 3 Nr. 63 EStG von 4 % der Beitragsbemessungsgrenze ausdrücklich nicht entgegen (aber dem erweiterten Förderungsrahmen von € 1 800).

b) Umwandlung einer Rückdeckungsversicherung in eine Direktversicherung und Abschluss einer Direktversicherung beim Ausscheiden

Wird das Bezugsrecht einer Rückdeckungsversicherung, die im Rahmen einer Versorgungszusage oder Unterstützungskassenversorgung abgeschlossen wurde, zugunsten des Geschäftsführers geändert, dann wandelt sich die Rückdeckungsversicherung in eine Direktversicherung. In Höhe des bei Änderung/Übertragung vorhandenen Zeitwertes bzw. bei Altverträgen des geschäftsplanmäßigen Deckungskapitals der Versicherung liegt in diesem Fall ein steuerpflichtiger Zufluss beim Geschäftsführer/Vorstand vor.

---

397 Siehe zu Vorstehendem im Einzelnen: BMF-Schreiben vom 31. 3. 2010 – IV C 3 – S 2222/ 09/10041; IV C 5 – S 2333/07/0003, dort Rz 313.

Steuerlich interessant ist der Abschluss einer Direktversicherung im Zusammenhang mit der Beendigung des Dienstverhältnisses, sofern von der sog. Vervielfältigungsregelung Gebrauch gemacht werden kann. Nach § 40 b Abs. 2 Satz 3 EStG vervielfältigt sich für Beiträge, die der Arbeitgeber für den Arbeitnehmer anlässlich der Beendigung des Dienstverhältnisses (vorzeitige Beendigung oder Erreichen der Altersgrenze) erbringt, der pauschalierungsfähige Höchstbetrag von € 1 752 mit der Anzahl der Kalenderjahre, in denen das Arbeitsverhältnis bestanden hat. Der vervielfältigte Betrag ist jedoch um die pauschal besteuerten Beträge des laufenden und der sechs vorangegangenen Kalenderjahre zu vermindern.

Bei langjährig für die Gesellschaft tätigen Personen kann damit ein relativ hoher (Einmal-)Beitrag für eine Direktversicherung mit dem günstigen Pauschsteuersatz versteuert werden (Erdienbarkeit beachten).

Voraussetzung für die Anwendung der Vervielfältigungsregel ist begriffsgemäß, dass die abgeschlossene Versicherung eine Direktversicherung ist. Die Gesellschaft muss also – jedenfalls bei Abschluss der Versicherung – Versicherungsnehmerin sein. Auch alle anderen genannten Voraussetzungen für die Lohnsteuerpauschalierung [siehe Abschn. V. 2. a)] müssen vorliegen.

Die Beiträge müssen „aus Anlass der Beendigung des Dienstverhältnisses" erbracht worden sein. Die Vervielfältigungsregelung findet damit nur auf Beiträge nach dem Ausscheiden oder kurz vor dem feststehenden Ausscheiden aus dem Dienstverhältnis Anwendung. Eine feste zeitliche Begrenzung besteht nach dem Ausscheiden aber nicht.[398] Gegebenenfalls kann damit noch längere Zeit nach dem Ausscheiden von dieser Regelung Gebrauch gemacht werden.[399]

c) Besteuerung bei Leistungsbezug

Leistungen, die auf pauschal oder voll versteuerten Beiträgen zu einer vor dem Jahre 2005 **abgeschlossenen** Direktversicherung oder Pensionskasse beruhen, waren unter den gleichen Voraussetzungen wie Leistungen aus einer vor dem 1. 1. 2005 abgeschlossenen privaten Kapital-Lebensversi-

---

398 So ausdrücklich OFD Köln, Verfügung vom 4. 6. 1980 – S 2373 – 18 – St 122, StEK § 40 b Nr. 26 EStG.
399 Ahrend/Förster/Rößler, 4. Teil, Rn 301.

cherung oder einer privaten Rentenversicherung einkommensteuerfrei bzw. lediglich mit dem in der Rentenphase anfallenden Ertragsanteil zu versteuern. Liegt die Zusage vor, jedoch der Abschluss nach dem vorgenannten Stichtag, gilt die Pauschalbesteuerung für die Beiträge, ansonsten für die Leistung das Halbeinkünfteverfahren.

Die aus der Alt-Direktversicherung fließende Versicherungsleistung gehört zunächst nicht zu den Einkünften aus Kapitalvermögen gemäß § 20 Abs. 1 Nr. 6 EStG oder zu den anderen im Einkommensteuergesetz genannten Einkunftsarten. Etwas anderes gilt lediglich für die in der Versicherungsleistung enthaltenen außerrechnungsmäßigen und rechnungsmäßigen Zinsen auf die Sparbeiträge. Diese grundsätzlich steuerpflichtigen Leistungen bleiben jedoch nach § 20 Abs. 1 Nr. 6 Satz 2 EStG a. F. steuerfrei, wenn die Voraussetzungen des § 10 Abs. 1 Nr. 2 Buchst. b EStG erfüllt sind. Hiernach blieben und bleiben für Altzusagen solche Zinsen und damit die gesamte Versorgungsleistung steuerfrei, sofern die Versicherungsdauer mindestens zwölf Jahre und die Beitragszahlungsdauer mindestens fünf Jahre betragen hat (sog. begünstigte Lebensversicherung).[400]

Erfüllt die Direktversicherung dagegen nicht die Voraussetzung des § 10 Abs. 1 Nr. 2 Buchst. b sowie Abs. 2 Nr. 3 EStG a. F., z. B. weil sie Einmalbeiträge vorsieht oder für eine kürzere Dauer als zwölf Jahre abgeschlossen wurde, dann gehörten die außerrechnungsmäßigen und rechnungsmäßigen Zinsen auf die Sparbeiträge zu den Einkünften des Geschäftsführers/Vorstands aus Kapitalvermögen. Vom Versicherer ist bei Auszahlung der Leistung die Abgeltungssteuer in Höhe von 25 % auf die Zinsen einzubehalten und an das zuständige Finanzamt abzuführen.

Eine Besteuerung der Zinserträge kann im Übrigen dadurch ausgelöst werden, dass die Vertragslaufzeit oder die Höhe der Versicherungsleistung bzw. -beiträge nachträglich verändert wird. Von der Finanzverwaltung wird hierin nämlich eine sog. Novation (Neuabschluss) des Direktversicherungsvertrages gesehen. Sofern die Laufzeit bis und nach dieser Änderung nicht mindestens zwölf Jahre beträgt bzw. betragen hat, droht damit auch in diesen Fällen eine Steuerpflicht der künftigen bzw. bisherigen Zinsen auf Sparbeiträge.

---

400 Vgl. BMF-Schreiben vom 31. 3. 2010 – IV C 3 – S 2222/09/10041; IV C 5 – S 2333/07/0003, dort Rz 131.

Rentenleistungen, die auf pauschal- oder voll versteuerten Beiträgen zu einer **Alt-Direktversicherung** oder **Pensionskasse** beruhen, sind vom Geschäftsführer als Leibrente i. S. v. § 22 Nr. 1 Satz 3 Buchst. a Doppelbuchst. bb EStG (wiederkehrende Bezüge) zu versteuern. Nach dieser Vorschrift gehören zu den sonstigen Einkünften die Erträge aus dem Rentenrecht. Diese sind in der in § 22 EStG, durch das AltEinkG neu gefassten, aufgeführten Tabelle pauschaliert. Der **Ertragsanteil** beträgt bei Beginn der Rente nach vollendetem 65. Lebensjahr 18 %. Bei Beginn nach Vollendung des 62. Lebensjahres beträgt der Ertragsanteil dagegen 21 % und bei Beginn nach Vollendung des 60. Lebensjahres 22 % für die gesamte Laufdauer des Vertrages.

Bei aufgeschobenen Rentenversicherungen gehören die rechnungsmäßigen und außerrechnungsmäßigen Zinsen, die während der Aufschubfrist anfallen, zu den Einkünften aus Kapitalvermögen, sofern der Versicherungsvertrag nach dem 31. 12. 1973 abgeschlossen wurde und die **Zinsen nicht als Rente** ausgezahlt werden. Ist der Rentenversicherungsvertrag dagegen nach § 10 EStG steuerbegünstigt und wird der Vertrag nicht innerhalb der ersten 12 Jahre der Aufschubfrist zurückgekauft bzw. aufgelöst oder die Gewinnanteile in anderer Form an den Geschäftsführer/Vorstand ausgekehrt, dann sind die rechnungsmäßigen und außerrechnungsmäßigen Zinsen ebenso wie bei vor dem 1. 1. 2005 abgeschlossenen Kapital-Lebensversicherungen steuerfrei.[401]

3. Einkommen- und lohnsteuerliche Behandlung des Geschäftsführers/Vorstandes bei Pensionsfonds, Pensionskassen und – bei Zusageerteilung ab 1. 1. 2005 – Direktversicherungen

a) Besteuerung während der aktiven Dienstzeit

Wie bereits erwähnt, führte das Jahressteuergesetz 2008 dazu, dass bereits die Erteilung einer Zusage in der Anwartschaftszeit Auswirkung auf den Altersvorsorge-Höchstbetrag hat.

Allerdings hat dies, wie in Abschn. V. 1. b) cc) erläutert, bei einer schwerpunktmäßigen betrieblichen Versorgung nur dann wirtschaftliche Auswir-

---

401   Vgl. wegen der Einzelheiten Kreußler/Nörig, Ziff. 2.3.2.

kung, wenn der Geschäftsführer zusätzlich eine private „Rürup-Rente" abschließt, denn nur dann betrifft ihn auch die Kürzung des Altersvorsorge-Höchstbetrags.

Von einer Kürzung des Vorwegabzugs wird generell abgesehen, wenn der Betreffende **nur** deshalb zum Personenkreis des § 10 c Abs. 3 Nr. 2 EStG gehört, weil er Anwartschaften durch Beiträge erworben hat, die nach § 3 **Nr. 63 EStG** steuerfrei waren.

Nach § 3 Nr. 63 EStG bleiben in der Anwartschaftsphase die **Beiträge** des Arbeitgebers aus einem ersten Dienstverhältnis an eine Pensionskasse oder einen Pensionsfonds **steuerfrei**, soweit sie 4 % der Beitragsbemessungsgrenze in der gesetzlichen Rentenversicherung[402] (2011: € 2 640 p. a.) nicht übersteigen; seit dem 1. 1. 2005 erfährt auch die Direktversicherung hierdurch eine Förderung. Arbeitgeberbeiträge in diesem Sinne sind auch solche, die vom Arbeitgeber im Gegenzug für eine Entgeltumwandlung erbracht werden.[403] Solche steuerlich geförderten Beiträge lösen beim Geschäftsführer/Vorstand keine Lohn- bzw. Einkommensteuer aus; darüber hinausgehende Beiträge sind zu versteuern. Die Norm gilt auch für beherrschende Gesellschafter-Geschäftsführer einer GmbH bzw. beherrschende Vorstände.[404]

Durch das AltEinkG wurde die Förderung nach § 3 Nr. 63 EStG weiter modifiziert: Für nach dem 31. 12. 2004 erteilte Versorgungszusagen („**Neuzusagen**") wurde der Förderrahmen der steuerfrei einzahlbaren Beiträge um einen festen Betrag von € 1 800 erhöht, falls bei dem Arbeitnehmer nicht § 40 b EStG in der am vorgenannten Stichtag geltenden Fassung angewandt wird (die auf den festen Betrag entfallenden Beiträge sind grundsätzlich sozialversicherungspflichtig).

Beiträge in eine Pensionskasse (nicht einen Pensionsfonds), die 4 % der Beitragsbemessungsgrenze in der gesetzlichen Rentenversicherung übersteigen, werden – bei „**Altzusagen**" – behandelt wie Beiträge an eine „alte"

---

402 Es gilt bundesweit die in den alten Bundesländern geltende Beitragsbemessungsgrenze (BBG West).
403 Nicht umfasst sind nur echte Eigenbeiträge des Arbeitnehmers, d. h. solche, die aus dem Nettolohn erfolgen und bei denen die Verpflichtung des Arbeitgebers zur Zahlung der Vergütung unverändert bleibt, weshalb darauf weiterhin ein Anspruch besteht, also der Arbeitgeber lediglich die Abführung des Beitrags übernimmt.
404 BMF-Schreiben vom 31. 3. 2010 – IV C 3 – S 2222/09/10041; IV C 5 – S 2333/07/0003, dort Rz 263.

Direktversicherung. Sie können damit bis zu einer Höhe von € 1 752 pauschalversteuert werden (siehe wegen weiterer Einzelheiten oben Abschn. V. 2.). Wird von der Möglichkeit der Pauschalversteuerung kein Gebrauch gemacht oder die Pauschalversteuerungsgrenze überschritten, so unterliegen sie beim Geschäftsführer/Vorstand insoweit der vollen Besteuerung mit dem individuellen Steuersatz.

Soweit Arbeitgeberbeiträge auf Entgeltumwandlung beruhen, hatte ein **nicht beherrschender** und damit unter den Schutzbereich des Betriebsrentengesetzes fallender Geschäftsführer/Vorstand nach § 1 a Abs. 3 BetrAVG ein Wahlrecht. Er konnte die Steuerfreiheit „abwählen", um stattdessen im Rahmen der privaten Altersvorsorge die Altersversorgungszulage bzw. den Sonderausgabenabzug (sog. Riester-Förderung) in Anspruch zu nehmen.[405] Das machte allerdings nur bei sozialversicherungspflichtigen Geschäftsführern (AG-Vorstände sind grundsätzlich nicht sozialversicherungspflichtig) mit geringem Einkommen bzw. einer großen Kinderzahl Sinn (siehe oben Abschn. I. 2.). Wählt er nicht die sog. Riester-Förderung, dann wird der Beitrag so behandelt wie im vorstehenden Absatz beschrieben. Dabei wird der Beitrag aus Entgeltumwandlung einem etwaigen firmenfinanzierten Arbeitgeberbeitrag hinzugerechnet, d. h., die Steuerfreiheit in Höhe von maximal 4 % der Beitragsbemessungsgrenze in der gesetzlichen Rentenversicherung kann nur einmal genutzt werden.

Der Geschäftsführer/Vorstand kann auch eine private „Rürup-Rente" abschließen, um deren Beiträge steuerlich abzusetzen; hierbei sind die oben gemachten Ausführungen zu beachten.

b) Besteuerung bei Erhalt von Versorgungsleistungen

Die im Versorgungsfall von der Pensionskasse bzw. dem Pensionsfonds oder der Direktversicherung gezahlten Versorgungsleistungen werden gemäß § 22 Nr. 5 Satz 1 EStG als „sonstige Einkünfte" voll nachgelagert besteuert, soweit sie auf steuerfreien Beitragsleistungen der Gesellschaft gemäß § 3 Nr. 63 EStG beruhen oder gemäß § 10 a EStG steuerlich gefördert wurden.

Da es sich nicht um nachträgliche Einkünfte aus unselbstständiger Tätigkeit handelt, kann weder der Arbeitnehmer-Pauschbetrag nach § 9 a Nr. 1 EStG

---

405   Vgl. Niermann, BetrAV 2001, S. 511.

geltend gemacht werden noch der Versorgungsfreibetrag nach § 19 Abs. 2 EStG. Zum Abzug kommt allerdings der Pauschbetrag nach § 9 a Nr. 3 EStG und bei Versorgungsberechtigten, die vor Beginn des betreffenden Jahres das 64. Lebensjahr vollendet haben, der Altersentlastungsbetrag nach § 24 a EstG.

Durch das AltEinkG werden der Versorgungsbeitrag und der Altersentlastungsbetrag schrittweise ab 2006 bis 2040 auf Null reduziert, vgl. § 24 EStG n. F.

Kapitalleistungen einer Pensionskasse, einer Direktversicherung oder eines Pensionsfonds, die nicht ausnahmsweise als „Entschädigung" für entgehende Einnahmen i. S. v. § 34 Abs. 1 EStG i. V. m. § 24 Nr. 1 Buchst. a EStG anzusehen sind, stellen keine „Vergütung" für mehrjährige Tätigkeit dar und berechtigen damit gemäß § 34 Abs. 1 EStG nicht zur Anwendung der Fünftelungsregelung.[406]

Versorgungsleistungen aus Pensionskassen, die auf pauschalversteuerten Beiträgen beruhen, werden insoweit wie Versorgungsleistungen aus einer pauschal besteuerten Direktversicherung besteuert. Als Rentenleistung unterliegen sie damit nur mit dem Ertragsanteil der Besteuerung (siehe dazu näher Abschn. V. 2. c).

Aufgrund der unterschiedlichen Besteuerung von Beiträgen kann die von einer Pensionskasse oder Direktversicherung bzw. einem Pensionsfonds ausgezahlte Versorgungsleistung teilweise unterschiedlich besteuert werden.

Sofern Leistungen sowohl auf geförderten als auch auf nicht-geförderten Beiträgen beruhen, müssen die Leistungen in der Auszahlungsphase entsprechend den Festlegungen des BMF-Schreibens vom 11. 11. 2004 (IV C3 – S 2257 b – 47/04) aufgeteilt werden.

---

406   Vgl. BMF-Schreiben vom 31. 3. 2010 – IV C 3 – S 2222/09/10041; IV C 5 – S 2333/07/ 0003, dort Rz 291.

4. Vermögensteuerliche Behandlung der Versorgungszusage

Infolge der Entscheidung des Bundesverfassungsgerichts vom 22. 6. 1995[407] findet seit dem 1. 1. 1997 keine Erhebung der Vermögensteuer mehr statt! Der Gesetzgeber hat bislang noch keine Neuregelung der Vermögensteuer vorgenommen.

5. Erbschaftsteuerliche Behandlung von Hinterbliebenenleistungen[408]

Betriebliche Versorgungsleistungen an Hinterbliebene eines Arbeitnehmers oder eines nicht beteiligten Geschäftsführers/Vorstands einer GmbH sind nicht erbschaftsteuerpflichtig nach § 3 Abs. 1 Nr. 4 ErbStG.[409] Die Erbschaftsteuerfreiheit gilt auch für Hinterbliebene von Gesellschafter-Geschäftsführern bzw. -Vorständen, sofern der Gesellschafter-Geschäftsführer bzw. -Vorstand als „Arbeitnehmer" anzusehen war.[410] Hatte er dagegen eine beherrschende Stellung, so sind die Hinterbliebenenbezüge nicht von der Erbschaftsteuer befreit.[411]

Als „beherrschende" Gesellschafter-Geschäftsführer bzw. -Vorstand im Sinne dieser Entscheidungen sind solche Geschäftsführer anzusehen, die über eine Kapitalbeteiligung von mindestens 50 % verfügen oder die als Minderheitsgesellschafter zusammen mit anderen Minderheitsgesellschaftern über mehr als 50 % der Anteile verfügen.[412] Der Bundesfinanzhof verweist damit auf die BGH-Rechtsprechung zur Abgrenzung zwischen Arbeitnehmern und Unternehmern für die Zwecke der gesetzlichen Insolvensicherung.

---

407 BStBl II, S. 665.
408 Siehe hierzu grundlegend Götz, INF 2005, S. 225.
409 BFH, Urteile vom 20. 5. 1981 – II R 11/81, BStBl II 1981, S. 715 und – II R 33/78, BStBl 1982, S. 27; vgl. R 8 Abs. 2 und 3 ErbStR 2003.
410 BFH, Urteile vom 13. 12. 1989 – II R 23/85, BStBl II 1990, S. 322, – II R 211/85, BStBl II 1990, S. 325 und – II R 31/89, BStBl II 1990, S. 325, verfassungsrechtlich unbedenklich gemäß BVerfG, Urteil vom 5. 5. 1994 – 2 BvR 397/90, ZEV 1995, S. 153.
411 Vgl. auch FG Baden-Württemberg, Urteil vom 23. 2. 2010 – 11 K 498/07. Danach unterfällt die Hinterbliebenenvers. des GGF einer GmbH auch dann der Erbschaftsteuer, wenn der Vs-Vertrag nicht vom Erbl., sondern von der GmbH abgeschl. wurde. Denn § 3 Abs. 1 Nr. 4 ErbStG setze nicht voraus, dass sich die Bereicherung aus dem Verm. des Erbl. ergibt; es könne auch ein Vertrag zug. Dritter vorliegen.
412 Ahrend/Förster/Rößler, 2. Teil, Rn 1734 m. w. Nachw.

Abweichend von dieser BFH-Rechtsprechung stellt die **Finanzverwaltung** in ihrem Erlass zur beherrschenden Stellung eines Gesellschafter-Geschäftsführers für die Zwecke der Erbschaftsteuer[413] nicht auf die arbeitsrechtliche Abgrenzung von Unternehmern und Beschäftigten ab. Der Erlass orientiert sich vielmehr an den im Bereich der Sozialversicherung geltenden Grundsätzen. Eine beherrschende Stellung, die dazu führt, dass die Witwenbezüge der Erbschaftsteuer unterliegen, wird so nicht nur dann angenommen, wenn der Geschäftsführer über eine Beteiligung von mindestens 50 % der Anteile allein oder mehr als 50 % der Anteile zusammen mit anderen Minderheitsgesellschaftern verfügt, sondern auch im Falle einer faktischen Beherrschung der Gesellschaft. Eine solche faktische Beherrschung wird unabhängig von der Kapitalbeteiligung beispielsweise dann vermutet, wenn das Selbstkontrahierungsverbot nach § 181 BGB abbedungen ist, der Geschäftsführer als einziger über die notwendigen Branchenkenntnisse zur Führung des Betriebes verfügt oder der Gesellschafter Großgläubiger der Gesellschaft ist. Diese Erweiterung der Rechtsprechung ist schon deshalb problematisch, da sie Rechtsunsicherheit schafft.[414] Auch die neuere FG-Rechtsprechung nimmt bei Minderheitsgesellschaftern mit „maßgeblichem Einfluss" auf die Geschäfte der Gesellschaft eine beherrschende Stellung für die Zwecke des Erbschaftsteuerrechts an.[415]

Bei Tod eines beherrschenden Gesellschafter-Geschäftsführers bzw. -Vorstands ist der Kapitalwert der Hinterbliebenenrente der Erbschaftsteuer zu unterwerfen.

Unterliegt beim Tod eines beherrschenden Gesellschafters der Kapitalwert von Hinterbliebenenbezügen an den überlebenden Ehegatten nach § 3 Abs. 1 Nr. 4 ErbStG der Erbschaftsteuer, dann wird allerdings der besondere Versorgungsfreibetrag nach § 17 Abs. 1 ErbStG (€ 256 000) bzw. werden die Freibeträge für Kinder nach § 17 Abs. 2 ErbStG nicht um den Kapitalwert der Hinterbliebenenbezüge gemindert.

---

413 Gleichlautende Erlasse der obersten Finanzbehörden der Länder vom 21. 1. 1991 – S 3802 – 4 – V 4 2, Abdruck im Anhang; BB 1991, S. 403; vgl. H 8 ErbStH 2003.
414 Vgl. Ahrend/Förster/Rößler, 2. Teil, Rn 1736.
415 Vgl. FG Niedersachsen, Urteil vom 18. 2. 2004 – 3 K 206/01, EFG 2004, S. 1466; FG Münster, Urteil vom 15. 7. 2004 – 3 K 6357/01, EFG 2004, S. 1624.

VI. Besondere Fragestellungen

1. Befreiung der Gesellschaft von der Versorgungsverbindlichkeit

Unter bestimmten Umständen kann es erforderlich werden, dass die Gesellschaft von der Versorgungsverbindlichkeit gegenüber dem Versorgungsberechtigten „befreit" werden soll. Die dazu führenden Umstände können vielfältig sein, etwa: Austritt des Versorgungsberechtigten aus der Gesellschaft wegen erreichten Pensionsalters oder ohne sofortigen Leistungsanspruch mit unverfallbarer Anwartschaft, Verkauf der Gesellschaftsanteile an einen externen Erwerber bzw. andere Gesellschafter, oder die beabsichtigte Einstellung des Geschäftsbetriebs wegen eines sich abzeichnenden langsamen Niedergangs des Unternehmens oder aber einfach deshalb, weil ein ruhestandsfähiges Alter erreicht wurde und kein Erwerber oder Nachfolger in Sicht ist. Es kann auch das Ziel sein, dass die Versorgungsverpflichtung an sich bestehen bleibt, aber eine „Befreiung" in der Weise gewünscht wird, dass die „unmittelbare" Verpflichtung zu einer mittelbaren (Prämienzahlungen) wird. Zuletzt kann es auch sein, dass festgestellt wurde, dass der Fortbestand der Versorgungsverpflichtung den Fortbestand des Unternehmens gefährdet, weil ansonsten die Überschuldung oder Zahlungsunfähigkeit droht.

Eine **Abfindung** kann die Anwartschaft oder bereits laufende Leistungen betreffen. Das erworbene Recht wird hierbei wertmäßig abgegolten. Sofern von einer „Befreiung" gesprochen werden kann, entsteht diese durch die Umgestaltung des Rechts. Im Regelfall erfolgt eine Einmalzahlung. Zwar ist es auch denkbar, dass Alterskapitalleistungen vor deren Fälligkeit erledigt werden sollen, doch sind zumeist Rentenverpflichtungen betroffen. Die Abfindung eignet sich also nicht, wenn dem Versorgungsberechtigten lebenslänglich laufende Leistungen erhalten bleiben sollen. Im Regelfall kommt es zu einer Abfindung, wenn sich ein (potentieller) Erwerber der Gesellschaft kategorisch weigert, die unmittelbare Versorgungsverbindlichkeit zu übernehmen und/oder eine mögliche „Auslagerung" an der erforderlichen Liquidität scheitert. Im Einzelfall kann es auch einmal dem Wunsch des Versorgungsberechtigten entsprechen zu einem bestimmten Zeitpunkt eine Kapitalzahlung zu erlangen. Bei der Vornahme der Abfindung sind diverse Maßgaben zu beachten, um nicht rückwirkend die steuerliche Anerkennung der Zusage oder die Wirksamkeit der Abfindung zu gefährden. Bei Gesellschafter-Geschäftsführern ist u. a. darauf zu achten, dass nachvollziehbare Gründe für die Abfindung vorliegen, um nicht die Ernsthaftigkeit der Zusage infrage zu stellen.

Erfolgt ein teilweiser/gesamter **Verzicht** auf das Recht, erlischt dieses grundsätzlich in ebensolchem Umfang und der Berechtigte verliert seine Versorgung. Wird hierfür eine Gegenleistung gewährt, liegt im Grunde eine Abfindung vor. Wird der Verzicht mit der Bedingung verknüpft, dass er unter bestimmten zukünftigen Umständen (etwa: Eintritt einer Besserung) nicht gelten soll, kann das Recht wieder aufleben. Ansonsten wird die Gesellschaft von der Verbindlichkeit „befreit". Auch bei dem Verzicht hängen die steuerlichen Folgen entscheidend von den Umständen bei dessen Vornahme ab.

Soll die Versorgung erhalten bleiben, kann eine Befreiung nur durch einen Schuldnerwechsel erfolgen.

Wenn eine unmittelbare Versorgungsverpflichtung „ausgelagert" wird, so ändert dies, anders als bei den vorgenannten Fällen, grundsätzlich nichts am Bestehen der Zusage, sondern nur daran, wer hierfür einsteht. Im Falle der Vereinbarung einer Anrechnungszusage über einen anderen (mittelbaren) Versorgungsträger liegt zwar kein befreiender Schuldnerwechsel vor, wohl aber bei der Vereinbarung einer voll ersetzenden Zusage. Die Auslagerung wird dann favorisiert, wenn nicht das Bestehen der Versorgungsverbindlichkeit an sich in der Kritik steht, sondern die daraus resultierende Risikotragung durch den Arbeitgeber. Die Gründe ähneln insofern denen wie sie für den Abschluss einer Rückdeckungsversicherung angeführt werden können, nur dass sich hier (je nach gewählter Lösung) zusätzlich mehr oder weniger weitreichende bilanzielle Entlastungen und steuerliche Vorteile ergeben können. Wegen des Umstiegs auf einen anderen Zins und veränderte versicherungsmathematische Rechengrundlagen benötigt diese Lösung eine größere Liquidität.

Eine Befreiung kann weiter durch die **Übertragung der Anwartschaft auf einen Folgearbeitgeber** eintreten. Das Betriebsrentengesetz zeichnet hierfür durch § 4 BetrAVG den Weg vor und es entspricht der Praxis, die betreffenden Vorschriften außerhalb deren zwingender Geltung für die im arbeitsrechtlichen Sinne beherrschenden Gesellschafter-Geschäftsführer im Wesentlichen analog anzuwenden. Denn die Übertragungsmodalitäten sollten einem Fremdvergleich standhalten.

Falls die Gesellschaft ihre Betriebstätigkeit einstellt und das Unternehmen liquidiert wird, und hierbei die Versorgung erhalten werden soll, könnte durch den Abschluss einer sog. **Liquidationsversicherung** oft eine Abfindung vermieden werden; jedoch ist diese Möglichkeit in der Praxis, obwohl seit dem Jahre 2000 praktikable gesetzliche Rahmenbedingungen existieren, nur wenig bekannt. Die Liquidation setzt als – freiwillige – Art der Einstellung des Geschäftsbetriebs voraus, dass alle Verbindlichkeiten der Gesellschaft erfüllt werden (anders als bei der Insolvenz). Vor allem an den sehr langfristigen Versorgungsverbindlichkeiten könnte dies scheitern, weshalb hier, auch für Gesellschafter-Geschäftsführer, die befreiende Übertragung auf eine Pensionskasse oder einen Lebensversicherer ermöglicht worden ist. Allerdings wird diese Möglichkeit nicht von allen Versicherern angeboten und sie führt, da sie letztlich eine nicht mehr umkehrbare Auslagerung auf ein Versicherungsunternehmen darstellt, im Regelfall zu einem deutlich höheren Liquiditätsbedarf. Dafür tritt der Versicherer aber, was die Zahlung der Versorgung angeht, an die Stelle des liquidierten Arbeitgebers – mit allen damit verbundenen Aufgaben.

a) Abfindung

aa) Betriebsrentenrecht

Unter einer „Abfindung" versteht man die Erledigung des Rechts gegen Gewähr eines Vermögenswertes.

Bei Personen, die uneingeschränkt dem **Geltungsbereich des Betriebsrentengesetzes** (BetrAVG) unterfallen, können Anwartschaften auf betriebliche Altersversorgung bzw. Leistungen nur abgefunden werden, sofern dem der § 3 BetrAVG (das sog. „Abfindungsverbot") nicht dem Grunde und der Höhe nach entgegensteht. Die Norm wurde durch das AltEinkG zum 1. 1. 2005 grundlegend verändert – und die Möglichkeiten einer Abfindung im Ergebnis stark beschränkt. Nach älterer Auffassung galt die Norm unabdingbar für im betriebsrentenrechtlichen Sinne nicht beherrschende Geschäftsführer oder Vorstände. Nach neuerer Auffassung der Rechtsprechung[416] soll die Norm wegen deren Organmitgliedschaft nunmehr abdingbar sein, siehe hierzu II. 1. Was das im Einzelnen bedeutet, ist derzeit nicht geklärt. U. E. bedeutet dies zunächst, dass die Einschränkungen des § 3 wegen der Abfindung „dem Grunde nach" nicht zu beachten sind. Die

---

416   BAG, Urteil vom 21. 4. 2009 – 3 AZR 285/07.

Frage der Abfindung „der Höhe nach" ist in diesen Fällen differenzierter zu betrachten. Eine für das Organmitglied nachteilige Abweichung von der bisher üblichen Berechnungsweise wird bei einseitigem Wahlrecht des Arbeitgebers kaum zulässig sein, denn dies führt zu einem Eingriff in die bereits erdiente Anwartschaft.[417] Eine vorteilhaftere Berechnungsweise dürfte zwar aus rein betriebsrentenrechtlicher Sicht nicht zu beanstanden sein, wird aber im Hinblick auf den Fremdvergleich eines erhöhten Begründungsaufwands bedürfen.

Sofern der § 3 BetrAVG nicht zwingend anzuwenden ist oder aber der Geltungsbereich des § 3 nicht betroffen ist, sind hiernach allein die unter bb) dargestellten steuerlichen Gesichtspunkte zu beachten.

Der § 3 BetrAVG betrifft dem Grunde nach nur Anwartschaften, die **gesetzlich unverfallbar**[418] geworden sind – eine vertraglich vereinbarte Unverfallbarkeit ist also unbeachtlich. Weiter gilt er nur „im Falle der Beendigung" des Arbeitsverhältnisses (Zusammenhang mit dem Ausscheiden), wobei dieser Zeitraum leider zeitlich nicht scharf abgegrenzt werden kann; nicht von § 3 erfasst wird jedenfalls eine Abfindung im gewöhnlichen (laufenden und fortbestehenden) Arbeitsverhältnis. Seit der Neufassung greift die Norm **auch** bei allen bereits **laufenden Leistungen**, es sei denn, deren erstmalige Zahlung hatte bereits vor dem 1. 1. 2005 eingesetzt, vgl. § 30 g Abs. 2 BetrAVG.

Kleinstrenten von unverfallbaren Anwartschaften und laufende Leistungen dürfen nur noch abgefunden werden, wenn sie bei Erreichen der vorgesehenen Altersgrenze 1 % der monatlichen Bezugsgröße nach § 18 SGB IV (2011 West: € 2 555, also € 25,55 monatlich) nicht übersteigen, bzw. 120 % bei Kapitalleistungen. Das Recht übt der Arbeitgeber einseitig, also ohne Zustimmung des Arbeitnehmers, aus. Will der Arbeitnehmer eine Anwartschaft nach § 4 Abs. 3 BetrAVG auf einen anderen Arbeitgeber übertragen, so darf der Arbeitgeber nicht abfinden.

Der Arbeitnehmer hat ein einseitiges, in der Höhe unbegrenztes, Abfindungsrecht, wenn ihm die Beiträge zur gesetzlichen Rentenversicherung erstattet werden.

---

417 Ebenso: Diller/Arnold/Kern, Abdingbarkeit des Betriebsrentengesetzes für Organmitglieder, GmbHRundschau 2010, S. 281 (285).

418 Für ab dem 1. 1. 2009 erteilte Zusagen gilt ein fünfjähriger Zusagebestand bei vollendetem 25. Lebensjahr, vgl. § 1 b BetrAVG; für bestehende Zusagen siehe § 30 f Abs. 2 BetrAVG.

Der Abfindungsbetrag errechnet sich nach § 3 Abs. 5 i. V. m. § 4 Abs. 5 BetrAVG bei Direktzusagen und Unterstützungskassen nach dem versicherungsmathematischen Barwert (§ 2 Abs. 1 BetrAVG), der entsprechend den Ausführungen unter VI. 1. a) bb) zu berechnen ist; bei den versicherungsförmigen Durchführungswegen nach dem zum Abfindungszeitpunkt gebildeten Kapital (d. h. geschäftsplanmäßiges Deckungskapital bzw. Zeitwert).

Von einer Abfindung(-sklausel) ist aus – arbeitsrechtlicher – Sicht ein vereinbartes „Kapitalwahlrecht" zu unterscheiden. Das echte **Wahlrecht** wird nicht von den zuvor erwähnten Beschränkungen des § 3 BetrAVG betroffen, denn es ist eben keine Abfindung des Anspruchs (dessen Liquidation), sondern gerade dessen Erfüllung. Es ist aber wegen der möglichen Gefahr der Umgehung des § 3 BetrAVG – sofern dieser überhaupt anwendbar wäre – davor zu warnen, ein solches Recht in „letzter Minute" in einen Vertrag zu schreiben, denn für Umgehungsgeschäfte von gesetzlichen Verboten sieht § 134 BGB deren Nichtigkeit vor. Da der Begriff des Wahlrechts nicht gesetzlich definiert ist, kann für die Praxis nur der Hinweis gegeben werden, dass ein Wahlrecht jedenfalls einem Teil eine echte Wahl ermöglicht (einseitiges Leistungsbestimmungsrecht) und diese Wahl nur zum Zeitpunkt des Eintritts des Versorgungsfalles ausgeübt wird, denn dann stellt sich die Frage der Leistungsalternativen. Zur Sicherheit sollte das gewollte Wahlrecht auch klar als ein solches benannt sein.

bb) Steuerliches

Bei **beherrschenden** Gesellschafter-Geschäftsführern hängt die Zulässigkeit einer Abfindung nach – teilweise – vertretener Ansicht der Literatur[419] (ebenso örtlich unterschiedlich auch die Finanzverwaltung) davon ab, dass im Pensionsvertrag eine **Abfindungsklausel** vorhanden war. Andernfalls soll eine vGA vorliegen. Dies soll sich aus dem „Nachzahlungsverbot" ergeben. Diese sehr formale Sichtweise geht u. E. fehl, da es bei der Abfindung der Sache nach nicht um eine neue Leistung, sondern lediglich um die Umgestaltung einer bereits bestehenden und erdienten Rechtsposition geht,[420] in jedem Falle dürfte aber die schriftliche Abfindungsvereinbarung selbst die verlangte vorherige Rechtsgrundlage darstellen und damit die

419 Centrale-Gutachtendienst, GmbHR 1997, S. 692; Neumann, GmbHR 1997, S. 292.
420 Gegen die erwähnte Literaturansicht auch: Arteaga, GmbHR 1996, S. 265; Höfer/Veit/Verhuven, Bd II StR, S. 1418, Rn 3142.

Problematik erledigen.[421] Zur Vermeidung einer eventuellen Diskussion bei einer Betriebsprüfung (und im schlimmsten Fall der Durchsetzung auf dem Rechtsweg), sollte eine solche Klausel u. E. in einer (ergänzenden) Versorgungszusage integriert sein.

Zu betonen ist aber, dass das Vorhandensein einer Abfindungsklausel **nur insoweit Rechtssicherheit** bieten kann, als diese eine im Voraus geschlossene Vereinbarung darstellt, welche die Berechnungsweise genau vorgibt und die Abfindung nur zu solchen Zeitpunkten zulässt, die typischerweise als Begründung für die Vornahme einer Abfindung dienen können. Bei der steuerlichen Anerkennung einer Abfindung wird aber **auch** der **Sachzusammenhang** der konkreten Abfindungshandlung **geprüft**. Hierbei wird hinterfragt, ob die Abfindung rein betrieblich motiviert war, oder eine gesellschaftsrechtliche Mitveranlassung vorliegt. Bei der Frage, ob eine Veranlassung durch das Gesellschaftsverhältnis gegeben ist, wenn die Abfindung zugleich mit dem Verkauf der Anteile erfolgte, weil der potentielle Erwerber diese nicht übernehmen wollte, kommt es stets auf die Umstände des Einzelfalls an.[422] Soll auch hier Rechtssicherheit erreicht werden, ist eine verbindliche Anfrage bei der Finanzbehörde zweckmäßig.

Aber auch bei Personen, die dem **Geltungsbereich des Betriebsrentengesetzes** unterfallen, fanden sich früher Abfindungsklauseln.

Wenn eine **Abfindungsklausel** in einen Pensionsvertrag integriert wird oder in der Vergangenheit integriert wurde, so sind hinsichtlich deren **Ausgestaltung** unbedingt die diesbezüglich ergangenen neueren **BMF-Schreiben** vom 6. 4. 2005 und vom 1. 9. 2005 zu beachten.[423] Das erste Schreiben stellt inhaltliche Anforderungen für die Klauseln auf, das letztere enthält Er-

---

421 So FG Köln, Urteil vom 17. 3. 2005 – 13 K 1531/03 – gegen das Vorbringen der Betriebsprüfung unter Ziffer 2.4 der Gründe mit Nennung weiterer Literaturmeinungen, die vom Gericht als „überwiegende Meinung" zitiert werden. Zweifelnd: Gosch, Aus der Rechtsprechung des Bundesfinanzhofs, BetrAV 2007, S. 713 ff. (716); ausreichend: Alber, Aktuelle Fragen bei Pensionszusagen an Gesellschafter-Geschäftsführer, BetrAV 2007, S. 415 ff. (424); zweiwöchige Frist vor Abf. noch ausreichend: FG Münster vom 23. 3. 2009 – 9 K 319/02 K,G,F, DStRE 2009, S. 1504, ebenso unschädlich, dass Fälligkeit vor vertr. Endalter.

422 Für betriebliche Veranlassung: FG Münster, Urteil vom 23. 3. 2009 – 9 K 319/02 K,G,F, DStRE 2009, S. 1505; betrieblich motiviert im Fall eines nicht beherrschenden GFs: BFH, Urteil vom 28. 4. 2010 – I R 78/08, dort Rn. 47; kritisch, wenn es darum gehe, einen mögl. guten Preis zu erzielen und deshalb die Soziallasten der Ges. zu mindern: Gosch, Aus der Rechtsprechung des Bundesfinanzhofs, BetrAV 2007, S. 713 (716).

423 BMF-Schreiben vom 6. 4. 2005 – IV B2 – S 2176 – 10/05 und vom 1. 9. 2005 – IV B 2 – S 2176 – 48/05 (Abdruck im Anhang).

lcichterungen für die Praxis zur möglichen Nachbesserung der Klausel bei ausgeschiedenen Mitarbeitern.

Da zu den Schreiben keine ergänzenden amtlichen Anwendungshinweise ergangen sind, fehlt diesbezüglich letzte Klarheit.[424] Der Anwendungsbereich der Schreiben betrifft alle dem Arbeitgeber vertraglich vorbehaltenen Möglichkeiten, Anwartschaften und/oder laufende Leistungen mit einem Einmalbetrag zu erledigen.[425] Dabei kommt es nicht auf den arbeitsrechtlichen Status des Versorgungsberechtigten an und man wird das Schreiben, wenn auch sehr eingeschränkt, entgegen seinem Betreff auch auf Kapitalwahlrechte anwenden müssen (bei Letzteren wird u. E. aber nur die schriftlich exakte Festlegung des Kapitalbetrags bzw. dessen Berechnungsweise kritisch sein).

Das Schreiben vom 6. 4. 2005 verlangt deshalb Beachtung, weil etwa eine uneindeutige und unpräzise Fixierung des Berechnungsverfahrens zur Ermittlung der Abfindungshöhe die Bildung einer Pensionsrückstellung insgesamt (!) ausschließen soll (Ziffer 3 des Schreibens). Der Praxis wurde durch Ziffer 4 eine beanstandungsfreie Nachbesserungsfrist für die Mängel nach den Ziffern 2 und 3 bis zum Ablauf des 31. 12. 2005 gegeben. Unabhängig davon, dass diese Frist bereits abgelaufen ist, sind betroffene Klauseln auch weiterhin **unverzüglich entweder nachzubessern** oder schlicht **zu entfernen**.

Nachfolgend soll hier eine eigene kurze Interpretation des Inhalts des ersten Schreibens gegeben werden. In Ziffer 1 wird festgelegt, dass eine Rückstellungsbildung ausscheidet, wenn die Zusage einen Vorbehalt enthält, nach dem die Anwartschaft/Leistung gemindert und entzogen werden kann und sich dies „nicht nur auf Tatbestände erstreckt, bei deren Vorliegen nach allgemeinen Rechtsgrundsätzen unter Beachtung billigen Ermessens eine Minderung oder ein Entzug der Versorgungsansprüche zulässig ist". Es ist davon auszugehen, dass mit diesen Tatbeständen nicht die in vielen Zusagen enthaltenen sog. „steuerunschädlichen Widerrufvorbehalte" gemeint sind, wie sie in den Einkommensteuer-Richtlinien aufgeführt sind, denn hierbei handelt es sich einerseits um Tatbestände, die dem billigen Ermes-

---

424 Mit dem Schreiben haben sich befasst: Probst, Bilanzsteuerrechtliche Berücksichtigung von Abfindungsklauseln in Pensionszusagen nach § 6 a EStG, DB 2005, S. 2321; Langohr-Plato, Aktuelle arbeits- und steuerrechtliche Praxisfragen zur Abfindung betrieblicher Versorgungsansprüche, INF 2005, S. 617; Heger, Abfindungs- und Kapitalisierungsklauseln in Versorgungszusagen, BB 2005, S. 1378.

425 So auch Heger, Abfindungs- und Kapitalisierungsklauseln in Versorgungszusagen, BB 2005, S. 1378, 1379.

sen genügen, und andererseits wirken diese nach h. M. ohnehin nur deklaratorisch, da sie nicht weiter gehen, als auch sonst das Institut der Störung der Geschäftsgrundlage (seit der Schuldrechtsreform: § 313 BGB) möglich wäre. Mit der „Abfindung" in diesem Sinne wird auch nicht eine „Zusatzleistung" gemeint sein, die genauso gut entfallen könnte, auch wenn sie im Vertrag als solche bezeichnet wird. Zu denken ist hier etwa an übliche Wiederverheiratungsklauseln, die bei Wiederheirat der Witwe den Anspruch auf weitere Zahlungen gegen Zahlung von x Monatsrenten „abfinden". Denn anstelle dessen könnte man die Leistung auch schlicht bedingungsgemäß einstellen – in Wirklichkeit ist nämlich eine „Wiederverheiratungsprämie" geschaffen worden.

Steuerschädliche Vorbehalte können aber, wie auch Ziffer 2 weiter verdeutlicht, Klauseln sein, die dem Arbeitgeber einseitig eine **jederzeitige Abfindungsmöglichkeit** gewähren, wobei im Schreiben die einschlägigen Urteile in Bezug genommen werden. Bei vom Selbstkontrahierungsverbot (§ 181 BGB) befreiten Alleingesellschafter-Geschäftsführern führt auch eine „einvernehmliche" Abfindungsmöglichkeit zwischen Gesellschaft und Geschäftsführer letztlich zum gleichen Ergebnis, weshalb man trotz des abweichenden Wortlauts auch in diesem Falle die Abfindungsmöglichkeit von vornherein besser an den Eintritt einer bestimmten Situation bindet, bei der in der Praxis anerkanntermaßen „typischerweise" abgefunden wird, und dies auch als betrieblich veranlasst angesehen werden kann. Dies könnte etwa die Liquidation der Gesellschaft sein, oder generell bei oder nach einem Ausscheiden. Zu beachten ist aber, dass sich diese Lösung arbeitsrechtlich nur eröffnet, wenn das Betriebsrentengesetz keine uneingeschränkte Geltung hat.

Vor dem Hintergrund des Betriebsrentengesetzes bereitet die Abfindung von **aktiven Anwärtern** keine Schwierigkeiten. Steuerlich gesehen stellt das Schreiben in Ziffer 2 aber einen neuen Grundsatz auf: Ausdrücklich sei keine Steuerschädlichkeit gegeben, wenn eine Klausel hierfür den künftigen Barwert in Bezug nehme (§ 6 a Abs. 3 S. 2 Nr. 1 EStG – d. h. der **volle, unquotierte Bartwert**). Hiermit ist tatsächlich nicht der erreichte, sondern der erreichbare Anspruch gemeint; Gleiches gelte für laufende Leistungen. Aus Sicht des Arbeitgebers wird diese bei Aktiven „teure Lösung" aber selten gewollt sein. Obgleich das Schreiben bei dieser Aussage keine Differenzierungen trifft, kann dieser Sachverhalt u. E. **nicht auf beteiligte Geschäftsführer** und Vorstände übertragen werden, denn hierin läge im Ergebnis ein Verstoß gegen die Grundsätze des Schreibens des BMF vom 9. 12. 2002.

Der diese ratierliche Berechnung übersteigende Betrag führt zu einer vGA.[426] Aus Sicht der Autoren empfiehlt es sich daher, bei einer Abfindung den entsprechend der vorgenannten Grundsätze ratierlich ermittelten Barwert wirtschaftlich auszugleichen. Der Ausgleich muss dabei nicht zwangsläufig nur in einer Geldzahlung bestehen, sondern kann sich ebensogut aus einer Zahlung in Geld, einer übertragenen Rückdeckungsversicherung (diese bewertet mit deren Aktivierungswert) oder sonstigen übertragenen Sachmitteln zusammensetzen;[427] entscheidend ist deren gesamter Wert. Wird bei einem werthaltigen Pensionsrecht der Barwert unterschritten, liegt im Regelfall ein (Teil)Verzicht mit entsprechenden Folgen vor. Aus Sicht des Arbeitgebers dürfte eine solche Klausel aber auch bei Arbeitnehmern, die dem Geltungsbereich des § 3 BetrAVG unterfallen, uninteressant sein: Denn wenn man sich über eine Abfindung einig ist, so steht der Sinnzusammenhang der sich auf Klauseln (!) in Pensionsverträgen bezieht und der Wortlaut des Schreibens („die dem Arbeitgeber vorbehaltene Möglichkeit ...") nicht dem Vorgehen entgegen, dass man, wie bislang auch – und sofern § 3 BetrAVG nicht entgegensteht –, ohne eine im Vertrag vorhandene Klausel den quotierten Anspruch abfindet. Die im Schreiben angesprochene Regelung wird daher in der Praxis selten zu finden sein.

Zur Genauigkeit der schriftlichen Fixierung der **Berechnungsweise** (Ziffer 3) dürfte es u. E. genügen, wenn bei Direktzusagen der versicherungsmathematische Barwert der Anwartschaft (unter Einschluss einer etwaigen Hinterbliebenenversorgung) bzw. im Falle der Abfindung laufender Leistungen nach Beginn der Ruhegehaltszahlungen der versicherungsmathematische Barwert der noch ausstehenden Renten zum Zeitpunkt der Abfindung gewählt wird. Hierbei sollte festgehalten werden, dass die Wertermittlung nach versicherungsmathematischen Grundsätzen erfolgt und die für die ertragsteuerliche Bewertung von Pensionszusagen zum Abfindungszeitpunkt maßgeblichen **Rechengrundlagen** unter Anwendung des sich nach § 253 Abs. 2 HGB ergebenden **Marktzinses** zugrunde gelegt werden.[428] Letzterer

---

426 Vgl. Alber, Aktuelle steuerliche Fragen bei Pensionszusagen an Gesellschafter-Geschäftsführer, BetrAV 2007, S. 415 ff. (422, 424); Gosch, Aus der Rechtsprechung des Bundesfinanzhofs, BetrAV 2007, S. 713 ff. (717); a. A. (Barwert künftiger Leistungen) Höfer/Veit/Verhuven, Bd II StR, S. 1424 (Rn 3157).

427 So auch Alber, Aktuelle steuerliche Fragen bei Pensionszusagen an Gesellschafter-Geschäftsführer, BetrAV 2007, S. 415 ff. (420, 422).

428 Ebenso für den Marktzins: Ahrend/Förster/Rößler, BetrAVG StR, 6. Teil, Rn 846 (S. 152); Kemper/Kisters-Kölkes/Berenz/Huber, 4. Aufl., § 4 Rn 113,114 (S. 364); Höfer, BetrAVG, Bd I AR, § 4 Rn 3775 (S. 1124); Blomeyer/Rolfs/Otto, BetrAVG, StR Teil A. Rn 408 (S. 1264).

ist der Zinsfuß, der aufgrund des BilMoG für die handelsrechtliche Bewertung anzusetzen ist. Die noch in der 7. Auflage vertretene Ansicht, dass der steuerliche Zinsfuß verwendet werden sollte, wird hiermit aufgegeben. Obgleich die Inbezugnahme des steuerlichen Zinses in der Praxis noch weit verbreitet ist und ihm insoweit auch eine „Üblichkeit" zukommt, darf Letzteres hier nicht als Argument gelten, denn ansonsten würde jede Fortentwicklung gehemmt. Nachdem der Gesetzgeber für das Handelsrecht einen Richtungswechsel vollzogen hat und erkannt hat, dass eine Bewertung der Verpflichtung nach „vernünftiger kaufmännischer Beurteilung" auch zu einem anderen Zinsfuß führt, muss dies auch für die Abfindung von Versorgungsverpflichtungen gelten, denn der steuerliche Zins wurde hierdurch auf seine fiskalische Funktion beschränkt. Eine ähnliche Sichtweise hat im Übrigen auch die Gesetzesbegründung zum Versorgungsausgleich (VAStRefG). Diese enthält einen Hinweis auf den Zins nach BilMoG und die Wertung, dass jedenfalls der steuerliche Zins nicht zulässig sei. Die zuvor angestellten Erwägungen müssen u. E. entsprechend für eine Übertragung der Zusage gelten, siehe dort ausführlicher unter VI. 1. d).

Angesichts der Tatsache, dass bei nicht beherrschenden Personen grundsätzlich das Betriebsrentengesetz in seiner jeweiligen Fassung gilt, hat die Praxis in diesen Fällen die Abfindungsklauseln meist entfernt und bei beherrschenden Geschäftsführern und Vorständen eher den Gegebenheiten angepasst. Eine Überprüfung der fraglichen Regelung (und des definierten Zinses), sollte angesichts des Urteils des BAG vom 21. 4. 2009 – 3 AZR 285/07, siehe hierzu die Ausführungen unter II. 1., u. E. in jedem Falle erfolgen.

Die Abfindungszahlung stellt bei einer Direktzusage (oder Unterstützungskassenzusage) steuerpflichtiges Arbeitsentgelt aus nichtselbstständiger Tätigkeit nach § 19 Abs. 1 Nr. 2 EStG dar. Je nach Fallgestaltung sind auf dieses steuerpflichtige Einkommen aber Steuerfreibeträge oder -vergünstigungen anzuwenden. Für Abfindungen aus Anlass einer Auflösung des Dienstverhältnisses gibt es – auch für Gesellschafter-Geschäftsführer und -Vorstände – seit dem 1. 1. 2006 keine Steuerfreiheit mehr.[429]

Bei beherrschenden Geschäftsführern bzw. Vorständen dürfte die Abfindung einer **verfallbaren Versorgungsanwartschaft** in der Regel als ver-

---

429 BGBl I 2005, S. 3682; Weitergeltung des alten § 3 Nr. 9 EStG für vor dem 1. 1. 2006 entstandenen Anspruch auf Abfindung. § 3 Nr. 9 EStG wurde durch das Gesetz zum Einstieg in ein steuerliches Sofortprogramm vom 22. 12. 2005 aufgehoben.

deckte Gewinnausschüttung zu qualifizieren sein. Hier wird dem Geschäftsführer/Vorstand nämlich ein Sondervorteil zugewandt, auf den er keinen Anspruch hat. Ein ordentlicher und gewissenhafter Geschäftsleiter hätte einem nicht beteiligten Geschäftsführer/Vorstand keine Entschädigung für eine verfallbare Anwartschaft gewährt.[430] Sofern auf die Regelungen des BetrAVG vertraglich verwiesen wird, kann dies einem **vertraglichen Abfindungsverbot** gleichkommen. Eine gegen diese Regelungen dennoch vorgenommene Abfindung soll eine vGA begründen.[431]

Die Abfindung einer Versorgungsanwartschaft kann allerdings auch bei beherrschenden Gesellschafter-Geschäftsführern bzw. -Vorständen die Steuervergünstigung der §§ 34, 24 EStG erfahren.[432] Über die sog. **Fünftelungsregelung** wird ggf. eine Milderung der Steuerprogression erreicht [siehe oben Abschn. V. 1. c)]. Voraussetzung für die Anwendung der Fünftelungsregelung ist entweder, dass die Abfindungszahlung eine „Vergütung für mehrjährige Tätigkeit" i. S. v. § 24 Nr. 1 Buchst. a i. V. m. § 34 Abs. 2 Nr. 4 EStG darstellt oder eine „Entschädigung" als Ersatz für entgangene oder entgehende Einnahmen i. S. v. § 34 Abs. 2 Nr. 2 EStG i. V. m. § 24 Nr. 1 EStG. Die Nutzung eines eingeräumten Wahlrechts auf Kapitalisierung schließt die Anwendung der Regelung nicht aus.[433]

Voraussetzung für die Annahme einer „Entschädigung" ist, dass die Zahlung nicht in Erfüllung eines Anspruchs des Empfängers erfolgt, sondern eine Ersatzleistung für einen Schaden in Form eines Einnahmeverlustes darstellt.[434] Auf die weiteren Einzelheiten soll an dieser Stelle nicht weiter eingegangen werden, da bereits der Charakter als **Vergütung für mehrjährige Tätigkeiten** zur Anwendung der größtmöglichen Steuerbegünstigung, der Fünftelungsregelung führt.[435] Ohne Zweifel stellt jedoch die Abfindung einer Versorgungsanwartschaft, die durch langjährige Tätigkeit für das Unternehmen erworben wurde, eine Vergütung für mehrjährige Tätigkeit dar.[436]

---

430 Im Ergebnis ebenso Langohr-Plato, BetrAV 2001, S. 523, 525.
431 BFH, Urteil vom 14. 3. 2006 – I R 38/05 NV, DStR 2006, S. 1172.
432 Vgl. BFH, Urteil vom 12. 4. 2007 – VI R 6/02, DStRE 2007, S. 894 = BB 2007, S. 1374 = DB 2007, S. 1286; zur steuerlichen Behandlung der Abfindung von Pensionsansprüchen bei Verkauf der GmbH-Anteile und anschließender Beratungstätigkeit für die GmbH siehe BFH, Urteil vom 10. 4. 2003 – XI R 4/02, BB 2003, S. 1938 = DStR 2003, S. 1566.
433 BFH, Urteil vom 14. 5. 2003 – XI R 12/00, DB 2003, S. 2365.
434 Vgl. R 24.1 EStR 2003 sowie EStH H 170.
435 Siehe wegen Einzelheiten jedoch ggf. die zweite Auflage dieses Buches, S. 72 ff.
436 Vgl. BFH, Urteil vom 23. 7. 1974 – VI R 116/72, BB 1974, S. 1383 = BetrAV 1974, S. 217; zustimmend auch Höfer/Veit/Verhuven, Bd II StR, S. 1428 Rn 3169.

b) Verzicht

aa) Folgen des Verzichts bei der Gesellschaft

Der Verzicht eines beteiligten Geschäftsführers auf die ihm zivilrechtlich wirksam erteilte und steuerlich anerkannte Versorgungszusage führt nach der Rechtsprechung des Bundesfinanzhofs[437] zu einer – in der Regel ertragsteuerlich weitgehend erfolgsneutralen – Einlage in das Vermögen der GmbH. Zuvor war noch angenommen worden, dass ein Verzicht lediglich zu einer steuerpflichtigen Vermögensmehrung bei der Gesellschaft führt.[438]

Folge eines entschädigungslosen Verzichtes ist damit **bei der Gesellschaft**, dass in der Steuerbilanz die gebildete Pensionsrückstellung aufzulösen und gleichzeitig der „Teilwert der erdienten Versorgungsanwartschaft" (nicht der nach § 6 a EStG ermittelte Teilwert der Pensionsverbindlichkeit!) als Einlage gemäß § 4 Abs. 1 EStG i. V. m. § 8 Abs. 1 KStG zu behandeln ist.[439]

Der Teilwert der erdienten Versorgungsanwartschaft entspricht den **Wiederbeschaffungskosten**, d. h. den Kosten, die der verzichtende Gesellschafter im Zeitpunkt des Verzichts hätte aufwenden müssen, um eine gleich hohe Versorgungsanwartschaft gegenüber einem vergleichbaren Schuldner zu erwerben.[440] Kriterien sind damit die erdiente Quote der Versorgungsanwartschaft, ihr versicherungsmathematischer Wert und schließlich die Werthaltigkeit der Anwartschaft unter dem Aspekt der Bonität der Gesellschaft. Auch die Unverfallbarkeit kann für die Wertermittlung von Bedeutung sein. Nach der Rechtsprechung[441] soll bei einem Verzicht auf eine noch verfallbare Versorgungsanwartschaft die Einlage nicht mit dem Teilwert der Verpflichtung (i. Ergebnis Wiederbeschaffungskosten) zu bewerten sein, sondern (mangels Werthaltigkeit des verfallbaren Anwartschaftsrechts) mit einem Teilwert von null EUR, wobei ein Gewinn i. H. der Pensionsrückstellung auszuweisen ist. Letztlich dürfte der Teilwert keine exakte Größe sein, sondern ein im Rahmen einer bestimmten Bandbreite liegender begründeter Wert.

---

437 GrS, Urteil vom 9. 6. 1997 – GrS 1/94, DStR 1997, S. 1282 = BStBl II 1998, S. 307; BFH, Urteil vom 15. 10. 1997 – I R 58/93, BStBl II 1998, S. 305 = DB 1998, S. 346.
438 BFH, Urteil vom 19. 5. 1993 – I R 34/92, BStBl II 1993, S. 804; ebenso die erste Auflage dieses Buches, S. 56.
439 In Höhe der verdeckten Einlage entsteht EK 04.
440 Vgl. BFH, Urteil vom 15. 10. 1997 – I R 58/93 a. a. O.; siehe auch Briese, DStR 2004, S. 1277.
441 FG Düsseldorf, Urteil vom 15. 6. 2010 – 6 K 2357/08 K, F – nicht rkr.

Der Teilwert kann von der nach § 6 a EStG gebildeten Pensionsrückstellung nach oben und nach unten abweichen. Ist er niedriger als die steuerliche Rückstellung, so ergibt sich in Höhe der Differenz zwischen der Pensionsrückstellung, die gewinnerhöhend aufzulösen ist, und der mit dem Teilwert angesetzten Einlage ein steuerpflichtiger Gewinn. Im umgekehrten Fall, wenn also die Einlage höher ist als die gebildete Rückstellung, ergibt sich ein zusätzlicher Aufwand, der den steuerlichen Gewinn mindert.

Beim Gesellschafter-Geschäftsführer liegt im Falle des gesellschaftsrechtlich veranlassten Verzichts nach der neuen Rechtsprechung ein **Zufluss von Arbeitslohn** nach § 19 EStG in Höhe des Teilwertes der Versorgungsanwartschaft vor. Siehe hierzu näher weiter unten. (Achtung: Die Gesellschaft ist damit zur Abführung von Lohnsteuer auf den Einlagewert verpflichtet!). Gleichzeitig erhöhen sich die Anschaffungskosten für die GmbH-Beteiligung.

bb) Folgen des Verzichts bei dem Geschäftsführer/Vorstand

Der Verzicht eines Geschäftsführers/Vorstands ganz oder zum Teil auf seine Versorgungsanwartschaft bzw. seinen Pensionsanspruch hat auf der Gesellschaftsebene (siehe oben) und beim Geschäftsführer/Vorstand selbst steuerliche Implikationen.

Bei dem Geschäftsführer/Vorstand ergeben sich, je nach der Art der Veranlassung, unterschiedliche Auswirkungen.

(1) Gesellschaftsrechtlich veranlasster Verzicht bzw. Teilverzicht

War der Verzicht (bzw. Teilverzicht) gesellschaftsrechtlich veranlasst, was beim Verzicht auf eine bestehende Rechtsposition (Anspruch oder Anwartschaft) der Regelfall sein dürfte, dann liegt nach der BFH-Rechtsprechung eine **verdeckte Einlage** vor.[442] Diese führt – analog einer verdeckten Gewinnausschüttung – außerhalb der Bilanz zu einer Korrektur bei der Feststellung des zu versteuernden Gewinns (Verminderung des Gewinns gemäß § 4 Abs. 1 Satz 1 EStG). Bei der verdeckten Einlage ist die „Werthaltigkeit" des verzichteten Anspruchs zu prüfen. Eine Krisensituation kann hierbei zur Wertlosigkeit des Anspruchs in dem Maße führen, wie keine (verpfändete)

---

442   Vgl. BFH, Urteil vom 15. 10. 1997 – I R 58/93 a. a. O.

Rückdeckung vorhanden ist. Die verdeckte Einlage bezieht sich dann auf den werthaltigen Teil.[443]

Die verdeckte Einlage ist gemäß § 6 Abs. 1 Nr. 5 EStG bei der Gesellschaft mit dem Teilwert der zugeführten Wirtschaftsgüter anzusetzen. Dieser Teilwert entspricht den Wiederbeschaffungskosten des Geschäftsführers/Vorstands für die Zusage, nicht dagegen dem bei der Gesellschaft bisher bilanzierten Teilwert. Die Wiederbeschaffungskosten für eine Versorgungszusage hängen davon ab, welchen Betrag der Gesellschafter-Geschäftsführer bzw. -Vorstand im Zeitpunkt des Verzichts hätte aufwenden müssen, um eine gleich hohe Versorgungsanwartschaft gegen einen vergleichbaren Schuldner (wobei dessen Bonität unberücksichtigt bleiben kann) zu erwerben.[444]

Insgesamt hat der gesellschaftsrechtlich veranlasste Verzicht bei der Gesellschaft damit folgende Wirkung: Sofern der im Zeitpunkt des Verzichts steuerlich bilanzierte (aufzulösende) Teilwert der Versorgungsanwartschaft unter dem Teilwert der Einlage (Wiederbeschaffungskosten der Pensionsrechte) liegt, ergibt sich in Höhe des Differenzbetrages ein laufender, steuerpflichtiger Gewinn. Im umgekehrten Fall ist der Differenzbetrag gleichzeitig als Aufwand der Gesellschaft und als Einlage zu behandeln.[445]

Beim Gesellschafter-Geschäftsführer bzw. -Vorstand selbst führt der Verzicht zu einem steuerpflichtigen Zufluss in Höhe des Teilwertes der verdeckten Einlage (Wiederbeschaffungskosten der Pensionsrechte), obwohl ihm wegen des Verzichts keinerlei Geldbetrag seitens der Gesellschaft zufließt. Soweit durch den Verzicht nämlich eine verdeckte Einlage erbracht wird, führt dies zu einem nach § 11 Abs. 1 EStG steuerpflichtigen Zufluss des entsprechenden Wertes bei der Gesellschaft, veranlasst durch die im Verzicht liegende Verfügung über das Pensionsrecht.[446] Letztlich erreicht der Gesellschafter durch den Verzicht eine Stärkung seiner Gesellschafterrechte und eine Umschichtung seines Vermögens.

---

443 Vgl. Alber, Aktuelle steuerliche Fragen bei den Pensionszusagen an Gesellschafter-Geschäftsführer, BetrAV 2007, S. 415 ff. (421).
444 Vgl. BFH, Urteil vom 15. 10. 1997 – I R 58/93 a. a. O.; letztlich handelt es sich um die verzinsliche Ansammlung der fiktiven Jahresnettoprämie für die zugesagten Leistungen, vgl. Riemer, BetrAV 2000, S. 427; Höfer/Veit/Verhuven, Bd II StR, S. 1411 Rn 3114.
445 BFH, Urteil vom 16. 10. 2002 – XI R 25/01; vgl. auch Riemer, BetrAV 2000, S. 427.
446 BFH, Beschluss vom 9. 6. 1997 – GrS 1/94, BStBl II 1998, S. 305, unter C II 1 a.

Hinsichtlich des fiktiven Zuflusses wird vertreten,[447] dass hier ebenfalls die sog. Fünftelungsregelung nach § 34 Abs. 2 Nr. 4 i. V. m. Abs. 1 EStG anwendbar sei.

Eine besondere Situation soll nach häufig vertretener Ansicht[448] vorliegen, wenn der Verzicht, auch außerhalb einer wirtschaftlichen Krise, **auf künftig entstehende Versorgungsrechte beschränkt** werde („Einfrieren" der Anwartschaft). Ein solcher Verzicht beträfe nur solche Rechte, die zum Zeitpunkt des Verzichts noch nicht erdient seien, weshalb auch keine verdeckte Einlage und damit verbundener Zufluss vorlägen.

Auf Seiten der **Finanzverwaltung** befasste sich mit der Thematik zunächst die **OFD Hannover**[449]. Deren Ausführungen beschränkten sich jedoch im Wesentlichen auf die Feststellung, dass ein steuerneutraler Verzicht nur auf den „future-service" schon wegen der Auflösung der (durch das „Einfrieren" bedingt) überschießenden Rückstellung nicht möglich sei, wobei Aussagen zur möglichen Werthaltigkeit des noch nicht erdienten Anwartschaftsteils oder zur gesellschaftsrechtlichen Veranlassung unterblieben. Hiernach nahm das **Finanzministerium Nordrhein-Westfalen** zur oben dargestellten Auffassung zum nicht werthaltigen Verzicht mittels Erlass[450] eine deutliche Gegenposition ein. Darin wurde die Auffassung vertreten, dass die Anwartschaft einen „einheitlichen Vermögensvorteil" darstelle, weshalb ein Verzicht sowohl den erdienten als auch den noch nicht erdienten Teil betreffe. Mangels Differenzierung wird die Werthaltigkeit auch des noch zu erdienenden Teils der Anwartschaft fingiert. Konsequenterweise folgt dann aus dem

---

447 Vgl. Förster, Steuerliche Folgen der Übertragung von Pensionszusagen, DStR 2006, S. 2149 (2150).

448 Alber, Aktuelle steuerliche Fragen bei Pensionszusagen an Gesellschafter-Geschäftsführer, BetrAV 2007, S. 415 ff. (420, 421 – angeführt wird H 40 KStH 2006: Verzicht auf Pensionsanwartschaftsrechte); Risthaus, Verzicht eines GGF auf eine Pensionszusage, BetrAV 2008, S. 737 ff. (738); Buddenbrock/König, Restrukturierungsmöglichkeiten von Versorgungszusagen an beherrschende Gesellschafter-Geschäftsführer (GGF-Zusagen), BetrAV 2009, S. 206 (209); Linden, Gesellschafter-Geschäftsführer und Pensionszusagen – Durch „Einfrieren" ein Lohnsteuer- und Liquiditätsfiasko?, DStR 2010, S. 582 ff.; Keil/Prost, Verzicht von Gesellschafter-Geschäftsführern auf den „future-service" von bestehenden Pensionszusagen, DStR 2010, S. 868 ff.

449 OFD Hannover, Verfügung vom 11. 8. 2009 (Rückstellungen für Pensionszusagen; Einfrieren von Pensionszusagen auf den Past-Service/Verzicht auf den Future-Service – S 2742 – 202 – StO 241, DB 2009, S. 2 = BetrAV 2009, S. 744.

450 FM NRW, Erlass vom 17. 12. 2009 (Erlass betr. steuerliche Auswirkungen des Verzichts eines Gesellschafter-Geschäftsführers auf eine Pensionsanwartschaft gegenüber seiner Kapitalgesellschaft – S 2743 –10– V B 4, GmbHR 2010, S. 168 = BetrAV 2010, S. 273.

gedachten Vergleich mit einem Fremdgeschäftsführer regelmäßig die gesellschaftsrechtliche Veranlassung des Verzichts, der zu einer verdeckten Einlage und einem lohnsteuerlichen Zufluss beim GGF nach § 19 EStG führt, zu bewerten mit den Wiederbeschaffungskosten. Die **OFD Magdeburg**[451] war hiernach der Auffassung, dass es bei dem fraglichen Verzicht nicht darauf ankomme, ob sich dieser auf zukünftig zu erdienende Anwartschaftsteile beziehe, sondern, ob eine betragsmäßige Reduzierung der Anwartschaft vorliege. Dabei könne die Verzichtsvereinbarung versicherungsmathematisch so austariert sein, dass der Wert einer verdeckten Einlage 0 € betrage. Das könne der Fall sein, wenn der Barwert der Anwartschaft nach Reduzierung den zum Verzichtszeitpunkt erworbenen Ansprüchen (Gegenwartswert bzw. ratierlicher Anwartschaftsbarwert) entspreche. Die **OFD Frankfurt**[452] kommt zum gleichen Ergebnis, jedoch ergeben sich daraus inhaltliche Widersprüche, dass zugleich versucht wurde, die Argumentation des FM Nordrhein-Westfalen nachzuvollziehen. Nach der **OFD Karlsruhe**[453] ergibt sich bei dem Verzicht auf die noch zu erdienende Anwartschaft (nur) dann eine verdeckte Einlage, wenn (aufgrund eines Barwertvergleichs) der Barwert der geänderten Zusage kleiner ist als der Barwert des bereits erdienten Teils. Als erdient in diesem Sinne gilt der ratierliche Anwartschaftsbarwert (bei steuerlicher Beherrschung als modifiziertes m/n-tel). Nicht beanstandet wird die Verwendung der steuerlichen Rechnungsgrundlagen – auch des vorangegangenen Bilanzstichtags. Sofern bei den genannten OFD die „eingefrorene" Anwartschaft dem erdienten Teil entspricht, dürfte damit eine verdeckte Einlage im Ergebnis entfallen und es ergeben sich lediglich die gewöhnlichen steuerlichen Folgen der Rückstellungsauflösung. Eine Bewertung des einlagefähigen Verzichts ist damit nur dann erforderlich, wenn beim Festschreiben der ratierlich erdiente Teil unterschritten wird.

Die oben dargestellte Auffassung des FM Nordrhein-Westfalen ist abzulehnen,[454] denn hierdurch werden einerseits arbeitsrechtliche Grundsätze (Einheit der Versorgungszusage) in einen falschen Zusammenhang gebracht und andererseits verkannt, dass sogar höchstrichterlich im Arbeitsrecht zwischen

---

451 OFD Magdeburg, Verfügung vom 2. 9. 2010 – S 2176 – 57 – St 215.
452 OFD Frankfurt, Verfügung vom 10. 9. 2010 – S 2742 A – 10 – St 510.
453 OFD Karlsruhe, Verfügung vom 17. 9. 2010 – S 274.2/107 – St 221.
454 Ausführlich dargelegt haben dies: Langohr-Plato/Bamberg, Gesellschafter-Geschäftsführer-Versorgung: aktuelle Aspekte zu Verzicht und Auslagerung, BetrAV 2010, S. 731 ff. (733).

dcr bereits erdienten und der noch zu erdienenden Anwartschaft (Drei-Stu-fen-Theorie) unterschieden wird; eine Unterscheidung treffen letztlich mit-telbar auch die Unverfallbarkeitsbestimmungen des BetrAVG. Aber auch in steuerlicher Hinsicht ist die Ansicht vor dem Hintergrund der Ausführungen der Finanzverwaltung zur Auslagerung nach § 3 Nr. 66 EStG[455] nicht haltbar, denn diese bauen ebenfalls auf einer solchen Unterscheidung auf.

Nachdem hiernach von einer Aufteilbarkeit der Anwartschaft in arbeits- und steuerrechtlicher Hinsicht auszugehen ist, kommt es auf die Frage an, ob ein Verzicht vorliegt. Der Entfall des zukünftigen Anwachsens der Anwart-schaft stellt u. E. einen Verzicht dar, der im Regelfall gesellschaftsrechtlich motiviert sein dürfte, denn ein Fremdgeschäftsführer würde nicht entschä-digungslos auf den Vorteil verzichten, sich die Anwartschaft allein durch Zeitablauf weiter zu erdienen. **Entscheidend** ist aber, ob die Anwartschaft auf zukünftige Versorgung auch einen **besteuerungsfähigen Wert** hat. Das Anwachsen des zukünftigen Anwartschaftsteils dürfte nach allgemeiner An-sicht unbestritten einen Vorteil darstellen,[456] jedoch bereitet die Bestimmung der Werthaltigkeit im steuerlichen Sinne als „einlagefähiger Vermögensvor-teil" Schwierigkeiten,[457] denn die tatsächliche Höhe der Ersparnis für das Unternehmen ist zum Verzichtszeitpunkt ungewiss.[458] Insofern betrifft der Verzicht aus Sicht des Versorgungsberechtigten nur die Chance auf den Er-werb einer höheren Anwartschaft; diesem Anwartschaftsteil fehlt es jedoch noch am eigentumsähnlichen Charakter, weshalb auch **kein einlagefähiger Vermögensvorteil** vorliegen kann.

Aufgrund der uneinheitlichen Linie der Finanzverwaltung raten die Autoren bis zur Klärung auf Bundesebene dazu, eine verbindliche Auskunft über das Betriebsstätten-Finanzamt einzuholen. Falls diese nicht erteilt wird, ist ab-zuwägen, ob der angesprochene Verzicht gleichwohl erfolgen soll.

---

455 BMF-Schreiben vom 26. 10. 2006 – IV B2 – S 2144 – 57/06, dort Rz. 4.
456 So bereits in der 7. Auflage dargestellt, Frage der Einlagefähigkeit aber nicht entschieden.
457 Einen Versuch zur Bestimmung eines einlagefähigen Vermögensvorteils haben unternom-men: Wellisch/Gellrich, Ablösung und Auslagerung von Pensionszusagen, NWB 2009, S. 2470 (2475, 2476): der einlagefähige Vermögensvorteil soll nach dieser Auffassung nach jedem künftigen Dienstjahr dem Teilwert der ansonsten hinzuerdienten Anwartschaft des Versor-gungsberechtigten entsprechen, bestimmt nach der Teilwertprämie nach § 6 a EStG mit einem marktnahen Zins und einem Finanzierungsbeginn, der dem Verzichtszeitpunkt ent-spricht. Der Wert soll, wegen der vGA, dem GGF jährlich als Lohnzufluss hinzugerechnet werden.
458 Langohr-Plato/Bamberg, Gesellschafter-Geschäftsführer-Versorgung: aktuelle Aspekte zu Verzicht und Auslagerung, BetrAV 2010, S. 731 ff (734).

(2) Betrieblich veranlasster Verzicht bzw. Teilverzicht

Liegt im Ausnahmefall ein betrieblich veranlasster Verzicht auf die Pensionsrechte vor, dann führt das bei der Gesellschaft in vollem Umfang zu einer gewinnerhöhenden Auflösung der Pensionsrückstellung. Beim Geschäftsführer/Vorstand hat der Verzicht in diesem Fall keine steuerlichen Auswirkungen.

Betrieblich veranlasst kann ein Verzicht bzw. Teilverzicht beispielsweise dann sein, wenn eine Versorgungszusage an eine geänderte Rechtslage angepasst wird, wenn auf die Anwartschaft zur **Abwendung der Insolvenz** des Unternehmens ganz oder teilweise verzichtet wird[459] oder wenn eine Zusage an Ergebnisse einer steuerlichen Betriebsprüfung angepasst wird.[460]

Aufgrund des erwähnten Scheibens des BMF vom 6. 9. 2005[461] reicht nunmehr der bloße Eintritt einer wirtschaftlichen Krise oder der (teilweise) Verzicht zum Ausgleich einer Deckungslücke bei einer Rückdeckungsversicherung nicht aus, um die gesellschaftsrechtliche Veranlassung eines Verzichts (und damit die Annahme einer verdeckten Einlage mit der Folge des Zuflusses beim Gesellschafter) zu verneinen.[462]

Nach Auffassung des Bayerischen Landesamts für Steuern[463] liegen die Voraussetzungen für die Annahme einer betrieblichen Veranlassung dann vor, wenn der Verzicht der Vermeidung einer drohenden Überschuldung der Gesellschaft im insolvenzrechtlichen Sinne dient, im Zusammenhang mit weiteren die Überschuldung vermeidenden Maßnahmen (etwa einer Absenkung des Aktivgehaltes) steht und ein Fremdvergleich ergibt, dass sich auch ein Fremdgeschäftsführer zu einem Verzicht bereit erklärt hätte.

Auf die spezielle Problematik eines **Teilverzichts** auf den **noch zu erdienenden Anwartschaftsteil** (sog. „future-service") wurde bereits in den Erläuterungen zum gesellschaftsrechtlich motivierten Verzicht eingegangen, da solches der Regelfall sein dürfte – und sich ansonsten nicht die Frage nach steuerlichen Wirkungen beim Versorgungsberechtigten stellt.

---

459   Vgl. insbesondere auch das BMF-Schreiben vom 6. 9. 2005 – IV B 7 – S 2742 – 69/05.
460   Vgl. dazu im Einzelnen Höfer/Veit/Verhuven, Bd II StR, S. 1413 Rn 3122.
461   BMF-Schreiben vom 6. 9. 2005 (IV B 7 – S 2742 – 69/05).
462   So auch Alber, Aktuelle steuerliche Fragen bei Pensionszusagen an Gesellschafter-Geschäftsführer, BetrAV 2007, S. 415 ff. (420, 421).
463   Siehe zur Beurteilung der Finanzierbarkeit auch: Bayerisches Landesamt für Steuern, Verfügung vom 15. 2. 2007 – S 2742-26 St31N, DStR 2007, S. 993.

cc) Verzicht gegen Besserungsschein

Der Verzicht eines Gesellschafters gegen Besserungsschein (einer vertraglichen Abrede, dass die Forderung bei Eintritt der im Besserungsschein genannten Bedingungen wieder auflebt) war bereits Gegenstand eines Schreibens des BMF.[464]

Aus einem solchen Verzicht zur Abwendung der Insolvenz folgt zunächst die Ausbuchung der Pensionsrückstellung und daraus ein gewinnerhöhender Ertrag. Sofern zu einem späteren Zeitpunkt der Besserungsfall eintritt, ist die Rückstellung erneut einzubuchen und daraus entsteht ein gewinnmindernder Aufwand. Weil es sich dabei aber nicht um eine neue Zusage handelt, bedarf es keiner erneuten Erdienbarkeit.

Der betrieblich veranlasste Verzicht führt beim Geschäftsführer nicht zu einem Zufluss von Arbeitslohn, ein Aufleben der Zusage ist auch nach vollendetem 60. Lebensjahr steuerlich unschädlich und der Einbuchung der Versorgungsverbindlichkeit steht auch nicht das Nachholverbot aus § 6 a Abs. 4 Satz 1 EStG entgegen.[465]

Erfolgt nach Eintritt des Besserungsfalls keine Geltendmachung der Forderung, liegt konsequenterweise ein gesellschaftsrechtlich veranlasster Verzicht mit der Folge der verdeckten Einlage und dementsprechendem Zufluss vor, denn das auflebende Recht müsste eigentlich erneut eingebucht werden.

c) Auslagerung der Verbindlichkeit

Die Übertragung von Pensionsverpflichtungen kann insbesondere im Zusammenhang mit dem Ausscheiden eines Gesellschafter-Geschäftsführers bzw. -Vorstands aus der Gesellschaft eine interessante Alternative zu einer Abfindung bzw. einem Verzicht sein.

Der Einmalbeitrag, der von der Gesellschaft (bzw. einer von ihr mit der Altersversorgung beauftragen Unterstützungskasse) an einen **Pensionsfonds** für die Übernahme der Pensionsverpflichtung gezahlt wird, ist nämlich nach § 3 Nr. 66 EStG (lohn-)steuerfrei.

---

464 BMF-Schreiben vom 2. 12. 2003 – IV A 2 – S 2743 – 5/03.
465 Vgl. Alber, Aktuelle steuerliche Fragen bei Pensionszusagen an Gesellschafter-Geschäftsführer, BetrAV 2007, S. 415 ff. (420, 421).

Bei der Gesellschaft ist der Einmalbeitrag gemäß § 4 e Abs. 3 EStG grds. bis zur Höhe der aufzulösenden Rückstellung im Wirtschaftsjahr der Übertragung, der darüber hinausgehende Betrag (sowie bei der Unterstützungskasse gemäß § 4 d Abs. 3 EStG der Gesamteinmalbeitrag) gleichmäßig verteilt in den der Übertragung folgenden zehn Wirtschaftsjahren als Betriebsausgaben abzuziehen.

Hinsichtlich einer Unterscheidung bei der übertragenen Anwartschaft zwischen vergangenen Diensten („past-service") und dem noch zu erdienenden Teil („future-service") ist das BMF-Schreiben vom 26. 10. 2006 (IV B 2 – S 2144 – 57/06) zu beachten, welches sich mit der Auslagerung auf Pensionsfonds beschäftigt.

Handelt es sich bei der Versorgungsverpflichtung um eine bereits laufende Rente, kann die Auslagerung auf eine (rückgedeckte) Unterstützungskasse attraktiver sein. Der Vollständigkeit wegen ist darauf hinzuweisen, dass die Auslagerung auf eine Unterstützungskasse nicht zu einem Verzicht führt, sondern nur einen Wechsel des Durchführungsweges darstellt.[466]

Bei dem sog. **Kombinationsmodell** (von Pensionsfonds und rückgedeckter Unterstützungskasse) ist ebenfalls zwischen den vorgenannten Anwartschaftsteilen zu differenzieren. Der nach § 4 e Abs. 3 EStG i. V. m. § 3 Nr. 66 EStG beim **Pensionsfonds** steuerlich privilegierte (weil vom steuerlichen Lohnzufluss freigestellte) Teil betrifft die bereits erdiente Anwartschaft. Das BMF[467] verwendet dabei eine eigenständige steuerrechtliche Definition des „past-service", nämlich den steuerlich ausfinanzierbaren Teil (Quotient des Teilwerts nach § 6 a EStG zum Barwert der gesamten Anwartschaft zum Ablösungszeitpunkt). Dieser Anteil übersteigt regelmäßig den Wert der mindestens zu berücksichtigenden arbeitsrechtlich erdienten Anwartschaft (nach § 2 Abs. 1 – sog. m/n-tel Verfahren – bzw. § 2 Abs. 5 a BetrAVG).

Bei steuerlich beherrschenden GGF ist, für den Fall eines vorzeitigen Austritts, der (steuerlich anerkennungsfähige) **arbeitsrechtlich erdiente Teil** jedoch nicht ab Diensteintritt, sondern ab Zusagedatum zu bestimmen.[468] Nach Meinung von Wellisch/Gellrich[469] soll deshalb nur die vorgenannte Be-

---

466 Ebenso: Langohr-Plato/Bamberg, Gesellschafter-Geschäftsführer-Versorgung: aktuelle Aspekte zu Verzicht und Auslagerung, BetrAV 2010, S. 731 ff. (734).
467 BMF-Schreiben vom 26. 10. 2006 – IV B2 – S 2144 – 57/06, dort Rz. 4.
468 BMF-Schreiben vom 9. 12. 2002 – IV A2 – S 2742 – 68/02, sog. modifiziertes m/n-tel.
469 Wellisch/Gellrich, Ablösung und Auslagerung von Pensionszusagen, NWB 2009, S. 2470 (2473, 2474).

rechnungsmethode bei dieser Personengruppe Verwendung finden, weil ansonsten steuerliche Nachteile drohen würden. Denn der steuerlich ausfinanzierbare Teil der gesamten Anwartschaft stehe dem GGF zum Zeitpunkt der Ablösung noch nicht zu, weshalb diese Finanzierung insoweit zu einer vGA führe, als sie den Teil betreffe, der den für den GGF arbeitsrechtlich erdienten Teil zum Ablösungszeitpunkt übersteige. Der dargestellten Auffassung ist nicht uneingeschränkt zuzustimmen. Zunächst ist daran zu präzisieren, dass sich der „arbeitsrechtlich erdiente" Teil auch beim steuerlich beherrschenden GGF aus der zugrunde liegenden zivilrechtlichen Vereinbarung ergibt. Das kann (und sollte) sich idealerweise mit dem steuerlichen Rahmen decken, muss es aber nicht. Solange eine Anwartschaft nicht festgeschrieben wird, etwa durch Austritt, ist ein Auseinanderfallen zunächst unkritisch. Es ist zudem anzumerken, dass ein aus steuerlicher Sicht finanzierbarer Teil in der Praxis nicht stets mit arbeitsrechtlichen Ansprüchen harmonieren muss. Denn auch bei einer Pensionsrückstellung darf vor Erreichen von Unverfallbarkeitsfristen, also unabhängig vom arbeitsrechtlich unverfallbaren Anspruch, eine Rückstellung mit steuerlicher Wirkung gebildet werden. Dabei ist der Finanzierungsbeginn, auch beim steuerlich beherrschenden GGF, grundsätzlich der Diensteintritt, auch wenn die Zusage viel später erteilt wurde. Im erwähnten Schreiben des BMF fehlt ein besonderes Eingehen auf den beherrschenden GGF, obgleich die Auffassung des BMF[470] seit 2002 existiert. Gleichwohl kann die erwähnte Meinung von Wellisch/Gellrich[471] als „sicherer Weg" geboten sein: Wenn etwa das Unternehmen in absehbarer Zeit verkauft werden soll (eine typische Motivation für eine Auslagerung) und hierbei auch ein Ausscheiden stattfinden soll, dann ist schon bei Auslagerung vorhersehbar, dass die Anwendung des steuerlichen Quotienten zur Ermittlung des „past-service" später zu einer höheren Leistung durch den Pensionsfonds an den GGF führen muss, als nach der alten Pensionszusage bei Ausscheiden vertraglich erdienbar ist. Dann kann darin auch ein Verstoß gegen das Nachzahlungsverbot gesehen werden. In diesen Fällen sollte deshalb die auszulagernde Anwartschaft zweckmäßigerweise an dem zum potentiellen Ausscheidezeitpunkt voraussichtlich bestehenden vertraglich unverfallbaren Anspruch ausgerichtet werden.

---

470 BMF-Schreiben vom 9. 12. 2002 – IV A2 – S 2742 – 68/02.
471 Wellisch/Gellrich, Ablösung und Auslagerung von Pensionszusagen, NWB 2009, S. 2470 (2473, 2474).

In der Gesamtbetrachtung (einschließlich Gewinn aus der Veräußerung der Gesellschaft) ergibt sich, wie in der Literatur nachgewiesen wurde,[472] selbst unter Berücksichtigung der Steuerpflicht der vom Pensionsfonds erbrachten Rentenleistungen in der Regel ein Vorteil gegenüber einer Abfindung oder einem Verzicht auf die Pensionsrechte.

d) Übertragung auf einen Folgearbeitgeber

Sofern für den Versorgungsberechtigten **das BetrAVG uneingeschränkt anwendbar ist**, dürfen (gesetzlich) unverfallbare Anwartschaften und laufende Leistungen nur in den Grenzen des § 4 BetrAVG übertragen werden; siehe hierzu die Ausführungen unter II. 1. zum Urteil des BAG vom 21. 4. 2009 – 3 AZR 285/07. Bei der Übertragung kann entweder die Zusage selbst übertragen werden (dann wird die Verpflichtung in ihrer ursprünglichen Form übertragen) oder nur deren ermittelter Wert. Wenn die Zusage nach dem 31. 12. 2004 in den Durchführungswegen Pensionsfonds, Pensionskasse oder Direktversicherung erteilt wurde und sie gesetzlich unverfallbar ist, steht dem Versorgungsberechtigten nach Beendigung seiner Tätigkeit unter bestimmten Umständen ein Übertragungsanspruch gegenüber dem ehemaligen Arbeitgeber hinsichtlich des Werts der Versorgung zu, §§ 4 Abs. 3 i. V. m. 30 b BetrAVG. Eine Übertragung der Zusage ist demgegenüber nur im allseitigen Einvernehmen möglich, vgl. § 4 Abs. 2 BetrAVG.

Für die verschiedenen Durchführungswege definiert das BetrAVG in § 4 Abs. 5 den Übertragungswert. Bei der **Direktzusage** und der **Unterstützungskasse** ist das der **Barwert** der nach der gesetzlichen Regelung zum vorzeitigen Ausscheiden (§ 2 BetrAVG) bemessenen künftigen Versorgungsleistung im **Zeitpunkt der Übertragung**. Dieser soll sich „nach den Rechnungsgrundlagen und anerkannten Regeln der Versicherungsmathematik" berechnen. Obgleich die aktuelle Formulierung im Vergleich zur Vorgängernorm etwas offener ist, ist anzunehmen, dass der Gesetzgeber bis auf eine größere Freiheit beim Rechnungszinsfuß keine grundsätzlich veränderte Berechnungsweise wollte.[473] Entsprechend der Ausführungen zur Berechnung einer Abfindung unter VI. 1. a) bb) sollte hierbei u. E. ebenfalls der sich nach § 253 Abs. 2 HGB ergebende **Marktzins** zugrunde gelegt werden, denn die dort angeführten Argumente haben hier ebenso Geltung (denn § 3 Abs. 5 BetrAVG verweist auf die Berechnungsweise des Übertragungswerts nach

---

472 Höfer, DB 2003, S. 415.
473 So auch Höfer, BetrAVG, Bd. I AR, Rn 3774, 3775.

§ 4 Abs. 5 BetrAVG).[474] Ergänzend zu den Erwägungen zum Zinsfuß ist bei einer Übertragung u. E. sogar eine noch **stärkere Annäherung an die handelsrechtliche Bewertung** zweckmäßig. Dies bedeutet bei uneingeschränkter Geltung des BetrAVG, auch ohne feste Anpassungsverpflichtung, zumindest die Beachtung eines Rententrends. Ob bei dem hier behandelten Personenkreis darüber hinaus auch ein Gehaltstrend einzurechnen ist, ist demgegenüber eher zweifelhaft.

Bei der Übertragung der Zusage eines Versorgungsberechtigten, für den der § 4 BetrAVG **nicht zwingend gilt**, sind die vorgenannten Maßgaben nicht uneingeschränkt einzuhalten; d. h. die Zusage kann auch abgeändert, oder zwar übertragen, aber beim Folgearbeitgeber nicht weiter fortgeführt werden. Mangels Anwendbarkeit der Norm wird es sich in solchen Fällen um eine einvernehmliche, dreiseitige (zwischen Alt-Arbeitgeber und Neu-Arbeitgeber; Versorgungsberechtigter erteilt hierzu seine Zustimmung) Übertragungsvereinbarung handeln. Sofern hierbei zugleich ein Durchführungswegwechsel auf einen externen Versorgungsträger stattfindet, wären zusätzlich die Hinweise in Abschnitt VI. 1. c) zur Auslagerung von Verbindlichkeiten zu beachten.

Nach einer schuldbefreienden Übertragung einer unmittelbaren Versorgungsverpflichtung muss die Pensionsrückstellung gewinnerhöhend aufgelöst werden. Dem außerordentlichen Ertrag steht aber der Aufwand für die Übernahme der Versorgungsverpflichtung gegenüber, der zugunsten des neuen Arbeitgebers gezahlt wird, denn dieser wird für die Übernahme des Teils der Versorgung, der in der Vergangenheit durch Dienste beim Vorarbeitgeber erdient wurde, einen finanziellen Gegenwert verlangen: den **Übertragungswert**.

Bei der an sich gegebenen Flexibilität des Übertragungsvorgangs ist jedoch zu beachten, dass dieser von der Finanzverwaltung dahingehend überprüft wird, ob er gesellschaftsrechtlich oder betrieblich veranlasst war. Es wird hierbei letztlich hinterfragt, ob die Bedingungen auch bei einem Fremdgeschäftsführer angemessen wären; wobei die gesellschaftsrechtliche Veranlassung nicht schon daraus gefolgert werden darf, dass die fragliche Übertragung bei diesem betriebsrentenrechtlich nicht möglich wäre.[475] Minderun-

---

474 Ebenso wohl Kemper/Kisters-Kölkes/Berenz/Huber, § 4 Rn 113 (S. 364); Höfer, BetrAVG, Bd I AR, Rn 3775 (S. 1124).
475 Ebenso Höfer/Veit/Verhuven, Bd. II StR, S. 1432 (Rn 3180).

gen der Versorgung wird ein Fremdgeschäftsführer kaum akzeptieren; Verbesserungen können hingegen ein Indiz für eine gesellschaftsrechtliche Veranlassung sein, weshalb sich etwa bei Übertragung einer noch verfallbaren Anwartschaft oder einer nicht werthaltigen Versorgungsverpflichtung (gegen Zahlung eines Gegenwerts) die Frage nach einer verdeckten Gewinnausschüttung stellt. Wird hingegen eine werthaltige, arbeitsrechtlich unverfallbare Zusage mit üblichen Regelungen unverändert auf einen Folgearbeitgeber übertragen, kann nur der gewählte Übertragungswert problematisiert werden.

Der nach dem BetrAVG einschlägige Übertragungswert wurde oben erläutert. Der sicherste Weg ist u. E. daher, diese Bewertung auf Fälle außerhalb dessen zwingender Anwendung zu übertragen und analog zu verfahren. Wird bei beherrschendem Status eine Anwartschaft übertragen, müssen u. E. zudem die Grundsätze des Schreibens des BMF vom 9. 12. 2002[476] beachtet werden, denn dass die Zusage beim Folgearbeitgeber fortgeführt werden soll, ändert aus Sicht des abgebenden Arbeitgebers nichts daran, dass dort ein vorzeitiger Austritt vorliegt.

Ein „angemessener" Übertragungswert ist deshalb anzustreben, weil eine Abweichung entweder den Vorwurf der verdeckten Einlage oder der verdeckten Gewinnausschüttung auslösen kann.

In der Vergangenheit wurden viele Übertragungen in der Weise vorgenommen, dass die Verpflichtung analog der steuerlichen Bewertung erfolgte. Hieran sollte – siehe die Begründung oben – nicht weiter festgehalten werden. Falls für die Versorgungsverpflichtung eine Rückdeckungsversicherung existiert, bietet es sich an, diese per Versicherungsnehmerwechsel auf den Folgearbeitgeber zu übertragen (Zahlung eines Gegenwerts für die Übernahme der Verpflichtung). Die Versicherung kann u. E. mit dem Aktivierungswert bewertet werden. Liegt dieser unter dem Übertragungswert der Verpflichtung, wird vom abgebenden Arbeitgeber üblicherweise die Zahlung des Differenzbetrages gefordert; liegt dieser darüber, übersteigt der angenommene Wert der Versicherung das übertragene Recht und der übernehmende Arbeitgeber zahlt hierfür als Gegenwert die übersteigende Differenz.

Das zuvor geschilderte Prozedere ist jedoch keineswegs zwingend. Da es sich um eine einvernehmliche Übertragung (und damit um ein Verhandlungsergebnis) handelt, ist es ebenso gut vertretbar, dass sich die beteilig-

---

476 BMF-Schreiben vom 9. 12. 2002 – IV A 2 – S 2742 – 68/02, abgedruckt im Anhang.

ten Arbeitgeber von den erläuterten Vorgaben lösen und einen Wert festsetzen, der nach ihrer Auffassung wirtschaftlich zutreffender ist (andere Sterbetafeln, anderer Zins, oder nach internationalen Bewertungsgrundsätzen). Es kommt letztlich darauf an, dass nachvollziehbare Gründe den Ausschlag hierfür gegeben haben.

Für den **Folgearbeitgeber** ist u. E. darauf hinzuweisen, dass sich die für die Zukunft übernommene Versorgungsverpflichtung (wenn die Zusage **unverändert** übernommen wird und damit **weiter anwächst**) wirtschaftlich gesehen **wie** bei Erteilung einer **Neuzusage** darstellt. Denn der vom Vorarbeitgeber hierfür empfangene Gegenwert betrifft nur die in der Vergangenheit bis zum Übertragungsstichtag erworbenen Rechte des Versorgungsberechtigten. Insofern dürften für die Übernahme der Verpflichtung keine anderen Grundsätze gelten. Damit sind, sofern der Versorgungsberechtigte wieder als Geschäftsführer tätig wird, grundsätzlich die in diesem Buch ausgeführten Prüfungspunkte zu beachten (Erdienbarkeit, Erfüllung der persönlichen Probezeit und gesicherte Gewinnerwartung vor Erteilung der Zusage).

Bei der Abfassung der Übertragungsvereinbarung ist unbedingt darauf zu achten, dass der Übertragungsvorgang auf der Ebene des Arbeitgebers stattfindet und dass dem Geschäftsführer in seiner Eigenschaft als Versorgungsberechtigter hierbei keine Rechte eingeräumt werden, die über die in schuldrechtlicher Hinsicht unbedingt erforderliche Mitwirkung (Zustimmung zum Schuldnerwechsel) hinausgehen, weil sonst ein Zufluss des übertragenen Werts angenommen werden könnte. Die in diesem Zusammenhang ergangene Entscheidung des BFH vom 12. 4. 2007[477] bedeutet insofern nicht, dass Übertragungen generell mit der Gefahr des Zuflusses behaftet wären, weil sie wesentlich auf der Tatsache aufbaut, dass dem Versorgungsberechtigten im konkreten Fall bei Übertragung ein Wahlrecht zur Zahlung an sich selbst eingeräumt wurde. Allein diese Disponibilität war es, welche bei der Entscheidung dazu führte, dass ein Zufluss angenommen wurde.[478]

---

477 BFH, Urteil vom 12. 4. 2007 – VI R 6/02, DStR 2007, S. 894 = BB 2007, S. 1374 = DB 2007, S. 1286.
478 So ausdrücklich Gosch in: Aus der Rechtsprechung des Bundesfinanzhofs, BetrAV 2007, S. 713 ff. (718); ebenso: nv. Gerichtsbescheid des FG Hamburg vom 28. 7. 2009 – 3 K 130/09 und Schreiben des BMF vom 31. 3. 2010 – IV C 3 – S 2222/09/10041; IV C 5 – S 2333/07/0003, dort Rz. 287. Zur Problematik bei Übertragung auf eine Rentnergesellschaft siehe Geilert/Retzlaff/Schnathmeier, Pensionszusagen gegenüber beherrschenden Gesellschafter-Geschäftsführern – Kein Zufluss von Arbeitslohn bei Übertragung auf eine Pensionsgesellschaft in Altfällen?, DStR 2010, S. 87 ff.

e) Liquidation(s-Versicherung)

Eine Darstellung der allgemeinen rechtlichen Voraussetzungen bei der Liquidation kann aus Platzgründen an dieser Stelle naturgemäß nicht erfolgen. Es soll vielmehr direkt bei der Liquidation der betrieblichen Altersversorgung[479] angesetzt werden, wobei die Situation des (beherrschenden) Gesellschafter-Geschäftsführers besondere Beachtung findet.

Wird die Liquidation in Aussicht genommen, ist zwischen den Anwartschaften oder laufenden Leistungen von Versorgungsberechtigten zu unterscheiden, welche uneingeschränkt den Regelungen des Betriebsrentengesetzes (BetrAVG) unterfallen – und den anderen. Bei der ersten Gruppe kann noch weiter unterschieden werden: im gesetzlichen Sinne verfallbare oder unverfallbare Anwartschaften und Leistungsempfänger; bei beiden Gruppen kann vertraglich unverfallbare Anwartschaft gegeben sein. Ist das Betriebsrentengesetz uneingeschränkt anwendbar, sind dessen Regelungen zu beachten: gesetzlich unverfallbare Kleinstanwartschaften bzw. -renten dürfen vom Arbeitgeber einseitig abgefunden[480] werden, laufende Altrenten nur unter bestimmten Umständen (bei Rentenbeginn vor 1. 1. 2005 vgl. §§ 3 i. V. m. 30 g Abs. 2 BetrAVG). Vertraglich unverfallbare Anwartschaften können nur im Einvernehmen mit dem Versorgungsberechtigten abgefunden werden. Was an Anwartschaften (ausgeschiedener oder aktiver Arbeitnehmer) oder Leistungen dem BetrAVG unterfällt und hiernach „übrigbleibt", kann bei geplanter Liquidation nur im Rahmen von § 4 Abs. 4 BetrAVG (ansonsten analog der Norm) durch den zugelassenen Dritten übernommen werden – oder hindert die Liquidation, solange die Verpflichtung besteht.

Die Liquidationsversicherung hat nicht nur den Vorteil, dass sie die Liquidation erst ermöglicht, sondern auch, dass der Aufwand des Unternehmens eine Betriebsausgabe darstellt und für die Versorgungsberechtigten lohnsteuerfrei ist (§ 3 Nr. 65 S. 2 EStG). Die Besteuerung erfolgt erst im Zeitpunkt des Leistungszuflusses und zwar so, wie es ohne Übernahme der Fall wäre (nach § 19 EStG bei Direkt- und Unterstützungskassenzusagen

---

479 Siehe hierzu etwa: Doetsch, Übertragung von Pensionsverpflichtungen auf einen Versicherer bei der Unternehmensliquidation, BetrAV 2000, S. 412 ff.; Prost/Rethmeier, Schuldbefreiende Übernahme von Zusagen auf betriebliche Altersversorgung bei Einstellung der Betriebstätigkeit mit nachfolgender Liquidation – Grundlagen und praktische Erfahrungen, DB 2007, S. 1945 ff.; Rethmeier, Regelung von Versorgungsverpflichtungen mit der Liquidations-Direktversicherung, ZfV 05/2005, S. 144 ff.; Rethmeier, Die Liquidationsversicherung als Alternative zur Abfindung und Rentnergesellschaft, steuer-journal 03/2005, S. 34 ff.

480 Siehe zur Abfindung VI. 1. a).

und § 22 EStG bei Pensionsfonds). Vorstehendes gilt entsprechend für den beherrschenden Gesellschafter-Geschäftsführer.[481]

Als Eckpunkte der gesetzlichen Regelung sind zu erwähnen: Der § 4 Abs. 4 BetrAVG sieht als Bedingung für die Liquidation u. a. vor, dass die Überschussanteile ab Rentenbeginn gem. § 16 Abs. 3 Nr. 2 BetrAVG verwendet werden (Erhalt der Kaufkraft der Leistungen) und die wirtschaftliche Nutzung der Versicherung entsprechend § 2 Abs. 2 S. 4 bis 6 BetrAVG ausgeschlossen wird (Erhalt der Leistungen bei Eintritt des Versorgungsfalles). Dem Wortlaut nach ist von der **Übernahme** die **Zusage** betroffen, wobei die **Zustimmung** des Versorgungsberechtigten **nicht erforderlich** ist.[482] Im Übrigen sind die geschlossenen Vereinbarungen und Verträge (bei gesetzlich unverfallbaren Anwartschaften oder Renten) dem PSVaG einzureichen, dessen Zustimmung erforderlich ist.[483]

Wie bereits erwähnt, geht der Wortlaut des § 4 Abs. 4 BetrAVG davon aus, dass „die Zusage" übernommen wird. Eine inhaltliche Änderung ist damit nicht vorgesehen und darum wird auch klar, warum der Gesetzgeber auf eine Zustimmung verzichtet hat, denn zusammen mit der steuerlichen Flankierung kann sich durch die Übernahme kein Nachteil ergeben.

Die Probleme entstehen aber dadurch, dass Versorgungszusagen wesentlich mehr Gestaltungsmöglichkeiten bieten als die flexibelsten Versicherungstarifwerke.[484] Mit einiger Kreativität lässt sich mancher Zusagebestandteil abbilden („imitieren") – aber oft auch nicht. In der Praxis wird daher angenommen, dass auch eine „wertgleiche" Übertragung im Rahmen des Tarifwerks analog zur Norm möglich sein muss. Unklar und umstritten ist jedoch, was genau „wertgleich" ist – und die Anwendung verschiedener Sterbetafeln und Rechnungszinssätze führt hier zu erheblichen Unterschie-

---

481 R 3.65 LStR 2011; FinMin NRW, Erlass vom 7. 11. 2001 – S 2121 – 8A – VB 3, DB 2001, S. 2423.
482 Str. ist in der Lit., ob hiermit nur die arbeitsrechtliche Zustimmung gemeint ist und zugleich ein Anspruch auf die versicherungsvertragliche Zustimmung (§ 159 VVG a. F.) besteht, oder ob auch die letztere mit erfasst wird (so die Autoren und die wohl h. M.) – die Problematik verliert durch die Reform des VVG wegen des Entfalls der Zustimmungspflicht bei Kollektiv-LV wesentlich an Bedeutung.
483 Informationen zur Liquidation enthält das Merkblatt des PSVaG 300/M8.
484 Beispielhaft seien genannt: Übergänge von Invaliditätsrenten in Altersrenten mit erfolgten Anpassungen, vorzeitige Inanspruchnahme und Abschläge der Zusage entsprechen meist nicht den tariflichen Minderungen, Fälle von Scheidungen und Wiederverheiratungen, aufgrund Gesundheitszustand nicht versicherbare Risiken und sonstige „Sonderregelungen" einer Zusage.

den.[485] Vor dem Hintergrund des Wortlauts der Norm („Zusage"), dem vom Gesetzgeber gewollten Entfall der Zustimmung und dem Charakter des BetrAVG als Arbeitnehmerschutzgesetz sprechen nach Ansicht der Autoren die besseren Argumente für eine Auslegung, durch welche das Augenmerk den (vom Versicherer zu gewährenden) Leistungen gilt und nicht dem zu übertragenden Wert. Nicht darstellbare Regelungen einer Zusage sollten daher u. E. zumindest mithilfe des Tarifwerks des Versicherers bewertet werden. Weil hierbei aber eine Restunsicherheit bei dem Versicherer verbleibt und sich dieser (zu Recht) den zukünftigen Ansprüchen des Versorgungsberechtigten ausgesetzt sieht, ist es bei vielen Versicherern routinemäßig üblich, auf der vertraglichen Zustimmung des Versorgungsberechtigten zu bestehen. Wird Letztere verweigert, müssen Arbeitgeber und Versicherer einen Ausgleich für die gegenseitigen Interessen/Risiken finden oder die Liquidation scheitert.

Bei unvermeidbar starken „Überdeckungen" durch Tarifgestaltungen kommt weiter in Betracht, etwaige Leistungen nach Liquidation durch vertragliche Vereinbarungen an ehemalige Gesellschafter oder Muttergesellschaften auszukehren.

Soweit das BetrAVG uneingeschränkt Geltung hat, schlägt der Versicherer meist folgendes Vorgehen vor: die erworbene Anwartschaft/Leistung wird über eine garantierte Rente (bei Kapital: Versicherungssumme) abgebildet, wobei die Überschüsse dem Versorgungsberechtigten ab Rentenbeginn voll zur Verfügung stehen,[486] mögliche Defizite zur Zusage werden innerhalb des Tarifwerks „wertgleich" ausgeglichen.

Sofern der § 4 BetrAVG nicht zwingend anzuwenden ist, ergibt sich eine besondere Situation. Die Regelungen können nur im Rahmen eines Fremdvergleichs zur Anwendung kommen. Außerdem stellt sich eine neue Problematik: verschlechtert sich die Leistung des Versicherers im Vergleich zur ursprünglichen Zusage, könnte ein Verzicht mit der Folge der verdeckten Einlage (und Zufluss des werthaltigen Teils) vorliegen; wird die Zusage verbes-

---

485 Für die Anwendung der Rechnungsgrundlagen des Versicherungsunternehmens etwa: Prost/Rethmeiner, DB 2007, S. 1947 a. a. O. und beim Versicherer für die Zurverfügungstellung des „Übertragungswerts": Blomeyer/Rolfs/Otto, BetrAVG, S. 659 Rn 145; Höfer, BetrAVG, Bd I AR, S. 1116 Rn 3751, 3753; gegen einseitige nachteilige Änderungen wegen Wortlaut der Übernahme der „Zusage": Kemper/Kisters-Kölkes/Berenz/Huber, BetrAVG, § 4, S. 359 Rn 93.
486 Siehe auch: Höfer/Veit/Verhuven, Bd II StR, S. 1432 Rn 3184.

sert, stellt sich die Frage der Erdienbarkeit und verdeckten Gewinnausschüttung. Eine Grundvoraussetzung dürfte aber sein, dass die Zusage bei Liquidation bereits unverfallbar ist, denn ansonsten dürfte bereits in dem Abschluss der Versicherung ein nicht zu rechtfertigender Vorteil liegen.

Es sollen hier beispielhaft drei mögliche Angebotsvarianten des Versicherers für die Liquidationsversicherung betreffend eine Rentenanwartschaft[487] angesprochen werden.

Angenommen, die zum vertraglichen Pensionsalter zu erbringende Leistung des Versicherers errechnet sich aus der (liquiditätsschonenden) Einbringung des erreichten **Übertragungswertes** (§ 4 Abs. 5 BetrAVG) in den Versicherertarif. In diesem Falle wird die garantierte Leistung hinter der ursprünglichen Zusage zurückbleiben und die Finanzverwaltung könnte dies als verdeckte Einlage qualifizieren. Eine Minderung wäre aber unschädlich, wenn sie auch von einem Fremdgeschäftsführer akzeptiert worden wäre. Ist die geringere Leistung damit begründbar, dass die Gesellschaft trotz Mobilisierung der vorhandenen Vermögenswerte die erworbene Versorgungshöhe beim Versicherer nicht finanzieren konnte, hätte auch ein Fremdgeschäftsführer regelmäßig dem abgesenkten Niveau zugestimmt.[488] Denn im Rahmen des Fremdvergleichs ist zu unterstellen, dass der gesetzliche Insolvenzschutz für Fremdgeschäftsführer nicht anwendbar ist. Der Abschluss der Versicherung bietet insofern mehr Sicherheit als das Aufrechterhalten der ursprünglichen Zusage mit dem Risiko der Insolvenz der Gesellschaft.

Wird demgegenüber die erworbene Anwartschaft (wie zumeist bei Geltung des BetrAVG) mittels der **garantierten Leistung** abgebildet, wird die spätere Auszahlung (Gesamtrente) aufgrund der Überschüsse mit großer Wahrscheinlichkeit die ursprünglich erworbene Anwartschaft übersteigen. Es fragt sich jedoch, ob hier dem Geschäftsführer eine Besserstellung (verdeckte Gewinnausschüttung) vorgeworfen werden kann. U. E. ist das nicht der Fall. Denn der erzielbare Überschuss steht nicht von vornherein fest. Mit einem nicht beteiligten Geschäftsführer wäre man aus Sicherheitsgründen, so es die Liquidität erlaubt, identisch verfahren, denn vor dem Schutzzweck des BetrAVG wäre etwas anderes nicht zuzumuten gewesen. Es liegt im Grunde auch keine Verbesserung der Zusage vor, denn die konkrete

---

487 Berechnet beim beh. GGF nach den Vorgaben des Schreibens des BMF vom 9. 12. 2002 – IV A 2 – S 2742 – 68/02, abgedruckt im Anhang.
488 Vgl. Rethmeier, steuer-journal, 03/2005, S. 34 (37).

Höhe der Leistung bleibt bei Übertragung gleich. Dass nach der Übertragung noch Überschussbeteiligungen hinzukommen ist bei der Prämienermittlung nicht berücksichtigt und damit steuerlich unerheblich.[489] Der Vorteil der später hieraus folgenden höheren Gesamtrente ist damit nicht gesellschaftsrechtlich, sondern betrieblich veranlasst. Zu berücksichtigen ist zuletzt, dass dem Geschäftsführer bei anderer Gestaltung stets der Vorwurf der verdeckten Einlage gemacht werden könnte.

Der Vorwurf der verdeckten Einlage könnte nämlich auch dann gemacht werden, wenn zuletzt eine Tarifgestaltung akzeptiert wird, bei der der Versicherer mit der **Gesamtrente** unter Einrechnung der Überschüsse die erworbene Anwartschaft abzubilden versucht. War die Prognose zu optimistisch, bleibt die Leistung hinter der ursprünglichen Zusage zurück. Natürlich gelten auch in diesem Falle die Erwägungen der ersten Fallgestaltung zum Fremdvergleich.

Nach alledem wird deutlich, warum nicht jeder Versicherer die Liquidationsversicherung anbietet. Neben den Verwaltungsaufgaben durch die Übernahme der Versorgungsverpflichtung erwartet der Kunde tarifliche Flexibilität und Beratungsleistungen. Ist der passende Versicherer gefunden, kann die Liquidationsversicherung eine interessante Alternative sein.

2. Betriebsrentenrechtlicher Statuswechsel

Nachfolgend wird kurz auf die Konsequenzen eingegangen, welche sich für den Versorgungsberechtigten (und die Gestaltung der Zusage) ergeben, wenn während des Bestehens der Zusage (möglicherweise sogar mehrfach) dessen Tätigkeit zeitweise (als betriebsrentenrechtlicher Arbeitnehmer) von den Regelungen des Betriebsrentengesetzes erfasst wird, oder (als Unternehmer) nicht.[490] Hierzu kann es, bei fortbestehendem Anstellungsverhältnis, durch Veränderungen auf der gesellschaftsrechtlichen Ebene kommen. Hält sich die Veränderung in diesem Rahmen, ändert sich in bilanzieller Hinsicht nichts. Zu unterscheiden sind die vorgenannten Fälle aber von denen, bei denen ein Wechsel der Rechtsform des Unternehmens, etwa von einer Kapitalgesellschaft zu einer Personengesellschaft erfolgt und der Versor-

---

489   Vgl. Rethmeier, steuer-journal, 03/2005, S. 34 (37); ebenso: Höfer/Veit/Verhuven, Bd II StR, S. 1432 Rn 3184.
490   Siehe hierzu die Matrix zur Statusfeststellung im Anhang VI.

gungsberechtigte Gesellschafter einer Personengesellschaft wird, wodurch sich außerdem bilanzielle Auswirkungen ergeben – hierauf wird in Abschnitt VI. 3. (Rechtsformwechsel des Unternehmens) eingegangen.

Erfolgte ein Statuswechsel im ersten Sinne, ist zunächst zu ermitteln, inwieweit sich für den Versorgungsberechtigten zwingende gesetzliche Rechte ergeben. Ist dies der Fall, erfolgt für die Gesamtanwartschaft bzw. -leistung grundsätzlich eine zeitanteilige Aufteilung, unterschieden nach dem jeweiligen Status (Quotierung). Gilt wegen des aktuellen Status als betriebsrentenrechtlicher Arbeitnehmer das Betriebsrentengesetz, sind dessen Regelungen unmittelbar zu beachten. Im Hinblick auf die Anwendbarkeit der Regelungen für die Gesamtanwartschaft/Leistung muss allerdings gedanklich ebenso danach unterschieden werden, welcher Teil mit welchem Status erworben wurde, denn die gesetzlichen Regelungen können nur für den mit nicht beherrschendem Status erworbenen Teil Geltung erlangen. Ist etwa die Abfindung einer Anwartschaft fraglich, wäre zu beachten, dass der § 3 BetrAVG dem Grunde und der Höhe nach nur für gesetzlich unverfallbare Anwartschaften oder laufende Leistungen Geltung hat. Unterfällt der Versorgungsberechtigte zwar dem BetrAVG, ist aber weiterhin Organmitglied, kann sich nach der Rechtsprechung[491] trotz der prinzipiellen Geltung des BetrAVG bei bestimmten Regelungen ein erweiterter Gestaltungsspielraum ergeben; siehe hierzu die entsprechenden Ausführungen unter II. 1.

Zur Frage der gesetzlichen Unverfallbarkeit wird davon ausgegangen, dass die Fristen nicht unterbrochen werden, sondern durch einen Statuswechsel nur gehemmt werden;[492] im Ergebnis kann eine gesetzlich unverfallbare Anwartschaft also durch Zusammenrechnung von Zeiten entstehen.[493]

Aus Obenstehendem ergibt sich, dass für den **Pensionsvertrag Anpassungsbedarf** entsteht: es muss nämlich beachtet werden, dass für Teile der Versorgung gesetzliche Regelungen Anwendung finden können; manche Regelungen bedürfen daher der Einschränkung, andere der Erweiterung (relevant sind insbesondere: aufrechterhaltene Anwartschaft bei vorzeitigem Ausscheiden, Abfindungsregelungen, Übertragungsverbote, Insolvenzschutz und Beitragspflicht sowie Anpassung der Leistungen).

---

491 BAG, Urteil vom 21. 4. 2009 – 3 AZR 285/07.
492 Vgl. hierzu auch das Merkblatt des PSVaG 300/M1.
493 Siehe etwa zur Berechnung: Höfer, BetrAVG, Bd I AR, S. 1784 (Rn 5622 ff.).

Schwierig kann sich die (für die ertragsteuerliche Anerkennung wichtige) Formulierung des aufrecht erhaltenen Teils der Anwartschaft bei vorzeitigem Ausscheiden darstellen, denn in diesem Falle sind bei der Vorgabe der Berechnungsweise sowohl die Grundsätze der Finanzverwaltung[494] (maßgeblich: Zusageerteilung) als auch die des Betriebsrentengesetzes (maßgeblich: Betriebseintritt) zu beachten und miteinander in Einklang zu bringen. Hierbei sollte ein versicherungsmathematischer Gutachter behilflich sein.

3. Rechtsformwechsel des Unternehmens

Ein Rechtsformwechsel entsteht in der Praxis meist durch formwechselnde Umwandlung des Rechtsträgers (unter Wahrung der rechtlichen Identität) oder aber auch als Folge einer Verschmelzung. In vertraglicher Hinsicht bedeutet dies, dass weiterhin der ursprüngliche Rechtsträger (der die Zusage erteilt hat) der Vertragspartner ist, wenngleich in neuer Rechtsform, oder dass ein neuer Vertragspartner im Wege der Gesamtrechtsrechtsnachfolge (Verschmelzung, Fusion) als übernehmender Rechtsträger an die Stelle des erloschenen Rechtsträgers tritt.

Ist ein Rechtsformwechsel des Unternehmens geplant oder hat ein solcher bereits stattgefunden, ist, wie unten dargelegt wird, hinsichtlich der Rechtsfolgen zunächst danach zu unterscheiden, ob die neue Rechtsform eine Personengesellschaft (GbR/BGB-Gesellschaft, oHG, KG, GmbH & Co. KG, Partnerschaftsgesellschaft – bei freien Berufen), eine Einzelunternehmung (e. K. bei einem Kaufmann) oder eine Kapitalgesellschaft (etwa GmbH, haftungsbeschränkte UG, AG) ist.

Bei **Kapitalgesellschaften** ist die juristische Person die Trägerin von Rechten und Pflichten. Sie handelt durch einen oder mehrere natürliche Personen (Geschäftsführer oder Vorstandsmitglieder), die bei gleichzeitiger Begründung eines schuldrechtlichen Dienstverhältnisses zu Mitgliedern ihres Vertretungsorgans berufen sind. Sofern ein Gesellschafter zum Mitglied des Vertretungsorgans bestellt wird, erhält er im Regelfall zwei Arten von Vergütung: einen Anteil am Gewinn als Unternehmerlohn für seine Beteiligung am Unternehmen (zu versteuern als Einkünfte aus Gewerbebetrieb) und ein Gehalt für seine Tätigkeit im Vertretungsorgan (zu versteuern als Einkünfte aus

---

494 BMF-Schreiben vom 9. 12. 2002 – IV A2 – S 2742 – 68/02 (im Anhang).

nicht selbstständiger Tätigkeit). Sofern eine betriebliche Versorgungszusage auf die Tätigkeit im Vertretungsorgan zurückzuführen ist (und nicht auf das Gesellschaftsverhältnis), stellt der Versorgungsaufwand bei der Kapitalgesellschaft grundsätzlich eine abzugsfähige Betriebsausgabe dar.

Handelt es sich vor und nach der Änderung der Rechtsform immer noch um eine Kapitalgesellschaft, ergeben sich deshalb grundsätzlich keine Auswirkungen hinsichtlich der Abzugsfähigkeit des Versorgungsaufwands. Gleichwohl ist eine Überprüfung der Zusage angezeigt; jedenfalls soweit sich die Vergütung für die Tätigkeit im Vertretungsorgan ändert oder sich im speziellen Fall des Wechsels von der GmbH zur AG (und umgekehrt beim betriebsrentenrechtlichen und steuerrechtlichen Status Änderungen ergeben.[495]

Schließen sich natürliche und juristische Personen zu einer **Personengesellschaft** zusammen, dann sind sie selbst die Träger von Rechten und Pflichten. Die Personengesellschaft ist – anders als die Kapitalgesellschaft – keine juristische Person. Die Gesellschafter einer Personengesellschaft sind – ebenso wie ein Einzelunternehmer – immer im eigenen unternehmerischen Interesse tätig. Nach § 15 Abs. 1 Satz 1 Nr. 2 Halbsatz 2 EStG gehören Vergütungen, die der Gesellschafter einer Personengesellschaft für seine Tätigkeit im Dienste der Gesellschaft erhält, zu seinen mitunternehmerischen Einkünften aus Gewerbebetrieb. Vergütung in diesem Sinne ist auch der Aufwand für eine von der Personengesellschaft dem Gesellschafter erteilte Versorgungszusage. Dies gilt sowohl für die Zuführung zur Pensionsrückstellung als auch für die Versorgungszahlungen selbst. Versorgungszusagen sind mangels einer steuerlichen Anerkennung deshalb bei Personengesellschaftern selten anzutreffen.

Für die Beurteilung ist zu klären, was unter dem Begriff des „Personengesellschafters" rechtlich zu verstehen ist. Der Gesellschafter muss in diesem Sinne ein **„Mitunternehmer"** sein. Mitunternehmer kann sein, wer zivilrechtlich Gesellschafter einer Personengesellschaft ist oder im Unternehmen ausnahmsweise aufgrund eines besonderen Rechtsverhältnisses eine dem Gesellschafter vergleichbare Stellung hat oder wirtschaftlicher Eigentümer des Gesellschaftsanteils ist oder ein atypisch stiller Gesellschafter ist. Ausnahmsweise (etwa Familien-GmbH & Co. KG) kann bei einem Nur-Gesellschafter-Geschäftsführer einer Komplementär-GmbH auch ein verdeck-

---

495   Siehe dazu die Ausführungen unter VI. 2.

tes Gesellschaftsverhältnis zur Annahme einer Gesellschafterstellung bei der KG genügen.

Wenn eine Umwandlung – entsprechend der erläuterten Grundsätze – zu einer **geänderten steuerlichen Behandlung** des **Versorgungsaufwands** führt, besteht **Handlungsbedarf.** Der Standardfall ist hier die Umwandlung einer GmbH in eine Personengesellschaft. Es muss die Entscheidung getroffen werden, ob die Zusage weiter „fortgeführt" werden soll; wobei hierbei klar zum Ausdruck gebracht werden sollte, was damit gemeint ist. Die Zusage kann nämlich in dem Sinne „fortgeführt" werden, dass sie auch weiter anwachsen kann (erdient wird) oder nur in dem Sinne, dass sie lediglich nicht abgefunden wird und mit dem bereits in der Vergangenheit erdienten Wert (etwa zum Umwandlungsstichtag) „eingefroren" wird. Dann erhöht sich fortan lediglich noch die Rückstellung um den Zins. Manchmal finden sich in den Umwandlungsverträgen Festlegungen zum Schicksal der Pensionsverpflichtung; oft fehlt es aber an einer Festlegung. Letzteres führt dazu, dass der neue Rechtsträger die Zusage samt der anderen Rechte und Pflichten des Dienstverhältnisses unverändert übernimmt und die daraus folgenden Konsequenzen leider erst später erkannt werden.

In der Folgezeit ist dann hinsichtlich der Abzugsfähigkeit der Beiträge zu einer eventuellen Rückdeckungsversicherung (RDV) und bei der Rückstellungsberechnung eine differenzierte Betrachtung angezeigt. Eine Ausfinanzierung der RDV bis zu dem zum Umwandlungsstichtag erdienten Wert ist nämlich steuerlich anerkennungsfähig.[496] Falls die Zusage weiter erdient werden soll, sind nach Rücksprache mit dem versicherungsmathematischen Gutachter im Regelfall zwei Gutachten anzufordern (eines für den zum Umwandlungsstichtag abgegrenzten, steuerlich berücksichtigungsfähigen Teil und eines für den zukünftig noch weiter anwachsenden Teil), damit der Rechtsformwechsel zukünftig bilanziell zutreffend berücksichtigt werden kann. Die Rückstellung wird nämlich (falls die Verpflichtung nicht abgefunden wurde) nicht aufgelöst, sondern auch bei der Personengesellschaft fortgeführt, da sie auf diese übergegangen ist.[497]

Besondere Fragen ergeben sich in der Praxis oft zur gesellschaftsrechtlichen Konstellation der **GmbH & Co. KG.** Denn hier handelt es sich um eine Personengesellschaft, deren persönlich haftender Gesellschafter (Komple-

---

496   FG Köln, Urteil vom 22. 5. 2007 – 8 K 1874/06, BB 2008, S. 888.
497   Blomeyer/Rolfs/Otto, Kommentar BetrAVG, 5. Aufl., StR F IX. Rn 358, S. 1671.

montär) eine Kapitalgesellschaft ist. Die Nicht-Anerkennung des Versorgungsaufwandes als Betriebsausgabe gilt hier auch für den Geschäftsführer der Komplementär-GmbH, wenn dieser zugleich **Kommanditist** der KG ist und die Komplementär-GmbH (wie im Regelfall) allein die Geschäfte der KG führt. Die GmbH hat den Versorgungsaufwand für die Verpflichtung gegenüber ihrem Kommanditist-Geschäftsführer in ihrer Bilanz zu erfassen und als Betriebsausgabe anzusetzen. Die Zuführung zur Rückstellung ist Sonderaufwand der GmbH, der bei der Gewinnermittlung der KG zu berücksichtigen ist. Die KG muss dann die Zuführung zur Rückstellung gewinnerhöhend neutralisieren. Nach Ansicht der Rechtsprechung[498] hat der Ausgleich in den Sonderbilanzen des begünstigten Gesellschafters durch einen entsprechend hohen Aktivposten zu erfolgen, weil andernfalls die nicht begünstigten Gesellschafter etwas versteuern müssten, das ihnen nicht zugutekommt.[499]

Die steuerliche Folge der Nichtabzugsfähigkeit tritt dann nicht ein, wenn der Geschäftsführer **ausschließlich an der Kapitalgesellschaft** (GmbH) **beteiligt** ist, auch wenn diese wiederum eine Beteiligung an der Personengesellschaft (KG) hält. Es kommt dabei nicht darauf an, ob die GmbH als Kommanditist oder Komplementär an der KG beteiligt wurde. Denn die Vorschrift des § 15 Abs. 1 Satz 1 Nr. 2 Satz 2 EStG wegen mittelbarer Beteiligungen greift nicht, da sie nur für mittelbare Beteiligungen aufgrund eines Gesellschaftsverhältnisses an einer Personengesellschaft gilt. Der für den GmbH-Gesellschafter zu verrechnende Versorgungsaufwand wäre dann bei der GmbH steuerlich anzuerkennen und es ergeben sich keine Auswirkungen auf die Gewinnfeststellung der KG. Der Versorgungsaufwand ist bei dieser nicht hinzuzurechnen und eine Sonderbetriebseinnahme liegt bei dem Gesellschafter der GmbH nicht vor.

Eine Ausnahme ist auch bei dem (seltenen) Fall gegeben, dass die geschäftsführende **GmbH** neben ihrer Geschäftsführung für die KG einen weiteren **eigenen klar abgegrenzten Geschäftsbereich** hat. Denn dann kann sie dem Geschäftsführer der GmbH, obwohl er gleichzeitig Kommanditist der KG ist, für diesen Geschäftsbereich eine Versorgungszusage mit steuerlicher Wirkung erteilen, ohne dass die KG und die Personengesellschafter

---

498   Siehe hierzu detailliert: BFH, Urteil vom 30. 3. 2006 – IV R 25/04, BB 2006, S. 2064 = DStRE 2006, S. 1033.
499   Mit der Bilanzierung bei Personengesellschaften befasst sich auch ein Schreiben des BMF: Schreiben vom 29. 1. 2008 – IV B2 – S 2176/07/0001.

die oben geschilderten Rechtsfolgen treffen. Dann ist der Gewinn der KG nicht um den Versorgungsaufwand zu erhöhen und eine Sonderbetriebseinnahme liegt ebenfalls nicht vor.

4. Weitere Tätigkeit des Geschäftsführers nach Erreichen des vertraglichen Pensionsalters

Fraglich ist, was daraus folgt, wenn ein Gesellschafter-Geschäftsführer nach Erreichen der vertraglichen Altersgrenze weiterhin für die Gesellschaft als Berater oder im Rahmen eines neuen Arbeitsvertrages tätig ist.[500]

Sofern dem nicht der Wortlaut der Zusage entgegenstand, konnte nach der Literatur die Betriebsrente bezogen werden und es war nicht die Ernsthaftigkeit der ursprünglichen Zusage nachträglich infrage gestellt, noch war die Zahlung der Altersrente neben dem Gehalt bzw. der Vergütung für die neue Tätigkeit als verdeckte Gewinnausschüttung angreifbar.[501] Wenn keine Auszahlung erfolgt, kann die spätere Leistung durch (angemessene) Zuschläge während der Ruhenszeit erhöht werden.

Die **Rechtsprechung** steht dem jedoch ablehnend gegenüber.[502] Zwar hatte der BFH entschieden, dass die **Zahlung einer Pension trotz fortbestehendem Beschäftigungsverhältnis aus körperschaftsteuerlicher Sicht grds. möglich** sei und dass der Bezug von Pensionen ohne das Ausscheiden aus dem Unternehmen auch nicht die Anerkennung der Versorgungszusage als betriebliche Altersversorgung hindere und auch nicht der Bildung der Pensionsrückstellung entgegenstehe.

Aber selbst wenn die Zusage den gleichzeitigen Bezug zulässt, wird dieser aufgrund des genannten Urteils wirtschaftlich gesehen unattraktiv. Denn

500 Siehe dazu grundlegend mit Bezug auf die neuere Rechtsprechung: Lenz/Teckentrup, Gleichzeitiger Bezug von Altersleistung und Gehalt durch den GmbH-Geschäftsführer – Zugleich Besprechung des BFH-Urteils vom 5. 3. 2008 – I R 12/07, SteuerConsultant 08/2008, S. 26 ff. = BetrAV 2008, S. 672 ff.

501 Wochinger, Rdnr. 430; Dötsch u. a., vGA, Kapitel D Rdnr. 701; Höfer/Veit/Verhuven, Bd II StR, S. 1352 (Rn 2935) und: Lenz/Teckentrup, Weitere Tätigkeit des Gesellschafter-Geschäftsführers einer GmbH nach Erreichen des Pensionsalters, INF 2006, S. 907 ff. = BetrAV 2007, S. 131 ff.; Alber, Aktuelle steuerliche Fragen bei Pensionszusagen an Gesellschafter-Geschäftsführer, BetrAV 2007, S. 415 (424).

502 BFH, Urteil vom 5. 3. 2008 – I R 12/07; ebenso und vertiefend zu einem Beratervertrag: FG München, Urteil vom 19. 7. 2010 – 7 K 2384/07; BFH, Urteil vom 2. 12. 1992 – I R 54/9, BB 1993, S. 849 = DB 1993, S. 715 = BetrAV 1993, S. 230; abl. auch Gosch, Aus der Rechtsprechung des Bundesfinanzhofs, BetrAV 2007, S. 713 ff. (718).

nach dem Urteil „würde ein ordentlicher und gewissenhafter Geschäftsleiter verlangen, dass das **Einkommen aus der fortbestehenden Tätigkeit** als Geschäftsführer auf die Versorgungsleistung **angerechnet** wird". Begründet wird das mit dem „fehlenden Versorgungsbedarf" wegen des gleichzeitig gezahlten Gehalts. Die Nichtanrechnung soll eine vGA bewirken. Im Ergebnis führt damit der parallele Rentenbezug gerade nicht zu den (meist gewünschten) höheren Gesamtbezügen.

Die Zahlung als **einmaliger Kapitalbetrag** zum Rentenbeginn ist ebenfalls kein Ausweg: In dem entschiedenen Fall wurde nämlich eine Kapitalzahlung statt der laufenden Rente vereinbart. Das Gericht forderte für diesen Fall allerdings einen **versicherungsmathematischen Abschlag** auf den Kapitalbetrag. Vor diesem Hintergrund wird angeraten, die Problematik zuvor mit der örtlichen Finanzverwaltung abzuklären.

5. Besondere Voraussetzungen für die steuerliche Anerkennung von Versorgungszusagen an Gesellschafter-Vorstände von Aktiengesellschaften

Die vorstehend dargestellten besonderen Voraussetzungen für die steuerliche Anerkennung von Versorgungszusagen an beherrschende oder wesentlich beteiligte GmbH-Geschäftsführer sind auf ergänzende Versorgungszusagen an beherrschende oder wesentlich beteiligte Vorstände von Aktiengesellschaften zwar nicht generell übertragbar, in manchen Fallkonstellationen ist jedoch eine Vergleichbarkeit gegeben.

a) Unterschiede zur Situation von GmbH-Gesellschafter-Geschäftsführern

Ein wesentlicher Unterschied zur Situation des GmbH-Gesellschafter-Geschäftsführers besteht beim beteiligten Vorstand darin, dass er in seiner Funktion als Gesellschafter (bzw. dass die Gesellschafterversammlung) weder für die Begründung von Dienstverträgen mit Vorständen zuständig ist noch für Versorgungszusagen an Vorstände. Dadurch, dass bei der Aktiengesellschaft zwingend ein **Aufsichtsrat** bestehen muss und dieser für die Bestellung des Vorstands sowie dessen Dienstvertrag verantwortlich ist, ist der Vorstand ein deutliches Stück unabhängiger im Verhältnis zu den Gesellschaftern als ein GmbH-Geschäftsführer. Umgekehrt haben die Gesellschafter deutlich weniger Einfluss auf den Vorstand als die Gesellschafter der GmbH auf die Geschäftsführung. Der Hauptversammlung der Aktiengesellschaft ist es sogar untersagt, durch Einzelanweisungen gegenüber dem Vorstand Einfluss auf die Geschäftsführung zu nehmen (vgl. §§ 76 Abs. 1, 119 Abs. 2 AktG).

Wegen der dargestellten **Strukturunterschiede** besteht grundsätzlich keine generelle Gefahr bzw. Vermutung, dass eine vom Aufsichtsrat dem Vorstand zugesagte Altersversorgung an den Interessen des Vorstands als Gesellschafter orientiert ist und nicht an einem gerechten Interessenausgleich zwischen dem Vorstand und der Gesellschaft mit Blick auf die Arbeitsleistung des Vorstands.[503] Eine pauschale Übertragung der Grundsätze, die für die Bildung von Rückstellungen bei einer GmbH für Versorgungsverpflichtungen gegenüber beherrschenden Gesellschafter-Geschäftsführern gelten, verbietet sich daher nach der BFH-Rechtsprechung.[504] Eine verdeckte Gewinnausschüttung kann insbesondere beim Vorliegen eines Beherrschungsverhältnisses eines AG-Vorstands nicht allein auf das Nachzahlungsverbot gestützt werden.[505]

b) Anwendbarkeit der für GmbH-Gesellschafter-Geschäftsführer entwickelten Prüfkriterien in besonderen Fällen

Eine Anwendung der für beherrschende GmbH-Gesellschafter-Geschäftsführer entwickelten Prüfkriterien für das Vorliegen einer verdeckten Gewinnausschüttung kommt aber dann in Betracht, wenn **besondere Umstände** hinzutreten.

• Beherrschender Einfluss des Gesellschafter-Vorstands auf den Aufsichtsrat

Hat der Vorstand einen beherrschenden Einfluss auf den Aufsichtsrat, etwa weil er als alleiniger Aktionär nur Familienmitglieder zu Aufsichtsräten ernannt hat, dann besteht letztlich eine dem beherrschenden GmbH-Gesellschafter-Geschäftsführer vergleichbare Situation einer „Identität" der Vertragsparteien der Versorgungsregelung.[506]

---

503 Vgl. BFH, Urteil vom 18. 12. 2002 – I R 93/01, GmbHR 2003, S. 846.
504 Vgl. BFH, Urteile vom 15. 12. 1971 – I R 76/68, BStBl II 1972, S. 436 = BB 1972, S. 866 mit Anm. von Labus, vom 18. 1. 1982 – IV R 100/78, BStBl II 1982, S. 479 und vom 18. 12. 2002 – I R 93/01 a. a. O.
505 BFH, Urteile vom 15. 12. 1971 – I R 76/68, a. a. O., und vom 18. 12. 2002 – I R 93/01, a. a. O.
506 Vgl. BFH, Urteil vom 15. 12. 1971 – I R 76/68 a. a. O.; kritisch Höfer, Die Besteuerung der betrieblichen Altersversorgung von Kapitalgesellschaftern, 2. Aufl., Rdnr. 27.

Anders ist es dagegen, wenn der Aufsichtsrat mehrheitlich oder doch mindestens zur Hälfte aus „unabhängigen" Aufsichtsratsmitgliedern besteht.[507]

- Unterschiedliche Behandlung von beteiligten und nicht beteiligten Vorständen

Ein Indiz dafür, dass eine Versorgungsregelung auf der Machtstellung des (mehrheitlich) beteiligten Vorstands beruht, kann eine unübliche bzw. von der bei anderen, nicht beteiligten Vorständen abweichende Vertragsgestaltung sein.[508]

c) Fazit

Die für GmbH-Gesellschafter-Geschäftsführer entwickelten Prüfkriterien für das Vorliegen einer verdeckten Gewinnausschüttung sind nach der bisherigen Rechtsprechung nur bei Vorliegen besonderer Fallumstände entsprechend auf beteiligte AG-Vorstände übertragbar.

Auch bei Versorgungszusagen an beherrschende Vorstände einer Aktiengesellschaft sollte zur Sicherheit jedoch Augenmaß walten. Werden die für GmbH-Gesellschafter-Geschäftsführer aufgestellten Prinzipien eingehalten, dann besteht auch bei der Versorgung von beteiligten Vorständen kein Risiko, dass die Versorgung als verdeckte Gewinnausschüttung behandelt wird.

6. Nicht-Anerkennung von Wertkontenvereinbarungen bei Organmitgliedern und bei Beherrschung

Bis einschließlich der 7. Auflage hatten die Autoren die Auffassung vertreten, dass Wertkontenvereinbarungen mit Gesellschafter-Geschäftsführern oder Vorständen – bei Einhaltung bestimmter Rahmenbedingungen – steuerlich anzuerkennen sind. Diese Auffassung wird mit dieser Auflage aufgegeben.

---

507 Im Falle des BFH-Urteils vom 15. 12. 1971 – I R 76/68 a. a. O. waren drei von sechs AR-Mitgliedern Minderheitsaktionäre oder Arbeitnehmervertreter; im Falle des BFH-Urteils vom 15. 12. 1971 – I R 5/69, BStBl II 1972, S. 438 bestand der dreiköpfige Aufsichtsrat aus einem Minderheitsaktionär, einem Arbeitnehmervertreter und dem Justitiar der Gesellschaft.
508 Vgl. BFH, Urteil vom 18. 12. 2002 – I R 93/01 a. a. O. unter II. 3. c) der Gründe.

Der von uns bisher vertretenen Auffassung ist das BMF durch das Schreiben vom 17. 6. 2009[509] – anzuwenden ab dem 1. 1. 2009 – entgegengetreten. Danach sollen Vereinbarungen über die Einrichtung von Zeitwertkonten bei Arbeitnehmern, die zugleich als Organ einer Körperschaft bestellt sind – also etwa Geschäftsführer einer GmbH oder Mitglieder des Vorstands einer Aktiengesellschaft – **mit dem Aufgabenbild des Organs einer Körperschaft nicht vereinbar** sein. Infolgedessen führt bereits die Gutschrift des künftig fällig werdenden Arbeitslohns auf dem Zeitwertkonto des Organmitglieds zum Zufluss von Arbeitslohn. Dies gilt entsprechend für Arbeitnehmer, die Anteilseigner sind und von der Körperschaft beschäftigt werden, die sie beherrschen. Die allgemeinen Grundsätze der verdeckten Gewinnausschüttung bleiben unberührt.

Der Erwerb einer Organstellung soll aber keinen Einfluss auf das bis zu diesem Zeitpunkt aufgebaute Guthaben eines Zeitwertkontos haben. Nach Erwerb der Organstellung führen alle weiteren Zuführungen zu dem Konto dann jedoch steuerlich zum Zufluss von Arbeitslohn. Nach Beendigung der Organstellung und Fortbestehen des Dienstverhältnisses kann der Arbeitnehmer das Guthaben jedoch weiter aufbauen oder das aufgebaute Guthaben für Zwecke der Freistellung verwenden.

Für die von den oben genannten Restriktionen betroffenen Arbeitnehmer wurde eine Übergangsregelung[510] vorgesehen: bei Zeitwertkonten, die bis zum 31. 1. 2009 eingerichtet wurden und aus Vertrauensschutzgründen steuerlich anzuerkennen gewesen wären, sind alle Zuführungen bis zum 31. 1. 2009 erst bei Auszahlung zu besteuern. Solches gelte aber nicht für verdeckte Gewinnausschüttungen.

Angesichts der neuen Verwaltungspraxis raten wir für den erwähnten Personenkreis zukünftig von der Vereinbarung eines Zeitwertkontenmodells ab.

---

509 BMF-Schreiben vom 17. 6. 2009 – IV C5 – S 2332/07/0004, dort Buchst. A. Ziff. IV. Nr. 2 b), c).
510 BMF-Schreiben vom 17. 6. 2009, a. a. O., dort Buchst. F. Ziff. II.

VII. Hinweise zum Bilanzrechtsmodernisierungsgesetz (BilMoG)

1. Vorbemerkung

Durch das am 28. 5. 2009 veröffentlichte Bilanzrechtsmodernisierungsgesetz (BilMoG) wurde das deutsche Handelsrecht deutlich an die international übliche Bilanzierung angeglichen. Dies hat insbesondere Bedeutung für die Bilanzierung von unmittelbaren und mittelbaren Versorgungsverpflichtungen.

Für Geschäftsjahre, die nach dem 31. 12. 2009 beginnen, muss von allen Kaufleuten, die eine Bilanz erstellen müssen – also insbesondere auch GmbHs –, eine eigenständige handelsrechtliche Bewertung von Pensionsrückstellungen vorgenommen werden. Anders als in der Zeit vor Inkrafttreten des BilMoG wird der für die steuerlichen Zwecke nach § 6 a EStG ermittelte Rückstellungswert nunmehr nicht mehr für die Handelsbilanz anerkannt. Bis 2009 hatten schätzungsweise 90 % der Unternehmen eben diesen steuerlichen Rückstellungswert verwendet.[511]

Die steuerliche Vorschrift zur Bewertung von Pensionsverpflichtungen legt einen Rechnungszins von 6,0 % fest und verbietet die Berücksichtigung zukünftiger erwarteter Entwicklungen wie etwa Gehaltssteigerungen oder Rentenanpassungen (sog. strenges Stichtagsprinzip). Dies führte in den meisten Fällen dazu, dass die steuerliche Rückstellung die realen Verpflichtungen nicht vollständig abbildeten und deutlich von einer Bewertung der Verpflichtungen nach internationalen Bewertungsvorschriften (IFRS oder US-GAAP) abwichen. Dem Gesetzgeber ging es letztlich darum, den Steuerstundungseffekt aus den steuerlichen Rückstellungen in Grenzen zu halten.

---

511 Vgl. Meier, Bilanzierung betrieblicher Versorgungsverpflichtungen nach dem BilMoG, BB 2009, S. 998.

Beispiel Bewertungsunterschiede Steuerbilanz/BilMoG

	Steuerbilanz	HGB vor BilMoG	HGB nach BilMoG	△
Annahmen:				
Zins	6 %	4 %	5,2 %	
Gehaltstrend			3,0 %	
Rententrend			2,0 %	
Rückstellungswert:				
Anwärter 40 Jahre	23.271 €	37.895 €	47.492 €	+ 104 %
Anwärter 50 Jahre	80.602 €	117.834 €	139.168 €	+ 73 %
Anwärter 60 Jahre	211.198 €	274.000 €	306.430 €	+ 45 %
Rentner 65 Jahre	338.028 €	409.885 €	445.218 €	+ 32 %

Jährliche Altersrente (= IR, 60% WR) von 10.000 € im Alter 30, von 28.139 € im Alter 65.

Quelle: compertis Beratungsgesellschaft für betriebliches Vorsorgemanagement mbH, Wiesbaden

Besagter steuerlicher Rückstellungswert wurde für die Zwecke der Handelsbilanz aus Gründen der Vereinfachung als unterster möglicher Wert anerkannt. Insbesondere größere Kapitalgesellschaften hatten aber bereits niedrigere, marktnahe Zinssätze (siehe Beispiel oben) verwendet bzw. auch absehbare Gehalts- und Rententrends ähnlich wie bei der internationalen Bilanzierung berücksichtigt, um ihre Versorgungsverbindlichkeiten realitätsnah in der Handelsbilanz abzubilden.

2. Wesentliche Anforderungen des BilMoG an die Bewertung von unmittelbaren Versorgungszusagen

Für Geschäftsjahre, die nach dem 31. 12. 2009 beginnen, ist gemäß § 253 Abs. 2 Satz 1 HGB jede Verpflichtung mit einem ihrer Restlaufzeit entsprechenden, durchschnittlichen Marktzinssatz der letzten sieben Geschäftsjahre abzuzinsen. Für Versorgungsverpflichtungen sieht das Gesetz die Vereinfachung vor, dass alternativ ein Durchschnittszinssatz mit einer Restlaufzeit von 15 Jahren angesetzt werden darf. Diese Abzinsungssätze werden für eine Restlaufzeit von 1 bis 50 Jahren monatsgenau von der Deutschen

Bundesbank festgelegt und veröffentlicht (http://bundesbank.de/download/ statistik/abzinsungszinssaetze.pdf).

Durch die Festlegung eines Siebenjahresdurchschnitts werden zufallsbedingte Schwankungen des Zinssatzes, wie sie etwa bei der internationalen Bilanzierung an der Tagesordnung sind, vermieden bzw. deutlich abgemildert. Die pauschal ansetzbare Restlaufzeit von 15 Jahren bewirkt zugleich, dass für sämtliche Versorgungsverpflichtungen eines Unternehmens ein einheitlicher Zinssatz verwendet werden kann.

Was das anzuwendende Bewertungsverfahren angeht, so erlaubt das BilMoG für aktive Anwärter die Wahl zwischen dem bei der internationalen Rechnungslegung üblichen Barwert-Verfahren, der projected unit credit method (PUC-Methode) und dem für die steuerliche Rückstellungsermittlung vorgeschriebenen Teilwertverfahren. Bei Letzterem müssen allerdings ebenfalls realistische Trendannahmen berücksichtigt werden. Es ist sogar möglich, Modifikationen beider Verfahren zu verwenden. Bei bestimmten Zusagetypen führt das Teilwertverfahren zu wirtschaftlich unzutreffenden Ergebnissen; es kann in diesen Fällen nicht angewandt werden. Für unverfallbar ausgeschiedene Anwärter und Rentner ist immer der Barwert anzusetzen.

Wenn bei Leistungszusagen Dienstjahre erst ab einem bestimmten Zeitpunkt versorgungstechnisch begünstigt werden, kann es sinnvoll sein, bei einem Bewertungsverfahren die Verteilung erst ab diesem Zeitpunkt zu beginnen[512] (und nicht etwa ab dem tatsächlichen Diensteintrittsdatum). Solches liegt etwa vor, wenn sich – wie im Falle von Beherrschung im steuerlichen Sinn – der unverfallbare Anspruch erst ab dem Zusagedatum berechnet (modifiziertes m/n-tel).

---

512 So auch: Dernberger/Matthias, Pensionsrückstellungen nach dem BilMoG: Diskussion der möglichen Bewertungsverfahren und Prämissen, BetrAV 2008, S. 571 ff. (574).

Vergleich der Teilwerte für Steuerbilanz und BilMoG

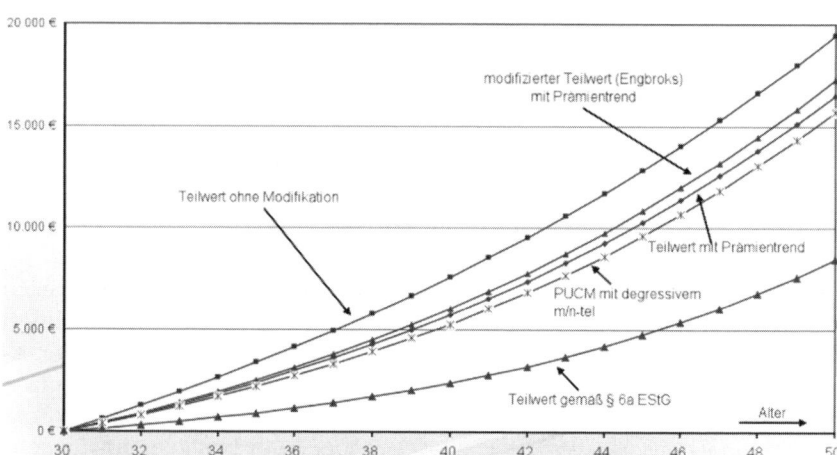

Quelle: compertis Beratungsgesellschaft für betriebliches Vorsorgemanagement mbH, Wiesbaden

Das Teilwertverfahren führt in der Regel anfangs zu höheren Rückstellungswerten und damit auch zu einem höheren Umstellungsaufwand. Dies und der Unterschied zur internationalen Bilanzierung haben dazu geführt, dass die meisten Unternehmen die PUC-Methode anwenden. Im Versorgungsfall entsprechen sich die Werte beider Verfahren jedoch.

Die außerordentliche Zuführung zu den Pensionsrückstellungen aufgrund der Bewertungsänderungen infolge des BilMoG kann sofort aufwandsmäßig berücksichtigt werden, darf jedoch im Rahmen einer Übergangsregelung auch auf maximal 15 Geschäftsjahre verteilt werden. Dabei muss in jedem dieser Jahre mindestens ein Fünfzehntel des Ausgangszuführungsbetrags zugeführt werden, selbst wenn in vorhergehenden Jahren eine erhöhte, d. h. über das Fünfzehntel hinausgehende, Zuführung erfolgt ist. Erhöhte Zuführungen verkürzen damit die Dauer der Sonderzuführungen.

Der Anstieg der Pensionsrückstellung in der Handelsbilanz mindert den ggf. ausschüttungsfähigen Gewinn bzw. geht, wenn kein solcher vorhanden ist, zulasten des Eigenkapitals.

In sehr seltenen Fällen kann es aufgrund von Bewertungsveränderungen im Rahmen der neuen Bilanzierungsregeln auch zur Auflösung von Rückstellungen kommen. Diese Auflösungen können unterlassen werden, wenn in den folgenden Geschäftsjahren Zuführungen im Umfang der Auflösungen zu erwarten sind.

Eine weitere wesentliche Veränderung der handelsrechtlichen Bewertung von Versorgungsverpflichtungen durch das BilMoG besteht darin, dass das deutsche Handelsrecht unter bestimmten Voraussetzungen eine Saldierung von Finanzinstrumenten mit Pensionsrückstellungen fordert. Aus dem bisher bestehenden Saldierungsverbot wird damit in diesen Fällen ein Saldierungsgebot. Das Saldierungsgebot bezieht sich gemäß § 246 Abs. 2 HGB auf „Vermögensgegenstände, die dem Zugriff der übrigen Gläubiger entzogen sind und ausschließlich der Erfüllung von Schulden aus Altersversorgungsverpflichtungen oder vergleichbaren langfristig fälligen Verpflichtungen dienen". Verpfändete Rückdeckungsversicherungen oder Wertpapiere oder mittels Treuhandmodellen (sog. CTAs) gesicherte Vermögenswerte gelten in diesem Sinne als Deckungsvermögen, welches mit dem Zeitwert angesetzt und mit den Verpflichtungen saldiert wird. Lediglich ein Saldo aus dem Deckungsvermögen und den Pensionsverpflichtungen ist damit noch als Pensionsverpflichtung in der Handelsbilanz auszuweisen (der bisher übliche Ausweis eines Aktivwertes für Rückdeckungsversicherungen etc. entfällt zugleich). Für einen übersteigenden Betrag ist dagegen ein Aktivposten („Aktiver Unterschiedsbetrag aus der Vermögensverrechnung") zu bilden. Durch die Saldierung von Deckungsvermögen mit Pensionsverpflichtungen verbessern sich die Bilanzkennzahlen (z. B. die Eigenkapitalquote) deutlich.

3. Auswirkungen des BilMoG auf die Bewertung von mittelbaren Versorgungszusagen

Für mittelbare Versorgungsverpflichtungen, insbesondere solche aus pauschaldotierten Unterstützungskassen, bleibt es auch im Rahmen des BilMoG beim Passivierungswahlrecht mit Angabe des Fehlbetrags im Anhang zur Bilanz. Das im Anhang auszuweisende Verpflichtungsvolumen muss nunmehr aber auch mit den neuen Bewertungsgrundsätzen (siehe oben bei 2.) ermittelt werden, was zu einem deutlichen Anstieg mittelbarer Versorgungsverpflichtungen geführt hat bzw. weiter führt.

Bei kongruent rückgedeckten Unterstützungskassen ist dagegen grds. (weiterhin) kein Ausweis einer Versorgungsverpflichtung notwendig, weder in der Bilanz noch in deren Anhang.

VIII. Schlussbemerkungen

Bei der Versorgung von Geschäftsführern und Vorständen, die an der Gesellschaft nicht oder nicht wesentlich beteiligt sind, gelten keine Besonderheiten gegenüber der Versorgung von sonstigen Arbeitnehmern. Insbesondere die steuermindernde Anerkennung des Pensionsaufwandes, sei es in Form von Rückstellungen bei unmittelbaren Versorgungszusagen, oder in Form von Beiträgen bzw. Zuwendungen im Rahmen von Direktversicherungs-, Unterstützungskassen-, Pensionsfonds- oder Pensionskassenzusagen ist bei diesem Personenkreis grundsätzlich gegeben. Eine kritische Prüfung unter dem Gesichtspunkt einer möglichen verdeckten Gewinnausschüttung findet hier nicht statt.

Ist dagegen einem mehrheitlich oder wesentlich beteiligten Geschäftsführer eine Versorgungszusage erteilt worden, dann muss auf die vorstehend dargelegten besonderen Voraussetzungen für eine steuerliche Anerkennung des Pensionsaufwandes strikt geachtet werden, um später eine „böse Überraschung" zu vermeiden. Für beherrschende Vorstände von Aktiengesellschaften gelten die vorstehenden Aussagen nur mit Einschränkungen, abhängig von der Konstellation in der Gesellschaft, insbesondere der Besetzung des Aufsichtsrats. Die Darstellung in diesem Buch berücksichtigt den jüngsten Stand der BFH-Rechtsprechung. Sie versucht zudem dort, wo es noch keine klare Entscheidungspraxis gibt, eine aus Sicht der Autoren sinnvolle Lückenfüllung vorzunehmen.

Ungeachtet des Umstands, dass eine Veränderung von Rechtsprechung und Verwaltungspraxis für die Zukunft immer möglich ist, kann allein die Orientierung an dem bislang geltenden Recht und der Transfer der vorliegenden Entscheidungspraxis auf noch nicht entschiedene Sachverhalte Orientierung für die Gestaltung künftiger Versorgungsverträge bieten.

Angesichts der Steuersensitivität der betrieblichen Versorgung von Gesellschafter-Geschäftsführern einer GmbH sollten alle Beteiligten auch nach der Schaffung einer Altersversorgung nicht die Hände in den Schoß legen, sondern die steuerliche Rechtsprechungspraxis und Verwaltungsauffassung weiterhin verfolgen, um im Falle von Veränderungen ggf. noch eine Anpassung vornehmen zu können, die dann zumindest für die Zukunft wirken würde. Vor diesem Hintergrund bedürfen auch die Regelungen einer Versorgungszusage, in regelmäßigen Abständen, der Durchsicht auf Aktualität.

Anhang

I. Checkliste
zur Gewährleistung der steuerlichen Anerkennung
der betrieblichen Altersversorgung*

(1) Schriftliche Erteilung der Versorgungszusage

Fehlt eine schriftliche Versorgungszusage, so ist mit steuerlicher Wirkung keine Rückstellungsbildung möglich (vgl. § 6 a Abs. 1 Nr. 3 EStG).

(2) Gesellschafterbeschluss über Versorgungszusage oder satzungsrechtliche Ermächtigung an handelndes Organ (z. B. Beirat, Geschäftsführung)

Bei der GmbH ist für die zivilrechtliche Wirksamkeit der Versorgungszusage an den Geschäftsführer und damit auch für die steuerliche Anerkennung ein Gesellschafterbeschluss notwendig. Eine Unterzeichnung durch sämtliche GmbH-Gesellschafter kommt einem förmlichen Gesellschafterbeschluss allerdings gleich. Bei der Aktiengesellschaft ist grundsätzlich nur der Aufsichtsrat (AR) ermächtigt, dem Vorstand eine Versorgungszusage zu erteilen. Eine Unterzeichnung der Zusage durch alle AR-Mitglieder kommt einem AR-Beschluss jedoch gleich.

(3) Befreiung des Geschäftsführers/Vorstands vom Selbstkontrahierungsverbot

Notwendig, soweit der Gesellschafter- bzw. Aufsichtsratsbeschluss über die Erteilung der Versorgungszusage nicht schon alle Details regelt (z. B. wenn nähere Spezifizierung von Details, Abschluss von Versicherungsverträgen oder Sicherungsvereinbarungen etc. notwendig ist) und hier der betroffene Gesellschafter-Geschäftsführer selbst handeln soll.

(4) Klarheit und Eindeutigkeit der Zusage; Regelung zu allen wesentlichen Fragen

Bei uneindeutigen Regelungen ist die steuerliche Anerkennung gefährdet. Sämtliche unter II. 1. bzw. 2. aufgelisteten Punkte zum Inhalt der Zusage sollten eine Regelung erfahren.

---

* Die Checkliste ist – soweit nicht im Einzelnen ausdrücklich etwas anderes ausgeführt wird – auf beherrschende Gesellschafter-Geschäftsführer abgestellt. Für mehrheitlich beteiligte AG-Vorstände gelten die in der Checkliste genannten Voraussetzungen nur, wenn besondere Umstände (z. B. Aufsichtsrat nur durch Familienmitglieder besetzt) hinzutreten.
  Die Ziffern 5–9 müssen u. E. grundsätzlich nur bei ergänzenden Versorgungszusagen beachtet werden.

(5) Genügende Erprobung des Gesellschafter-Geschäftsführers bzw. -Vorstands bei Zusageerteilung

Bei weniger als drei Jahren Tätigkeit für die Gesellschaft sollte in anderer Weise dargelegt werden können, weshalb eine Zusageerteilung zu diesem Zeitpunkt keine Grundlage im Gesellschaftsverhältnis hat.

(6) Gesicherte Gewinnerwartung der Gesellschaft bei Zusageerteilung (Gesellschaft existiert schon einige Jahre, ging aus Einzelfirma hervor etc.)

Existiert die Gesellschaft weniger als fünf Jahre, so sollte eine mittelfristige Finanzplanung eine ausreichende Gewinnprognose hergeben.

(7) Zusageerteilung vor Vollendung des 60. Lebensjahres

Nach Vollendung des 60. Lebensjahres wird die Versorgungszusage an einen Gesellschafter-Geschäftsführer (ggf. auch Gesellschafter-Vorstand) generell von der Rechtsprechung nicht als betrieblich veranlasst angesehen!

(8) Einhaltung der 10-Jahres-Frist (beherrschender GGF) bzw. einer mindestens dreijährigen Frist von der Zusage bis zum Pensionierungstermin bei mindestens zwölfjähriger Betriebszugehörigkeit bis zu diesem Zeitpunkt (nicht beherrschender GGF)

Die genannten Fristen sind bei GmbH-Gesellschafter-Geschäftsführern bis auf Weiteres zwingend einzuhalten. Eine Versorgungszusage, bei der die genannten Mindestdienbarkeitsfristen bis zum vorgesehenen Pensionierungszeitpunkt unterschritten werden, sei es auch nur um wenige Tage, kann als nicht betrieblich veranlasst gelten.

(9) Unverfallbarkeit

Es kann grundsätzlich – entsprechend den gesetzlichen Bestimmungen – eine Unverfallbarkeit der zeitanteilig erreichten Leistung (nicht der vollen Endleistung) nach fünf Jahren gerechnet ab dem Datum der Zusage vereinbart werden. Entsprechend dem Schreiben des BMF vom 9. 12. 2002 dürfte aber eine sofortige vertragliche – ratierliche – Unverfallbarkeit zulässig sein.

Beruht die Zusage auf Entgeltumwandlung, dann kann eine sofortige Unverfallbarkeit mit Anspruch auf die zum Zeitpunkt des Ausscheidens erreichte Leistung vereinbart werden.

(10) Zugesagte betriebliche Versorgungsleistungen übersteigen zusammen mit gesetzlicher Rente nicht 75 % der jeweiligen Aktivbezüge

Nur-Pensionen werden steuerlich grundsätzlich nicht anerkannt. Bei Versorgungszusagen, die zu einer Gesamtversorgung von mehr als 75 % der jeweiligen Aktivbezüge (Grundbezüge plus variable Bezüge) des Geschäftsführers bzw. Vorstands führen, wird hinsichtlich des übersteigenden Teils der Aufwand nicht steuerlich anerkannt.

(11) Dynamisierung der Rentenbezüge angemessen (derzeit maximal 3 % p. a.)

Eine feste Dynamisierung der Rentenbezüge ist möglich und wird grundsätzlich anerkannt, auch für die Rückstellungsbildung während der Anwartschaftszeit. Bei einer jährlichen Dynamik von derzeit mehr 3 % p. a. könnte jedoch die übersteigende Anpassung nicht mehr als betrieblich veranlasst angesehen werden.

(12) Zugesagte betriebliche Versorgungsleistungen versicherungsmäßig rückgedeckt bzw. in anderer Weise für die Gesellschaft finanzierbar (keine Überschuldung bei vorzeitigem Versorgungsfall)

Eine Rückdeckungsversicherung ist nach der Rechtsprechung ein Indiz für die Finanzierbarkeit und Ernsthaftigkeit einer direkten Versorgungszusage. Ohne eine versicherungsmäßige Rückdeckung besteht die Gefahr der steuerlichen Beanstandung, es sei denn, die Zusage enthält keine Leistungen bei vorzeitigen Versorgungsfällen oder diese sind so dimensioniert, dass selbst bei einem vorzeitigen Versorgungsfall keine Überschuldung und kein Liquiditätsengpass eintreten können.

(13) Zusagehöhe richtet sich nicht nach Beteiligungshöhe

Die Abhängigkeit der Zusagehöhe – oder Ausgestaltung – von der Höhe der Beteiligung an der Gesellschaft bzw. der Beteiligung als solcher ist ein Indiz dafür, dass die Versorgungszusage nicht betrieblich, sondern durch das Gesellschaftsverhältnis veranlasst ist.

(14) Keine weitreichenden Widerrufsvorbehalte (steuerliche Muster-Vorbehalte unschädlich)

Hat die Gesellschaft die Möglichkeit, die Zusage jederzeit zu widerrufen, oder gehen die Widerrufsvorbehalte über das Maß hinaus, welches in den Einkommensteuerrichtlinien als unschädlich genannt wird, dann fehlt es an einer steuerlich anzuerkennenden Versorgungszusage (§ 6 a Abs. 1 EStG). Eine Rückstellungsbildung ist dann mit steuerlicher Wirkung nicht möglich.

(15) Vorgesehener Pensionierungszeitpunkt vor Alter 65

Die Pensionsrückstellung ist auch in diesem Fall grundsätzlich auf das vollendete 65.–67. LJ (wegen R 6 a (8) EStR 2008 je nach Geburtsjahrgang) zu rechnen, es sei denn, besondere Umstände liegen vor, die ein vorheriges Ausscheiden als wahrscheinlich erscheinen lassen (z. B. eine Schwerbehinderung des Gesellschafter-Geschäftsführers).

(16) Sonstige Unüblichkeit der Versorgungszusage

Eine unübliche Gestaltung im internen und externen Betriebsvergleich, die für die Gesellschaft nachteilig ist, ist für die Finanzverwaltung ein Indiz dafür, dass die Zusage durch das Gesellschaftsverhältnis veranlasst ist.

Die nachfolgenden Muster-Vereinbarungen sollen den Lesern lediglich als Orientierungshilfe dienen. Sie geben primär Anhaltspunkte dafür, welche Regelungen in einem Versorgungsvertrag, einer Verpfändungsvereinbarung bzw. einem Gesellschafterbeschluss enthalten sein sollten. Obwohl sie nach bestem Wissen und Erfahrung erstellt wurden, kann eine Haftung für eine steuerliche Anerkennung von den Verfassern nicht übernommen werden.

II. Muster-Pensionszusagen für einen beherrschenden Gesellschafter-Geschäftsführer/-Vorstand

1. Muster für eine Zusage, die eine fehlende Anwartschaft auf gesetzliche Rentenleistungen ersetzt*

PENSIONSZUSAGE[1]

Zwischen

Herrn G. Schäftsführer
(im Weiteren: Versorgungsberechtigter)

Geburtsdatum:

Diensteintritt:

und der

G. Sellschaft GmbH *[bzw. AG]*, Nirgendwo
(im Weiteren: Arbeitgeber)

wird in Ergänzung des Anstellungsvertrages Folgendes vereinbart:

Präambel

Diese Versorgungszusage soll den fehlenden Erwerb gesetzlicher Rentenversicherungsleistungen bei dem Versorgungsberechtigten ersetzen.

Sie basiert auf einem mittels einer Lebensversicherung rückgedeckten Versorgungskonzept. Es wird eine beitragsorientierte Leistungszusage im Durchführungsweg der Direktzusage[2] erteilt. Der **Arbeitgeber** wird, solange ein aktives Anstellungsverhältnis besteht, definierte Beträge für die betriebliche Altersversorgung aufwenden. Den vom Arbeitgeber wirtschaftlich getragenen Beiträgen stehen Beiträge gegenüber, die vom **Versorgungsberechtigten** durch Entgeltumwandlung finanziert werden.

---

*   Die Muster sind ausschließlich für arbeits- und steuerrechtlich beherrschende Gesellschafter-Geschäftsführer/Vorstände konzipiert. Hierbei wird, entsprechend dem Urteil des BFH vom 28. 1. 2004 – I R 21/03, bei den Zusagen nach deren Zweck differenziert. Um dem Leser darüber hinaus Abwandlungen zu erleichtern, sind sie mit kurzen Anmerkungen versehen.
1   Zur allg. Gestaltung einer beitragsorientierten Leistungszusage siehe auch die Erläuterungen in: Liebers/Kisters-Kölkes, FB ArbR, K Rn. 3 ff.
2   Weil sich nach BilMoG ein deutlich höherer handelsrechtlicher Rückstellungswert für eine beitragsorientierte Rentenzusage im DW der DZ ergibt, kann dieser DW im Einzelfall auch unerwünscht sein und stattdessen die Finanzierung über eine rückgedeckte UK in Betracht kommen. So auch: Liebers/Kisters-Kölkes, FB ArbR, K Rn. 95.

Auf der Grundlage dieser Beiträge errechnen sich die Versorgungsleistungen der Zusage. Anspruchsberechtigter aus der Rückdeckung ist ausschließlich der Arbeitgeber; er ist Versicherungsnehmer und Beitragsschuldner.

1. Art und Höhe der Versorgungsleistungen

Der Arbeitgeber sagt folgende Versorgungsleistungen zu:

a) Altersrente bzw. vorgezogene Altersrente (Ziffer 2)
b) Invaliditätsrente (Ziffer 3)
c) Hinterbliebenenrente (Ziffer 4)

Der monatlich vom Arbeitgeber entrichtete Gesamtbeitrag besteht aus zwei Teilen. Der vom Arbeitgeber finanzierte Beitrag entspricht dem Arbeitgeberanteil zur gesetzlichen Rentenversicherung, den dieser zu entrichten hätte, wenn der Versorgungsberechtigte dort pflichtversichert wäre. In Höhe des hiermit korrespondierenden Arbeitnehmeranteils werden vom Versorgungsberechtigten Beiträge durch Entgeltumwandlung erbracht. Wegen der Entgeltumwandlung ist mit dem Arbeitgeber eine entsprechende Vereinbarung zu treffen.

Die Höhe des Gesamtbeitrags beträgt – zum Zeitpunkt der Erteilung der Zusage – monatlich ... EUR. Der Beitrag wird, erstmals ab dem ..., bis zum Eintritt des Versorgungsfalls und längstens bis zum Ende der Anstellung, aufgewendet werden. Die Umrechnung der Beiträge in eine Anwartschaft auf Versorgungsleistungen erfolgt auf der Grundlage des Versicherungstarifs ... der ... Lebensversicherung zum Zeitpunkt der Zusageerteilung. Bei einer Veränderung der Beitragszahlung sind die versicherungstechnischen Möglichkeiten maßgebend.

Die Höhe der Versorgungsleistungen richtet sich nach dem jeweiligen Gesamtbeitrag des Arbeitgebers, dem gewählten Tarif, dem Alter des Versorgungsberechtigten bei Versicherungsbeginn und der Dauer der Beitragszahlung. Die Höhe der Versorgungsleistungen ergibt sich aus den Ziffern 2 bis 4 und entspricht der Höhe der garantierten Leistungen aus der vom Arbeitgeber bei der ... Lebensversicherung abgeschlossenen Rückdeckungsversicherung.

Soweit der Arbeitgeber aus den Beiträgen in seine Rückdeckungsversicherung höhere Leistungen, als die in den Ziffern 2 bis 4 genannten (etwa durch nicht garantierte Überschussanteile), beanspruchen kann, erhöht sich die Anwartschaft bzw. der Anspruch auf die einzelnen Versorgungsleistungen in dieser Höhe jeweils ab dem Zeitpunkt, ab dem die Erhöhung der Versicherungsleistungen wirksam wird.

Für Zeiten, in denen kein Anspruch auf Arbeitsentgelt besteht und der Arbeitgeber nicht gesetzlich oder vertraglich zur Zahlung von Beiträgen verpflichtet ist, entfällt die Entrichtung von Beiträgen. In diesem Fall reduzieren sich die Versorgungsleistungen der Ziffern 2 bis 4 auf die Leistungen, die aus den bis dahin aufgewendeten Beiträgen finanziert werden können. Sofern ein Arbeitsentgelt wieder zu zahlen ist, setzt die Beitragszahlung wieder ein. Die Höhe der neuen Versorgungsanwartschaft ergibt sich aus der versicherungstechnischen Umsetzung des ursprünglichen und des geänderten Beitrags.

2. Altersversorgung

Auf Basis der in eine Anwartschaft auf Versorgungsleistung umgerechneten Versorgungsbeiträge erhält der Versorgungsberechtigte, nach Vollendung des 65. Lebensjahres und seinem Ausscheiden aus den Diensten des Arbeitgebers, eine lebenslängliche monatliche Altersrente in Höhe von anfänglich ... EUR.

Wenn der Versorgungsberechtigte vor Vollendung des 65. Lebensjahres aus den Diensten des Arbeitgebers ausscheidet, so kann er eine **vorgezogene Altersrente** beanspruchen, wenn er zu diesem Zeitpunkt mindestens das 60.[3] Lebensjahr vollendet hat.

Die Versorgungsleistung entspricht dann der Höhe nach dem, was aus den bis zu diesem Zeitpunkt aufgewandten Beiträgen finanziert werden kann, wenn der vertragliche Rentenbeginn der Rückdeckungsversicherung nach deren tariflichen Bedingungen auf den Zeitpunkt des gewünschten Rentenbezugs vorverlegt wird.

3. Invaliditätsversorgung

Wird der Versorgungsberechtigte vor Vollendung des 65. Lebensjahres invalide, so erhält er auf Basis der in eine Anwartschaft auf Versorgungsleistung umgerechneten Versorgungsbeiträge, während der Dauer seiner Invalidität, längstens aber bis zur Vollendung des 65. Lebensjahres, eine monatliche Berufsunfähigkeitsrente in Höhe von ... EUR. Dauert die Invalidität bis zur Vollendung des 65. Lebensjahres an, so wird hiernach die Leistung nach Ziffer 2 gezahlt.

Das Vorliegen bedingungsgemäßer Invalidität richtet sich, einschließlich etwaiger allgemeiner Leistungsauschlüsse und -begrenzungen sowie individueller Ausschlüsse, nach den entsprechend anzuwendenden Bedingungen der auf das Leben des Versorgungsberechtigten bei der ... Lebensversicherung abgeschlossenen Rückdeckungsversicherung(en) in der Fassung zum Zeitpunkt deren Abschlusses.

4. Hinterbliebenenversorgung

Stirbt der Versorgungsberechtigte, so erhält dessen im Rahmen der Rückdeckung mitversicherter Ehegatte, sofern die Ehe zum Zeitpunkt seines Todes noch bestand, eine lebenslängliche Hinterbliebenenrente auf Basis der in eine Anwartschaft auf Versorgungsleistungen umgerechneten Versorgungsbeiträge in Höhe von monatlich ... EUR. Voraussetzungen, Umfang und Höhe entsprechen im Übrigen den Bedingungen der Hinterbliebenenzusatzversicherung der auf das Leben des Versorgungs-

---

3 Wegen BMF-Schreiben vom 31. 3. 2010 (Rz. 249) für Neuzusagen ab dem 1. 1. 2012 = 62. LJ.

berechtigten bei der ... Lebensversicherung abgeschlossenen Rückdeckungsversicherung(en).

5. Vorzeitige Beendigung des Anstellungsverhältnisses

Scheidet der Versorgungsberechtigte vor Eintritt eines Versorgungsfalles aus den Diensten des Arbeitgebers aus, so bleiben ihm die Versorgungsanwartschaften aus dieser Zusage dem Grunde nach erhalten (sofortige vertragliche Unverfallbarkeit).

Die Höhe der erreichten unverfallbaren Anwartschaft entspricht, auf Basis der umgerechneten Versorgungsbeiträge, der Leistung, die sich bei einer Beitragsfreistellung der vom Arbeitgeber abgeschlossenen Rückdeckungsversicherung aus den bis zum Zeitpunkt des Ausscheidens gezahlten Beiträgen ergibt (beitragsfreie Versicherungsleistung).

Soweit der Arbeitgeber aus den Beiträgen in seine Rückdeckungsversicherung höhere Leistungen beanspruchen kann, erhöht sich die Anwartschaft bzw. der Anspruch auf die einzelnen Versorgungsleistungen in dieser Höhe jeweils ab dem Zeitpunkt, ab dem die Erhöhung der Versicherungsleistungen wirksam wird.

Die Gesellschaft wird dem Versorgungsberechtigten bei seinem Ausscheiden Auskunft darüber erteilen, in welcher Höhe eine Anwartschaft auf Altersrente ab dem vertraglichen Pensionsalter besteht. Leistungen werden aber erst bei Eintritt des Versorgungsfalles gewährt.

6. Anpassung der zugesagten Leistungen

Soweit der Arbeitgeber aus den Beiträgen in die Rückdeckungsversicherung höhere Leistungen, als in den Ziffern 2 bis 4 genannt, beanspruchen kann, erhöhen sich die laufenden Leistungen in dieser Höhe jeweils ab dem Zeitpunkt, ab dem die Erhöhung der Versicherungsleistungen wirksam wird.

Die laufenden Versorgungsleistungen werden jedoch jährlich, erstmals ein Jahr nach deren Bezug, zumindest um 1 % erhöht (Mindestanpassung). Die Erhöhung bezieht sich auf den jeweils zuletzt gezahlten Betrag.

7. Zahlungsweise

Die zugesagten Versorgungsleistungen werden vorschüssig zum Ersten eines jeden Monats gezahlt, und zwar erstmalig für den Monat, der auf das die Rentenzahlung auslösende Ereignis folgt, letztmalig für den Monat, in dem die Voraussetzungen für die Rentenzahlung weggefallen sind. Die Auszahlung erfolgt nach Abzug etwaiger von dem Arbeitgeber einzubehaltender Steuern und Abgaben.

[Anm.: Die Zahlweise sollte mit der Rückdeckungsversicherung harmonieren.]

8. Abtretungen, Verpfändungen, Beleihungen

Abtretungen, Verpfändungen oder sonstige Vertügungen über Versorgungsleistungen aus diesem Vertrag sind ausgeschlossen. Dennoch erfolgte Verfügungen sind dem Arbeitgeber gegenüber unwirksam.

9. Abschluss einer Rückdeckungsversicherung

Der Arbeitgeber beabsichtigt, die vorstehend beschriebenen Versorgungsleistungen zwecks deren Finanzierung durch einen Versicherungsvertrag auf das Leben des Versorgungsberechtigten rückzudecken.

Der Versorgungsberechtigte ist verpflichtet, dem Arbeitgeber alle für den Abschluss erforderlichen Angaben zu machen und sich ärztlich untersuchen zu lassen. Entsprechendes gilt für einen Leistungsfall.

Sollte eine Absicherung des Berufsunfähigkeits- oder Todesfallrisikos bei dem von der Gesellschaft ausgewählten Versicherer aufgrund des Gesundheitszustands des Versorgungsberechtigten bei Erteilung der Pensionszusage nur unter Einschränkungen zustande kommen, gelten diese dem Grunde nach auch im Rahmen dieser Zusage (vgl. Ziffer 3 Abs. 2). Sofern vom Versicherer ein Risikozuschlag erhoben oder der Versicherungsschutz ganz abgelehnt wird, werden die Vertragsparteien eine Anpassung der Zusage vornehmen, die dazu führt, dass für den Arbeitgeber weder erhöhte Risiken noch erhöhte Kosten entstehen.

10. Anzeigepflichten

Der Versorgungsberechtigte, bzw. nach seinem Ableben die versorgungsberechtigte Hinterbliebene, sind verpflichtet, dem Arbeitgeber von jeder Veränderung der persönlichen Verhältnisse, welche die Verpflichtungen des Arbeitgebers beeinflusst, unverzüglich Kenntnis zu geben.

11. Änderungen der Zusage

Mündliche Abreden bestehen nicht. Jede Änderung oder Ergänzung dieses Vertrages bedarf, um Gültigkeit zu erlangen, der Schriftform. Die Aufhebung dieses Erfordernisses bedarf schriftlicher Erklärung.

12. Rechtsnachfolge, Datenspeicherung

Der Arbeitgeber wird die Verpflichtungen aus diesem Pensionsvertrag einem etwaigen Rechtsnachfolger der Gesellschaft auferlegen. Dem Versorgungsberechtigten ist bekannt, und er ist damit einverstanden, dass der versicherungsmathematische Gutachter oder der Versicherer personenbezogene Daten speichert.

13. Salvatorische Klausel

Sofern einzelne Bestimmungen dieses Vertrages ungültig oder unwirksam werden, soll die Gültigkeit der übrigen Vereinbarungen hierdurch nicht berührt werden. Die angestrebte Rechtsfolge ist durch Umdeutung der unwirksamen Bestimmungen und/oder Auslegung des Vertrages zu erreichen. Ist eine Rechtsfolge nicht geregelt, so ist sie in gleicher Weise vertragskonform zu ermitteln; ergänzend gelten die gesetzlichen Vorschriften.

14. Inkrafttreten

Diese Versorgungszusage tritt nach erfolgter Unterzeichnung durch beide Vertragsparteien in Kraft. *[Anm.: bzw. abweichender, zukünftiger Termin – jedenfalls nach erfolgtem Gesellschafterbeschluss]*

Nirgendwo, den ....

_____   _____
Arbeitgeber   Versorgungsberechtigter

2. Muster für eine Zusage, die bestehende Versorgungs- anwartschaften ergänzt

PENSIONSZUSAGE[4]

Zwischen	G. Sellschaft GmbH Jedermannsweg Nirgendwo Gründungsdatum: ... – nachfolgend „Arbeitgeber" genannt –
und	Herrn G. Schäftsführer Geburtsdatum: ... Diensteintritt: ... – nachfolgend „Versorgungsberechtigter" genannt –

wird folgender Pensionsvertrag geschlossen:

Präambel

Dem Versorgungsberechtigten wird, in Ergänzung einer neben dieser Zusage schon bestehenden Versorgung, zur Schließung von Versorgungslücken und zur Erhöhung des Lebensstandards im Alter, eine Leistungszusage im Wege der Direktzusage erteilt.

Der Versorgungsberechtigte ist als beherrschender Gesellschafter-Geschäftsführer im betriebsrenten- und steuerrechtlichen Sinne einzustufen.

§ 1 Versorgungsleistungen

Der Arbeitgeber sagt folgende Versorgungsleistungen zu:

a) Altersrente bzw. vorgezogene Altersrente (vgl. § 2)
b) Invaliditätsrente (vgl. § 3)
c) Witwenrente (vgl. § 4)
d) Waisenrente (vgl. § 5)

§ 2 Altersversorgung

Der Arbeitgeber gewährt dem Versorgungsberechtigten nach Vollendung des 65. Lebensjahres (vertragliches Pensionsalter) und seinem Ausscheiden aus den Diensten des Arbeitgebers eine lebenslängliche monatliche Altersrente in Höhe von ... EUR.

---

4 Zur allg. Gestaltung einer Leistungszusage siehe auch die Erläuterungen in: Liebers/Kisters-Kölkes, FB ArbR, K Rn. 104 ff.

Wenn der Versorgungsberechtigte vor Vollendung des 65. Lebensjahres aus den Diensten des Arbeitgebers ausscheidet, so kann er eine **vorgezogene Altersrente** beanspruchen, wenn er zu diesem Zeitpunkt mindestens das 60. Lebensjahr[5] vollendet hat und seit dem Zeitpunkt der Erteilung der Zusage bis zum Zeitpunkt der vorzeitigen Inanspruchnahme mindestens 10 Jahre vergangen sind. Der Arbeitgeber ist in diesem Fall jedoch berechtigt, die zum vertraglichen Pensionsalter zugesagte Altersrente um 0,5 % für jeden Monat der vorzeitigen Inanspruchnahme für die gesamte Dauer des Versorgungsbezuges zu kürzen.

§ 3 Invaliditätsversorgung

Wird der Versorgungsberechtigte vor Vollendung des 65. Lebensjahres invalide, so erhält er während der Dauer seiner Invalidität, längstens aber bis zur Vollendung des 65. Lebensjahres, eine monatliche Berufsunfähigkeitsrente in Höhe des Anspruchs auf Altersrente (vgl. § 2). Dauert die Invalidität bis zur Vollendung des 65. Lebensjahres an, so wird hiernach die Leistung nach § 2 gezahlt.

Bedingungsgemäße Invalidität liegt vor, wenn der Versorgungsberechtigte berufsunfähig im Sinne der Bedingungen der **... Lebensversicherung für die Berufsunfähigkeits-Zusatzversicherung** (BUZ) ist (vgl. § 12 Abs. 4). Die Voraussetzungen werden nachgewiesen durch ärztliche Berichte. Hierbei ggf. anfallende Kosten werden von dem Versorgungsberechtigten getragen.

Ein Anspruch auf Versorgungsleistungen besteht nicht, wenn der Versorgungsberechtigte die Invalidität vorsätzlich herbeigeführt hat.

[alternative Definition sofern keine Rückdeckungsversicherung mit BUZ besteht: er voll erwerbsgemindert im Sinne der gesetzlichen Rentenversicherung ist (§ 43 SGB VI)]

§ 4 Witwenrente

Stirbt der Versorgungsberechtigte, so erhält seine Ehegattin, sofern die Ehe zum Zeitpunkt seines Todes noch bestand, eine lebenslängliche, monatliche Hinterbliebenenrente in Höhe von 60 % der Altersrente, die dieser im Zeitpunkt seines Todes bezog. Im Falle seines Ablebens vor Beginn eines Altersrentenbezuges beträgt die Hinterbliebenenrente 60 % der zugesagten Altersrente (vgl. § 2 Abs. 1), bzw. nach vorzeitigem Ausscheiden (vgl. § 6) 60 % der unverfallbaren Anwartschaft auf Altersrente. Die Hinterbliebenenrente wird letztmalig für den Sterbemonat der Hinterbliebenen gezahlt und erlischt mit Ablauf des Monats, in dem die Hinterbliebene wieder heiratet.

---

5 Wegen BMF-Schreiben vom 31. 3. 2010 (Rz. 249) für Neuzusagen ab dem 1. 1. 2012 = 62. LJ.

§ 5 Waisenrente

Hinterlässt der Versorgungsberechtigte bei seinem Ableben versorgungsberechtigte Kinder, so erhalten diese als Hinterbliebenenversorgung eine Waisenrente. Versorgungsberechtigt sind Kinder des Versorgungsberechtigten im Sinne von § 32 Abs. 3, 4 Satz 1 Nr. 1 bis 3 und Abs. 5 EStG i. d. F. bei Erteilung der Zusage.

Die Hinterbliebenenversorgung beträgt für jedes versorgungsberechtigte Kind

– bei Vollwaisen 30 %
– bei Halbwaisen 15 %

der Altersrente, die der Versorgungsberechtigte im Zeitpunkt seines Todes bezog. Im Falle seines Ablebens vor Bezug der Altersrente beträgt die Waisenrente den vorgenannten Prozentsatz der zugesagten Altersrente (vgl. § 2 Abs. 1) – bzw. nach vorzeitigem Ausscheiden (vgl. § 6) – den vorgenannten Prozentsatz der unverfallbaren Anwartschaft auf Altersrente.

Die Hinterbliebenenleistungen dürfen zusammen die Altersrente nicht übersteigen, auf die der Versorgungsberechtigte zum Zeitpunkt des Todes Anspruch oder Anwartschaft hatte. Gegebenenfalls sind sie anteilsmäßig zu kürzen.

§ 6 Vorzeitige Beendigung des Arbeitsverhältnisses

Scheidet der Versorgungsberechtigte vor Eintritt eines Versorgungsfalles aus den Diensten des Arbeitgebers aus, so bleiben ihm die Versorgungsanwartschaften aus dieser Zusage dem Grunde nach erhalten (sofortige vertragliche Unverfallbarkeit).

Die Höhe der Anwartschaft wird wie folgt ermittelt: Der für den jeweiligen Versorgungsfall zugesagte Anspruch wird zeitanteilig gekürzt; die Kürzung erfolgt entsprechend dem Verhältnis der – ab dem Zusagedatum – tatsächlich erbrachten Dienstzeit zur insgesamt (ab dem Zusagedatum) möglichen Dienstzeit.

Der Arbeitgeber wird dem Versorgungsberechtigten bei seinem Ausscheiden Auskunft darüber erteilen, in welcher Höhe eine Anwartschaft auf Altersrente ab dem vertraglichen Pensionsalter besteht. Leistungen werden aber erst bei Eintritt des Versorgungsfalles gewährt.

[Anm.: Bei uneingeschränkter Geltung des BetrAVG wäre wegen der Höhe auf die Vorschriften des Betriebsrentengesetzes zu verweisen; bei Organmitgliedern kann die Formulierung nach Abwägung ggf. beibehalten werden; siehe dazu II. 1.]

§ 7 Leistungsbegrenzung

Die zugesagte Altersleistung wird zur Vermeidung einer Überversorgung der Höhe nach begrenzt. Die zugesagten Leistungen der betrieblichen Altersversorgung sowie die gesamte zu erwartende Rente der gesetzlichen Rentenversicherung dürfen zusammen 75 % (Begrenzungssatz) der Bezüge des Versorgungsberechtigten i. S. d. § 2 LStDV nicht überschreiten.

Leistungen der betrieblichen Altersversorgung, die auf einer Entgeltumwandlung beruhen, bleiben unberücksichtigt.

Sinkt das Gehalt des Versorgungsberechtigten und wird hierdurch der Begrenzungssatz nach Abs. 1 überschritten, so ist Abs. 1 mit der Maßgabe anzuwenden, dass an die Stelle der aktuellen Bezüge des Versorgungsberechtigten die durchschnittlichen Bezüge seit der Erteilung der Pensionszusage treten.

§ 8 Anpassung der zugesagten Leistungen

Der Arbeitgeber wird die laufenden Versorgungsleistungen des Versorgungsberechtigten bzw. die Hinterbliebenenleistungen jeweils nach Ablauf eines Jahres um 1,0 %* der jeweils zuletzt gezahlten Rente erhöhen.

§ 9 Zahlungsweise

Die zugesagten Versorgungsleistungen werden nachschüssig zum Letzten eines jeden Monats gezahlt, und zwar erstmalig für den Monat, der auf das die Rentenzahlung auslösende Ereignis folgt, letztmalig für den Monat, in dem die Voraussetzungen für die Rentenzahlung weggefallen sind. Die Auszahlung erfolgt nach Abzug etwaiger von dem Arbeitgeber einzubehaltender Steuern und Abgaben.

[Anm.: Die Zahlweise sollte mit der evtl. bestehenden Rückdeckungsversicherung harmonieren.]

§ 10 Kapitalabfindung

Der Arbeitgeber kann mit Zustimmung des Versorgungsberechtigten anlässlich seines Ausscheidens aus dem Unternehmen, oder danach, unverfallbare Anwartschaften bzw. Ansprüche auf seine Leistungen und Hinterbliebenenleistungen ganz oder teilweise abfinden.

Der Abfindungsbetrag ist – bei Abfindung vor Eintritt des Versorgungsfalles – der versicherungsmathematische Barwert der Anwartschaft (ggf. einschließlich der Anwartschaft auf Hinterbliebenenleistungen) bzw. im Falle der Abfindung nach Beginn der Versorgungszahlungen der versicherungsmathematische Barwert der noch ausstehenden Leistungen im Zeitpunkt der Abfindung.

Der jeweilige Abfindungsbetrag wird ermittelt nach versicherungsmathematischen Grundsätzen, unter Zugrundelegung der für die ertragsteuerliche Bewertung von Pensionszusagen zum Abfindungszeitpunkt maßgeblichen Rechnungsgrundlagen und unter Anwendung des sich nach § 253 Abs. 2 HGB ergebenden Marktzinses.

---

*   Die Vereinbarung einer festen Dynamik führt von Anfang an zu deutlich höheren Rückstellungen. Von Rechtsprechung und Finanzverwaltung wurde bislang eine Erhöhung bis **max. 3 %** anerkannt.

[Anm.: Bei uneingeschränkter Geltung des BetrAVG muss der ganze Paragraf entweder entfallen, oder kann für den Versorgungsfall durch ein echtes Kapitalwahlrecht ersetzt werden; bei Organmitgliedern kann die Formulierung nach Abwägung ggf. beibehalten werden; siehe dazu II. 1.]

§ 11 Abtretung, Verpfändung oder sonstige Verfügungen

Abtretungen, Verpfändungen oder sonstige Verfügungen über Versorgungsleistungen aus diesem Vertrag sind ausgeschlossen. Dennoch erfolgte Verfügungen sind dem Arbeitgeber gegenüber unwirksam.

Löst die Schädigung durch einen Dritten den Versorgungsfall aus, so gehen die Schadensersatzansprüche des Versorgungsberechtigten gegen den Dritten in der Höhe auf den Arbeitgeber über, in der dieser Leistungen an den Versorgungsberechtigten aufgrund dieses Pensionsvertrages erbracht hat. Der Versorgungsberechtigte hat diese Schadensersatzansprüche an den Arbeitgeber abzutreten. Der Forderungsübergang kann nicht zum Nachteil des Versorgungsberechtigten geltend gemacht werden.

§ 12 Abschluss einer Rückdeckungsversicherung

Der Arbeitgeber kann die vorstehend beschriebenen Versorgungsleistungen zwecks deren Finanzierung durch einen Versicherungsvertrag auf das Leben des Versorgungsberechtigten rückdecken.

Der Versorgungsberechtigte ist verpflichtet, dem Arbeitgeber alle für den Abschluss erforderlichen Angaben zu machen und sich ärztlich untersuchen zu lassen. Entsprechendes gilt für einen Leistungsfall.

Weiterhin behält der Arbeitgeber sich vor, ein Depot bei der ... zu eröffnen, auf deren Leistungen der Arbeitgeber bezugsberechtigt ist.

Sollte eine Absicherung des Berufsunfähigkeits- oder Todesfallrisikos bei dem von dem Arbeitgeber ausgewählten Versicherer aufgrund des Gesundheitszustands des Versorgungsberechtigten bei Erteilung der Pensionszusage nur unter Einschränkungen zustande kommen, gelten diese dem Grunde nach auch im Rahmen dieser Zusage. Sofern vom Versicherer ein Risikozuschlag erhoben oder der Versicherungsschutz ganz abgelehnt wird, werden die Vertragsparteien eine Anpassung der Zusage vornehmen, die dazu führt, dass für den Arbeitgeber weder erhöhte Risiken noch erhöhte Kosten entstehen. Falls der Versicherer bedingungsgemäß die Leistung verweigert, so entfällt insofern auch die Leistungspflicht des Arbeitgebers gegenüber dem Versorgungsberechtigten.

§ 13 Versorgungsausgleich[6]

Bei einer Ehescheidung des Versorgungsberechtigten von seinem Ehegatten wird der Arbeitgeber im Rahmen des Versorgungsausgleichsgesetzes (VersAusglG) nach dieser Rangfolge verfahren:

Sofern die Ehegatten keine individuelle, notariell beurkundete Vereinbarung gemäß § 6 VersAusglG getroffen haben, wird der Arbeitgeber zunächst eine externe Teilung nach §§ 14 ff. VersAusglG im Rahmen der dort vorgegebenen Möglichkeiten anstreben.

Kommt es zu keiner externen Teilung, werden die Versorgungsrechte intern nach §§ 10 ff. VersAusglG geteilt. Hierbei wird der Risikoschutz auf die Gewährung einer Altersrente beschränkt. Als Ausgleich für den Wegfall der bestehenden Hinterbliebenenversorgung wird die Altersrente für den Ausgleichsberechtigten nach versicherungsmathematischen Grundsätzen entsprechend erhöht (vgl. § 11 Abs. 1 Nr. 3 VersAusglG). Die vertragliche Altersgrenze entspricht derjenigen des Ausgleichsverpflichteten.

§ 14 Anzeigepflichten

Der Versorgungsberechtigte, bzw. nach seinem Ableben seine versorgungsberechtigten Hinterbliebenen, ist verpflichtet, dem Arbeitgeber von jeder Veränderung der persönlichen Verhältnisse, welche die Verpflichtungen des Arbeitgebers beeinflusst, unverzüglich Kenntnis zu geben.

§ 15 Änderungen der Zusage

Mündliche Abreden bestehen nicht. Jede Änderung oder Ergänzung dieses Vertrages bedarf, um Gültigkeit zu erlangen, der Schriftform. Die Aufhebung dieses Erfordernisses bedarf schriftlicher Erklärung.

§ 16 Rechtsnachfolge und Datenspeicherung

Der Arbeitgeber wird die Verpflichtungen aus diesem Pensionsvertrag einem etwaigen Rechtsnachfolger des Arbeitgebers auferlegen. Dem Versorgungsberechtigten ist bekannt, und er ist damit einverstanden, dass der versicherungsmathematische Gutachter oder der Versicherer personenbezogene Daten speichert.

---

6 Im Regelfall dürfte es dem Interesse des Arbeitgebers entsprechen, beim ausgleichsberechtigten Ehegatten nicht dessen Invaliditätsrisiko oder gar dessen Hinterbliebenenversorgung zu übernehmen.

§ 17 Salvatorische Klausel

Sofern einzelne Bestimmungen dieses Vertrages ungültig oder unwirksam werden, soll die Gültigkeit der übrigen Vereinbarungen hierdurch nicht berührt werden. Die angestrebte Rechtsfolge ist durch Umdeutung der unwirksamen Bestimmungen und/oder Auslegung des Vertrages zu erreichen. Ist eine Rechtsfolge nicht geregelt, so ist sie in gleicher Weise vertragskonform zu ermitteln; ergänzend gelten die gesetzlichen Vorschriften.

§ 18 Inkrafttreten

Diese Versorgungszusage tritt nach erfolgter Unterzeichnung durch beide Vertragsparteien in Kraft.

[Anm.: Bzw. abweichender, zukünftiger Termin – jedenfalls nach erfolgtem Gesellschafterbeschluss]

Nirgendwo, den _____   Nirgendwo, den _____

_____   _____

– Arbeitgeber –   – G. Schäftsführer –

III. Muster-Verpfändungsvereinbarung

Verpfändungsvereinbarung[7]

Zwischen

Herrn G. Schäftsführer

(im Weiteren: Geschäftsführer/Vorstand)

und

der G. Sellschaft GmbH/AG, Nirgendwo

(im Weiteren: Gesellschaft)

wird in Ergänzung der Pensionszusage vom .... Folgendes vereinbart:

Zur Sicherung sämtlicher Ansprüche des Geschäftsführers/Vorstands und seiner Hinterbliebenen aus der Pensionszusage verpfändet die Gesellschaft hiermit alle derzeitigen und künftigen Rechte und Ansprüche aus der von ihr auf das Leben des Geschäftsführers/Vorstands bei der XYZ-Lebensversicherungs-AG abgeschlossenen Rückdeckungsversicherung Nr. .... einschließlich etwaiger Zusatzversicherungen an den Geschäftsführer/Vorstand.

Zur Sicherung aller Ansprüche des Ehegatten des Geschäftsführers/Vorstands, Frau/ Herr ...., geb. am ...., aus der Pensionszusage verpfändet die Gesellschaft hiermit alle derzeitigen und künftigen Rechte und Ansprüche aus der vorstehend genannten Versicherung an den Ehegatten. Das Pfandrecht des Ehegatten geht dem des Geschäftsführers/Vorstands im Range nach. Es kann jederzeit durch einseitige Erklärung des Geschäftsführers/Vorstands aufgehoben werden.

Ist die Gesellschaft mit einer fälligen Leistung aus der Pensionszusage rückständig (Pfandreife) oder wird über das Vermögen der Gesellschaft das Insolvenzverfahren eröffnet bzw. ist ein solches Verfahren mangels Masse abgewiesen worden (Pfandreife), so ist der Geschäftsführer/Vorstand bzw. ist nach seinem Tod sein Ehegatte nach Maßgabe der §§ 1282, 1283 BGB berechtigt, sich aus der verpfändeten Versicherung zu befriedigen.

Bei Fälligkeit von laufenden Leistungen (Rentenleistungen) aus der Rückdeckungsversicherung vor Pfandreife ist der Versicherer abweichend von § 1281 BGB berechtigt, diese an die Gesellschaft auszuzahlen. Die Berechtigung des Versicherers zur Auszahlung laufender Leistungen endet, sobald ihm vom Geschäftsführer/Vorstand schriftlich angezeigt worden ist, dass Pfandreife vorliegt. Für die Auszahlung einma-

---

7 Zur allg. Gestaltung einer Verpfändungserklärung für eine Rückdeckungsversicherung siehe auch die Erläuterungen in: Liebers/Kisters-Kölkes, FB ArbR, K Rn. 182 ff.

liger Versicherungsleistungen (auch der Kapitalabfindung für eine laufende Leistung) verbleibt es bei der Regelung des § 1281 BGB. Die Auszahlung muss in diesem Fall an den Geschäftsführer/Vorstand bzw. nach seinem Tod an seinen Ehegatten einerseits und die Gesellschaft andererseits gemeinschaftlich erfolgen. Die ausgezahlte Versicherungsleistung ist verzinslich anzulegen und dem Geschäftsführer/Vorstand bzw. seinem Ehegatten daran ein Pfandrecht zu bestellen (§ 1288 BGB).

Die Gesellschaft verpflichtet sich, die Verpfändung der Rückdeckungsversicherung dem Versicherer unverzüglich unter Übersendung einer Ausfertigung dieser Verpfändungsvereinbarung schriftlich anzuzeigen. Mit Eingang der Verpfändungsanzeige wird die Verpfändung wirksam.

Nirgendwo, den ....

Gesellschaft[8]	Geschäftsführer/Vorstand
vertreten durch alle Gesellschafter	
(GmbH) bzw. durch den Aufsichtsrat (AG)	

Ehegatte

Ausfertigung für die XYZ-Versicherung zur Anzeige der Verpfändung
Ausfertigung für den Geschäftsführer/Vorstand
Ausfertigung für die Gesellschaft

8 Nach OLG Düsseldorf, Urteil vom 23. 4. 2009 – 6 U 58/08, soll auch die Verpfändung einer Rückdeckungsversicherung – analog zu jeder Änderung eines Dienstvertrags eines Geschäftsführers – wegen § 46 Nr. 5 GmbHG der Zustimmung der Gesellschafterversammlung bedürfen.

IV. Muster-Gesellschafterbeschluss

Gesellschafterbeschluss

Wir, die unterzeichnenden alleinigen Gesellschafter der

G. Sellschaft GmbH, Nirgendwo,
– nachfolgend „Gesellschaft" genannt –

halten hiermit unter Verzicht auf alle durch Gesetz und Gesellschaftsvertrag vorgeschriebenen Formen und Fristen für die Einberufung eine **Gesellschafterversammlung** ab.

Die Gesellschafter fassen folgenden **Beschluss**:

Dem Geschäftsführer, Herrn G. Schäftsführer, wird folgende **Pensionszusage** neu erteilt:

a) Altersrente, fällig ab dem vollendeten 65. Lebensjahr, in Höhe von … € monatlich

b) Invaliditätsrente in Höhe der Anwartschaft bzw. des Anspruchs auf Altersrente

c) Witwenrente in Höhe von 60 % der Altersrente

d) Waisenrente in Höhe von 30% (Vollwaisen) bzw. 15 % (Halbwaisen) der Anwartschaft/des Anspruchs auf Altersrente

Die näheren Einzelheiten sind aus dem beiliegenden Vertragsentwurf für eine Zusage ersichtlich.

Zur Finanzierung dieser Pensionszusage kann der Arbeitgeber eine oder mehrere Rückdeckungsversicherungen abschließen. Bezugsberechtigt aus der/den Rückdeckungsversicherung(en) ist ausschließlich der Arbeitgeber. Die Ansprüche aus der/den Rückdeckungsversicherung(en) und dem Depot werden an den Versorgungsberechtigten und seine versorgungsberechtigten Hinterbliebenen durch gesonderte Vereinbarung verpfändet.

Die Durchführung dieses Beschlusses und der Abschluss des Pensionsvertrages sowie der Verpfändungsvereinbarung[9] kann durch den Geschäftsführer alleine erfolgen.

Herr G. Schäftsführer ist dabei vom Selbstkontrahierungsverbot des § 181 BGB befreit.

---

9 Nach OLG Düsseldorf, Urteil vom 23. 4. 2009 – 6 U 58/08, soll auch die Verpfändung einer Rückdeckungsversicherung – analog zu jeder Änderung eines Dienstvertrags eines Geschäftsführers – wegen § 46 Nr. 5 GmbHG der Zustimmung der Gesellschafterversammlung bedürfen.

Anhang

Nirgendwo, den _____

_____
– Gesellschafter/in 1 –

_____
– Gesellschafter/in 2 –

_____
– Gesellschafter/in 3 –

_____
– Gesellschafter/in 4 –

_____
– Gesellschafter/in 5 –

(Unterschrift sämtlicher Gesellschafter/innen, auch bei Mehrheitsbeschluss)

V. Matrix zur unterschiedlichen Behandlung von beherrschenden/nicht beherrschenden Geschäftsführern sowie Arbeitnehmern*

Fragen zur steuerlichen Anerkennung bzw. Gestaltung der Direktzusage	1) beherrschender[1] Gesellschafter-Geschäftsführer	2) Nicht beherrschender der Gesellschafter-Geschäftsführer[2]	3) Arbeitnehmer (im arbeits- u. steuer-rechtlichen Sinne)	Mögliche Folgen
Anwendung Betriebsrentengesetz (BetrAVG)	Nein	Ja (arbeitsrechtlicher Status entscheidend)	Ja	
Insolvenzsicherung: gesetzlich	Nein	Ja (arbeitsrechtlicher Status entscheidend)	Ja	
Insolvenzsicherung: vertraglich	Sinnvoll	Nicht erforderlich (Ausnahme: Sicherungshöchstgrenze überschritten)	Nicht erforderlich (Ausnahme: Sicherungshöchstgrenze überschritten)	1) sonst kein Insolvenzschutz
Gesellschafterbeschluss	Erforderlich	Erforderlich	Nein	1) 2) insgesamt vGA
Vertragliche Regelung einer Kapitalabfindung (Klausel)	Nach teilweise vertretener Meinung unabdingbar, wenn abgefunden werden soll	BetrAVG und BMF-Schreiben beachten	BetrAVG und BMF-Schreiben beachten	1) sonst evtl. vGA wegen Abfindung
Regelung zur vorzeitigen Inanspruchnahme der Altersleistung ab 60. LJ (gegen Abschläge)	Sinnvoll (dabei Erdienbarkeitsfrist beachten)	§ 6 BetrAVG gilt	§ 6 BetrAVG gilt	1) sonst kein Vorziehen möglich
Vertragliche Regelung zur uvA dem Grunde und der Höhe nach	Erforderlich; uvA berechnet sich der Höhe nach ab Tag der Zusage, nicht ab Eintritt	Nicht erforderlich wegen Geltung von §§ 1b, 2 BetrAVG (Abänderung nach BAG v. 21. 4. 2009 möglich)	Nein, wegen Geltung von §§ 1b, 2 BetrAVG; (Besserstellung möglich)	1) sonst keine Anwartschaft bei vorz. Ausscheiden; tw. vGA bei Höhe

* Sofern diese zugleich „nahestehende Personen" sind, beachte die Ausführungen zur „Üblichkeit" unter Ziff. III. 1.
1 Hiermit ist sowohl die arbeits- und steuerrechtliche Beherrschung gemeint
2 Nicht lediglich geringfügig (weniger 10 %) beteiligt. Auf die evtl. erweiterten Gestaltungsmöglichkeiten bei Organmitgliedern wegen BAG vom 21. 4. 2009 – 3 AZR 285/07 – wird in der Übersicht hingewiesen.

Fragen zur steuerlichen Anerkennung bzw. Gestaltung der Direktzusage	1) beherrschender Gesellschafter-Geschäftsführer[1]	2) Nicht beherrschender Gesellschafter-Geschäftsführer[2]	3) Arbeitnehmer (im arbeits- u. steuerrechtlichen Sinne)	Mögliche Folgen
Abfindung/Verzicht auf Anwartschaft od. Leistungen	Abfindung: Ja Verzicht: Ja (beides zivilrechtlich unbeschränkt möglich)	Grds. gilt § 3 BetrAVG; Abänderung nach BAG v. 21. 4. 2009 mögl.	§ 3 BetrAVG beachten	1) 2) ggf. vGA bzw. verdeckte Einlage möglich
Vertragliches Kapitalwahlrecht	Möglich	Möglich (kein Fall des § 3 BetrAVG)	Möglich (kein Fall des § 3 BetrAVG)	
Vertragliches Endalter	Mindestens Vollendung 60. Lebensjahr; wegen BMF vom 31. 3. 2010 (Rz. 249) für Neuzusagen ab dem 1. 1. 2012 = mind. 62. LJ	Mindestens Vollendung 60. Lebensjahr; wegen BMF vom 31. 3. 2010 (Rz. 249) für Neuzusagen ab dem 1. 1. 2012 = mind. 62. LJ	Mindestens Vollendung 60. Lebensjahr; wegen BMF vom 31. 3. 2010 (Rz. 249) für Neuzusagen ab dem 1. 1. 2012 = mind. 62. LJ	1) – 3) Anerkennung der gesamten Rückstellung wg. Qualifikation als bAV gefährdet (Unterschreitung bei besonderen Umständen möglich)
Anpassung der Versorgungsleistungen	Regelung sinnvoll	Regelung sinnvoll, da § 16 BetrAVG verschiedene Optionen eröffnet; Abänderung nach BAG vom 21. 4. 2009 mögl.	Regelung sinnvoll, da § 16 BetrAVG verschiedene Optionen eröffnet	1) sonst kein Werterhalt der Leistung
Rückstellungsbildung: Wahrung der Voraussetzungen des § 6 a EStG	Erforderlich	Erforderlich	Erforderlich	1) – 3) insgesamt keine Anerkennung: Bilanzberichtigung
Rückstellungsbildung: Endalter	Vertr. Endalter, mind. aber vollendetes 65.–67. LJ (nach jew. Geburtsjahrgang): R 6 a (8) EStR 2008	Vertragliche Altersgrenze; Wahlrechte nach R 6 a (11) EStR 2008	Vertragliche Altersgrenze; Wahlrechte nach R 6 a (11) EStR 2008	1) – 3) Bilanzberichtigung auf korrektes Endalter
Wirksamkeit Zusage: Schriftform	Erforderlich	Erforderlich	Erforderlich	1) – 3) Vorauss. nach § 6 a EStG; insgesamt keine Anerkennung: Bilanzberichtigung

1 Hiermit ist sowohl die arbeits- und steuerrechtliche Beherrschung gemeint
2 Nicht lediglich geringfügig (weniger 10 %) beteiligt. Auf die evtl. erweiterten Gestaltungsmöglichkeiten bei Organmitgliedern wegen BAG vom 21. 4. 2009 – 3 AZR 285/07 – wird in der Übersicht hingewiesen.

Fragen zur steuerlichen Anerkennung bzw. Gestaltung der Direktzusage	1) beherrschender Gesellschafter-Geschäftsführer[1]	2) Nicht beherrschen-der Gesellschafter-Geschäftsführer[2]	3) Arbeitnehmer (im arbeits- u. steuer-rechtlichen Sinne)	Mögliche Folgen
Anwendung „Rückvergütungsverbot" (Nachzahlungsverbot)	Ja	Nein	Nein	1) tw. vGA
Bestand der Zusage vor Inanspruchnahme (Erdienbarkeitsfrist)	10 Jahre	10 Jahre bzw. 3 Jahre Zusagebestand bei 12 Jahren Zugehörigkeit	(–)	1) 2) insgesamt vGA
Bestand des Dienstverhältnisses vor Erteilung der Zusage (Probezeit)	ca. 2–3 Jahre	ca. 2–3 Jahre (str.)	(–)	1) 2) Folgen sind str.: nach Finanzverw. = temporäre vGA; bei Lstg. in Probezeit sind Zahlg. und Zuführungen vGA; nach Rechtsprechung = dauerhafte vGA
Bestand des Unternehmens vor Erteilung der Zusage (gesicherte Gewinn-erwartung)	ca. 5 Jahre	ca. 5 Jahre	(–)	1) 2) Folgen sind str.: nach Finanzverw. = temporäre vGA; bei Lstg. in Probezeit sind Zahlg. und Zuführungen vGA; nach Rechtsprechung = dauerhafte vGA
Höchstalter bei Erteilung der Zusage	Vor Vollendung 60. LJ	Vor Vollendung 60. LJ	(–)	1) 2) insgesamt vGA
Zusage: „Üblichkeit" der Gestaltung (abtrennbar)	Erforderlich	Erforderlich	(–)	1) 2) vGA des Bestandteils
Angemessenheit der betrieblichen Versorgung (> 75 %; Überversorgung)	Erforderlich, beachte BMF vom 3. 11. 2004 (IV B 2 – S 2176 – 13/04)	Erforderlich, beachte BMF vom 3. 11. 2004 (IV B 2 – S 2176 – 13/04)	Erforderlich, beachte BMF vom 3. 11. 2004 (IV B 2 – S 2176 – 13/04)	1) 2) 3) Bilanzberichtigung wegen § 6 a EStG oder 1) 2) tw. vGA
Angemessenheit der Gesamtbezüge	Erforderlich	Erforderlich sofern zu mindestens 25 % beteiligt	(–)	1) 2) tw. vGA

1 Hiermit ist sowohl die arbeits- und steuerrechtliche Beherrschung gemeint
2 Nicht lediglich geringfügig (weniger 10 %) beteiligt. Auf die evtl. erweiterten Gestaltungsmöglichkeiten bei Organmitgliedern wegen BAG vom 21. 4. 2009 – 3 AZR 285/07 – wird in der Übersicht hingewiesen.

VI. Matrix zur Statusfeststellung (GmbH)

Bei anderen Zusammenschlüssen (Genossenschaft, Verein, AG) sind die Besonderheiten des jeweiligen Statuts zu beachten.

Die Matrix geht von der Annahme aus, dass die Stimmrechte den Anteilen entsprechen. Letztlich ist die tatsächliche Möglichkeit der Einflussnahme (Stimmrechte) entscheidend.

Beherrschung / Anteile in Prozent	(Ertrag-) **Steuerrechtliche:** Konnte der Abschluss des Rechtsgeschäftes erzwungen werden? (Beurteilung u. a.: direkte und indirekte (mittelbare) Beteiligungen, treuhänderisch gehaltene Anteile, gleich gerichtete Interessen mehrerer Gesellschafter) → relevant für zehnjährige Erdienbarkeitsfrist u. sog. Nachzahlungsverbot	**Betriebsrentenrechtliche:** Unterfällt der Betreffende dem Geltungsbereich des BetrAVG? (Beurteilung: Arbeitnehmerbegriff nach § 17 Abs.1 S.2 BetrAVG) → relevant für u. a. Abfindung, Übertragung, Anpassung der Leistungen und gesetzlicher Insolvenzschutz (PSVaG) – siehe hierzu auch dessen Merkblatt 300/M1	**Sozialrechtliche:** Ist der Betreffende sozialversicherungsfrei? (Beurteilung für abhängige Beschäftigung u. a.: Weisungsfreiheit, Befreiung § 181 BGB, Alleinvertretungsrecht, Sperrminorität, Branchenkenntnisse, Vergütungsstruktur; beachte speziell für gRV den „arbeitnehmerähnlichen Selbständigen" nach § 2 S. 1 Nr. 9 SGB VI) → relevant für Entrichtung von Beiträgen und damit verbundene Leistungen
0 %	(–)	(–) bei Leitungsmacht ohne Kapitalbeteiligung	Grds. (–)
< 50 %	Grds. (–) aber evtl. wegen gerichteter Interessen (Grundsätze wie rechts) falls falls hierfür konkrete Indizien vorliegen	(–) bei 1 beteiligten GF (+) bei mehreren beteiligten GF wenn diese durch Zusammenrechnung mehr als 50 % halten (–) aber bei mehreren GF wenn persönlicher Anteil < 10 %	Grds. (–)
= 50 %	Grds. (–) aber evtl. wegen gerichteter Interessen (Grundsätze wie rechts) falls falls hierfür konkrete Indizien vorliegen	(+) bei 1 beteiligter GF (–) wenn bei mehreren beteiligten GF und Zusammenrechnung 50 % nicht überschritten wird	Grds. (+)
> 50 %	(+)	(+) für den mehrheitsbeteiligten GF, automatisch (-) für evtl. weitere GF	Grds. (+)

VII. Wichtige Rechtsvorschriften

Die in diesem Buch zitierten Gesetze sind in der jeweils aktuellen Fassung unter www.gesetze-im-internet.de (Website des Bundesministeriums der Justiz) abrufbar.

1. Auszug aus den Einkommensteuer-Richtlinien 2008 (EStR 2008)

R 6 a EStR 2008: Rückstellungen für Pensionsverpflichtungen

Zulässigkeit von Pensionsrückstellungen
(1) Nach § 249 HGB müssen für unmittelbare Pensionszusagen Rückstellungen in der Handelsbilanz gebildet werden. Entsprechend dem Grundsatz der Maßgeblichkeit der Handelsbilanz hat die handelsrechtliche Passivierungspflicht die Passivierungspflicht für Pensionszusagen in der Steuerbilanz zur Folge, wenn die Voraussetzungen des § 6 a Abs. 1 und 2 EStG vorliegen. Für laufende Pensionen und Anwartschaften auf Pensionen, die vor dem 1. 1. 1987 rechtsverbindlich zugesagt worden sind (Altzusagen), gilt nach Artikel 28 des Einführungsgesetzes zum HGB in der durch Gesetz vom 19. 12. 1985 (BGBl. I S. 2355, BStBl 1986 I S. 94) geänderten Fassung weiterhin das handels- und steuerrechtliche Passivierungswahlrecht; insoweit sind die Anweisungen in Abschnitt 41 EStR 1984 mit Ausnahme des Absatzes 24 Satz 5 und 6 weiter anzuwenden. Für die Frage, wann eine Pension oder eine Anwartschaft auf eine Pension rechtsverbindlich zugesagt worden ist, ist die erstmalige, zu einem Rechtsanspruch führende arbeitsrechtliche Verpflichtungserklärung maßgebend. Für Pensionsverpflichtungen, für die der Berechtigte einen Rechtsanspruch auf Grund einer unmittelbaren Zusage nach dem 31. 12. 1986 erworben hat (> Neuzusagen), gelten die folgenden Absätze.

Rechtsverbindliche Verpflichtung
(2) Eine rechtsverbindliche Pensionsverpflichtung ist z. B. gegeben, wenn sie auf Einzelvertrag, Gesamtzusage (Pensionsordnung), Betriebsvereinbarung, Tarifvertrag oder Besoldungsordnung beruht. Bei Pensionsverpflichtungen, die nicht auf Einzelvertrag beruhen, ist eine besondere Verpflichtungserklärung gegenüber dem einzelnen Berechtigten nicht erforderlich. Ob eine rechtsverbindliche Pensionsverpflichtung vorliegt, ist nach arbeitsrechtlichen Grundsätzen zu beurteilen. Für ausländische Arbeitnehmer sind Pensionsrückstellungen unter den gleichen Voraussetzungen zu bilden wie für inländische Arbeitnehmer.

Schädlicher Vorbehalt
(3) Ein schädlicher Vorbehalt i. S. d. § 6 a Abs. 1 Nr. 2 EStG liegt vor, wenn der Arbeitgeber die Pensionszusage nach freiem Belieben, d. h. nach seinen eigenen Interessen ohne Berücksichtigung der Interessen des Pensionsberechtigten widerrufen kann. Ein Widerruf nach freiem Belieben ist nach dem Urteil des Bundesarbeitsge-

richtes (BAG) vom 14. 12. 1956 (BStBl 1959 I S. 258) gegenüber einem noch aktiven Arbeitnehmer im Allgemeinen zulässig, wenn die Pensionszusage eine der folgenden Formeln „freiwillig und ohne Rechtsanspruch", „jederzeitiger Widerruf vorbehalten", „ein Rechtsanspruch auf die Leistungen besteht nicht", „die Leistungen sind unverbindlich" oder ähnliche Formulierungen enthält, sofern nicht besondere Umstände eine andere Auslegung rechtfertigen. Solche besonderen Umstände liegen nicht schon dann vor, wenn das Unternehmen in der Vergangenheit tatsächlich Pensionszahlungen geleistet oder eine Rückdeckungsversicherung abgeschlossen hat oder Dritten gegenüber eine Verpflichtung zur Zahlung von Pensionen eingegangen ist oder wenn die unter den oben bezeichneten Vorbehalten gegebene Pensionszusage die weitere Bestimmung enthält, dass der Widerruf nur nach „billigem Ermessen" ausgeübt werden darf oder dass im Falle eines Widerrufes die gebildeten Rückstellungen dem Versorgungszweck zu erhalten sind. Vorbehalte der oben bezeichneten Art in einer Pensionszusage schließen danach die Bildung von Rückstellungen für Pensionsanwartschaften aus. Befindet sich der Arbeitnehmer bereits im Ruhestand oder steht er unmittelbar davor, ist der Widerruf von Pensionszusagen, die unter den oben bezeichneten Vorbehalten erteilt worden sind, nach dem BAG-Urteil vom 14. 12. 1956 nicht mehr nach freiem Belieben, sondern nur noch nach billigem Ermessen (> Absatz 4) zulässig. Enthält eine Pensionszusage die oben bezeichneten allgemeinen Widerrufsvorbehalte, ist die Rückstellungsbildung vorzunehmen, sobald der Arbeitnehmer in den Ruhestand tritt; dies gilt auch hinsichtlich einer etwa zugesagten Hinterbliebenenversorgung.

Unschädlicher Vorbehalt
(4) Ein unschädlicher Vorbehalt i. S. d. § 6 a Abs. 1 Nr. 2 EStG liegt vor, wenn der Arbeitgeber den Widerruf der Pensionszusage bei geänderten Verhältnissen nur nach billigem Ermessen (§ 315 BGB), d. h. unter verständiger Abwägung der berechtigten Interessen des Pensionsberechtigten einerseits und des Unternehmens andererseits aussprechen kann. Das gilt in der Regel für die Vorbehalte, die eine Anpassung der zugesagten Pensionen an nicht voraussehbare künftige Entwicklungen oder Ereignisse, insbesondere bei einer wesentlichen Verschlechterung der wirtschaftlichen Lage des Unternehmens, einer wesentlichen Änderung der Sozialversicherungsverhältnisse oder der Vorschriften über die steuerliche Behandlung der Pensionsverpflichtungen oder bei einer Treupflichtverletzung des Arbeitnehmers vorsehen. Danach sind z. B. die folgenden Vorbehalte als unschädlich anzusehen:

1. als allgemeiner Vorbehalt:

„Die Firma behält sich vor, die Leistungen zu kürzen oder einzustellen, wenn die bei Erteilung der Pensionszusage maßgebenden Verhältnisse sich nachhaltig so wesentlich geändert haben, dass der Firma die Aufrechterhaltung der zugesagten Leistungen auch unter objektiver Beachtung der Belange des Pensionsberechtigten nicht mehr zugemutet werden kann";

2. als spezielle Vorbehalte:

„Die Firma behält sich vor, die zugesagten Leistungen zu kürzen oder einzustellen, wenn

a. die wirtschaftliche Lage des Unternehmens sich nachhaltig so wesentlich verschlechtert hat, dass ihm eine Aufrechterhaltung der zugesagten Leistungen nicht mehr zugemutet werden kann, oder

b. der Personenkreis, die Beiträge, die Leistungen oder das Pensionierungsalter bei der gesetzlichen Sozialversicherung oder anderen Versorgungseinrichtungen mit Rechtsanspruch sich wesentlich ändern, oder

c. die rechtliche, insbesondere die steuerrechtliche Behandlung der Aufwendungen, die zur planmäßigen Finanzierung der Versorgungsleistungen von der Firma gemacht werden oder gemacht worden sind, sich so wesentlich ändert, dass der Firma die Aufrechterhaltung der zugesagten Leistungen nicht mehr zugemutet werden kann, oder

d. der Pensionsberechtigte Handlungen begeht, die in grober Weise gegen Treu und Glauben verstoßen oder zu einer fristlosen Entlassung berechtigen würden",

oder inhaltlich ähnliche Formulierungen. Hat der Arbeitnehmer die Möglichkeit, anstelle einer bisher zugesagten Altersversorgung eine Erhöhung seiner laufenden Bezüge zu verlangen, liegt hierin kein schädlicher Vorbehalt.

Vorbehalt (Sonderfälle)

(5) In besonderen Vorbehalten werden oft bestimmte wirtschaftliche Tatbestände bezeichnet, bei deren Eintritt die zugesagten Pensionsleistungen gekürzt oder eingestellt werden können. Es wird z. B. vereinbart, dass die Pensionen gekürzt oder eingestellt werden können, wenn der Umsatz, der Gewinn oder das Kapital eine bestimmte Grenze unterschreiten oder wenn mehrere Verlustjahre vorliegen oder wenn die Pensionsleistungen einen bestimmten Vomhundertsatz der Lohn- und Gehaltssumme überschreiten. Diese Vorbehalte sind nur dann als unschädlich anzusehen, wenn sie in dem Sinne ergänzt werden, es müsse bei den bezeichneten Tatbeständen eine so erhebliche und nachhaltige Beeinträchtigung der Wirtschaftslage des Unternehmens vorliegen, dass es dem Unternehmen nicht mehr zumutbar ist, die Pensionszusage aufrechtzuerhalten, oder dass es aus unternehmerischer Verantwortung geboten erscheint, die Versorgungsleistungen einzuschränken oder einzustellen.

(6) Der Vorbehalt, dass der Pensionsanspruch erlischt, wenn das Unternehmen veräußert wird oder aus anderen Gründen ein Wechsel des Unternehmers eintritt (sog. Inhaberklausel), ist steuerlich schädlich. Entsprechendes gilt für Vorbehalte oder Vereinbarungen, nach denen die Haftung aus einer Pensionszusage auf das Betriebsvermögen beschränkt wird, es sei denn, es gilt eine gesetzliche Haftungsbeschränkung für alle Verpflichtungen gleichermaßen, wie z. B. bei Kapitalgesellschaften.

Schriftform

(7) Für die nach § 6 a Abs. 1 Nr. 3 EStG vorgeschriebene Schriftform kommt jede schriftliche Festlegung in Betracht, aus der sich der Pensionsanspruch nach Art und Höhe ergibt, z. B. Einzelvertrag, Gesamtzusage (Pensionsordnung), Betriebsvereinbarung, Tarifvertrag, Gerichtsurteil. Bei Gesamtzusagen ist eine schriftliche Bekanntmachung in geeigneter Form nachzuweisen, z. B. durch ein Protokoll über den Aushang im Betrieb. Die Schriftform muss am Bilanzstichtag vorliegen. Für Pensionsverpflichtungen, die auf betrieblicher Übung oder auf dem > Grundsatz der Gleichbehandlung beruhen, kann wegen der fehlenden Schriftform keine Rückstellung gebildet werden; dies gilt auch dann, wenn arbeitsrechtlich (§ 1 b Abs. 1 Satz 4 Betriebsrentengesetz) eine unverfallbare Anwartschaft besteht, es sei denn, dem Arbeitnehmer ist beim Ausscheiden eine schriftliche Auskunft nach § 4 a Betriebsrentengesetz erteilt worden. Pensionsrückstellungen müssen insoweit vorgenommen werden, als sich die Versorgungsleistungen aus der schriftlichen Festlegung dem Grunde und der Höhe nach ergeben. Zahlungsbelege allein stellen keine solche Festlegung dar.

Beherrschende Gesellschafter-Geschäftsführer von Kapitalgesellschaften

(8) Für die Bildung von Pensionsrückstellungen für beherrschende Gesellschafter-Geschäftsführer von Kapitalgesellschaften ist zu unterstellen, dass die Jahresbeträge nach § 6 a Abs. 3 Satz 2 Nr. 1 Satz 3 EStG vom Beginn des Dienstverhältnisses, frühestens vom nach Absatz 10 Satz 3 maßgebenden Alter, bis zur vertraglich vorgesehenen Altersgrenze, mindestens jedoch bis zum folgenden geburtsjahrabhängigen Pensionsalter aufzubringen sind:

für Geburtsjahrgänge	Pensionsalter
bis 1952	65
ab 1953 bis 1961	66
ab 1962	67

Als Beginn des Dienstverhältnisses gilt der Eintritt in das Unternehmen als Arbeitnehmer. Das gilt auch dann, wenn der Geschäftsführer die Pensionszusage erst nach Erlangung der beherrschenden Stellung erhalten hat. Absatz 11 Satz 1, 3 bis 6, 8, 9 und 13 bis 15 ist nicht anzuwenden. Für anerkannt schwer behinderte Menschen kann geburtsjahrabhängig eine vertragliche Altersgrenze wie folgt zugrunde gelegt werden:

für Geburtsjahrgänge	Pensionsalter
bis 1952	60
ab 1953 bis 1961	61
ab 1962	62

Ehegatten-Arbeitsverhältnisse
(9) - unbesetzt -

Höhe der Pensionsrückstellung
(10) Als Beginn des Dienstverhältnisses ist ein früherer Zeitpunkt als der tatsächliche Dienstantritt zugrunde zu legen (sog. Vordienstzeiten), wenn auf Grund gesetzlicher Vorschriften Zeiten außerhalb des Dienstverhältnisses als Zeiten der Betriebszugehörigkeit gelten, z. B. § 8 Abs. 3 des Soldatenversorgungsgesetzes, § 6 Abs. 2 des Arbeitsplatzschutzgesetzes.

Bei der Ermittlung des Teilwertes einer Pensionsverpflichtung sind folgende Mindestalter zu beachten:

Erteilung der Pensionszusage	maßgebendes Mindestalter
vor dem 01. 01. 2001	30
nach dem 31. 12. 2000 und vor dem 01. 01. 2009	28
nach dem 31. 12. 2008	27

Ergibt sich durch die Anrechnung von Vordienstzeiten ein fiktiver Dienstbeginn, der vor der Vollendung des nach Satz 2 maßgebenden Lebensjahres des Berechtigten liegt, gilt das Dienstverhältnis als zu Beginn des Wirtschaftsjahres begonnen, bis zu dessen Mitte der Berechtigte dieses Lebensjahr vollendet (> § 6 a Abs. 3 Satz 2 Nr. 1 letzter Satz EStG).

(11) Bei der Ermittlung des Teilwertes der Pensionsanwartschaft ist das vertraglich vereinbarte Pensionsalter zugrunde zu legen (Grundsatz). Der Stpfl. kann für alle oder für einzelne Pensionsverpflichtungen von einem höheren Pensionsalter ausgehen, sofern mit einer Beschäftigung des Arbeitnehmers bis zu diesem Alter gerechnet werden kann (erstes Wahlrecht). Bei der Ermittlung des Teilwertes der Pensionsanwartschaft nach § 6 a Abs. 3 EStG kann mit Rücksicht auf § 6 Betriebsrentengesetz anstelle des vertraglichen Pensionsalters nach Satz 1 für alle oder für einzelne Pensionsverpflichtungen als Zeitpunkt des Eintritts des Versorgungsfalles der Zeitpunkt der frühestmöglichen Inanspruchnahme der vorzeitigen Altersrente aus der gesetzlichen Rentenversicherung angenommen werden (zweites Wahlrecht). Voraus-

setzung für die Ausübung des zweiten Wahlrechtes ist, dass in der Pensionszusage festgelegt ist, in welcher Höhe Versorgungsleistungen von diesem Zeitpunkt an gewährt werden. Bei der Ausübung des zweiten Wahlrechtes braucht nicht geprüft zu werden, ob ein Arbeitnehmer die sozialversicherungsrechtlichen Voraussetzungen für die vorzeitige Inanspruchnahme der Altersrente erfüllen wird. Das zweite Wahlrecht kann unabhängig von der Wahl des Pensionsalters für die Berechnung der unverfallbaren Versorgungsanwartschaften nach § 2 Betriebsrentengesetz ausgeübt werden. Das erste Wahlrecht ist in der Bilanz des Wirtschaftsjahres auszuüben, in dem mit der Bildung der Pensionsrückstellung begonnen wird. Das zweite Wahlrecht ist in der Bilanz des Wirtschaftsjahres auszuüben, in dem die Festlegung nach Satz 4 getroffen worden ist. Hat der Stpfl. das zweite Wahlrecht ausgeübt und ändert sich danach der Zeitpunkt der, frühestmöglichen Inanspruchnahme der vorzeitigen Altersrente aus der gesetzlichen Rentenversicherung (z. B. Beendigung des Arbeitsverhältnisses), ist die Änderung zum Ende des betreffenden Wirtschaftsjahres zu berücksichtigen; ist in diesem Wirtschaftsjahr die Festlegung nach Satz 4 für den neuen Zeitpunkt nicht getroffen worden, ist das vertragliche Pensionsalter nach Satz 1 bei der Ermittlung des Teilwertes der Pensionsanwartschaft zugrunde zu legen. Die genüber einem Berechtigten getroffene Wahl gilt einheitlich für die gesamte Pensionsverpflichtung, einschließlich einer etwaigen Entgeltumwandlung im Sinne von § 1 Abs. 2 Betriebsrentengesetz. Der Rückstellungsbildung kann nur die Pensionsleistung zugrunde gelegt werden, die zusagegemäß bis zu dem Pensionsalter erreichbar ist, für das sich der Stpfl. bei Ausübung der Wahlrechte entscheidet. Setzt der Arbeitnehmer nach Erreichen dieses Alters seine Tätigkeit fort und erhöht sich dadurch sein Ruhegehaltsanspruch, ist der Rückstellung in dem betreffenden Wirtschaftsjahr der Unterschiedsbetrag zwischen der nach den vorstehenden Sätzen höchstzulässigen Rückstellung (Soll-Rückstellung) und dem versicherungsmathematischen Barwert der um den Erhöhungsbetrag vermehrten Pensionsleistungen zuzuführen. Hat der Stpfl. bei der Ermittlung des Teilwertes einer Pensionsanwartschaft bereits bisher vom zweiten Wahlrecht Gebrauch gemacht, ist er bei einer Änderung des frühestmöglichen Pensionsalters auf Grund einer gesetzlichen Neuregelung auch künftig an diese Entscheidung gebunden; Satz 4 ist zu beachten. Für die sich wegen der Änderung des frühestmöglichen Pensionsalters ergebende Änderung der Teilwerte der Pensionsanwartschaft gilt das Nachholverbot, das sich aus § 6 a Abs. 4 EStG herleitet, nicht. Liegen die in Satz 4 genannten Voraussetzungen für die Anwendung des zweiten Wahlrechtes am Bilanzstichtag nicht vor, ist das vertragliche Pensionsalter nach Satz 1 bei der Ermittlung des Teilwertes der Pensionsanwartschaft zugrunde zu legen.

Entgeltumwandlungen

(12) Für Pensionsverpflichtungen, die auf nach dem 31. 12. 2000 vereinbarten Entgeltumwandlungen im Sinne von § 1 Abs. 2 Betriebsrentengesetz beruhen, ist vor Vollendung des 28. Lebensjahres (für nach dem 31. 12. 2008 erstmals erteilte Pensionszusagen: des 27. Lebensjahres) des Pensionsberechtigten eine Rückstellung in

Höhe des Barwerts der nach den §§ 1 und 2 Betriebsrentengesetz unverfallbaren künftigen Pensionsleistungen zu bilden (§ 6 a Abs. 2 Nr. 1 zweite Alternative und § 6 a Abs. 3 Satz 2 Nr. 1 Satz 6 zweiter Halbsatz EStG); nach Vollendung des 28. Lebensjahres (für nach dem 31.12.2008 erstmals erteilte Pensionszusagen: des 27. Lebensjahres) des Pensionsberechtigten ist für diese Pensionsverpflichtungen für die Ermittlung des Teilwertes nach § 6 a Abs. 3 Satz 2 Nr. 1 Satz 1 EStG eine Vergleichsrechnung erforderlich. Dabei sind der Wert nach § 6 a Abs. 3 Satz 2 Nr. 1 Satz 1 erster Halbsatz EStG und der Barwert der unverfallbaren künftigen Pensionsleistungen zu berechnen; der höhere Wert ist anzusetzen. Bei der Vergleichsrechnung sind die für einen Berechtigten nach dem 31. 12. 2000 vereinbarten Entgeltumwandlungen als Einheit zu behandeln. Die Regelungen des Satzes 1 gelten nicht für Pensionsverpflichtungen, soweit sie auf Grund einer vertraglichen Vereinbarung unverfallbar sind.

Arbeitgeberwechsel
(13) Übernimmt ein Stpfl. in einem Wirtschaftsjahr eine Pensionsverpflichtung gegenüber einem Arbeitnehmer, der bisher in einem anderen Unternehmen tätig gewesen ist, unter gleichzeitiger Übernahme von Vermögenswerten, ist bei der Ermittlung des Teilwertes der Verpflichtung der Jahresbetrag i. S. d. § 6 a Abs. 3 Satz 2 Nr. 1 EStG so zu bemessen, dass zu Beginn des Wirtschaftsjahres der Übernahme der Barwert der Jahresbeträge zusammen mit den übernommenen Vermögenswerten gleich dem Barwert der künftigen Pensionsleistungen ist; dabei darf sich kein negativer Jahresbetrag ergeben.

Berücksichtigung von Renten aus der gesetzlichen Rentenversicherung
(14) Sieht die Pensionszusage vor, dass die Höhe der betrieblichen Rente in bestimmter Weise von der Höhe der Renten aus der gesetzlichen Rentenversicherung abhängt, darf die Pensionsrückstellung in diesen Fällen nur auf der Grundlage der von dem Unternehmen nach Berücksichtigung der Renten aus der gesetzlichen Rentenversicherung tatsächlich noch selbst zu zahlenden Beträge berechnet werden.

Doppelfinanzierung
(15) Wenn die gleichen Versorgungsleistungen an denselben Empfängerkreis sowohl über eine Pensions- oder Unterstützungskasse oder einen Pensionsfonds als auch über Pensionsrückstellungen finanziert werden sollen, ist die Bildung einer Pensionsrückstellung nicht zulässig. Eine schädliche Überschneidung liegt dagegen nicht vor, wenn es sich um verschiedene Versorgungsleistungen handelt, z. B. bei der Finanzierung der Invaliditäts-Renten über Pensions- oder Unterstützungskassen und der Altersrenten über Pensionsrückstellungen oder der Finanzierung rechtsverbindlich zugesagter Leistungen über Rückstellungen und darüber hinausgehender freiwilliger Leistungen über eine Unterstützungskasse.

Handelsvertreter

(16) Sagt der Unternehmer dem selbständigen Handelsvertreter eine Pension zu, muss sich der Handelsvertreter die versprochene Versorgung nach § 89 b Abs. 1 Satz 1 Nr. 3 HGB auf seinen Ausgleichsanspruch anrechnen lassen. Die Pensionsverpflichtung des Unternehmers wird also durch die Ausgleichsverpflichtung nicht gemindert, es sei denn, es ist etwas anderes vereinbart.

Stichtagsprinzip

(17) Für die Bildung der Pensionsrückstellung sind die Verhältnisse am Bilanzstichtag maßgebend. Änderungen der Bemessungsgrundlagen, die erst nach dem Bilanzstichtag wirksam werden, sind zu berücksichtigen, wenn sie am Bilanzstichtag bereits feststehen. Danach sind Erhöhungen von Anwartschaften und laufenden Renten, die nach dem Bilanzstichtag eintreten, in die Rückstellungsberechnung zum Bilanzstichtag einzubeziehen, wenn sowohl ihr Ausmaß als auch der Zeitpunkt ihres Eintritts am Bilanzstichtag feststehen. Wird die Höhe der Pension z. B. von Bezugsgrößen der gesetzlichen Rentenversicherungen beeinflusst, sind künftige Änderungen dieser Bezugsgrößen, die am Bilanzstichtag bereits feststehen, z. B. die ab 1. 1. des Folgejahres geltende Beitragsbemessungsgrenze, bei der Berechnung der Pensionsrückstellung zum Bilanzstichtag zu berücksichtigen. Die für das Folgejahr geltenden Bezugsgrößen stehen in dem Zeitpunkt fest, in dem die jeweilige Sozialversicherungs-Rechengrößenverordnung im Bundesgesetzblatt verkündet wird.

Inventurerleichterung

(18) Die Pensionsverpflichtungen sind grundsätzlich auf Grund einer körperlichen Bestandsaufnahme (Feststellung der pensionsberechtigten Personen und der Höhe ihrer Pensionsansprüche) für den Bilanzstichtag zu ermitteln. In Anwendung von § 241 Abs. 3 HGB kann der für die Berechnung der Pensionsrückstellungen maßgebende Personenstand auch auf einen Tag (Inventurstichtag) innerhalb von drei Monaten vor oder zwei Monaten nach dem Bilanzstichtag aufgenommen werden, wenn sichergestellt ist, dass die Pensionsverpflichtungen für den Bilanzstichtag ordnungsgemäß bewertet werden können. Es ist nicht zu beanstanden, wenn im Falle der Vorverlegung der Bestandsaufnahme bei der Berechnung der Pensionsrückstellungen wie folgt verfahren wird:

1. Die für den Inventurstichtag festgestellten Pensionsverpflichtungen sind bei der Berechnung der Pensionsrückstellungen für den Bilanzstichtag mit ihrem Wert vom Bilanzstichtag anzusetzen.

2. Aus Vereinfachungsgründen können bei der Berechnung der Pensionsrückstellungen für den Bilanzstichtag die folgenden Veränderungen der Pensionsverpflichtungen, die in der Zeit vom Inventurstichtag bis zum Bilanzstichtag eintreten, unberücksichtigt bleiben:

   a. Veränderungen, die auf biologischen Ursachen, z. B. Tod, Invalidität, beruhen;

b. Veränderungen durch normale Zu- oder Abgänge von pensionsberechtigten Personen oder durch Übergang in eine andere Gehalts- oder Pensionsgruppe, z. B. Beförderung. Außergewöhnliche Veränderungen, z. B. Stilllegung oder Eröffnung eines Teilbetriebs, bei Massenentlassungen oder bei einer wesentlichen Erweiterung des Kreises der pensionsberechtigten Personen, sind bei der Rückstellungsberechnung für den Bilanz-Stichtag zu berücksichtigen. Allgemeine Leistungsänderungen für eine Gruppe von Verpflichtungen, die nicht unter Satz 1 Buchstabe a oder b fallen, sind bei der Rückstellungsberechnung für den Bilanzstichtag mindestens näherungsweise zu berücksichtigen; für den folgenden Bilanzstichtag ist der sich dann ergebende tatsächliche Wert anzusetzen.

3. Soweit Veränderungen der Pensionsverpflichtungen nach Nummer 2 bei der Berechnung der Rückstellungen für den Bilanzstichtag unberücksichtigt bleiben, sind sie zum nächsten Bilanzstichtag bis zur steuerlich zulässigen Höhe zu berücksichtigen.

4. Werden werterhöhende Umstände, die nach Nummer 2 bei der Berechnung der Rückstellungen für den Bilanzstichtag unberücksichtigt bleiben können, dennoch in die Rückstellungsberechnung einbezogen, sind bei der Rückstellungsberechnung, auch wertmindernde Umstände, die nach Nummer 2 außer Betracht bleiben können, zu berücksichtigen.

5. Die Nummern 2 bis 4 gelten nicht, wenn bei einem Stpfl. am Inventurstichtag nicht mehr als 20 Pensionsberechtigte vorhanden sind. Sie gelten ferner nicht für Vorstandsmitglieder und Geschäftsführer von Kapitalgesellschaften.

Ausscheiden eines Anwärters

(19) Die Rückstellung für Pensionsverpflichtungen gegenüber einer Person, die mit einer unverfallbaren Versorgungsanwartschaft ausgeschieden ist, ist beizubehalten, solange das Unternehmen mit einer späteren Inanspruchnahme zu rechnen hat. Sofern dem Unternehmen nicht bereits vorher bekannt ist, dass Leistungen nicht zu gewähren sind, braucht die Frage, ob mit einer Inanspruchnahme zu rechnen ist erst nach Erreichen der vertraglich vereinbarten Altersgrenze geprüft zu werden. Steht bis zum Ende des Wirtschaftsjahres, das auf das Wirtschaftsjahr des Erreichens der Altersgrenze folgt, die spätere Inanspruchnahme nicht fest, ist die Rückstellung zu diesem Zeitpunkt aufzulösen.

Zuführung zur Pensionsrückstellung

(20) Nach § 249 HGB i. V. m. § 6 a Abs. 4 EStG muss in einem Wirtschaftsjahr der Rückstellung der Unterschiedsbetrag zwischen dem Teilwert am Schluss des Wirtschaftsjahres und dem Teilwert am Schluss des vorangegangenen Wirtschaftsjahres zugeführt werden. [Rest des Absatzes entfällt gem. BMF-Schreiben vom 12. 03. 2010, Rn. 10]

Auflösung der Pensionsrückstellung

(21) Auflösungen oder Teilauflösungen in der Steuerbilanz sind nur insoweit zulässig, als sich die Höhe der Pensionsverpflichtung gemindert hat. Wird die Pensionszusage widerrufen (> Absätze 3 bis 6), ist die Pensionsrückstellung in der nächstfolgenden Bilanz gewinnerhöhend aufzulösen und ist erst wieder zu passivieren, wenn die Zusage mit unschädlichen Vorbehalten wieder in Kraft gesetzt wird (z. B. durch rechtskräftiges Urteil oder Vergleich).Ist die Rückstellung ganz oder teilweise aufgelöst worden, ohne dass sich die Pensionsverpflichtung entsprechend geändert hat, ist die Steuerbilanz insoweit unrichtig. Dieser Fehler ist im Wege der Bilanzberichtigung (> R 4.4) zu korrigieren. Dabei ist die Rückstellung in Höhe des Betrags anzusetzen, der nicht hätte aufgelöst werden dürfen, höchstens jedoch mit dem Teilwert der Pensionsverpflichtung.

(22) Nach dem Zeitpunkt des vertraglich vorgesehenen Eintritts des Versorgungsfalles oder eines gewählten früheren Zeitpunktes (> zweites Wahlrecht, Absatz 11 Satz 3) ist die Pensionsrückstellung in jedem Wirtschaftsjahr in Höhe des Unterschiedsbetrages zwischen dem versicherungsmathematischen Barwert der künftigen Pensionsleistungen am Schluss des Wirtschaftsjahres und der am Schluss des vorangegangenen Wirtschaftsjahres passivierten Pensionsrückstellung gewinnerhöhend aufzulösen; die laufenden Pensionsleistungen sind dabei als Betriebsausgaben abzusetzen. Eine Pensionsrückstellung ist auch dann in Höhe des Unterschiedsbetrages nach Satz 1 aufzulösen, wenn der Pensionsberechtigte nach dem Zeitpunkt des vertraglich vorgesehenen Eintritts des Versorgungsfalles noch weiter gegen Entgelt tätig bleibt („technischer Rentner"), es sei denn, dass bereits die Bildung der Rückstellung auf die Zeit bis zu dem voraussichtlichen Ende der Beschäftigung des Arbeitnehmers verteilt worden ist (> Absatz 11). Ist für ein Wirtschaftsjahr, das nach dem Zeitpunkt des vertraglich vorgesehenen Eintritts des Versorgungsfalles endet, die am Schluss des vorangegangenen Wirtschaftsjahres ausgewiesene Rückstellung niedriger als der versicherungsmathematische Barwert der künftigen Pensionsleistungen am Schluss des Wirtschaftsjahres, darf die Rückstellung erst von dem Wirtschaftsjahr ab aufgelöst werden, in dem der Barwert der künftigen Pensionsleistungen am Schluss des Wirtschaftsjahres niedriger ist als der am Schluss des vorangegangenen Wirtschaftsjahres ausgewiesene Betrag der Rückstellung. In dem Wirtschaftsjahr, in dem eine bereits laufende Pensionsleistung herabgesetzt wird oder eine Hinterbliebenenrente beginnt, darf eine bisher ausgewiesene Rückstellung, die höher ist als der Barwert, nur bis zur Höhe dieses Barwerts aufgelöst werden.

Rückdeckungsversicherung

(23) Eine aufschiebend bedingte Abtretung des Rückdeckungsanspruchs an den pensionsberechtigten Arbeitnehmer für den Fall, dass der Pensionsanspruch durch bestimmte Ereignisse gefährdet wird, z. B. bei Insolvenz des Unternehmens, wird – soweit er nicht im Insolvenzfall nach § 9 Abs. 2 Betriebsrentengesetz auf den Träger der Insolvenzsicherung übergeht – erst wirksam, wenn die Bedingung eintritt

(§ 158 Abs. 1 BGB). Die Rückdeckungsversicherung behält deshalb bis zum Eintritt der Bedingung ihren bisherigen Charakter bei. Wird durch Eintritt der Bedingung die Abtretung an den Arbeitnehmer wirksam, wird die bisherige Rückdeckungsversicherung zu einer Direktversicherung.

2. Auszug aus den Körperschaftsteuer-Richtlinien 2004 (KStR 2004) sowie den Hinweisen zu den Körperschaftssteuer-Richtlinien 2004 (KStH 2008)

R 36 KStR 2004
...

Verdeckte Gewinnausschüttungen
Grundsätze der verdeckten Gewinnausschüttung

(1) Eine vGA i. S. des § 8 Abs. 3 Satz 2 KStG ist eine Vermögensminderung oder verhinderte Vermögensmehrung, die durch das Gesellschaftsverhältnis veranlasst ist, sich auf die Höhe des Unterschiedsbetrags i. S. des § 4 Abs. 1 Satz 1 EStG auswirkt und nicht auf einem den gesellschaftsrechtlichen Vorschriften entsprechenden Gewinnverteilungsbeschluss beruht. Bei nicht buchführungspflichtigen Körperschaften ist auf die Einkünfte abzustellen. Eine Veranlassung durch das Gesellschaftsverhältnis ist auch dann gegeben, wenn die Vermögensminderung oder verhinderte Vermögensmehrung bei der Körperschaft zu Gunsten einer nahe stehenden Person erfolgt.

(2) Im Verhältnis zwischen Gesellschaft und beherrschendem Gesellschafter ist eine Veranlassung durch das Gesellschaftsverhältnis in der Regel auch dann anzunehmen, wenn es an einer zivilrechtlich wirksamen, klaren, eindeutigen und im Voraus abgeschlossenen Vereinbarung darüber fehlt, ob und in welcher Höhe ein Entgelt für eine Leistung des Gesellschafters zu zahlen ist, oder wenn nicht einer klaren Vereinbarung entsprechend verfahren wird. Die beherrschende Stellung muss im Zeitpunkt der Vereinbarung oder des Vollzugs der Vermögensminderung oder verhinderten Vermögensmehrung vorliegen.

R 38 KStR 2004
...

Rückstellungen für Pensionszusagen an Gesellschafter-Geschäftsführer von Kapitalgesellschaften
Bei Pensionsverpflichtungen ist in einem ersten Schritt zu prüfen, ob und in welchem Umfang eine Rückstellung gebildet werden darf. Ist eine Pensionszusage bereits zivilrechtlich unwirksam, ist die Pensionsrückstellung in der Handelsbilanz erfolgswirksam aufzulösen; dies ist maßgeblich für die Steuerbilanz. Daneben müssen die Voraussetzungen des § 6 a EStG erfüllt sein; sind sie nicht erfüllt, ist die Pensionsrückstellung insoweit innerhalb der Steuerbilanz erfolgswirksam aufzulösen. Die

Regelungen in R 41 EStR sind für den Ansatz der Pensionsrückstellungen in der Steuerbilanz dem Grunde und der Höhe nach zu berücksichtigen. Ist die Pensionsrückstellung dem Grunde und der Höhe nach zutreffend bilanziert, ist in einem zweiten Schritt zu prüfen, ob und inwieweit die Pensionsverpflichtung auf einer vGA beruht. Bei dieser Prüfung sind insbesondere die Aspekte Ernsthaftigkeit, Erdienbarkeit und Angemessenheit zu prüfen. Es ist nicht zu beanstanden, wenn für behinderte Menschen i. S. des § 2 Abs. 2 des Sozialgesetzbuchs – Neuntes Buch (SGB IX) eine vertragliche Altersgrenze von mindestens 60 Jahren zu Grunde gelegt wird. Bei einer vertraglichen Altersgrenze von weniger als 60 Jahren ist davon auszugehen, dass keine ernsthafte Vereinbarung vorliegt.

H 36 KStH 2008

...

III. Veranlassung durch das Gesellschaftsverhältnis
Allgemeines. Eine Veranlassung durch das Gesellschaftsverhältnis liegt dann vor, wenn ein ordentlicher und gewissenhafter Geschäftsleiter (§ 93 Abs. 1 Satz 1 AktG,6 § 43 Abs. 1 GmbHG,7 § 34 Abs. 1 Satz 1 GenG)8 die Vermögensminderung oder verhinderte Vermögensmehrung gegenüber einer Person, die nicht Gesellschafter ist, unter sonst gleichen Umständen nicht hingenommen hätte (Fremdvergleich, → BFH vom 11. 2. 1987 – BStBl. II S. 461, vom 29. 4. 1987 – BStBl. II S. 733, vom 10. 6. 1987 – BStBl. 1988 II S. 25, vom 28. 10. 1987 – BStBl. 1988 II S. 301, vom 27. 7. 1988 – BStBl. 1989 II S. 57, vom 7. 12. 1988 – BStBl. 1989 II S. 248 und vom 17. 5. 1995 – BStBl. 1996 II S. 204).

Der Fremdvergleich erfordert auch die Einbeziehung des Vertragspartners. Auch wenn ein Dritter einer für die Gesellschaft vorteilhaften Vereinbarung nicht zugestimmt hätte, kann deren Veranlassung im Gesellschaftsverhältnis liegen (→ BFH vom 17. 5. 1995 – BStBl. 1996 II S. 204).

Beherrschender Gesellschafter.
– **Begriff.** Eine beherrschende Stellung eines GmbH-Gesellschafters liegt im Regelfall vor, wenn der Gesellschafter die Mehrheit der Stimmrechte besitzt und deshalb bei Gesellschafterversammlungen entscheidenden Einfluss ausüben kann (→ BFH vom 13. 12. 1989 – BStBl. 1990 II S. 454).

– **Beteiligungsquote.** Eine Beteiligung von 50 % oder weniger reicht zur Annahme einer beherrschenden Stellung aus, wenn besondere Umstände hinzutreten, die eine Beherrschung der Gesellschaft begründen (→ BFH vom 8. 1. 1969 – BStBl. II S. 347, vom 21. 7. 1976 – BStBl. II S. 734 und vom 23. 10. 1985 – BStBl. 1986 II S. 195).

– **Bilanzierung.** Ein Rechtsgeschäft zwischen einer Kapitalgesellschaft und ihrem alleinigen Gesellschafter-Geschäftsführer ist als vGA zu werten, wenn es in der Bilanz der Gesellschaft nicht zutreffend abgebildet wird und ein ordentlicher und gewissenhafter Geschäftsführer den Fehler bei sorgsamer Durchsicht der Bilanz hätte bemerken müssen (→ BFH vom 13. 6. 2006 – BStBl. II S. 928).

– **Gleichgerichtete Interessen.** Wenn mehrere Gesellschafter einer Kapitalgesellschaft mit gleichgerichteten Interessen zusammenwirken, um eine ihren Interessen entsprechende einheitliche Willensbildung herbeizuführen, ist auch ohne Hinzutreten besonderer Umstände eine beherrschende Stellung anzunehmen (→ BFH vom 26. 7. 1978 – BStBl. II S. 659, vom 29. 4. 1987 – BStBl. II S. 797, vom 29. 7. 1992 – BStBl. 1993 II S. 247 und vom 25. 10. 1995 – BStBl. 1997 II S. 703).

Gleichgerichtete wirtschaftliche Interessen liegen vor, wenn die Gesellschafter bei der Bemessung der dem einzelnen Gesellschafter jeweils zuzubilligenden Tantieme im Zusammenwirken gemeinsame Interessen verfolgen (→ BFH vom 11. 12. 1985 – BStBl. 1986 II S. 469). Als Indiz für ein solches Zusammenwirken reichen die übereinstimmende Höhe der Gehälter und das zeitliche Zusammenfallen der Beschlussfassung aus (→ BFH vom 10. 11. 1965 – BStBl. 1966 III S. 73).

Die Tatsache, dass die Gesellschafter nahe Angehörige sind, reicht allein nicht aus, um gleichgerichtete Interessen anzunehmen; vielmehr müssen weitere Anhaltspunkte hinzutreten (→ BVerfG vom 12. 3. 1985 – BStBl. II S. 475 und BFH vom 1. 2. 1989 – BStBl. II S. 522).

– **Klare und eindeutige Vereinbarung.** Vereinbarungen mit beherrschenden Gesellschaftern müssen, um steuerlich wirksam zu sein, im Vorhinein klar und eindeutig getroffen sein. Ohne eine klare und eindeutige Vereinbarung kann eine Gegenleistung nicht als schuldrechtlich begründet angesehen werden. Das gilt selbst dann, wenn ein Vergütungsanspruch aufgrund gesetzlicher Regelung bestehen sollte, wie z. B. bei einer Arbeitsleistung (§ 612 BGB)9 oder einer Darlehensgewährung nach Handelsrecht (§§ 352, 354 HGB,10 → BFH vom 2. 3. 1988 – BStBl. II S. 590).

Eine vGA kommt bei beherrschenden Gesellschaftern in Betracht, wenn nicht von vornherein klar und eindeutig bestimmt ist, ob und in welcher Höhe – einerlei ob laufend oder einmalig – ein Entgelt gezahlt werden soll. Auch eine getroffene Vereinbarung über Sondervergütungen muss zumindest erkennen lassen, nach welcher Bemessungsgrundlage (Prozentsätze, Zuschläge, Höchst- und Mindestbeträge) die Vergütung errechnet werden soll. Es muss ausgeschlossen sein, dass bei der Berechnung der Vergütung ein Spielraum verbleibt; die Berechnungsgrundlagen müssen so bestimmt sein, dass allein durch Rechenvorgänge die Höhe der Vergütung ermittelt werden kann, ohne dass es noch der Ausübung irgendwelcher Ermessensakte seitens der Geschäftsführung oder Gesellschafterversammlung bedarf (→ BFH vom 24. 5. 1989 – BStBl. II S. 800 und vom 17. 12. 1997 – BStBl. 1998 II S. 545).

Leistungen an den beherrschenden Gesellschaftern nahestehende Personen bedürfen zu ihrer steuerlichen Anerkennung einer im Voraus getroffenen klaren und eindeutigen Vereinbarung (→ BFH vom 22. 2. 1989 – BStBl. II S. 631).

– **Pensionszusagen.** Rückstellung für Pensionszusagen an beherrschende Gesellschafter-Geschäftsführer → R 38 Pension (Erdienbarkeit).

– **Rückwirkende Vereinbarung.** Rückwirkende Vereinbarungen zwischen der Gesellschaft und dem beherrschenden Gesellschafter sind steuerrechtlich unbeachtlich (→ BFH vom 23. 9. 1970 – BStBl. 1971 II S. 64, vom 3. 4. 1974 – BStBl. II S. 497 und vom 21. 7. 1976 – BStBl. II S. 734).

– **Stimmrechtsausschluss.** Der Vorschrift des § 47 Abs. 4 GmbHG11 über einen Stimmrechtsausschluss des Gesellschafters bei Rechtsgeschäften zwischen ihm und der Gesellschaft kommt für die Frage der Beherrschung der Gesellschaft keine Bedeutung zu (→ BFH vom 26. 1. 1989 – BStBl. II S. 455 und vom 21. 8. 1996 – BStBl. 1997 II S. 44).

Nahestehende Person.

– **International verbundene Unternehmen.** Zum Begriff des Nahestehens bei international verbundenen Unternehmen → BMF vom 23. 2. 1983 – BStBl. I S. 218 (Tz. 1.4 und 1.5).12

– **Kreis der nahestehenden Personen.** Zur Begründung des „Nahestehens" reicht jede Beziehung eines Gesellschafters der Kapitalgesellschaft zu einer anderen Person aus, die den Schluss zulässt, sie habe die Vorteilszuwendung der Kapitalgesellschaft an die andere Person beeinflusst. Ehegatten können als nahestehende Personen angesehen werden (→ BFH vom 2. 3. 1988 – BStBl. II S. 786). Beziehungen, die ein Nahestehen begründen, können familienrechtlicher, gesellschaftsrechtlicher, schuldrechtlicher oder auch rein tatsächlicher Art sein (→ BFH vom 18. 12. 1996 – BStBl. 1997 II S. 301).

Zum Kreis der dem Gesellschafter nahestehenden Personen zählen sowohl natürliche als auch juristische Personen, unter Umständen auch Personenhandelsgesellschaften (→ BFH vom 6. 12. 1967 – BStBl. 1968 II S. 322, vom 23. 10. 1985 – BStBl. 1986 II S. 195 und vom 1. 10. 1986 – BStBl. 1987 II S. 459).

– **Schwestergesellschaften.** Zur Beurteilung von vGA zwischen Schwestergesellschaften → BFH vom 26. 10. 1987 – BStBl. 1988 II S. 348.

– **Verhältnis zum beherrschenden Gesellschafter.** Bei dem beherrschenden Gesellschafter nahestehenden Personen bedarf eine Vereinbarung über die Höhe eines Entgelts für eine Leistung der vorherigen und eindeutigen Regelung, die auch tatsächlich durchgeführt werden muss (→ BFH vom 29. 4. 1987 – BStBl. II S. 797, vom 2. 3. 1988 – BStBl. II S. 786 und vom 22. 2. 1989 – BStBl. II S. 631).

– **Zurechnung der verdeckten Gewinnausschüttung.** Wenn eine vGA einer Person zufließt, die einem Gesellschafter nahesteht, ist diese vGA steuerrechtlich stets dem Gesellschafter als Einnahme zuzurechnen, es sei denn, die nahestehende Person ist selbst Gesellschafter. Darauf, dass der betreffende Gesellschafter selbst einen Vermögensvorteil erlangt, kommt es nicht an (→ BFH vom 29. 9.

1981 – BStBl. 1982 II S. 248 und vom 18. 12. 1996 – BStBl. 1997 II S. 301, BMF vom 20. 5. 1999 – BStBl. I S. 514).

IV. Vergütung der Gesellschafter-Geschäftsführer

Angemessenheit der Gesamtausstattung. → BMF vom 14. 10. 2002 – BStBl. I S. 972.14

Überstundenvergütung, Sonntags-, Feiertags- und Nachtzuschläge. Die Zahlung einer Überstundenvergütung an den Gesellschafter-Geschäftsführer ist regelmäßig eine vGA, da die gesonderte Vergütung von Überstunden nicht dem entspricht, was ein ordentlicher und gewissenhafter Geschäftsleiter einer GmbH mit einem Fremd-geschäftsführer vereinbaren würde. Dies gilt erst recht dann, wenn die Vereinbarung von vornherein auf die Vergütung von Überstunden an Sonntagen, Feiertagen und zur Nachtzeit beschränkt ist (→ BFH vom 19. 3. 1997 – BStBl. II S. 577 und vom 27. 3. 2001 – BStBl. II S. 655). Sofern eine Vereinbarung von Zuschlägen an Sonn- und Feiertagen und zur Nachtzeit im Einzelfall durch überzeugende betriebliche Gründe gerechtfertigt wird, die geeignet sind, die Regelvermutung für eine Veranlassung durch das Gesellschaftsverhältnis zu entkräften, kann eine vGA ausnahmsweise zu verneinen sein (→ BFH vom 14. 7. 2004 – BStBl. 2005 II S. 307). Auch Zuschläge für Sonntagsarbeit, Feiertagsarbeit, Mehrarbeit und Nachtarbeit an den nicht beherr-schenden, aber als leitenden Angestellten tätigen Gesellschafter können eine vGA sein (→ BFH vom 13. 12. 2006 – BStBl. 2007 II S. 393).

Urlaub, Abgeltungszahlungen für nicht beanspruchte Tage. Soweit klare und ein-deutige Vereinbarungen hinsichtlich des Urlaubsanspruches getroffen worden sind, stellen Abgeltungszahlungen für nicht in Anspruch genommenen Urlaub an den Ge-sellschafter-Geschäftsführer keine vGA dar, wenn der Nichtwahrnehmung des Ur-laubsanspruches betriebliche Gründe zugrunde lagen. Dies ist insbesondere dann der Fall, wenn der Umfang der von ihm geleisteten Arbeit sowie seine Verantwor-tung für das Unternehmen die Gewährung von Freizeit im Urlaubsjahr ausgeschlos-sen haben. Gleiches kann für eine im Unternehmen beschäftigte nahestehende Per-son gelten, wenn diese gegenüber den übrigen Angestellten eine leitende Stellung innehat und die den Geschäftsführer betreffenden betrieblichen Gründe gleicherma-ßen einschlägig sind, den Jahresurlaub nicht antreten zu können (→ BFH vom 28. 1. 2004 – BStBl. 2005 II S. 524).

H 38 KStH 2008

...

Altersgrenze bei beherrschenden Gesellschafter-Geschäftsführern. Eine vertrag-lich vorgesehene Altersgrenze von weniger als 65 Jahren kann für die Berechnung der Pensionsrückstellung nur dann zugrunde gelegt werden, wenn besondere Um-stände nachgewiesen werden, die ein niedrigeres Pensionsalter rechtfertigen (→ BFH vom 8. 5. 1963 – BStBl. III S. 339 und vom 25. 9. 1968 – BStBl. II S. 810).

Angemessenheit. In die Prüfung der Angemessenheit der Gesamtbezüge des Gesellschafter-Geschäftsführers ist auch die ihm erteilte Pensionszusage einzubeziehen. Diese ist mit der fiktiven Jahresnettoprämie nach dem Alter des Gesellschafter-Geschäftsführers im Zeitpunkt der Pensionszusage anzusetzen, die er selbst für eine entsprechende Versicherung zu zahlen hätte, abzüglich etwaiger Abschluss- und Verwaltungskosten. Sieht die Pensionszusage spätere Erhöhungen vor oder wird sie später erhöht, ist die fiktive Jahresnettoprämie für den Erhöhungsbetrag auf den Zeitpunkt der Erhöhung der Pensionszusage zu berechnen; dabei ist von den Rechnungsgrundlagen auszugehen, die für die Berechnung der Pensionsrückstellung verwendet werden. Das gilt nicht für laufende Anpassungen an gestiegene Lebenshaltungskosten. Zur Ermittlung der Angemessenheitsgrenze für die Gesamtbezüge → BMF vom 14. 10. 2002 – BStBl. I S. 972.1

Erdienbarkeit. Zum Zeitraum, in dem sich der beherrschende Gesellschafter-Geschäftsführer seine Ansprüche aus einer Zusage auf Leistungen der betrieblichen Altersversorgung erdienen muss ? BFH vom 21. 12. 1994 – BStBl. 1995 II S. 419 sowie BMF vom 1. 8. 1996 – BStBl. I S. 1138 und vom 9. 12. 2002 – BStBl. I S. 1393.3

Erdienungszeitraum bei nicht beherrschenden Gesellschafter-Geschäftsführern → BFH vom 24. 1. 1996 – BStBl. 1997 II S. 440 und vom 15. 3. 2000 – BStBl. II S. 504 und BMF vom 7. 3. 1997 – BStBl. I S. 637.4

Finanzierbarkeit. Zur Finanzierbarkeit von Pensionszusagen gegenüber Gesellschafter-Geschäftsführern → BFH vom 8. 11. 2000 – BStBl. 2005 II S. 653, vom 20. 12. 2000 – BStBl. 2005 II S. 657, vom 7. 11. 2001 – BStBl. 2005 II S. 659, vom 4. 9. 2002 – BStBl. 2005 II S. 662 und vom 31. 3. 2004 – BStBl. 2005 II S. 664 sowie BMF vom 6. 9. 2005 – BStBl. I S. 875.5

Invaliditätsversorgung – dienstzeitunabhängig. Die Zusage einer dienstzeitunabhängigen Invaliditätsversorgung zugunsten eines Gesellschafter-Geschäftsführers i. H. v. 75% des Bruttogehalts führt wegen Unüblichkeit zur vGA (→ BFH vom 28. 1. 2004 – BStBl. 2005 II S. 841).

Lebenshaltungskosten. Zur Pensionserhöhung wegen gestiegener Lebenshaltungskosten → BFH vom 27. 7. 1988 – BStBl. 1989 II S. 57.

Lebensgefährtin. Zur Pensionszusage zugunsten einer nichtehelichen Lebensgefährtin → BFH vom 29. 11. 2000 – BStBl. 2001 II S. 204 sowie BMF vom 25. 7. 2002 – BStBl. I S. 7066 und vom 8. 1. 2003 – BStBl. I S. 93.7

Nur-Pension. Die Zusage einer Nur-Pension ist durch das Gesellschaftsverhältnis veranlasst ? BFH vom 17. 5. 1995 – BStBl. 1996 II S. 204 und BMF vom 28. 1. 2005 – BStBl. I S. 387.8

Rentendynamik. Zu fest zugesagten prozentualen Erhöhungen von Renten und Rentenanwartschaften → H 6 a (17) EStH.

Rückdeckungsversicherung. Beiträge, die eine GmbH für eine Lebensversicherung entrichtet, die sie zur Rückdeckung einer ihrem Gesellschafter-Geschäftsführer zugesagten Pension abgeschlossen hat, stellen auch dann keine vGA dar, wenn die Pensionszusage durch das Gesellschaftsverhältnis veranlasst ist (→ BFH vom 7. 8. 2002 – BStBl. 2004 II S. 131).

Unverfallbarkeit. Zu Vereinbarungen über eine Unverfallbarkeit in Zusagen auf Leistungen der betrieblichen Altersversorgung an Gesellschafter-Geschäftsführer → BMF vom 9. 12. 2002 – BStBl. I S. 1393.9

Warte-/Probezeit. Die Erteilung einer Pensionszusage unmittelbar nach der Anstellung und ohne die unter Fremden übliche Wartezeit ist in aller Regel durch das Gesellschaftsverhältnis veranlasst. Eine derartige Wartezeit ist bei bereits erprobten Geschäftsführern in Fällen der Umwandlung nicht erforderlich (→ BFH vom 15. 10. 1997 – BStBl. 1999 II S. 316, vom 29. 10. 1997 – BStBl. 1999 II S. 318, vom 24. 4. 2002 – BStBl. II S. 670 und vom 23. 2. 2005 - BStBl. II S. 882 sowie BMF vom 14. 5. 1999 – BStBl. I S. 512).10 Eine verdeckte Gewinnausschüttung kann hingegen bei einer unberechtigten Einbeziehung von Vordienstzeiten bei der Teilwertberechnung einer Pensionsrückstellung zu verneinen sein, wenn die Pensionszusage dem Grunde und der Höhe nach einem Fremdvergleich standhält → BFH vom 18. 4. 2002 – BStBl. II 2003 S. 149.

Wegfall einer Pensionsverpflichtung. Eine wegen Wegfalls der Verpflichtung gewinnerhöhend aufgelöste Pensionsrückstellung ist im Wege einer Gegenkorrektur nur um die tatsächlich bereits erfassten vGA der Vorjahre außerbilanziell zu kürzen (→ BFH vom 21. 8. 2007 – BStBl. 2008 II S. 277 sowie BMF vom 28. 5. 2002 – BStBl. I S. 603).11

H 40 KStH 2008

...

Verzicht auf Pensionsanwartschaftsrechte.
Verzichtet der Gesellschafter aus Gründen des Gesellschaftsverhältnisses auf einen bestehenden Anspruch aus einer ihm gegenüber durch die Kapitalgesellschaft gewährten Pensionszusage, so liegt hierin eine verdeckte Einlage begründet. Dies gilt auch im Falle eines Verzichts vor Eintritt des vereinbarten Versorgungsfalles hinsichtlich des bis zum Verzichtszeitpunkt bereits erdienten (Anteils des) Versorgungsanspruches. Der durch die Ausbuchung der Pensionsrückstellung bei der Kapitalgesellschaft zu erfassende Gewinn ist im Rahmen der Einkommensermittlung in Höhe des Werts der verdeckten Einlage wieder in Abzug zu bringen. Aus der Annahme einer verdeckten Einlage folgt andererseits beim Gesellschafter zwingend die Annahme eines Zuflusses von Arbeitslohn bei gleichzeitiger Erhöhung der Anschaffungskosten für die Anteile an der Kapitalgesellschaft (→ BFH vom 9. 6. 1997 – BStBl. 1998 II S. 307).

Sowohl hinsichtlich der Bewertung der verdeckten Einlage als auch hinsichtlich des Zuflusses beim Gesellschafter ist auf den Teilwert der Pensionszusage abzustellen und nicht auf den gem. § 6 a EStG ermittelten Teilwert der Pensionsrückstellung der Kapitalgesellschaft. Bei der Ermittlung des Teilwerts ist die Bonität der zur Pensionszahlung verpflichteten Kapitalgesellschaft zu berücksichtigen (→ BFH vom 15. 10. 1997 – BStBl. 1998 II S. 305).

3. Auszug aus den Erbschaftsteuerrichtlinien (ErbStR 2003)

Zu § 3 ErbStG. In der Fassung vom 17. 3. 2003.

...

R 8. Vertragliche Hinterbliebenenbezüge aus einem Arbeitsverhältnis des Erblassers

(1) [1]Die kraft Gesetzes entstehenden Versorgungsansprüche Hinterbliebener unterliegen nicht der Erbschaftsteuer. [2]Hinterbliebene in diesem Sinne sind nur der mit dem Erblasser bei dessen Tod rechtsgültig verheiratete Ehegatte und die Kinder des Erblassers. [3]Zu den nicht steuerbaren Ansprüchen (Bezügen) gehören insbesondere:

1. Versorgungsbezüge der Hinterbliebenen von Beamten auf Grund der Beamtengesetze des Bundes und der Länder;

2. Versorgungsbezüge, die den Hinterbliebenen von Angestellten und Arbeitern aus der gesetzlichen Rentenversicherung zustehen. [2]Dies gilt auch in den Fällen freiwilliger Weiter- und Höherversicherung;

3. Versorgungsbezüge, die den Hinterbliebenen von Angehörigen der freien Berufe aus einer berufsständischen Pflichtversicherung bei einer berufsständischen Versorgungseinrichtung zustehen. [2]Dies gilt auch für Ansprüche aus einer vom Erblasser fortgeführten Pflichtversicherung, die an die Stelle einer Pflichtversicherung auf Grund einer weiter bestehenden Pflichtmitgliedschaft in der jeweils zuständigen Berufskammer tritt, sowie für Ansprüche, die auf einer freiwilligen Weiter- oder Höherversicherung in der Versorgungseinrichtung beruhen. [3]Bei den letztgenannten Ansprüchen handelt es sich insbesondere um Fälle, in denen das frühere Pflichtmitglied eine berufsfremde Tätigkeit im Inland ausübt, die zur Versicherungspflicht in der gesetzlichen Rentenversicherung führt, oder eine berufsspezifische Tätigkeit im Ausland ausübt und auf freiwilliger Grundlage Mindestbeiträge an die Versorgungseinrichtung entrichtet;

4. Versorgungsbezüge, die den Hinterbliebenen von Abgeordneten auf Grund der Diätengesetze des Bundes und der Länder zustehen.

(2) [1]Hinterbliebenenbezüge, die auf **Tarifvertrag, Betriebsordnung, Betriebsvereinbarung, betrieblicher Übung** oder dem Gleichbehandlungsgrundsatz beruhen, unterliegen ebenfalls nicht der Erbschaftsteuer. [2]Hierzu gehören alle Bezüge, die auf ein Dienstverhältnis (§ 1 Abs. 1 LStDV) des Erblassers zurückzuführen sind. [3]Ob ein Dienstverhältnis gegeben war, ist im Einzelfall danach zu entscheiden, wie die Akti-

venbezüge des Erblassers bei der Einkommen- bzw. Lohnsteuer behandelt worden sind. [4]War dort ein Arbeitnehmer-Verhältnis angenommen worden, gilt dies auch für die Erbschaftsteuer. [5]In der Regel werden dann auch die Hinterbliebenenbezüge der Lohnsteuer unterliegen (§ 19 Abs. 2 EStG). [6]Es ist aber auch möglich, dass diese Bezüge, wenn sie von einer Pensionskasse oder von der Sozialversicherung gezahlt werden, einkommensteuerlich nach § 22 Nr. 1 EStG als wiederkehrende Bezüge oder als Leibrente zu behandeln sind. [7]Für die Erbschaftsteuer ist diese unterschiedliche ertragsteuerliche Behandlung unerheblich. [8]Steht fest, dass die Versorgungsbezüge auf ein Dienstverhältnis zurückzuführen sind, ist es erbschaftsteuerlich ohne Bedeutung, ob sie vom Arbeitgeber auf Grund einer Pensionszusage, von einer Pensions- oder Unterstützungskasse oder einem Pensionsfonds, auf Grund einer Direktversicherung des Arbeitgebers oder auf Grund einer anderen Rechtsgrundlage gezahlt werden.

(3) [1]Auch Hinterbliebenenbezüge, die auf Grund eines zwischen dem Erblasser und seinem Arbeitgeber geschlossenen **Einzelvertrags** beruhen, sind, soweit sie angemessen sind, nicht steuerbar. [2]Als „angemessen" sind solche Hinterbliebenenbezüge anzusehen, die 45 v. H. des Brutto-Arbeitslohns des verstorbenen Ehegatten nicht übersteigen. [3]Unter diese nicht steuerbaren Hinterbliebenenbezüge fallen auch die Hinterbliebenenbezüge, die ein Gesellschafter-Geschäftsführer mit der GmbH, deren Geschäftsführer er war, vereinbart hat, wenn der Gesellschafter-Geschäftsführer wie ein Nichtgesellschafter als abhängiger Geschäftsführer anzusehen war und die Hinterbliebenenbezüge angemessen sind. [4]War er demgegenüber ein herrschender Geschäftsführer, unterliegen die Hinterbliebenenbezüge der Erbschaftsteuer.

(4) [1]Hinterbliebenenbezüge, die nicht auf ein **Arbeitnehmer-Verhältnis** des Erblassers zurückgehen, wie beispielsweise die Bezüge, die den Hinterbliebenen eines verstorbenen persönlich haftenden Gesellschafters einer Personengesellschaft auf Grund des Gesellschaftsvertrags zustehen, unterliegen grundsätzlich nach § 3 Abs. 1 Nr. 4 ErbStG der Erbschaftsteuer. [2]Die Hinterbliebenenbezüge sind jedoch ausnahmsweise nicht steuerbar, wenn der verstorbene persönlich haftende Gesellschafter einer Personenhandelsgesellschaft im Innenverhältnis gegenüber den die Gesellschaft beherrschenden anderen Gesellschaftern wie ein Angestellter gebunden war.

(5) Wegen der Auswirkungen der nicht steuerbaren Hinterbliebenenbezüge auf die Berechnung der fiktiven **Zugewinnausgleichsforderung** > R 11 und des **Versorgungsfreibetrags** > R 74.

4. Schreiben der Finanzverwaltung

a) Gleich lautende Erlasse der obersten Finanzbehörden der Länder vom 21. 1. 1991 zur erbschaftsteuerrechtlichen Behandlung von Hinterbliebenenbezügen aus einem Anstellungsvertrag des Gesellschafter-Geschäftsführers einer Kapitalgesellschaft

1. Nach bisheriger Verwaltungsauffassung fallen unter die nichtbesteuerbaren Hinterbliebenenbezüge auch Witwenbezüge, die ein Gesellschafter-Geschäftsführer einer Kapitalgesellschaft mit dieser in angemessener Höhe vereinbart hatte (vgl. auch BFH-Urteil vom 20. 5. 1981, BStBl II, S. 715).

2. In seiner Entscheidung vom 13. 12. 1989, BStBl 1990 II, S. 322, hat der BFH die Freistellung der Hinterbliebenenbezüge zusätzlich davon abhängig gemacht, dass der Gesellschafter-Geschäftsführer wie ein Nichtgesellschafter als abhängiger Geschäftsführer anzusehen war. War er demgegenüber ein herrschender Geschäftsführer, unterliegen die Hinterbliebenenbezüge der Erbschaftsteuer.

Nach den sozialversicherungsrechtlichen Grundsätzen, auf die der BFH zur Begründung verweist, genügt es bereits für die Annahme einer herrschenden Stellung des Geschäftsführers, wenn ihm ein so maßgeblicher Einfluss eingeräumt ist, dass die Organe der Kapitalgesellschaft Beschlüsse ohne seine Mitwirkung nicht fassen können.

Für die Beurteilung sind die tatsächlichen Verhältnisse in der Kapitalgesellschaft und insbesondere in der Geschäftsführung in dem Zeitpunkt maßgebend, in dem die Hinterbliebenenversorgung vereinbart wurde.

Ein herrschender Gesellschafter-Geschäftsführer ist insbesondere anzunehmen, wenn folgende Voraussetzungen vorliegen:

a) Kapitalanteil mindestens 50 v. H. oder Sperrminorität bei besonderer Vereinbarung im Gesellschaftsvertrag. Unmittelbare und mittelbare Beteiligungen sind zusammenzurechnen. Neben den Anteilen, die dem Steuerpflichtigen selbst gehören, sind auch die Anteile zu berücksichtigen, bei denen ihm die Ausübung der Gesellschaftsrechte ganz oder teilweise vorgehalten ist. Dazu rechnen auch von Mitgesellschaftern treuhändisch für den Gesellschafter gehaltene Anteile. Unter den Voraussetzungen des Abschnitts 74 Abs. 4 VStR sind auch Anteile des Ehegatten oder von Kindern zu berücksichtigen.

b) Kapitalanteil weniger als 50 v. H., aber mehr als 10 v. H., und der Gesellschafter-Geschäftsführer verfügt zusammen mit einem oder mehreren anderen Gesellschafter-Geschäftsführern über die Mehrheit, von den anderen aber keiner allein.

c) Unabhängig von einer Kapitalbeteiligung des Geschäftsführers ist eine faktische Beherrschung gegeben, z. B. weil
   das Selbstkontrahierungsverbot nach § 181 BGB abbedungen ist;
   der Geschäftsführer als einziger über die notwendigen Branchenkenntnisse zur Führung des Betriebes verfügt;
   der Gesellschafter Großgläubiger der Gesellschaft ist.

3. Das BFH-Urteil vom 13. 12. 1989 (a. a. O.), das von der erneuten Verfassungsbeschwerde betreffend die Behandlung der Hinterbliebenenbezüge persönlich haftender Gesellschafter von Personengesellschaften (Aktenzeichen: 2 BvR 397/90) nicht berührt wird, ist auf alle Erwerbe anzuwenden, für die die Steuer nach dem 30. 6. 1991 entsteht. Noch nicht bestandskräftige Fälle, in denen die Steuer vor dem 1. 7. 1991 entstanden ist oder entsteht, sind entsprechend der bisherigen Verwaltungsauffassung zu beurteilen.

b) BMF-Schreiben vom 16. 5. 1994 – IV B 7 – S 2742 – 14/94
zur Zuständigkeit der Gesellschafterversammlung für die Änderung des
Gesellschaftergeschäftsführer-Dienstvertrages; Auswirkungen des BGH-
Urteils vom 25. 3. 1991 – II ZR 160/90 –

Nach dem BGH-Urteil vom 25. 3. 1991 (vgl. GmbHR 1991, S. 363) ist die Gesellschafterversammlung einer GmbH außer für den Abschluss und die Beendigung des Anstellungsvertrags eines Geschäftsführers auch für dessen Änderung zuständig, soweit keine anderweitige Zuständigkeit (z. B. nach der Satzung) bestimmt ist. Vertragsänderungen, die nicht vom zuständigen Organ vorgenommen worden sind, sind nach dem BGH-Urteil zivilrechtlich nicht wirksam zu Stande gekommen.

An seiner früheren Rechtsprechung, nach der die Änderungen des Anstellungsvertrages in den Aufgabenbereich des Mitgeschäftsführers fällt, soweit ein solcher vorhanden und allein vertretungsberechtigt ist, hält der BGH nicht mehr fest.

Unter Bezugnahme auf das Ergebnis der Erörterungen mit den obersten Finanzbehörden der Länder gilt zur Frage der steuerlichen Berücksichtigung des BGH-Urteils vom 25. 3. 1991 Folgendes:

Das BGH-Urteil ist auch bei Vereinbarungen über die Änderung der Bezüge eines Gesellschafter-Geschäftsführers zu beachten. Ist eine derartige Vereinbarung mit dem Gesellschafter-Geschäftsführer nach den Grundsätzen des BGH-Urteils zivilrechtlich nicht wirksam zu Stande gekommen, sind vereinbarte Gehaltserhöhungen steuerlich als verdeckte Gewinnausschüttungen anzusehen. Für vor dem 1. 1. 1996 gezahlte Bezüge werden nicht bereits deshalb die steuerlichen Folgen einer verdeckten Gewinnausschüttung gezogen, weil die zu Grunde liegende Vereinbarung nicht den verschärften Anforderungen des BGH-Urteils entspricht.

c) BMF-Schreiben vom 21. 12. 1995 – IV B 7 – S 2741 – 68/95
zur Zuständigkeit der Gesellschafterversammlung für die Änderung des
Geschäftsführer-Dienstvertrages; Auswirkungen des BGH-Urteils vom
25. 3. 1991 – II ZR 160/90 – auf Pensionsrückstellungen

Nach dem BGH-Urteil vom 25. 3. 1991 – II ZR 169/90 – ist die Gesellschafterversammlung einer GmbH außer für den Abschluss und die Beendigung des Dienstvertrages eines Geschäftsführers auch für dessen Änderung zuständig, soweit keine anderweitige Zuständigkeit (z. B. nach der Satzung) bestimmt ist.

Vertragsänderungen, die nicht vom zuständigen Organ vorgenommen worden sind, sind nach dem BGH-Urteil zivilrechtlich nicht wirksam zu Stande gekommen.

Das BMF-Schreiben vom 16. 5. 1994 – IV 13 7 – S 2742 – 14/94 (BStBl I 1994, S. 868 = DB 1994, S. 1112) enthält zur Anwendung des BGH-Urteils vom 25. 5. 1991 – II ZR 160/90 – eine Übergangsregelung für Bezüge, die vor dem 1. 1. 1996 auf Grund einer nach den Grundsätzen des BGH-Urteils zivilrechtlich wirksamen Vereinbarung gezahlt worden sind.

In Ergänzung dieses BMF-Schreibens gilt im Einvernehmen mit den obersten Finanzbehörden der Länder für Pensionsrückstellungen, die auf Grund einer nach den Grundsätzen des BGH-Urteils zivilrechtlich wirksamen Vereinbarung gebildet worden sind, Folgendes:

1. ...

2. Voraussetzungen für Pensionsrückstellungen

Die Passivierung einer Pensionsrückstellung auf Grund von Versorgungszusagen an einen GmbH-Geschäftsführer ist in der Steuerbilanz, die der Handelsbilanz folgt, nur dann zulässig, wenn die Gesellschafterversammlung diese Zusage beschlossen oder genehmigt hat. Dies gilt auch dann, wenn die Zusage vor dem 25. 3. 1991, dem Tag der BGH-Entscheidung, erteilt worden ist.

3. Übergangsregelung

Ist zwar der Dienstvertrag ursprünglich wirksam zu Stande gekommen, entspricht aber die Änderung des Dienstvertrages hinsichtlich der Pensionszusage (Fälle b bis d) nicht den verschärften Anforderungen des BGH-Urteils, ist den in der Steuerbilanz gebildeten Pensionsrückstellungen für Wirtschaftsjahre, die vor dem 1. 1. 1997 enden, die Anerkennung nicht aus diesem Grund zu versagen. Werden den Anforderungen des BGH-Urteils entsprechende Vereinbarungen bis zum 31. 12. 1996 jedoch nicht nachgeholt, ist der Rückstellungsbetrag in der Schlussbilanz des ersten Wirtschaftsjahres, das nach dem 30. 12. 1996 endet, gewinnerhöhend aufzulösen, soweit die Versorgungszusage den Anforderungen des BGH-Urteils nicht entspricht.

d) Verfügung der OFD Hamburg vom 24. 4. 1996 – S 2742 – 8/94 – St 31
   zur Zuständigkeit der Gesellschafterversammlung für die Änderung des
   Gesellschafter-Geschäftsführer-Dienstvertrages

Mit dem BdF-Schreiben vom 16. 5. 1994 – IV B 7 – 2742 – 14/94 (BStBl I S. 868) wurde eine Übergangsregelung getroffen, wonach für vor dem 1. 1. 1996 gezahlte Beträge keine steuerlich nachteiligen Folgen einer vGA gezogen werden, wenn der zu Grunde liegende Dienstvertrag nicht den verschärften Anforderungen des BGH-Urteils – d. h. Vertragsänderungen waren nicht von der Gesellschafterversammlung beschlossen worden – entsprach.

Für nach dem 31. 12. 1995 gezahlte Bezüge muss dagegen zur Vermeidung steuerlicher Nachteile eine den zivilrechtlichen Anforderungen entsprechende Vereinbarung vorliegen. Hierfür genügt ein die Vertragsänderung herbeiführender Beschluss derjenigen Gesellschafterversammlung, an der die aktuellen Anteilseigner teilnehmen. Ein rückwirkender Beschluss und eine Beteiligung ausgeschiedener Gesellschafter ist aus steuerlich Sicht nicht erforderlich.

Die im BdF-Schreiben vom 21. 12. 1995 – IV B 7 – S 2742 – 68/95 (BStBl. I 1996 S. 50) enthaltene Übergangsregelung ließ die Bilanzierung von Pensionsrückstellungen für vor dem 1. 1. 1997 endende Wirtschaftsjahre unbeanstandet, wenn der ursprüngliche Dienstvertrag zwar wirksam zu Stande gekommen war, eine etwaige Änderung hinsichtlich der Pensionszusage aber nicht den verschärften Anforderungen des BGH-Urteils entsprach. Wird der Dienstvertrag nicht bis zum 31. 12. 1996 angepasst, ist der Rückstellungsbetrag in der Schlussbilanz des ersten Wirtschaftsjahres, das nach dem 30. 12. 1996 endet, gewinnerhöhend aufzulösen, soweit die Versorgungszusage nicht den Anforderungen des BGH-Urteils entspricht.

Auch in Fällen, in denen auf Grund der Pensionszusage die Altersversorgungsbezüge bereits gezahlt werden, kann auf die formale Anpassung der u. U. mehrere Jahre zurückliegenden Versorgungszusage nicht verzichtet werden. Es handelt sich dabei insbesondere um Fälle, in denen der Geschäftsführer bereits aus dem Dienst ausgeschieden ist und nunmehr Altersbezüge auf Grund einer ganz oder teilweise zivilrechtlich unwirksamen Zusage bezieht, oder in denen der Geschäftsführer schon verstorben ist und nur noch Witwenbezüge gezahlt werden.

e) Verfügung der OFD Köln vom 15. 9. 1997 – S 2742 – 63 – St 131 zum Erdienungszeitraum für Pensionszusagen an Gesellschafter-Geschäftsführer

Die vor dem 10. 7. 1997 zivilrechtlich wirksam vereinbarten Pensionszusagen sind ... entsprechend der bisherigen Verwaltungspraxis in den einzelnen Ländern zu entscheiden.

Im Bereich der Oberfinanzdirektion Köln haben hierzu in der Vergangenheit keine Weisungen bestanden. In Altfällen sind Pensionszusagen an nicht-beherrschende Gesellschafter-Geschäftsführer aber dann anzuerkennen, wenn sie der bestehenden Übergangsregelung entsprechen. Als bisherige Verwaltungspraxis ist dort für Altzusagen ein Erdienungszeitraum von mindestens sieben Jahren als steuerlich ausreichend anzuerkennen (vgl. Verfügung vom 8. 11. 1996 – S 2742 – 63 – St 131).

Pensionszusagen an Gesellschafter-Geschäftsführer von Kapitalgesellschaften in einem Alter von ab 60 Jahren sind – auch bei nichtbeherrschenden Gesellschaftern – wegen ihrer allgemeinen Unüblichkeit steuerlich nicht anzuerkennen. Das gilt ebenso für Altfälle. Die Übergangsregelung findet hierauf keine Anwendung.

f) BMF-Schreiben vom 14. 5. 1999 – IV C 6 – S 2742 – 9/99
zur steuerlichen Behandlung von Pensionszusagen gegenüber beherrschen-
den Gesellschafter-Geschäftsführern (§ 8 Abs. 3 Satz 2 KStG); zu den Krite-
rien der „Wartezeit" (Abschnitt 32 Abs. 1 Satz 5 und 6 KStR) und der „Finan-
zierbarkeit" (Abschnitt 32 Abs. 1 Satz 9 KStR)

[teilw. geändert durch BMF v. 6. 9. 2005 IV B 7 – S 2742 – 69/05]

Nach dem Ergebnis der Erörterungen mit den obersten Finanzbehörden der Länder bitte ich zur steuerlichen Beurteilung von Rückstellungen für Pensionszusagen an beherrschende Gesellschafter-Geschäftsführer von Kapitalgesellschaften folgende Auffassung zu vertreten:

1. Probezeit

Nach Abschnitt 32 Abs. 1 Satz 5 und 6 KStR ist die Erteilung der Pensionszusage unmittelbar nach der Anstellung und ohne die unter Fremden übliche Wartezeit in der Regel nicht betrieblich, sondern durch das Gesellschaftsverhältnis veranlaßt.

Der Begriff der Wartezeit wird hier im Sinne einer Probezeit verwendet. Dies ist der Zeitraum zwischen Dienstbeginn und der erstmaligen Vereinbarung einer schriftlichen Pensionszusage (zusagefreie Zeit). Der Zeitraum zwischen der Erteilung einer Pensionszusage und der erstmaligen Anspruchsberechtigung (versorgungsfreie Zeit) zählt nicht zur Probezeit.

1.1. Dauer der Probezeit

Für die steuerliche Beurteilung einer Pensionszusage ist regelmäßig eine Probezeit von zwei bis drei Jahren als ausreichend anzusehen. Der BFH hält in seinem Urteil vom 15. Oktober 1997 – I R 42/97 – (BStBl. 1999 II S. 316) zwar eine Probezeit von fünf Jahren für ausreichend. Dies schließt die steuerliche Berücksichtigung kürzerer Probezeiten jedoch nicht aus, da es in dem Urteilsfall nicht entscheidungserheblich war, ob unter Umständen auch ein kürzerer Zeitraum zur Erprobung genügt hätte.

Eine Probezeit ist bei entsprechenden Vortätigkeiten nicht in jedem Fall erforderlich. So hat der BFH in seinem Urteil vom 29. Oktober 1997 – I R 52/97 – (BStBl. 1999 II S. 318) entschieden, daß es vor Erteilung einer Pensionszusage keiner erneuten Probezeit bedarf, wenn ein Einzelunternehmen in eine Kapitalgesellschaft umgewandelt wird und der bisherige, bereits erprobte Geschäftsführer des Einzelunternehmens als Geschäftsführer der Kapitalgesellschaft das Unternehmen fortführt.

Ein ordentlicher und gewissenhafter Geschäftsleiter einer neu gegründeten Kapitalgesellschaft wird einem gesellschaftsfremden Geschäftsführer erst dann eine Pension zusagen, wenn er die künftige wirtschaftliche Entwicklung und damit die künftige wirtschaftliche Leistungsfähigkeit der Kapitalgesellschaft zuverlässig abschätzen kann. Hierzu bedarf es in der Regel eines Zeitraums von wenigstens fünf Jahren. Dies gilt nicht, wenn die künftige wirtschaftliche Entwicklung aufgrund der bisherigen unternehmerischen Tätigkeit hinreichend deutlich abgeschätzt werden kann, wie z. B. in Fällen der Betriebsaufspaltung und Umwandlung eines Einzelunternehmens in eine Kapitalgesellschaft.

1.2. Verstoß gegen die angemessene Probezeit

Zuführungen zu einer Rückstellung für eine Pensionszusage, die ohne Beachtung der unter Fremden üblichen Probezeit vereinbart worden ist, werden bis zum Ablauf der angemessenen Probezeit als verdeckte Gewinnausschüttung im Sinne des § 8 Abs. 3 Satz 2 KStG behandelt. Nach Ablauf der angemessenen Probezeit werden die weiteren Zuführungen aufgrund der ursprünglichen Pensionszusage für die Folgezeit gewinnmindernd berücksichtigt. Die Möglichkeit einer Aufhebung der ursprünglichen und des Abschlusses einer neuen Pensionszusage nach Ablauf der angemessenen Probezeit bleibt hiervon unberührt.

Tritt bei einer unter Verstoß gegen die Probezeit erteilten Pensionszusage vor Ablauf der angemessenen Probezeit der Versorgungsfall ein, werden die Zuführungen zur Pensionsrückstellung und die Pensionszahlungen als verdeckte Gewinnausschüttungen im Sinne des § 8 Abs. 3 Satz 2 KStG und die Pensionszahlungen als andere Ausschüttungen im Sinne des § 27 Abs. 3 Satz 2 KStG behandelt. Dies gilt auch für Pensionszahlungen, die nach Ablauf der angemessenen Probezeit geleistet werden.[2]

2. Finanzierbarkeit

[Hinweis: Teilziffer 2 wurde insgesamt aufgehoben durch BMF-Schreiben vom 6. 9. 2005 – IV B7 – S 2742 – 69/05]

g) Verfügung der OFD Karlsruhe vom 17. 4. 2001 – S 2742 A – St 331 zur Angemessenheit der Gesamtbezüge eines Gesellschafter-Geschäftsführers

Mit der Verfügung vom 8. 8. 2000 – S 2742 A – 89 – St 331 wurden die bisherigen betragsmäßigen Festlegungen für die Beurteilung der Angemessenheit der Gesamtbezüge des Gesellschafter-Geschäftsführers einer Kapitalgesellschaft aufgehoben. Bei der Angemessenheitsprüfung ist zukünftig von folgenden Grundsätzen auszugehen.

1. Allgemeines

Die Vereinbarung unangemessen hoher Gesamtbezüge an den Gesellschafter einer Kapitalgesellschaft für seine Vorstands- oder Geschäftsführertätigkeit führt zu einer vGA. Die Geschäftsführerbezüge bestehen im Allgemeinen aus mehreren Bestandteilen. In die Beurteilung der Angemessenheit werden alle Bestandteile einbezogen. Insbesondere sind dies:

– Das Festgehalt,

– zusätzliche feste jährliche Einmalzahlungen (z. B. Urlaubsgeld, Weihnachtsgeld),

- variable Gehaltsbestandteile (Tantieme, Gratifikationen usw.),

- Pensionszusagen (fiktive Jahresnettoprämie),

- Sachbezüge (z. B. Fahrzeugüberlassung, private Telefonnutzung).

Die Gesamtausstattung wie auch die einzelnen Bestandteile müssen angemessen sein. Auch wenn die Ausstattung insgesamt angemessen ist, können einzelne Bestandteile unangemessen sein (siehe Abschn. 4). Ein Ausgleich zwischen einzelnen Bestandteilen ist insoweit regelmäßig nicht möglich.

Beurteilungskriterien für die Angemessenheit sind:

- Art und Umfang der Tätigkeit,

- die künftigen Ertragsaussichten des Unternehmens,

- das Verhältnis des Geschäftsführergehalts zum Gesamtgewinn und zur verbleibenden Kapitalverzinsung sowie

- Art und Höhe der Vergütungen, die gleichartige Betriebe an Geschäftsführer für entsprechende Leistungen gewähren (Abschn. 31 Abs. 3 Satz 8 Nr. 1 KStR).

2. Art und Umfang der Tätigkeit

Art und Umfang der Tätigkeit werden vorrangig durch die Größe des Unternehmens bestimmt. Je größer ein Unternehmen ist, desto höher kann das angemessene Gehalt des Geschäftsführers liegen, da mit der Größe eines Unternehmens auch Arbeitseinsatz, Anforderung und Verantwortung steigen (vgl. z. B. Tänzer, GmbHR 2000 S. 596). Die Unternehmensgröße ist vorrangig anhand der Umsatzhöhe und der Beschäftigtenzahl zu bestimmen.

Die Ausbildung sowie die Berufserfahrung des Geschäftsführers sind bei der Beurteilung der Angemessenheit seiner Bezüge von eher untergeordneter Bedeutung und haben nur dann maßgebenden Einfluss auf die Höhe der Vergütung, wenn eine bestimmte Qualifikation Voraussetzung für die Ausübung der Geschäftsführertätigkeit ist (z. B. Meisterprüfung, Steuerberaterzulassung).

Übt der Gesellschafter außerhalb seiner Geschäftsführerfunktion anderweitige unternehmerische Tätigkeiten aus (z. B. als Einzelunternehmer, in einer Personengesellschaft oder einer anderen Kapitalgesellschaft), so deckt sich die Angemessenheitsgrenze bei der betreffenden Gesellschaft mit dem Umfang, in dem er jeweils für die konkrete Gesellschaft tätig ist. Er kann in diesem Fall nicht seine gesamte Arbeitskraft der Kapitalgesellschaft zur Verfügung stellen.

Entsprechendes gilt in den Fällen, in denen zwei oder mehrere Geschäftsführer sich die Verantwortung für die Kapitalgesellschaft teilen. Vor allem bei kleineren Gesellschaften ist, auch wenn sie ertragsstark sind, in diesen Fällen ein Abschlag gerechtfertigt. Hier kann unterstellt werden, dass Anforderungen und Arbeitseinsatz des einzelnen Geschäftsführers geringer sind als bei einem Alleingeschäftsführer und dass von den Geschäftsführern im Regelfall auch solche Aufgaben wahrgenommen werden, die bei vergleichbaren Gesellschaften vom Nichtgeschäftsführern erledigt werden (BFH-Urteil vom 11. 12. 1991, I R 152/90, BStBl 1992 II S. 690).

3. Ertragsaussichten der Gesellschaft/Verhältnis zur Kapitalverzinsung

Neben der Unternehmensgröße stellt die Ertragssituation das entscheidende Kriterium für die Angemessenheitsprüfung dar. Maßgebend ist hierbei vor allem das Verhältnis der Gesamtausstattung des Geschäftsführergehalts zum Gesamtgewinn der Gesellschaft und zur verbleibenden Kapitalverzinsung. Ein ordentlicher und gewissenhafter Geschäftsleiter würde bei der Festlegung der Gesamtbezüge des Geschäftsführers sicherstellen, dass der Gesellschaft auch nach Zahlung der Bezüge mindestens eine angemessene Kapitalverzinsung verbleibt.

Die angemessene Verzinsung des Kapitals ist dabei aus dem gesamten von der Gesellschaft eingesetzten Kapital (ohne selbstgeschaffene immaterielle Wirtschaftsgüter) zu ermitteln. Wird nahezu der gesamte Gewinn einer Kapitalgesellschaft durch das Geschäftsführergehalt „abgesaugt", stellt dies ein wesentliches Indiz für die Annahme einer vGA dar.

Die Mindestverzinsung des eingesetzten Kapitals rechtfertigt es allerdings nicht, darüber hinausgehende Beträge in vollem Umfang als Geschäftsführergehalt auszukehren. Es ist Aufgabe der Kapitalgesellschaft, Gewinne zu erzielen und die Gewinne nach Möglichkeit zu steigern, und ein ordentlicher und gewissenhafter Gesellschafter wird auf jeden Fall dafür sorgen, dass seiner Kapitalgesellschaft ein entsprechender Gewinn verbleibt (BFH-Urteil vom 28. 6. 1989, I R 89/85, BStBl 1989 II S. 854). Im Regelfall kann daher von der Angemessenheit der Gesamtausstattung der Geschäftsführerbezüge ausgegangen werden, wenn der Gesellschaft nach Abzug der Geschäftsführervergütungen noch ein Jahresüberschuss vor Ertragsteuern in mindestens gleicher Höhe wie die Geschäftsführervergütungen verbleibt (vgl. BFH-Urteil vom 27. 4. 2000, I R 88/99, BFH/NV 2001 S. 342). Bei mehreren Gesellschafter-Geschäftsführern ist hierbei auf die Gesamtsumme der Vergütungen abzustellen.

Der dargestellte Grundsatz rechtfertigt es allerdings auch bei sehr ertragsstarken Gesellschaften nicht, die Vergütungen unbegrenzt zu steigern. Die jeweilige Obergrenze muss nach den Umständen des Einzelfalls bestimmt werden. Hierbei ist vor allem auf die Unternehmensgröße abzustellen. Orientierungshilfen für die Bemessung des zu ermittelnden Höchstbetrags können die in den Gehaltsstrukturuntersuchungen für die jeweilige Branche und Größenklasse genannten Höchstwerte bieten. Diese tragen auch dem Umstand, dass der Unternehmenserfolg maßgeblich von der Leistung des Geschäftsführers und von dessen hohen Arbeitseinsatz abhängt sowie dass sich das Unternehmen in einem Ballungsgebiet mit hohem Gehaltsniveau befindet, hinreichend Rechnung.

Bei ertragsschwachen Gesellschaften ist hingegen davon auszugehen, dass auch ein Fremdgeschäftsführer selbst in Verlustjahren nicht auf ein angemessenes Gehalt verzichten würde. Das Unterschreiten einer Mindestverzinsung des eingesetzten Kapitals führt daher nicht zwangsläufig zu einer vGA. Vielmehr kann von einer angemessenen Ausstattung der Gesamtbezüge des Gesellschafter-Geschäftsführers dann ausgegangen werden, wenn er Gesamtbezüge erhält, die sich am unteren Ende des entsprechenden Vergleichsmaßstabs befinden.

4. Einzelne Vergütungsbestandteile

Zur Anerkennung von Pensionszusagen an Gesellschafter-Geschäftsführer von Kapitalgesellschaften wird auf die in Abschn. 32 KStR niedergelegten Grundsätze sowie auf die BMF-Schreiben vom 7. 3. 1997 (BStBl 1997 I S. 637 und vom 14. 5. 1999 (BStBl 1999 I S. 512) verwiesen.

Bei der Prüfung von Tantiemevereinbarungen sind Abschn. 33 KStR sowie das BMF-Schreiben vom 5. 1. 1998 (BStBl 1998 I S. 90) zu beachten. Auf das BFH-Urteil vom 15. 3. 2000, I R 74/99 (BStBl 2000 II S. 547) wird verwiesen.

5. Methoden zur Durchführung des Fremdvergleichs und praktische Umsetzung

5.1. Innerer Fremdvergleich

Wird in der Gesellschaft neben dem Gesellschafter-Geschäftsführer ein Fremdgeschäftsführer beschäftigt, stellt dessen Gehaltshöhe ein wesentliches Indiz bei der Festlegung der Angemessenheitsgrenze des Gehalts des Gesellschafter-Geschäftsführers dar. Sind Fremdgeschäftsführer aber nicht vorhanden (= Regelfall in der Praxis), bleibt als Beurteilungskriterium nur der außerbetriebliche Fremdvergleich.

5.2. Äußerer Betriebsvergleich

Ein äußerer Betriebsvergleich lässt sich i. d. R. nur unter Heranziehung von nach den Regeln der wissenschaftlichen Statistik erstellten neutralen Gehaltsuntersuchungen führen. Nach dem BFH-Urteil vom 14. 7. 1999, I B 91/98 (BFH/NV 1999 S. 1645) bestehen gegen die Heranziehung von Gehaltsstrukturuntersuchungen im Rahmen eines externen Fremdvergleichs keine rechtlichen Bedenken. Daneben besteht die Möglichkeit, branchenspezifische Erfahrungswerte zu verwenden, die aber nur in seltenen Fällen vorliegen werden.

Zur Arbeitserleichterung ist dieser Verfügung eine branchen- und größenbezogene Zusammenstellung zur Angemessenheitsprüfung beigefügt. Dieser Zusammenstellung liegen die Ergebnisse mehrerer Gehaltsstrukturuntersuchungen sowie einer verwaltungsinternen Sammlung von Vergleichsbetrieben zu Grunde.

Den Unwägbarkeiten bei der Bemessung der angemessenen Geschäftsführergehälter ist dadurch Rechnung zu tragen, dass sich die Beurteilung der Angemessenheit durch das FA im Regelfall an den oberen Angaben der Übersicht orientieren sollte. Allenfalls bei sehr ertragsschwachen (verlustbehafteten) Gesellschaften kann auf die unteren Werte zurückgegriffen werden. Allerdings ist auch ein Überschreiten der in der Zusammenstellung aufgeführten Grenzwerte nur im Rahmen des unter Abschn. 3 dargestellten Umfangs denkbar (ggf. in telefonischer Abstimmung mit dem KSt.-Referat der OFD).

5.3. Prüfung

Die Prüfung der Angemessenheit der Gesamtbezüge von Gesellschafter-Geschäftsführern ist im Einzelfall nach den o. a. Kriterien vorzunehmen. Die Prüfung darf auch nicht aus Vereinfachungsgründen unterbleiben, d. h., betragsmäßige Unter- oder Obergrenzen finden keine Anwendung.

Im Übrigen ist zu berücksichtigen, dass nach der Rechtsprechung des BFH bei einer nur geringfügigen Überschreitung der Angemessenheitsgrenze noch keine vGA vorliegt. Eine vGA ist danach jedenfalls dann anzunehmen, wenn die Angemessenheitsgrenze um mehr als 20 % überschritten wird (BFH vom 28. 6. 1989, I R 89/85, BStBl 1989 II S. 854). Ein zusätzlicher Freibetrag ist damit aber nicht verbunden.

6. Übergangsregelung

Soweit die bisherigen betragsmäßigen Festlegungen (insbesondere die Nichtaufgriffsgrenze von 300 000 DM) zu einer für die Stpfl. gegenüber den oben dargestellten Grundsätzen günstigeren Beurteilung geführt haben, gelten sie für vor dem 1. 10. 2000 abgeschlossene Anstellungsverträge letztmals den Veranlagungszeitraum 2000.

Auswertung Gehaltsuntersuchungen

[...]

Die ursprüngliche Auswertung ist veraltet, weshalb die alte Tabelle hier nicht abgebildet wurde (siehe dazu OFD Karlsruhe, Schreiben vom 3. 4. 2009, S 274.2/84 – St 221). Wegen der neueren Gehaltsdaten siehe die erneuerte Tabelle im Buch unter III. 3. f) bb) (2).).

Hinweise:

1. Der Zusammenstellung liegen Gehaltsstrukturuntersuchungen mit Datenmaterial der Jahre 1999/2000 zu Grunde (Kienbaum-Studie, BBE-Studie und verwaltungsinterne Sammlungen). Gehaltssteigerungen bis zum Jahr 2001 wurden bereits in pauschaler Weise berücksichtigt. Für Jahre ab 2002 kann ein Zuschlag von jeweils 3 % p. a. vorgenommen werden.

2. Die ausgewiesenen Werte dienen als Anhaltspunkt für eine überschlägige Überprüfung der Angemessenheit von Gesamtbezügen von Gesellschafter-Geschäftsführern. Sie können Ermittlungen anhand der besonderen Umstände des Einzelfalls und ggf. unter Hinzuziehung konkreter Gehaltsstrukturuntersuchungen nicht ersetzen. Dies gilt vor allem in Streitfällen, in denen mit einem Rechtsbehelfs- bzw. Klageverfahren zu rechnen ist.

3. Da die Strukturuntersuchungen betriebliche Altersversorgungsleistungen teilweise nicht berücksichtigen, wurden diese in pauschaler Form in die dargestellten Werte zusätzlich eingerechnet.

4. Wird eine der in den Tabellenspalten aufgeführten Größen Umsatz/Mitarbeiterzahl überschritten, ist die Orientierungsgröße aus der nächsten Spalte abzulesen. Bei Unternehmen, deren Größe sich im Grenzbereich von zwei Spalten bewegt, kommt auch ein Mittelwert zwischen diesen Spalten in Betracht.

5. Bei Umsätzen über 100 Mio. DM bzw. einer Mitarbeiterzahl von über 500 ergeben sich aus den Gehaltsstrukturuntersuchungen wegen der geringen Zahl von Nennungen keine repräsentativen Werte. Die Angemessenheitsprüfung ist in diesen Fällen nach den Umständen des Einzelfalls vorzunehmen. Es bestehen keine Bedenken, hierbei zunächst von den in der rechten Spalte ausgewiesenen Höchstwerten auszugehen und hierauf Zuschläge vorzunehmen.

6. Werden die in der Zusammenstellung ausgewiesenen Werte um mehr als 20 % überschritten, besteht eine Vermutung für das Vorliegen eines krassen Missverhältnisses zwischen den tatsächlich vereinbarten Gesamtbezügen und den Vergütungen vergleichbarer Fremdgeschäftsführer.

7. Bei guter bzw. schlechter Ertragslage sind Zu- bzw. Abschläge auf die ausgewiesenen Werte möglich. Ein Abschlag kann sich auch aus dem Vorhandensein mehrerer Geschäftsführer rechtfertigen.

h) BMF-Schreiben vom 28. 5. 2002 – IV A 2 – S 2742 – 32/02 zur Korrektur einer verdeckten Gewinnausschüttung innerhalb oder außerhalb der Steuerbilanz

Die Körperschaftsteuer bemisst sich bei Körperschaftsteuerpflichtigen grundsätzlich nach dem zu versteuernden Einkommen (§ 7 Abs. 1 KStG). Maßgebend für die Ermittlung des zu versteuernden Einkommens ist das Einkommen im Sinne des § 8 Abs. 1 KStG. Dies ermittelt sich nach den Vorschriften des Einkommensteuergesetzes und des Körperschaftsteuergesetzes. § 8 Abs. 3 Satz 2 KStG schreibt allgemein vor, dass verdeckte Gewinnausschüttungen das Einkommen nicht mindern. Das Körperschaftsteuergesetz enthält keine Aussage dazu, auf welcher Stufe der Einkommensermittlung die verdeckte Gewinnausschüttung korrigiert wird.

Nach dem BFH-Urteil vom 29. Juni 1994 (BStBl 2002 I) erschöpft sich bei einem Körperschaftsteuerpflichtigen, der Einkünfte aus Gewerbebetrieb erzielt, die Rechtsfolge des § 8 Abs. 3 Satz 2 KStG in einer Gewinnkorrektur und setzt außerhalb der Steuerbilanz an. Die Gewinnerhöhung auf Grund einer verdeckten Gewinnausschüttung im Sinne des § 8 Abs. 3 Satz 2 KStG ist dem Steuerbilanzgewinn außerhalb der Steuerbilanz hinzuzurechnen.

Nach dem Ergebnis der Erörterung mit den obersten Finanzbehörden der Länder gilt bei der Anwendung der Grundsätze dieses Urteils über den entschiedenen Einzelfall hinaus Folgendes:

I. Grundsatz

1. Allgemeines

Voraussetzung für die Annahme einer verdeckten Gewinnausschüttung im Sinne des § 8 Abs. 3 Satz 2 KStG ist u. a. eine Vermögensminderung oder verhinderte Vermögensmehrung, die sich auf die Höhe des Einkommens ausgewirkt hat (vgl. Abschn. 31 Abs. 3 Satz 1 KStR 1995). Soweit eine verdeckte Gewinnausschüttung im Sinne des § 8 Abs. 3 Satz 2 KStG vorliegt, ist sie außerhalb der Steuerbilanz dem Steuerbilanzgewinn im Rahmen der Ermittlung des Einkommens der Körperschaft hinzuzurechnen.

Ist die verdeckte Gewinnausschüttung bei der erstmaligen Veranlagung des Wirtschaftsjahrs, in dem es zu der Vermögensminderung bzw. zu der verhinderten Vermögensmehrung gekommen ist, nicht hinzugerechnet worden und kann diese Veranlagung nach den Vorschriften der Abgabenordnung nicht mehr berichtigt oder geändert werden, so unterbleibt die Hinzurechnung nach § 8 Abs. 3 Satz 2 KStG endgültig.

Zu einer anderen Ausschüttung im Sinne des § 27 Abs. 3 Satz 2 KStG in der Fassung vor Änderung durch das Steuersenkungsgesetz bzw. einer Leistung der Kapitalgesellschaft im Sinne des KStG in der Fassung des Steuersenkungsgesetzes kommt es unabhängig von der bilanziellen bzw. einkommensmäßigen Behandlung der verdeckten Gewinnausschüttung erst im Zeitpunkt ihres tatsächlichen Abflusses (vgl. Abschn. 77 Abs. 6 KStR 1995).

Beim Gesellschafter ist die verdeckte Gewinnausschüttung nach den für ihn geltenden steuerlichen Grundsätzen unabhängig davon zu erfassen, ob sie auf der Ebene der Gesellschaft dem Einkommen hinzugerechnet wurde.

2. Verdeckte Gewinnausschüttung bei Passivierung von Verpflichtungen

Ist eine Vereinbarung mit dem Gesellschafter, die in der Steuerbilanz zu einer Passivierung geführt hat (Verbindlichkeit oder Rückstellung), ganz oder teilweise als verdeckte Gewinnausschüttung zu beurteilen, hat dies auf die Passivierung der Verpflichtung keinerlei Einfluss. Das Betriebsvermögen ist in der Steuerbilanz zutreffend ausgewiesen; der gebildete Passivposten ist im Hinblick auf die verdeckte Gewinnausschüttung nicht zu korrigieren.

Für den betreffenden Passivposten in der Steuerbilanz ist zum Zwecke der weiteren steuerlichen Behandlung der verdeckten Gewinnausschüttung eine Nebenrechnung durchzuführen. In Höhe der verdeckten Gewinnausschüttung ist ein Teilbetrag I zu bilden. Die Höhe des Teilbetrages I ist nicht davon abhängig, dass ein entsprechender Betrag im Rahmen der Einkommensermittlung der Gesellschaft hinzugerechnet worden ist. Ergänzend ist festzuhalten, in welchem Umfang der Teilbetrag I bei der Einkommensermittlung dem Steuerbilanzgewinn hinzugerechnet worden ist (Teilbetrag II). Die Nebenrechnung als Folge einer verdeckten Gewinnausschüttung ist für jeden betroffenen Passivposten gesondert vorzunehmen.

Die beiden Teilbeträge sind entsprechend der Entwicklung des Passivpostens in der Steuerbilanz fortzuschreiben. Sie sind aufzulösen, soweit die Verpflichtung (vgl. Rdnr. 7) in der Steuerbilanz gewinnerhöhend aufzulösen ist. Die Gewinnerhöhung, die sich durch die Auflösung der Verpflichtung in der Steuerbilanz ergibt, ist, soweit sie anteilig auf den durch das Gesellschaftsverhältnis veranlassten Teil der Verpflichtung entfällt, bis zur Höhe des aufzulösenden Teilbetrags II außerhalb der Steuerbilanz vom Steuerbilanzgewinn zur Vermeidung einer doppelten Erfassung abzuziehen.

II. Auswirkungen der Grundsätze im Einzelnen

1. Verdeckte Gewinnausschüttung bei laufenden Betriebsausgaben

Maßgebend für die Hinzurechnung ist der Betrag, der im laufenden Wirtschaftsjahr den Steuerbilanzgewinn und damit das Einkommen gemindert hat.

Beispiel 1
Die Kapitalgesellschaft erzielt im Wirtschaftsjahr 01 einen Steuerbilanzgewinn von 200 000 €. Dabei hat sie ihrem Gesellschafter-Geschäftsführer gemäß Anstellungsvertrag 9 000 € als laufendes Monatsgehalt gezahlt, obwohl nach dem Fremdvergleich nur 6 000 € angemessen wären.

Zur Ermittlung des Einkommens ist dem Steuerbilanzgewinn der Kapitalgesellschaft im Beispielsfall der Betrag von 36 000 € hinzuzurechnen. In Höhe des Hinzurechnungsbetrags liegen im Wirtschaftsjahr 01 eine Ausschüttung der Kapitalgesellschaft und beim Gesellschafter Einnahmen aus Kapitalvermögen vor.

2. Verdeckte Gewinnausschüttung bei Passivierung von Verpflichtungen

a) Abfluss der verdeckten Gewinnausschüttung im Jahr nach Passivierung der Verpflichtung

Beispiel 2
In der Steuerbilanz für das Wirtschaftsjahr 01 ist für eine Tantiemezusage an den Gesellschafter-Geschäftsführer eine Tantiemerückstellung von 70 000 € gebildet worden; die Tantieme ist zum 30. 6. 02 fällig und wird zu diesem Zeitpunkt ausgezahlt. Die durch die gebildete Rückstellung eingetretene Vermögensminderung ist (unstreitig) in Höhe von 20 000 € eine verdeckte Gewinnausschüttung. Im Zuge der Veranlagung für das Wirtschaftsjahr 01 wird

a) die verdeckte Gewinnausschüttung hinzugerechnet

b) die verdeckte Gewinnausschüttung nicht hinzugerechnet; eine Änderungsmöglichkeit nach den Vorschriften der AO besteht nicht.

In der Steuerbilanz der Gesellschaft ist im Unterfall a) und b) für das Wirtschaftsjahr 01 gewinnmindernd eine Tantiemerückstellung in Höhe von 70 000 € zu bilden.

Im Unterfall a) kommt es im Zuge der Einkommensermittlung für 01 zur Hinzurechnung der verdeckten Gewinnausschüttung von 20 000 €. Der Teilbetrag I und der Teilbetrag II belaufen sich am Schluss des Wirtschaftsjahrs 01 jeweils auf 20 000 €. In Folge der Auszahlung in 02 kommt es zur Auflösung der Rückstellung; Auszahlung und Auflösung wirken sich nicht auf den Steuerbilanzgewinn aus. Die Teilbeträge I und II sind ebenfalls aufzulösen; die Auflösung hat keinen Einfluss auf die Einkommensermittlung der Gesellschaft.

Im Unterfall b) unterbleibt im Zuge der Einkommensermittlung für 01 eine Hinzurechnung von 20 000 €. Der Teilbetrag I beläuft sich am Schluss des Wirtschaftsjahrs 01 auf 20 000 €, der Teilbetrag II auf 0 €. In Folge der Auszahlung in 02 kommt es zur Auflösung der Rückstellung; Auszahlung und Auflösung wirken sich nicht auf den Steuerbilanzgewinn aus. Der Teilbetrag I ist aufzulösen; die Auflösung hat keinen Einfluss auf die Einkommensermittlung der Gesellschaft.

Auf der Ebene des Gesellschafters führt der Zufluss der 70 000 € in den beiden Unterfällen in Höhe des Teilbetrags I (= 20 000 €) zu Einnahmen aus Kapitalvermögen und in Höhe des Restbetrags zu Einnahmen aus nichtselbständiger Arbeit.

b) Abfluss der verdeckten Gewinnausschüttung erst nach Ablauf einer Zeitspanne von mehr als 12 Monaten

Beispiel 3

Dem Gesellschafter-Geschäftsführer ist für das Wirtschaftsjahr 01 eine Tantieme von 20 000 € zugesagt worden, die (zulässigerweise) am 31. 1. 03 fällig gestellt und ausbezahlt wird. Die durch die Rückstellung eintretende Vermögensminderung stellt zu 50 % eine verdeckte Gewinnausschüttung dar. In der Steuerbilanz für das Wirtschaftsjahr 01 ist eine Tantiemerückstellung von 18 960 € gebildet und für das Wirtschaftsjahr 02 auf 20 000 € aufgestockt worden (§ 6 Abs. 1 Nr. 3 a Buchstabe e EStG (Aufzinsungsbetrag)). Im Zuge der Veranlagung für das Wirtschaftsjahr 01 wird

a) die verdeckte Gewinnausschüttung hinzugerechnet

b) die verdeckte Gewinnausschüttung nicht hinzugerechnet; eine Änderungsmöglichkeit nach den Vorschriften der AO besteht nicht.

Die Veranlagung für das Wirtschaftsjahr 02 ist noch offen.

In der Steuerbilanz der Gesellschaft ist im Unterfall a) und b) am Schluss des Wirtschaftsjahrs 01 eine Tantiemerückstellung in Höhe von 18 960 € und am Schluss des Wirtschaftsjahrs 02 von 20 000 € auszuweisen.

Im Unterfall a) kommt es im Zuge der Einkommensermittlung für 01 zur Hinzurechnung von 9 480 € und für 02 von 520 € (50 % des Aufstockungsbetrags von 1 040 €). Der Teilbetrag I und der Teilbetrag II belaufen sich am Schluss des Wirtschaftsjahrs 01 jeweils auf 9 480 € und erhöhen sich am Schluss des Wirtschaftsjahrs 02 um jeweils 520 € auf jeweils 10 000 €. In Folge der Auszahlung in 03 kommt es zur Auflösung der Rückstellung; Auszahlung und Auflösung wirken sich nicht auf den Steuerbilanzgewinn aus. Die Teilbeträge I und II sind aufzulösen; die Auflösung hat keinen Einfluss auf die Einkommensermittlung der Gesellschaft.

Im Unterfall b) unterbleibt im Zuge der Einkommensermittlung für 01 eine Hinzurechnung von 9 480 €. Der Teilbetrag I beläuft sich am Schluss des Wirtschaftsjahrs 01 auf 9 480 €, der Teilbetrag II auf 0 €. Im Zuge der Einkommensermittlung für 02 kommt es zu einer Hinzurechnung von 520 €. Der Teilbetrag I erhöht sich am Schluss des Wirtschaftsjahrs 02 auf 10 000 €, der Teilbetrag II beläuft sich zu diesem Stichtag auf 520 €. In Folge der Auszahlung in 03 kommt es zur Auflösung der Rückstellung; Auszahlung und Auflösung wirken sich nicht auf den Steuerbilanzgewinn aus. Die Teilbeträge I und II sind aufzulösen; die Auflösung hat keinen Einfluss auf die Einkommensermittlung der Gesellschaft.

Auf der Ebene des Gesellschafters führt der Zufluss der 20 000 € in Höhe des Teilbetrags I (= 10 000 €) im Jahr 03 zu Einnahmen aus Kapitalvermögen und in Höhe des Restbetrags zu Einnahmen aus nichtselbständiger Arbeit.

c) Durch das Gesellschaftsverhältnis veranlasster Verzicht auf einen voll werthaltigen Anspruch, der zu einer verdeckten Gewinnausschüttung geführt hat

Beispiel 4
Wie Beispiel 3; der Gesellschafter-Geschäftsführer verzichtet aber am 15. 1. 03 aus durch das Gesellschaftsverhältnis veranlassten Gründen auf die Auszahlung der Tantieme.

Es gelten die Grundsätze des BFH-Beschlusses vom 9. Juni 1997, BStBl 1998 II S. 307. Die gewinnwirksame Auflösung der Tantiemerückstellung in der Steuerbilanz des Wirtschaftsjahres 03 wird in gleicher Höhe durch eine Einlage des Gesellschafters neutralisiert. Die Teilbeträge I und II sind aufzulösen; die Auflösung hat im Unterfall a) und b) keinen Einfluss auf die Einkommensermittlung der Gesellschaft.

Auf der Ebene des Gesellschafters führt der Verzicht auf die Tantieme in Höhe des Teilbetrags I (= 10 000 €) zu Einnahmen aus Kapitalvermögen und der Differenzbetrag von Tantiemerückstellung und Teilbetrag I (= 10 000 €) zu Einnahmen aus nichtselbständiger Arbeit. In Höhe der Einlage (von 20 000 €) erhöhen sich die steuerlichen Anschaffungskosten der Beteiligung.

d) Durch das Gesellschaftsverhältnis veranlasster Verzicht auf einen nicht voll werthaltigen Anspruch, der zu einer verdeckten Gewinnausschüttung geführt hat

Beispiel 5
Wie Beispiel 3; der Gesellschafter-Geschäftsführer verzichtet aber am 15. 1. 03 aus durch das Gesellschaftsverhältnis veranlassten Gründen auf die Auszahlung der Tantieme von 20 000 € (Anspruch war nur noch zu 40 % werthaltig).

War der Anspruch im Zeitpunkt des Verzichtes nicht mehr voll werthaltig, beschränkt sich die Einlage nach den Grundsätzen des BFH-Beschlusses vom 9. Juni 1997

(a. a. O.) betragsmäßig auf den werthaltigen Teil der Tantiemeverpflichtung lt. Steuerbilanz. Die in der Steuerbilanz des Wirtschaftsjahres 03 auszubuchende Verpflichtung wirkt sich damit im Ergebnis im Unterfall a) und b) in Höhe des nicht werthaltigen Teils gewinnwirksam aus (60 % von 20 000 € = 12 000 €).

Dieser Betrag von 12 000 € entfällt im Verhältnis des Teilbetrags I (10 000 €) zum Rückstellungsbetrag (20 000 €) auf die vormalige verdeckte Gewinnausschüttung (50 % von 12 000 € = 6 000 €). Sie ist daher außerhalb der Steuerbilanz im Rahmen der Einkommensermittlung 03 bis zur Höhe des Teilbetrags II zu mindern. Im Unterfall a) sind dies 6 000 €; der Restbetrag des Teilbetrags II ist ebenso wie der Teilbetrag I ohne Auswirkung auf die Einkommensermittlung aufzulösen. Im Unterfall b) kommt es zur Minderung um 520 €; der Restbetrag des Teilbetrags I ist ohne Auswirkung auf die Einkommensermittlung aufzulösen.

Auf der Ebene des Gesellschafters kommt es auf Grund des Verzichtes auf die Tantieme in Höhe des werthaltigen Teils des Anspruchs (= 8 000 €) zum Zufluss. Dieser führt im Verhältnis des Teilbetrags I (10 000 €) zur Rückstellung (20 000 €), d. h. zu 50 % zu Einnahmen aus Kapitalvermögen und in Höhe des Restbetrags zu Einnahmen aus nichtselbständiger Arbeit. In Höhe der Einlage (= 8 000 €) erhöhen sich die steuerlichen Anschaffungskosten der Beteiligung.

e) Verdeckte Gewinnausschüttung bei Pensionsrückstellungen in der Anwartschaftsphase

Beispiel 6
Dem Gesellschafter-Geschäftsführer ist im Wirtschaftsjahr 01 (zulässigerweise ohne Berücksichtigung einer Probezeit) eine endgehaltsabhängige Pensionszusage (Invaliditäts- und Altersversorgung) erteilt worden. Im Wirtschaftsjahr 01 war eine Pensionsrückstellung von 10 000 € zu bilden. Im Wirtschaftsjahr 02 waren 12 000 € zuzuführen. In Folge einer Gehaltsabsenkung im Wirtschaftsjahr 03 war die Rückstellung um 2 000 € auf 20 000 € aufzulösen. Im Wirtschaftsjahr 04 kommt es zur Zuführung von 10 000 € auf 30 000 €. Die Zusage ist in Höhe von 40 % als verdeckte Gewinnausschüttung einzustufen. Im Zuge der Veranlagung für das Wirtschaftsjahr 01 wird

a) die verdeckte Gewinnausschüttung hinzugerechnet

b) die verdeckte Gewinnausschüttung nicht hinzugerechnet; eine Änderungsmöglichkeit nach den Vorschriften der AO besteht nicht.

Die Veranlagungen für die Wirtschaftsjahre 02 bis 04 sind noch offen.

In der Steuerbilanz der Gesellschaft ist im Unterfall a) und b) eine Pensionsrückstellung auszuweisen. Am Schluss des Wirtschaftsjahrs 01 beträgt diese 10 000 €, am Schluss des Wirtschaftsjahrs 02 beträgt sie 22 000 €, am Schluss des Wirtschaftsjahrs 03 beträgt sie 20 000 € und am Schluss des Wirtschaftsjahrs 04 beträgt sie 30 000 €. Die jeweiligen Zuführungen bzw. die Auflösung wirken sich in der Steuerbilanz gewinnmindernd bzw. gewinnerhöhend aus.

Im Unterfall a) kommt es im Rahmen der Einkommensermittlung des Veranlagungszeitraums für das Wirtschaftsjahr 01 zur Hinzurechnung von 40 % von 10 000 € = 4 000 € und für das Wirtschaftsjahr 02 zur Hinzurechnung von 40 % von 12 000 € = 4 800 €. Die Teilbeträge I und II betragen am Schluss des Wirtschaftsjahrs 01 jeweils 4 000 € und am Schluss des Wirtschaftsjahrs 02 jeweils 8 800 €.

Im Unterfall b) kommt es im Rahmen der Einkommensermittlung des Veranlagungszeitraums für das Wirtschaftsjahr 01 nicht zur Hinzurechnung von 40 % von 10 000 € = 4 000 €. Am Schluss des Wirtschaftsjahrs 01 beträgt der Teilbetrag I 4 000 € und der Teilbetrag II 0 €. Im Rahmen der Einkommensermittlung des Veranlagungszeitraums für das Wirtschaftsjahr 02 kommt es zur Hinzurechnung von 40 % von 12 000 € = 4 800 €. Am Schluss des Wirtschaftsjahrs 02 beträgt der Teilbetrag I 8 800 € und der Teilbetrag II 4 800 €.

Im Wirtschaftsjahr 03 kommt es in der Steuerbilanz in Folge der Rückstellungsauflösung zu einer Gewinnerhöhung von 2 000 €. Diese Gewinnerhöhung ist im Verhältnis des Teilbetrags I zum Schluss des vorangegangenen Wirtschaftsjahrs (8 800 €) zum Rückstellungsbetrag zu diesem Zeitpunkt (22 000 €) durch das Gesellschaftsverhältnis veranlasst (40 % von 2 000 € = 800 €). Die Gewinnerhöhung von 2 000 € in der Steuerbilanz 03 ist außerhalb der Steuerbilanz im Rahmen der Einkommensermittlung des Veranlagungszeitraums für das Wirtschaftsjahr 03 bis zur Höhe des Teilbetrags II zu mindern. Die Minderung beträgt in Unterfall a) und b) jeweils 800 €. Der Teilbetrag I in Höhe von 8 800 € ist in beiden Unterfällen ebenfalls um 800 € aufzulösen und in Höhe des Restbetrags von 8 000 € fortzuführen. Der Restbetrag des Teilbetrags II beträgt nach Abzug von 800 € im Unterfall a) 8 000 € und in Unterfall b) 4 000 €.

Im Rahmen der Einkommensermittlung des Veranlagungszeitraums für das Wirtschaftsjahr 04 kommt es im Unterfall a) und b) zur Hinzurechnung von 40 % von 10 000 € = 4 000 €. Im Unterfall a) betragen der Teilbetrag I und der Teilbetrag II jeweils 12 000 €. Im Unterfall b) beträgt am Schluss des Wirtschaftsjahrs 04 der Teilbetrag I 12 000 € und der Teilbetrag II 8 000 €.

f) Verdeckte Gewinnausschüttung bei Pensionsrückstellungen in der Leistungsphase

Die fällige Pensionsverpflichtung führt nach den Grundsätzen von R 41 Abs. 23 Satz 1 EStR zu einer gewinnerhöhenden Auflösung der Pensionsrückstellung in der Steuerbilanz; die laufenden Pensionszahlungen führen zu Betriebsausgaben. Im Ergebnis kommt es im Rahmen der Einkommensermittlung auf der Ebene der Gesellschaft nur in Höhe des Saldos beider Größen zu einer Vermögensminderung und damit zu einer verdeckten Gewinnausschüttung. Beide Vorgänge sind für die Ausschüttung auf der Ebene der Gesellschaft und auf der Ebene des Gesellschafters aber getrennt zu betrachten.

aa) Gleichbleibender Anteil der durch das Gesellschaftsverhältnis veranlassten Zusage in der Leistungsphase

Beispiel 7

Dem Gesellschafter-Geschäftsführer ist im Wirtschaftsjahr 01 eine Pensionszusage (Invaliditäts- und Altersversorgung) erteilt worden, für die am Schluss des Wirtschaftsjahrs 15 eine Pensionsrückstellung von 100 000 € zu bilden ist. Die Zusage ist in Höhe von 40 % als verdeckte Gewinnausschüttung einzustufen. Am Schluss des Wirtschaftsjahrs 15 beläuft sich der Teilbetrag I auf 40 000 €. Der Teilbetrag II beläuft sich zu diesem Zeitpunkt

a) auf 40 000 €
b) auf 2 000 €

Am 1. 1. 16 tritt planmäßig der Versorgungsfall ein; als Pensionsleistungen werden jährlich 7 500 € (625 € im Monat) ausbezahlt, die Pensionsrückstellung am Schluss des Wirtschaftsjahrs 16 beläuft sich auf 93 000 €.

Im Wirtschaftsjahr 16 kommt es in der Steuerbilanz in Folge der Rückstellungsauflösung zu einer Gewinnerhöhung um 7 000 €. Diese Gewinnerhöhung ist im Verhältnis des Teilbetrags I zum Schluss des vorangegangenen Wirtschaftsjahres (40 000 €) zum Rückstellungsbetrag zu diesem Zeitpunkt (100 000 €) durch das Gesellschaftsverhältnis veranlasst (40 % von 7 000 € = 2 800 €). Die Gewinnerhöhung in der Steuerbilanz des Wirtschaftsjahrs 16 ist im Rahmen der Einkommensermittlung für den Veranlagungszeitraum 16 außerhalb der Steuerbilanz bis zur Höhe des Teilbetrags II zu mindern.

Im Unterfall a) mindert sich der Teilbetrag II um 2 800 € auf 37 200 €, so dass sich isoliert betrachtet eine Einkommenserhöhung von 4 200 € (7 000 € ./. 2 800 €) ergibt. Der Restbetrag des Teilbetrags II von 37 200 € ist fortzuführen.

Im Unterfall b) mindert sich der Teilbetrag II um 2 000 € auf 0 €, so dass sich isoliert betrachtet eine Einkommenserhöhung von 5 000 € (7 000 € ./. 2 000 €) ergibt. Eine Fortführung des Teilbetrags II entfällt.

Die Pensionszahlungen führen im Wirtschaftsjahr 16 zu laufenden Betriebsausgaben in Höhe von 7 500 €. Diese sind in Höhe von 3 000 € (= 40 % von 7 500 €) durch das Gesellschaftsverhältnis veranlasst. Dieser Betrag ist dem Steuerbilanzgewinn insoweit hinzuzurechnen, wie er die Differenz aus aufzulösendem Teilbetrag I und aufzulösendem Teilbetrag II übersteigt. Im Unterfall a) beträgt die Hinzurechnung 3 000 € ./. [2 800 € ./. 2 800 €] = 3 000 €. Im Unterfall b) beträgt sie 3 000 € ./. [2 800 € ./. 2 000 €] = 2 200 €. Im Ergebnis kommt es daher im Unterfall a) und im Unterfall b) zu einer effektiven Hinzurechnung von 200 € (= 40 % von 500 € Mehraufwand gegenüber der Rückstellungsauflösung).

Auf der Ebene des Gesellschafters führen die zufließenden Pensionszahlungen im Veranlagungszeitraum 16 in Höhe des Verhältnisses des Teilbetrags I zum Schluss des vorangegangenen Wirtschaftsjahrs (40 000 €) zur Pensionsrückstellung zu diesem Zeitpunkt (100 000 €) zu Einnahmen aus Kapitalvermögen von 3 000 € (= 40 % von 7 500 €) und in Höhe des Restbetrags von 4 500 € zu Einnahmen aus nichtselbständiger Arbeit.

bb) Wechselnder Anteil der durch das Gesellschaftsverhältnis veranlassten Zusage in der Leistungsphase

Durch die durch das Gesellschaftsverhältnis veranlasste Erhöhung der Pensionszahlungen ist der Anteil der durch das Gesellschaftsverhältnis veranlassten Pensionsleistung für die Wirtschaftsjahre ab der Änderung der Zusage in geeigneter Weise neu zu ermitteln. Im Wirtschaftsjahr der Änderung der Pensionszusage ist bis zum Zeitpunkt der Änderung der bisherige und danach der korrigierte Aufteilungsmaßstab anzuwenden; die Teilbeträge I und II sind entsprechend fortzuführen. Es gelten die Grundsätze der Rdnr. 31–35 entsprechend.

g) Vollständiger Wegfall der Pensionsverpflichtung durch Tod

Beispiel 8
Dem Gesellschafter-Geschäftsführer ist im Wirtschaftsjahr 01 eine Pensionszusage (Invaliditäts- und Altersversorgung) erteilt worden, für die zum Schluss des Wirtschaftsjahrs 15 eine Pensionsrückstellung von 100 000 € zu bilden ist. Die Zusage ist (unstreitig) in Höhe von 40 % als verdeckte Gewinnausschüttung einzustufen. Am Schluss des Wirtschaftsjahrs 15 beläuft sich der Teilbetrag I auf 40 000 €. Der Teilbetrag II beläuft sich zu diesem Zeitpunkt

a) auf 40 000 €
b) auf 30 000 €

Am 1. 1. 16 stirbt der Gesellschafter-Geschäftsführer.

Die auszubuchende Verpflichtung erhöht den Steuerbilanzgewinn des Wirtschaftsjahres 16 um 100 000 €.

Diese Gewinnerhöhung in der Steuerbilanz ist im Verhältnis des Teilbetrags I von 40 000 € zum Rückstellungsbetrag von 100 000 € (= zu 40 % = 40 000 €) außerhalb der Steuerbilanz im Rahmen der Einkommensermittlung der Veranlagung des Wirtschaftsjahres 16 bis zur Höhe des Teilbetrags II zu mindern. Im Unterfall a) kommt es zur Minderung um 40 000 €. Im Unterfall b) kommt es zur Minderung um 30 000 €. Der Teilbetrag I ist im Unterfall a) und b) ohne Auswirkung auf die Einkommensermittlung aufzulösen.

h) Aktiventod und Fälligwerden der Hinterbliebenenversorgung

Beispiel 9
Dem Gesellschafter-Geschäftsführer ist im Wirtschaftsjahr 01 eine Pensionszusage (Alters- und Hinterbliebenenversorgung) erteilt worden, für die zum Schluss des Wirtschaftsjahres 15 eine Pensionsrückstellung von 100 000 € zu bilden ist. Die Zu-

sage ist in Höhe von 40 % als verdeckte Gewinnausschüttung einzustufen. Am Schluss des Wirtschaftsjahrs 15 beläuft sich der Teilbetrag I auf 40 000 €. Der Teilbetrag II beläuft sich zu diesem Zeitpunkt

a) auf 40 000 €
b) auf 30 000 €

Am 31. 12. 16 stirbt der Gesellschafter-Geschäftsführer. Die Witwenversorgung (60 % der Altersversorgung) führt zu einer Pensionsrückstellung von anfangs 190 000 €.

In der Steuerbilanz des Wirtschaftsjahres 16 kommt es in Folge der Rückstellungsaufstockung zu einer Gewinnminderung von 90 000 €.

Diese Gewinnminderung ist im Verhältnis des Teilbetrags I zum Schluss des vorangegangenen Wirtschaftsjahres (40 000 €) zum Rückstellungsbetrag zu diesem Zeitpunkt (100 000 €) durch das Gesellschaftsverhältnis veranlasst (40 % von 100 000 € = 36 000 €). Dem Steuerbilanzgewinn des Wirtschaftsjahres 16 ist im Rahmen der Einkommensermittlung außerhalb der Steuerbilanz ein Betrag von 36 000 € hinzuzurechnen. Der Teilbetrag I erhöht sich im Unterfall a) und b) um jeweils 36 000 € auf 76 000 €. Im Unterfall a) erhöht sich der Teilbetrag II am Schluss des Wirtschaftsjahres 16 auf 76 000 € und im Unterfall b) erhöht sich der Teilbetrag II zu diesem Zeitpunkt auf 66 000 €.

Für die nachfolgenden Jahre der Auszahlung gelten die Grundsätze unter Rdnr. 31–36 entsprechend.

3. Verdeckte Gewinnausschüttung bei Posten der Aktivseite

Beispiel 10
Die Kapitalgesellschaft erwirbt von ihrem Gesellschafter eine Maschine (betriebsgewöhnliche Nutzungsdauer von 5 Jahren) im Wert von 100 000 € zum Preis von 120 000 €. Der Mehrpreis von 20 000 € ist durch das Gesellschaftsverhältnis veranlasst.

Die Maschine ist mit den unter fremden Dritten üblichen Anschaffungskosten zu aktivieren (vgl. BFH-Urteil vom 13. März 1985, BFHNV 1986 S. 116). In Höhe der Differenz zum tatsächlich gezahlten Betrag kommt es zu einem durch das Gesellschaftsverhältnis veranlassten Aufwand, der als verdeckte Gewinnausschüttung gilt. Ein Zufluss beim Gesellschafter liegt in dem Zeitpunkt vor, in dem er den Anspruch nach den für ihn geltenden allgemeinen Gewinn- bzw. Einkommensermittlungsvorschriften zu erfassen hat.

Kann die Veranlagung für das Wirtschaftsjahr der Anschaffung nach den Vorschriften der AO nicht mehr berichtigt oder geändert werden, ist das Wirtschaftsgut im Wirtschaftsjahr des ersten offenen Veranlagungszeitraums mit dem Wert zu bewerten, der sich unter Berücksichtigung der Abschreibungen bezogen auf die unter Fremden üblichen Anschaffungskosten ergibt. Die sich hierbei ergebende Vermögensminderung stellt eine verdeckte Gewinnausschüttung dar.

III. Anwendung

Die Grundsätze dieses Schreibens sind in allen noch offenen Fällen anzuwenden. Steht die verdeckte Gewinnausschüttung im Zusammenhang mit einer passivierten Verpflichtung, so ist die Verpflichtung in der Schlussbilanz des ersten offenen Wirtschaftsjahrs nach den vorstehenden Grundsätzen in der Steuerbilanz auszuweisen. Soweit die sich danach ergebende Minderung des Steuerbilanzgewinns wirtschaftlich auf das laufende Wirtschaftsjahr entfällt, ist eine dieses Wirtschaftsjahr betreffende verdeckte Gewinnausschüttung entsprechend den Grundsätzen dieses Schreibens zu behandeln. Bis zur Höhe des Betrags, zu dem die Minderung des Bilanzgewinns wirtschaftlich nicht auf das laufende Wirtschaftsjahr entfällt, sind Beträge, die in den Vorjahren als verdeckte Gewinnausschüttungen erfasst worden sind, im Rahmen der Einkommensermittlung dem Steuerbilanzgewinn hinzuzurechnen. Die in den Vorjahren und dem laufenden Jahr tatsächlich als verdeckte Gewinnausschüttung erfassten Beträge sind die ersten Zugänge zum Teilbetrag II. Der Teilbetrag I ergibt sich zum Schluss des laufenden Wirtschaftsjahrs in Höhe des Betrags, zu dem die Verpflichtung als durch das Gesellschaftsverhältnis veranlasst anzusehen ist.

Beispiel 11
In 1990 wurde eine Pensionszusage erteilt, die (vereinfacht) jährlich zu Zuführungen zur Pensionsrückstellung von 10 000 € führt. Die Zusage ist zu 60 % durch das Gesellschaftsverhältnis veranlasst. Bis zum Jahre 2001 beträgt die Pensionsrückstellung rechnerisch 120 000 €. Davon sind 72 000 € als verdeckte Gewinnausschüttung behandelt worden.

a) In der Steuerbilanz ist zum 31. 12. 2001 eine Pensionsrückstellung von 48 000 € ausgewiesen.

b) Wie a), daneben ist eine Ausschüttungsverpflichtung von 72 000 € ausgewiesen.

In 2002 wird auf die vorstehenden Grundsätze umgestellt, zum 31. 12. 2002 beträgt die Pensionsrückstellung 130 000 €.

Unterfall a)
Durch die Rückstellungserhöhung auf 130 000 € ergibt sich in der Steuerbilanz eine Gewinnminderung von 82 000 €. Diese entfällt wirtschaftlich in Höhe von 10 000 € auf das laufende Wirtschaftsjahr. Von diesen 10 000 € werden 6 000 € als verdeckte Gewinnausschüttung behandelt und dem Bilanzgewinn hinzugerechnet. Der Restbetrag von 72 000 € entfällt wirtschaftlich auf die Vorjahre; er wird bis zur Höhe der in der Vergangenheit tatsächlich als verdeckte Gewinnausschüttung behandelten Beträge, d. h. um 72 000 € dem Bilanzgewinn hinzugerechnet.

Zum 31. 12. 2002 beträgt der Teilbetrag II 78 000 €; der Teilbetrag I beträgt ebenfalls 78 000 €.

Unterfall b)
Durch die „Umbuchung" von Ausschüttungsverbindlichkeit auf Rückstellung und die „normale" Jahreszuführung 2002 ergibt sich eine Minderung des Bilanzgewinns von 10 000 €. Diese entfällt wirtschaftlich voll auf das Jahr 2002. Von dem Minderungsbetrag sind 6 000 € als verdeckte Gewinnausschüttung zu behandeln. Eine weitere Korrektur eines wirtschaftlich auf die Vorjahre entfallenden Minderungsbetrags entfällt.

Zum 31. 12. 2002 beträgt der Teilbetrag II 78 000 €; der Teilbetrag I beträgt ebenfalls 78 000 €.

Beispiel 12
In 1990 wurde eine Pensionszusage erteilt, die (vereinfacht) jährlich zu Zuführungen zur Pensionsrückstellung von 10 000 € führt. Die Zusage ist zu 60 % durch das Gesellschaftsverhältnis veranlasst. Bis zum Jahre 2000 beträgt die Pensionsrückstellung (rechnerisch) 110 000 €; eine Korrektur als verdeckte Gewinnausschüttung ist bisher unterblieben. In 2001 werden erstmals 6 000 € als verdeckte Gewinnausschüttung behandelt.

a) In der Steuerbilanz ist zum 31. 12. 2001 eine Pensionsrückstellung von 114 000 € ausgewiesen.

b) Wie a), daneben ist eine Ausschüttungsverpflichtung von 6 000 € ausgewiesen.

In 2002 wird auf vorstehende Grundsätze umgestellt, zum 31. 12. 2002 beträgt die Rückstellung 130 000 €.

Unterfall a)
Durch die Rückstellungserhöhung ergibt sich eine Gewinnminderung von 16 000 €. Diese entfällt wirtschaftlich in Höhe von 10 000 € auf das laufende Wirtschaftsjahr. Von den 10 000 € werden 6 000 € als verdeckte Gewinnausschüttung behandelt und dem Bilanzgewinn hinzugerechnet. Der Restbetrag von 6 000 € entfällt wirtschaftlich auf die Vorjahre; er wird bis zur Höhe der in der Vergangenheit tatsächlich als verdeckte Gewinnausschüttung behandelten Beträge, d. h. um 6 000 € dem Bilanzgewinn hinzugerechnet.

Zum 31. 12. 2002 beträgt der Teilbetrag II 12 000 €; der Teilbetrag I beträgt 78 000 €.

Unterfall b)
Durch die „Umbuchung" von Ausschüttungsverbindlichkeit auf Rückstellung und die „normale" Jahreszuführung 2002 ergibt sich eine Minderung des Bilanzgewinns von 10 000 €. Diese entfällt wirtschaftlich voll auf das Jahr 2002. Von dem Minderungsbetrag sind 6 000 € als verdeckte Gewinnausschüttung zu behandeln. Eine weitere Korrektur eines wirtschaftlich auf die Vorjahre entfallenden Minderungsbetrags entfällt.

Zum 31. 12. 2002 beträgt der Teilbetrag II 12 000 €; der Teilbetrag I beträgt 78 000 €.

**i) BMF-Schreiben vom 14. 10. 2002 – IV A 2 – S 2742 – 62/02
zur Angemessenheit der Gesamtbezüge eines Gesellschafter-Geschäftsführers**

Nach dem Ergebnis einer Erörterung mit den obersten Finanzbehörden der Länder nehme ich zu den Grundsätzen, nach denen die Frage nach der Angemessenheit der Gesamtausstattung des Gesellschafter-Geschäftsführers zu beurteilen ist, wie folgt Stellung:

A. Allgemeines

Das Zivilrecht behandelt die Kapitalgesellschaft und ihren Gesellschafter jeweils als eigenständige Rechts- und Vermögenssubjekte. Das Steuerrecht folgt den Wertungen des Zivilrechts. Die Kapitalgesellschaft und der dahinterstehende Gesellschafter sind jeweils selbständige Steuersubjekte. Daher sind schuldrechtliche Leistungsbeziehungen (hier: Arbeits- oder Dienstverträge) zwischen der Kapitalgesellschaft und dem Gesellschafter grundsätzlich steuerlich anzuerkennen. Sie führen auf der Ebene der Kapitalgesellschaft zu Betriebsausgaben, die den Unterschiedsbetrag im Sinne des § 4 Abs. 1 Satz 1 EStG mindern.

Steuerlich ist zu prüfen, ob die Vereinbarung ganz oder teilweise durch das Gesellschaftsverhältnis veranlasst ist. Die Gewinnminderung, die auf dem durch das Gesellschaftsverhältnis veranlassten Teil der Vereinbarung beruht, ist außerhalb der Steuerbilanz dem Steuerbilanzgewinn im Rahmen der Ermittlung des Einkommens hinzuzurechnen (§ 8 Abs. 3 Satz 2 KStG).

B. Einzelne Vergütungsbestandteile

Die Vergütung des Gesellschafter-Geschäftsführers setzt sich regelmäßig aus mehreren Bestandteilen zusammen. Es finden sich Vereinbarungen über Festgehälter (einschl. Überstundenvergütung), zusätzliche feste jährliche Einmalzahlungen (z. B. Urlaubsgeld, Weihnachtsgeld), variable Gehaltsbestandteile (z. B. Tantieme, Gratifikationen), Zusagen über Leistungen der betrieblichen Altersversorgung (z. B. Pensionszusagen) und Sachbezüge (z. B. Fahrzeugüberlassung, private Telefonnutzung).

C. Steuerliche Beurteilung der Vergütungsbestandteile

Allgemeines
Die Beurteilung der gesellschaftlichen Veranlassung der Vergütungsvereinbarung bezieht sich zuerst auf die Vereinbarung des jeweils einzelnen Vergütungsbestandteils und danach auf die Angemessenheit der steuerlich anzuerkennenden Gesamtvergütung.

Prüfungsschema
In einem ersten Schritt sind alle vereinbarten Vergütungsbestandteile einzeln danach zu beurteilen, ob sie dem Grunde nach als durch das Gesellschaftsverhältnis veranlasst anzusehen sind. Ist dies der Fall, führt die Vermögensminderung, die sich

durch die Vereinbarung ergibt, in vollem Umfang zu einer verdeckten Gewinnausschüttung. So ist beispielsweise die Vereinbarung von Überstundenvergütungen nicht mit dem Aufgabenbild eines Geschäftsführers vereinbar (vgl. BFH-Urteile vom 19. März 1997, BStBl I S. 577, und vom 27. März 2002, BStBl II S. 655). Auch Pensionszusagen, die gegen die Grundsätze der Wartezeit (vgl. BMF-Schreiben vom 14. Mai 1999, BStBl I S. 512, unter 1.) verstoßen, oder zeitlich unbefristete Nur-Tantiemezusagen (vgl. Grundsätze des BMF-Schreibens vom 1. Februar 2002, BStBl I S. 219) führen in vollem Umfang zu verdeckten Gewinnausschüttungen.

In einem zweiten Schritt sind die verbleibenden Vergütungsbestandteile danach zu beurteilen, ob sie der Höhe nach als durch das Gesellschaftsverhältnis veranlasst anzusehen sind. Vgl. z. B. zum Verhältnis der Tantieme zum Festgehalt die Grundsätze des BMF-Schreibens vom 1. Februar 2002, a. a. O.). Soweit die gesellschaftliche Veranlassung reicht, führt dies zu verdeckten Gewinnausschüttungen.

Im dritten Schritt ist bezogen auf die verbliebene nicht durch das Gesellschaftsverhältnis veranlasste Vergütung zu prüfen, ob sie in der Summe als angemessen angesehen werden kann. Soweit die Vergütung die Grenze der Angemessenheit übersteigt, führt dies zu einer verdeckten Gewinnausschüttung.

Sind die einzelnen Vergütungsbestandteile nicht zeitgleich vereinbart worden und übersteigt die Vergütung die Angemessenheitsgrenze, ist der unangemessene Betrag in der Regel dem bzw. den zuletzt vereinbarten Bestandteilen zuzuordnen. Sind die einzelnen Vergütungsbestandteile zeitgleich vereinbart worden, ist der die Angemessenheitsgrenze übersteigende Betrag nach sachgerechten Kriterien (z. B. quotal) auf die einzelnen Vergütungsbestandteile zu verteilen.

Beispiel
Die GmbH vereinbart ab dem Geschäftsjahr 02 mit ihrem Gesellschafter-Geschäftsführer ein Festgehalt von 350 000 €. Ab dem Geschäftsjahr 03 soll er zusätzlich eine Tantieme von 250 000 € erhalten. Die angemessene Gesamtausstattung beträgt a) 600 000 € und b) 400 000 €.

zu a)
Zweite Stufe:
Anzuerkennende Tantieme:
25 % des vereinbarten Gesamtgehalts von 600 000 € = 150 000 €
> verdeckte Gewinnausschüttung aus zweiter Stufe: 100 000 €

Dritte Stufe:
Anzuerkennende Vergütung nach der zweiten Stufe:
350 000 (F) + 150 000 € (T) = 500 000 €
angemessene Gesamtausstattung: 600 000 €
> Folge: keine (weitere) verdeckte Gewinnausschüttung aus dritter Stufe

verdeckte Gewinnausschüttung insgesamt: 100 000 €

zu b)

Zweite Stufe:

Anzuerkennende Tantieme:

25 % des vereinbarten Gesamtgehalts von 600 000 € = 150 000 €

verdeckte Gewinnausschüttung aus zweiter Stufe: 100 000 €

Dritte Stufe:

Anzuerkennende Vergütung nach der zweiten Stufe:

350 000 (F) + 150 000 (T) = 500 000 €

angemessene Gesamtausstattung: 400 000 €

> verdeckte Gewinnausschüttung aus dritter Stufe: 100 000 €

verdeckte Gewinnausschüttung insgesamt: 200 000 €

D. Festlegung der Angemessenheitsgrenze

Beurteilungskriterien für die Angemessenheit

Beurteilungskriterien für die Angemessenheit sind Art und Umfang der Tätigkeit, die künftigen Ertragsaussichten des Unternehmens, das Verhältnis des Geschäftsführergehaltes zum Gesamtgewinn und zur verbleibenden Eigenkapitalverzinsung sowie Art und Höhe der Vergütungen, die im selben Betrieb gezahlt werden oder in gleichartigen Betrieben an Geschäftsführer für entsprechende Leistungen gewährt werden (BFH-Urteil vom 5. Oktober 1994, BStBl 1995 II S. 549).

1. Art und Umfang der Tätigkeit

Art und Umfang der Tätigkeit werden vorrangig durch die Größe des Unternehmens bestimmt. Je größer ein Unternehmen ist, desto höher kann das angemessene Gehalt des Geschäftsführers liegen, da mit der Größe eines Unternehmens auch Arbeitseinsatz, Anforderung und Verantwortung steigen. Die Unternehmensgröße ist vorrangig anhand der Umsatzhöhe und der Beschäftigtenzahl zu bestimmen.

Übt der Gesellschafter außerhalb seiner Geschäftsführerfunktion anderweitige unternehmerische Tätigkeiten aus (z. B. als Einzelunternehmer, in einer Personengesellschaft oder einer anderen Kapitalgesellschaft), so deckt sich die Angemessenheitsgrenze bei der betreffenden Gesellschaft mit dem Umfang, in dem er jeweils für die konkrete Gesellschaft tätig ist. Er kann in diesem Fall nicht seine gesamte Arbeitskraft der Kapitalgesellschaft zur Verfügung stellen.

Entsprechendes gilt in den Fällen, in denen zwei oder mehrere Geschäftsführer sich die Verantwortung für die Kapitalgesellschaft teilen. Vor allem bei kleineren Gesellschaften ist, auch wenn sie ertragsstark sind, in diesen Fällen ein Abschlag gerechtfertigt. Hier kann unterstellt werden, dass Anforderungen und Arbeitseinsatz des einzelnen Geschäftsführers geringer sind als bei einem Alleingeschäftsführer und dass von dem einzelnen Geschäftsführer im Regelfall deshalb auch solche Aufgaben wahrgenommen werden, die bei vergleichbaren Gesellschaften von Nichtgeschäftsführern erledigt werden (BFH-Urteil vom 11. Dezember 1991, BStBl 1992 II S. 690).

2. Ertragsaussichten der Gesellschaft/Verhältnis zur Eigenkapitalverzinsung

Neben der Unternehmensgröße stellt die Ertragssituation das entscheidende Kriterium für die Angemessenheitsprüfung dar. Maßgebend ist hierbei vor allem das Verhältnis der Gesamtausstattung des Geschäftsführergehalts zum Gesamtgewinn der Gesellschaft und zur verbleibenden Eigenkapitalverzinsung. Ein ordentlicher und gewissenhafter Geschäftsleiter würde bei der Festlegung der Gesamtbezüge des Geschäftsführers sicherstellen, dass der Gesellschaft auch nach Zahlung der Bezüge mindestens eine angemessene Eigenkapitalverzinsung verbleibt.

Die angemessene Verzinsung des Eigenkapitals ist dabei aus dem gesamten von der Gesellschaft eingesetzten Eigenkapital zu ermitteln. Wird nahezu der gesamte Gewinn einer Kapitalgesellschaft durch die Gesamtvergütung „abgesaugt", stellt dies ein wesentliches Indiz für die Annahme einer unangemessenen Gesamtvergütung dar.

Die Mindestverzinsung des eingesetzten Eigenkapitals rechtfertigt es allerdings nicht, darüber hinausgehende Beträge in vollem Umfang als Geschäftsführergehalt auszukehren. Es ist Aufgabe der Kapitalgesellschaft, Gewinne zu erzielen und die Gewinne nach Möglichkeit zu steigern, und ein ordentlicher und gewissenhafter Geschäftsleiter wird auf jeden Fall dafür sorgen, dass der Kapitalgesellschaft ein entsprechender Gewinn verbleibt (BFH-Urteil vom 28. Juni 1989, BStBl II S. 854). Im Regelfall kann daher von der Angemessenheit der Gesamtausstattung der Geschäftsführerbezüge ausgegangen werden, wenn der Gesellschaft nach Abzug der Geschäftsführervergütungen noch ein Jahresüberschuss vor Ertragsteuern in mindestens gleicher Höhe wie die Geschäftsführervergütungen verbleibt. Bei mehreren Gesellschafter-Geschäftsführern ist hierbei auf die Gesamtsumme der diesen gewährten Vergütungen abzustellen.

Der dargestellte Grundsatz rechtfertigt es allerdings auch bei sehr ertragsstarken Gesellschaften nicht, die Vergütungen unbegrenzt zu steigern. Die jeweilige Obergrenze muss nach den Umständen des Einzelfalles bestimmt werden. Hierbei ist vor allem auf die Unternehmensgröße abzustellen. Orientierungshilfen für die Bemessung des zu ermittelnden Höchstbetrags können die in den Gehaltsstrukturuntersuchungen für die jeweilige Branche und Größenklasse genannten Höchstwerte bieten. Diese tragen auch dem Umstand hinreichend Rechnung, dass der Unternehmenserfolg maßgeblich von der Leistung des Geschäftsführers und von dessen hohem Arbeitseinsatz abhängt sowie dass sich das Unternehmen in einem Ballungsgebiet mit hohem Gehaltsniveau befindet; eines speziellen Gehaltszuschlags bedarf es hierdurch nicht.

Bei ertragsschwachen Gesellschaften ist hingegen davon auszugehen, dass auch ein Fremdgeschäftsführer selbst in Verlustjahren nicht auf ein angemessenes Gehalt verzichten würde. Das Unterschreiten einer Mindestverzinsung des eingesetzten Kapitals führt daher nicht zwangsläufig zu einer verdeckten Gewinnausschüttung. Vielmehr kann von einer angemessenen Ausstattung der Gesamtbezüge des Gesellschafter-Geschäftsführers dann ausgegangen werden, wenn er Gesamtbezüge erhält, die sich am unteren Ende des entsprechenden Vergleichsmaßstabes befinden.

3. Fremdvergleichmaßstab

Für die Ermittlung der Angemessenheitsgrenze ist der Fremdvergleich (vgl. BFH-Urteil vom 17. Mai 1995, BStBl 1996 II S. 204) maßgebend.

a) Interner Betriebsvergleich

Wird in der Gesellschaft neben dem Gesellschafter-Geschäftsführer ein Fremdgeschäftsführer beschäftigt, stellt dessen Vergütungshöhe ein wesentliches Indiz bei der Festlegung der Angemessenheitsgrenze der Vergütung des Gesellschafter-Geschäftsführers dar.

b) Externer Betriebsvergleich

Ein externer Betriebsvergleich lässt sich i. d. R. nur unter Heranziehung von nach den Regeln der wissenschaftlichen Statistik erstellten neutralen Gehaltsuntersuchungen führen. Nach dem BFH-Urteil vom 14. Juli 1999, BFH/NV 1999 S. 1645, bestehen gegen die Heranziehung von Gehaltsstrukturuntersuchungen im Rahmen eines externen Betriebsvergleichs keine rechtlichen Bedenken. Daneben besteht die Möglichkeit, branchenspezifische Erfahrungswerte zu verwenden, die aber nur in seltenen Fällen vorliegen werden.

c) Durchführung der Angemessenheitsprüfung

Die Prüfung der Angemessenheit der Gesamtbezüge von Gesellschafter-Geschäftsführern ist im Einzelfall nach den o. a. Kriterien vorzunehmen. Die Prüfung darf auch nicht aus Vereinfachungsgründen unterbleiben, d. h. betragsmäßige Unter- oder Obergrenzen finden keine Anwendung.

Im Übrigen ist zu berücksichtigen, dass nach der Rechtsprechung des BFH bei einer nur geringfügigen Überschreitung der Angemessenheitsgrenze noch keine verdeckte Gewinnausschüttung vorliegt. Eine verdeckte Gewinnausschüttung ist danach jedenfalls dann anzunehmen, wenn die tatsächliche Vergütung die Angemessenheitsgrenze um mehr als 20 % überschreitet (BFH-Urteil vom 28. Juni 1989, BStBl II S. 854); eine Freigrenze ist hiermit nicht verbunden.

E. Anwendung vorstehender Grundsätze

Die vorstehenden Grundsätze sind in allen offenen Fällen anzuwenden. Soweit in der Vergangenheit hiervon abweichende allgemeine Grundsätze bestanden haben, sind diese ab dem Wirtschaftsjahr, das im Veranlagungszeitraum 2003 beginnt, nicht mehr anzuwenden.

j) BMF-Schreiben vom 9. 12. 2002 – IV A 2 – S 2742 – 68/02
zu Pensionszusagen an Gesellschafter-Geschäftsführer; Vereinbarung einer
sofortigen ratierlichen Unverfallbarkeit – Länge des Erdienungszeitraums

Im Einvernehmen mit den obersten Finanzbehörden der Länder gilt zur steuerlichen Behandlung einer Pensionszusage an einen Gesellschafter-Geschäftsführer Folgendes:

1. Unverfallbarkeit

Vereinbarungen über eine Unverfallbarkeit in Zusagen auf Leistungen der betrieblichen Altersversorgung an Gesellschafter-Geschäftsführer einer Kapitalgesellschaft sehen häufig abweichend von den Regelungen im Gesetz zur Verbesserung der betrieblichen Altersversorgung (BetrAVG) vor, dass dem Berechtigten eine sofortige Unverfallbarkeit der zugesagten Ansprüche eingeräumt wird. Eine derartige Vereinbarung ist grundsätzlich für sich genommen nur dann nicht als durch das Gesellschaftsverhältnis veranlasst anzusehen, wenn es sich um eine sofortige ratierliche Unverfallbarkeit handelt. Bei einem Anspruch auf betriebliche Altersversorgung durch Entgeltumwandlung ist nicht zu beanstanden, wenn sich die Unverfallbarkeit nach § 2 Abs. 5 a BetrAVG richtet.

Ist die Zusage danach als durch das Gesellschaftsverhältnis veranlasst anzusehen, liegt bei einem vorzeitigen Ausscheiden des Berechtigten auf der Ebene der Gesellschaft eine verdeckte Gewinnausschüttung insoweit vor, als der Rückstellungsausweis für die Verpflichtung nach § 6 a EStG den Betrag übersteigt, der sich bei einer sofortigen ratierlichen Unverfallbarkeit ergeben würde. Bei Zusagen an beherrschende Gesellschafter-Geschäftsführer ist zur Ermittlung des Betrags, der sich bei einer sofortigen ratierlichen Unverfallbarkeit ergeben würde, nicht der Beginn der Betriebszugehörigkeit, sondern der Zeitpunkt der Zusage maßgebend. Auf die verdeckte Gewinnausschüttung sind die Grundsätze des BMF-Schreibens vom 28. Mai 2002 (BStBl 1 S. 603) anzuwenden.

2. Erdienungszeitraum

Nach den BMF-Schreiben vom 1. August 1996 (BStBl 1 S. 1138) bzw. vom 7. März 1997 (BStB 1 S. 637) lehnen sich die Zeiträume, in denen sich der Gesellschafter-Geschäftsführer seine Ansprüche aus einer Zusage auf Leistungen der betrieblichen Altersversorgung erdienen muss, an die Unverfallbarkeitsfristen des BetrAVG in dessen damaliger Fassung an. Diese Fristen sind durch das Altersvermögensgesetz vom 26. Juni 2001 verkürzt worden.

Die in den BMF-Schreiben vom 1. August 1996 (a. a. O.) bzw. vom 7. März 1997 (a. a. O.) genannten Fristen sind weiterhin zu beachten. Ein Unterschreiten ist als Indiz dafür anzusehen, dass die Zusage ihre Ursache im Gesellschaftsverhältnis hat.

**k) BMF-Schreiben vom 2. 12. 2003 – IV A 2 – S 2743 – 5/03
zur Ertragsteuerlichen Beurteilung des Forderungsverzichts des Gesellschafters einer Kapitalgesellschaft gegen Besserungsschein; Folgen aus der Entscheidung des Großen Senats des BFH vom 9. 6. 1997**

Nach dem Ergebnis der Erörterungen mit den obersten Finanzbehörden der Länder wird zu der ertragsteuerlichen Beurteilung des Forderungsverzichts des Gesellschafters einer Kapitalgesellschaft gegen Besserungsschein wie folgt Stellung genommen:

1. Allgemeines

Der Erlass einer Forderung eines Gesellschafters gegenüber der Gesellschaft (§ 397 Abs. 1 BGB) führt aus Sicht der Gesellschaft zum Erlöschen einer Verbindlichkeit. Die Vereinbarung, dass die Forderung bei Eintritt der im Besserungsschein genannten Bedingungen wieder auflebt, steht dem nicht entgegen (vgl. BFH v. 30. 5. 1990, BStBl II 1991, 588).

Für die steuerrechtliche Beurteilung des Forderungsverzichts gegen Besserungsschein auf Ebene der Gesellschaft gelten die Grundsätze des Beschlusses des Großen Senats vom 9. 6. 1997, GrS 1/94 (BStBl II 1998, 307, DStR 1997, 1282): Die bisher bei der Gesellschaft ausgewiesene Verbindlichkeit gegenüber dem Gesellschafter ist in Höhe des Betrags des Forderungsverzichts auszubuchen. Dies führt bei der Gesellschaft in Höhe des Betrags des Forderungsverzichts zu einer Vermögensmehrung. Ist der Forderungsverzicht durch das Gesellschaftsverhältnis veranlasst, liegt in Höhe des werthaltigen Teils der Verbindlichkeit eine (verdeckte) Einlage des Gesellschafters vor, die gemäß § 6 Abs. 1 Nr. 5 EStG mit dem Teilwert zu bewerten ist und bei der Gewinnermittlung der Gesellschaft den Unterschiedsbetrag i. S. des § 4 Abs. 1 Satz 1 EStG i. V. m. § 8 Abs. 1 Satz 1 KStG mindert.

2. Eintritt des Besserungsfalls

a) (Wieder-)Einbuchung der Verbindlichkeit

Der ursprünglich ausgebuchte Betrag des Forderungsverzichts ist im Zeitpunkt des Eintritts des Besserungsfalls (auflösende Bedingung) wieder als Verbindlichkeit vermögensmindernd einzubuchen. Soweit die ursprüngliche Ausbuchung nach den Grundsätzen des Beschlusses des Großen Senats vom 9. 6. 1997 (a. a. O.) als (verdeckte) Einlage zu beurteilen war, gilt diese als zurückgewährt. Im Rahmen der steuerlichen Gewinnermittlung ist der Unterschiedsbetrag i. S. des § 4 Abs. 1 Satz 1 EStG i. V. m. § 8 Abs. 1 Satz 1 KStG entsprechend zu korrigieren (vgl. BFH v. 30. 5. 1990, a. a. O.).

b) Steuerrechtliche Behandlung der auf die wieder eingebuchte Verbindlichkeit zu zahlenden Zinsen

Der Betriebsausgabenabzug der ab dem Zeitpunkt der (Wieder-)Einbuchung der Verbindlichkeit zu zahlenden Zinsen beurteilt sich nach der ursprünglichen Veranlassung der Verbindlichkeit. Der Eintritt der auflösenden Bedingung hat in entsprechender Anwendung des § 158 Abs. 2 BGB zur Folge, dass eine durch den auflösend bedingten Forderungsverzicht eingetretene Veranlassung durch das Gesellschaftsverhältnis entfällt und der ursprüngliche Veranlassungszusammenhang wieder auflebt. Dieses gilt nach dem BFH-Urteil vom 30. 5. 1990 (a. a. O.) auch für den Teil der Zinsen, der nach den Vereinbarungen der Parteien für die Dauer der Krise (nach) zu zahlen ist und der damit wirtschaftlich auf die Zeitspanne entfällt, in der zivil- und steuerrechtlich keine Fremdverbindlichkeit vorlag. Sofern auf Grund einer klar und von vornherein getroffenen Vereinbarung der Bedingungseintritt schuldrechtlich auf einen früheren Zeitpunkt zurückbezogen werden soll (§ 159 BGB), liegt im Verhältnis zwischen Gesellschaft und beherrschendem Gesellschafter insoweit auch kein Verstoß gegen das Nachzahlungsverbot vor.

c) Gesellschafterwechsel nach Forderungsverzicht

Die vorstehenden Ausführungen bei (Wieder-)Einbuchung der Verbindlichkeit gelten bei Gesellschafterwechsel zwischen Forderungsverzicht gegen Besserungsschein und Eintritt des Besserungsfalls entsprechend. Sofern in sachlichem und zeitlichem Zusammenhang mit dem Gesellschafterwechsel eine Abtretung der Forderung erfolgt, finden die Grundsätze des BFH-Urteils vom 1. 2. 2001, IV R 3/00 (BStBl II, 520) Anwendung.

d) Auswirkungen des Besserungsscheins auf § 8 Abs. 4 KStG

Liegen zu einem Zeitpunkt zwischen der Ausbuchung und der (Wieder-)Einbuchung der Verbindlichkeit die Tatbestandsvoraussetzungen für eine beschränkte Verlustberücksichtigung gemäß § 8 Abs. 4 KStG vor, so ist der sich aus der (Wieder-)Einbuchung ergebende steuerliche Aufwand (= Differenz zwischen dem Nennbetrag und dem Teilwert der Forderung im Verzichtszeitpunkt) als Aufwand zu behandeln, der unter die beschränkte Verlustberücksichtigung nach § 8 Abs. 4 KStG fällt. Der Gewinn des Wirtschaftsjahres der (Wieder-)Einbuchung ist im Rahmen der Einkommensermittlung um den Aufwandsbetrag zu erhöhen. Für die in Buchst. b genannten Zinsen gilt Vorstehendes entsprechend. Der bei der Einkommensermittlung hinzuzurechnende Betrag ist in diesen Fällen jedoch auf den Zinsaufwand begrenzt, der rechnerisch auf den Zeitraum zwischen der Vereinbarung des Verzichts und dem Verlust der wirtschaftlichen Identität i. S. des § 8 Abs. 4 KStG entfällt.

3. Anwendung

Die Grundsätze der steuerrechtlichen Beurteilung der Auswirkungen eines Besserungsscheins auf § 8 Abs. 4 KStG, vgl. Ziffer 2 Buchst. d, sind erstmals anzuwenden, wenn der Forderungsverzicht nach dem 18. 12. 2003 vereinbart worden ist. Im Übrigen finden die Grundsätze dieses Schreibens in allen noch offenen Fällen Anwendung.

I) BMF-Schreiben vom 3. 11. 2004 – IV B 2 – S 2176 – 13/04
**zu Zusagen auf Leistungen der betrieblichen Altersversorgung; bilanzsteuer-
rechtliche Berücksichtigung von überdurchschnittlich hohen Versorgungsanwartschaften (Überversorgung)**

Zur Frage der bilanzsteuerrechtlichen Berücksichtigung von überdurchschnittlich
hohen Zusagen auf Leistungen der betrieblichen Altersversorgung nehme ich nach
Abstimmung mit den obersten Finanzbehörden der Länder wie folgt Stellung:

I. Grundsatz

1 Überdurchschnittlich hohe Versorgungszusagen sind steuerrechtlich grundsätzlich anzuerkennen, soweit die Zusagen betrieblich veranlasst sind und arbeitsrechtlich keine Reduzierung der Versorgungszusagen aufgrund planwidriger Überversorgung möglich ist (vgl. u. a. Urteile des Bundesarbeitsgerichtes vom 9. Juli
1985, BB 1986 S. 1088 und 28. Juli 1998, DB 1999 S. 389).

II. Versorgungszusagen über Direktversicherungen, Pensionskassen und Pensionsfonds

2 Der Betriebsausgabenabzug von Beiträgen an Direktversicherungen, Pensionskassen und Pensionsfonds ergibt sich aus den §§ 4 Abs. 4, 4 c und 4 e des Einkommensteuergesetzes (EStG). Das gilt auch für überdurchschnittlich hohe Versorgungszusagen. Weitere Beschränkungen bestehen – vorbehaltlich Randnummer 21 – grundsätzlich nicht.

III. Zuwendungen an Unterstützungskassen und Direktzusagen (Pensionszusagen)

3 Zuwendungen an Unterstützungskassen für Leistungsanwärter können nach § 4 d
Abs. 1 Satz 1 Nr. 1 Satz 1 Buchstabe b Satz 1 EStG nur nach den Verhältnissen
am Schluss des Wirtschaftsjahres der Zuwendungen als Betriebsausgaben abgezogen werden. Änderungen, die erst nach dem Bilanzstichtag wirksam werden,
sind nur zu berücksichtigen, wenn sie am Bilanzstichtag bereits feststehen (R 27
a Abs. 4 Satz 8 Einkommensteuerrichtlinien – EStR). Liegen die Voraussetzungen
einer rückgedeckten Unterstützungskasse im Sinne von § 4 d Abs. 1 Satz 1 Nr. 1
Satz 1 Buchstabe c EStG vor, sind hinsichtlich der Zuwendungen für Leistungsanwärter oder Leistungsempfänger ebenfalls die Verhältnisse am Schluss des Wirtschaftsjahres maßgebend.

4 Nach § 6 a Abs. 3 Satz 2 Nr. 1 Satz 4 EStG können bei der Teilwertberechnung
von Versorgungsverpflichtungen gegenüber Pensionsberechtigten, deren Dienstverhältnis noch nicht beendet ist, Erhöhungen oder Verminderungen der Pensionsleistungen nach dem Schluss des Wirtschaftsjahres, die hinsichtlich des Zeit-
punkts ihres Wirksamwerdens oder ihres Umfangs ungewiss sind, bei der Berechnung des Barwerts der künftigen Pensionsleistungen und der Jahresbeträge erst
berücksichtigt werden, wenn sie eingetreten sind. Entsprechendes gilt beim An-

satz des Barwertes der künftigen Pensionsleistungen am Schluss des Wirt-schaftsjahres nach Beendigung des Dienstverhältnisses unter Aufrechterhaltung der Pensionsanwartschaft oder nach Eintritt des Versorgungsfalles (§ 6 a Abs. 3 Satz 2 Nr. 2 zweiter Teilsatz EStG).

5 Versorgungszusagen, die über die üblicherweise durch Betriebsrenten abgedeck-ten Einkommensausfälle hinaus gehen und entgegen den in den Randnummern 3 und 4 genannten Regelungen künftige Einkommens- und Lohnentwicklungen vor-wegnehmen, können steuerlich nur berücksichtigt werden, soweit sie im Verhält-nis zum letzten Aktivlohn angemessen sind (vgl. Urteile des Bundesfinanzhofes – BFH – vom 17. Mai 1995, BStBl 1996 II S. 420 und vom 31. März 2004, BStBl II S. 937 und S. 940).

IV. Unzulässige Vorwegnahme künftiger Einkommensentwicklungen durch überdurchschnittlich hohe betriebliche Versorgungszusagen

6 Die Frage, ob durch überdurchschnittlich hohe Versorgungszusagen künftige Ein-kommens- und Lohnentwicklungen vorweg genommen werden und somit ein Ver-stoß gegen die Regelungen in § 4 d Abs. 1 Satz 1 Nr. 1 Satz 1 Buchstabe b und c EStG (Randnummer 3) oder § 6 a Abs. 3 Satz 2 Nr. 1 Satz 4 EStG (Randnummer 4) vorliegt, richtet sich nach den Umständen des jeweiligen Einzelfalles. Maßge-bend ist, ob unter Heranziehung objektiver Merkmale das überdurchschnittlich hohe Versorgungsniveau von vornherein beabsichtigt wurde oder eine Vorweg-nahme künftiger Einkommens- und Lohnentwicklungen anzunehmen ist. Bei lau-fenden und ausfinanzierten Rentenleistungen kommt eine Vorwegnahme künftiger Lohnentwicklungen regelmäßig nicht in Betracht.

1. 75 %-Grenze im Sinne der BFH-Rechtsprechung

7 Von einer möglichen Vorwegnahme künftiger Einkommensentwicklungen kann re-gelmäßig ausgegangen werden, wenn die sog. 75 %-Grenze im Sinne der BFH-Urteile vom 17. Mai 1995 und 31. März 2004 (a. a. O.) überschritten wird. Danach kann eine Vorwegnahme künftiger Einkommenstrends anzunehmen sein, soweit die insgesamt zugesagten Leistungen der betrieblichen Altersversorgung (Direkt-zusage, Direktversicherung, Pensionskasse, Unterstützungskasse und Pensions-fonds) zusammen mit einer zu erwartenden Rente aus der gesetzlichen Renten-versicherung höher sind als 75 % der Bezüge des Versorgungsberechtigten. Dabei ist es unerheblich, ob der Versorgungsverpflichtete für die Verpflichtung eine Rückdeckungsversicherung abgeschlossen oder die Ansprüche aus der Rückdeckungsversicherung an den Berechtigten verpfändet hat.

Bei der Prüfung der 75 %-Grenze sind folgende Bezugsgrößen maßgebend:

a) Grundsatz
8 Für die Höhe der insgesamt zugesagten Versorgungsleistungen und der Bezüge des Berechtigten sind die Verhältnisse am Bilanzstichtag maßgebend. Hat sich zu einem späteren Bilanzstichtag der Umfang der Stichtagsbezüge und/oder die

Höhe der Ansprüche auf betriebliche Altersversorgung geändert, sind die geänderten Bezugsgrößen für diesen Bilanzstichtag zu berücksichtigen. Haben sich beispielsweise die laufenden Gehaltsansprüche des Berechtigten gemindert, gilt dies mit Ausnahme der in Randnummer 19 genannten Fälle unabhängig davon, welche Gründe für die Minderung dieser Ansprüche ausschlaggebend waren.

b) Bezüge des Versorgungsberechtigten

9 Es sind sämtliche Aktivbezüge des Versorgungsberechtigten am Bilanzstichtag zu berücksichtigen. Dabei ist es unerheblich, ob die Bezüge zu Rentenleistungen führen. Die Aktivbezüge entsprechen dem Arbeitslohn i. S. des § 2 Lohnsteuer-Durchführungsverordnung (LStDV).

10 Ist ein Leistungsanwärter mit unverfallbaren, nicht ausfinanzierten Versorgungsansprüchen ausgeschieden, sind die fiktiven Aktivbezüge zugrunde zu legen, die der Berechtigte erhalten hätte, wenn er nicht vorzeitig das Unternehmen verlassen hätte.

11 Soweit variable Gehaltsbestandteile (z. B. Tantiemen, Boni, Sachzuwendungen) einzubeziehen sind, ist der Durchschnitt dieser Bezüge aus den letzten fünf Jahren maßgebend.

Beispiel

Der Versorgungsberechtigte hat in den letzten 6 Jahren folgende Gehälter bezogen:

	1997	1998	1999	2000	2001	2002
Grundgehalt:	3 000 €	3 100 €	3 300 €	3 300 €	3 400 €	3 450 €
Sonderzuwendungen:	500 €	0 €	1 000 €	900 €	1 500 €	0 €

Zu prüfen ist die Zusage im Jahr 2002.

Bei der Prüfung der 75 %-Grenze für 2002 sind als maßgebende Bezüge nicht nur das Grundgehalt von 3 450 € zu berücksichtigen, sondern auch der Durchschnitt der Sonderzuwendungen der letzten 5 Jahre. Dabei ist es unerheblich, dass der Versorgungsberechtigte in 2002 keine Sonderzuwendungen erhalten hat. Der Durchschnitt der Sonderzuwendungen beträgt

(0 € + 1 000 € + 900 € + 1 500 € + 0 €) / 5 = 680 €.

Somit ergeben sich für das Jahr 2002 maßgebende Bezüge in Höhe von 3 450 € + 680 € = 4 130 €.

c) Zugesagte Versorgungsleistungen

12 Für die Prüfung der 75 %-Grenze sind sämtliche am Bilanzstichtag vertraglich zugesagten Altersversorgungsansprüche (Direktzusage, Direktversicherung, Pensionskasse, Unterstützungskasse und Pensionsfonds) des Steuerpflichtigen im rechnerischen Pensionsalter (vgl. R 41 Abs. 12 EStR) einschließlich der zu erwar-

tenden Rente aus der gesetzlichen Rentenversicherung maßgebond. Fest zugesagte Erhöhungen dieser Ansprüche während der Rentenlaufzeit zur Abgeltung von Verpflichtungen im Sinne von § 16 des Gesetzes zur Verbesserung der betrieblichen Altersversorgung (Betriebsrentengesetz – BetrAVG) bleiben dabei außer Betracht, soweit die jährlichen Steigerungsraten 3 % nicht übersteigen (BFH-Urteil Seite 5 I R 79/03 vom 31. März 2004, a. a. O.). Das gilt auch für Leistungen der Invaliditäts- und Hinterbliebenenversorgung.

13 Bei Beitragszusagen mit Mindestleistung im Sinne von § 1 Abs. 2 Nr. 2 BetrAVG ist auf die Mindestleistung im rechnerischen Pensionsalter abzustellen.

14 Sieht die Versorgungszusage an Stelle von lebenslänglich laufenden Leistungen eine einmalige Kapitalleistung vor, gelten 10 % der Kapitalleistung als Jahresbetrag einer lebenslänglich laufenden Leistung (analog § 4 d Abs. 1 Satz 1 Nr. 1 Satz 7 EStG).

15 Es ist nicht zu beanstanden, wenn die Höhe der zu erwartenden Rente aus der gesetzlichen Rentenversicherung nach dem steuerlichen Näherungsverfahren zur Berücksichtigung von Sozialversicherungsrenten bei der Bewertung von Pensionsverpflichtungen und bei der Ermittlung der als Betriebsausgaben abzugsfähigen Zuwendungen an Unterstützungskassen (BMF-Schreiben vom 5. Oktober 2001, BStBl I S. 661, mit späteren Änderungen) berechnet wird. Unabhängig davon kann im Einzelfall die nachgewiesene Höhe der zu erwartenden Sozialversicherungsrente angesetzt werden.

d) Gehaltsabhängige Zusagen und Entgeltumwandlungen

16 Beruht die Versorgungszusage auf gehaltsabhängigen Leistungen, liegt ein Verstoß gegen das Stichtagsprinzip nach § 4 d Abs. 1 Satz 1 Nr. 1 Satz 1 Buchstabe b und c EStG und § 6 a Abs. 3 Satz 2 Nr. 1 Satz 4 EStG regelmäßig nicht vor. Gehaltsabhängige Versorgungsleistungen in diesem Sinne liegen nur dann vor, wenn die zugesagten Leistungen ausschließlich von einem erreichbaren, festgelegten Prozentsatz des letzten Aktivlohnes oder des Durchschnittes der letzten Aktivbezüge vor Eintritt des Versorgungsfalles abhängen (Endgehaltsplan) oder es sich ausschließlich um beitragsorientierte Versorgungszusagen im Sinne von § 1 Abs. 2 Nr. 1 BetrAVG handelt.

17 Wurden neben einem gehaltsabhängigen Bestandteil auch Festbetragsleistungen zugesagt, sind die auf die gehaltsabhängigen Leistungen entfallenden Bezüge in die Ermittlung der 75 %-Grenze einzubeziehen und nachfolgend von dem sich ergebenden Betrag abzusetzen.

18 Soweit die Versorgungsleistungen auf Entgeltumwandlungen beruhen, können die umgewandelten Entgelte und die diesen entsprechenden Versorgungsleistungen bei der Berechnung der 75 %-Grenze – vorbehaltlich der Randnummer 21 – unberücksichtigt bleiben.

Beispiel:

Der Versorgungsberechtigte V (fremder Arbeitnehmer) erzielt nach den Verhältnissen am Bilanzstichtag folgende jährliche Bezüge:

vereinbartes Festgehalt:	80 000 €
abzgl. Entgeltumwandlungen über Direktzusage:	5 000 €
auszuzahlendes Entgelt:	75 000 €
versorgungsfähiges Entgelt („Schattengehalt"):	80 000 €

V hat keine Ansprüche aus der gesetzlichen Rentenversicherung. Der jährliche Versorgungsanspruch des V aus der Direktzusage setzt sich wie folgt zusammen:

(a) 60 % des versorgungsfähigen Entgeltes (80 000 €)
(b) 15 000 €
(c) Leistungen aus den Entgeltumwandlungen

Der die gehaltsabhängigen Versorgungsleistungen zu (a) betreffende Bestandteil des versorgungsfähigen Entgeltes ist in die Ermittlung der 75 %-Grenze einzubeziehen und nachfolgend von dem sich ergebenden Betrag (Zwischenergebnis) abzusetzen. Die Entgeltumwandlungen zu (c) bleiben vollständig unberücksichtigt. Lediglich hinsichtlich der Versorgungszusage zu (b) kommt eine Vorwegnahme künftiger Lohnentwicklungen durch Überversorgung in Betracht. Die maßgebenden Bezugsgrößen ermitteln sich wie folgt:

Versorgungsfähiges Entgelt:	80 000 €
abzgl. Entgeltumwandlungen über die Direktzusage:	5 000 €
maßgebende Aktivbezüge (§ 2 LStDV):	75 000 €
davon 75 %:	56 250 €
ab gehaltsabhängiger Bestandteil der Zusage: 60 % x 80 000 €:	48 000 €
verbleiben:	8 250 €
Festbetragsrente:	15 000 €
übersteigender Betrag:	**6 750 €**

Nur hinsichtlich des übersteigenden Betrages kann eine Vorwegnahme künftiger Lohnentwicklungen vorliegen. Maßgebend sind die Verhältnisse des Einzelfalles.

e) Wechsel Vollzeit-/Teilzeitbeschäftigungsverhältnis

19 Sinkt oder steigt das Gehaltsniveau aufgrund eines Wechsels des Beschäftigungsgrades, z. B. infolge eines Wechsels von einem Vollzeit- zu einem Teilzeitbeschäftigungsverhältnis, ergibt sich in Bezug auf das maßgebende volle (fiktive) Gehalt anstelle der 75 %-Grenze folgender prozentualer Grenzwert G:

$$G = [g \times (m1/n)] + [g \times (b/100) \times (m2/n)]$$

Erläuterungen

g = bislang gültige Prozent-Grenze (vor dem erstmaligen Wechsel des Beschäftigungsgrades beträgt diese immer 75 %)

b = aufgrund des Wechsels des Beschäftigungsgrades geändertes Gehaltsniveau auf Basis des ursprünglichen Beschäftigungsgrades (= 100)
m1 = Zeitraum, für den die bisherige Prozent-Grenze maßgebend war
m2 = Zeitraum, für den die neue Prozent-Grenze maßgebend ist
n = Gesamtlaufzeit des Dienst- oder sonstigen Rechtsverhältnisses

Beispiel
Der Versorgungsberechtigte N hat 20 Jahre ein (volles) Gehalt von monatlich 1 000 € (maßgebende Bezugsgröße) bezogen. Die letzten 5 Jahre bis zum Eintritt in den Ruhestand erhält er aufgrund des Wechsels in ein Teilzeitbeschäftigungsverhältnis nur noch 50 % der vollen Bezüge. Aufgrund der Änderung des Gehaltsniveaus ist die 75 %-Grenze auf den Grenzwert G wie oben anzupassen. Ab dem Wechsel des Beschäftigungsgrades folgenden Bilanzstichtag ergibt sich der folgende prozentuale Grenzwert in Bezug auf das maßgebende (fiktive) volle Gehalt von 1 000 €:

$$G = [\,75 \times (20/25)] + [\,75 \times (50/100) \times (5/25)] = [60] + [7,5] = 67,5\ \%$$

2. Steuerrechtliche Folgen bei Verstoß gegen das Stichtagsprinzip nach § 4 d Abs. 1 Satz 1 Nr. 1 Satz 1 Buchstabe b und c EStG oder § 6 a Abs. 3 Satz 2 Nr. 1 Satz 4 EStG

20 Ist von einer unzulässigen Vorwegnahme künftiger Einkommens- und Lohnentwicklungen auszugehen, kann die Verpflichtung beim Betriebsausgabenabzug nach § 4 d EStG oder bei der Bewertung der Pensionsrückstellung nach § 6 a EStG nur insoweit berücksichtigt werden, wie sie die 75 %-Grenze (Randnummer 7) nicht überschreitet.

V. Zusagen auf Leistungen der betrieblichen Altersversorgung an mitarbeitende Ehegatten und in einem anderen Rechtsverhältnis stehende Versorgungsberechtigte

21 Die Grundsätze über die steuerliche Anerkennung von Aufwendungen für die betriebliche Altersversorgung der mitarbeitenden Ehegatten bleiben unberührt.

22 Die dargestellten Regelungen gelten auch für Zusagen an Pensionsberechtigte, die in einem anderen Rechtsverhältnis als einem Dienstverhältnis stehen.

VI. Zeitliche Anwendung

23 Die Grundsätze dieses Schreibens gelten für alle noch offenen Fälle. Die sog. Vereinfachungsregelung (Aufwendungen des Versorgungsverpflichteten übersteigen nicht 30 % der Stichtagsbezüge, vgl. u. a. BFH-Urteil vom 16. Mai 1995, BStBl II S. 873, und Urteil I R 70/03 vom 31. März 2004, a. a. O., mit weiteren Nachweisen) ist letztmals für Wirtschaftsjahre anzuwenden, die vor dem 1. Januar 2005 beginnen.

**m) BMF-Schreiben vom 28. 1. 2005 – IV B 7 – S 2742 – 9/05
zur Vereinbarung einer Nur-Pension mit dem Gesellschafter-Geschäftsführer einer Kapitalgesellschaft; Folgerungen aus dem BFH-Urteil vom
17. Mai 1995 (BStBl 1996 II S. 204)**

Der BFH hat mit Urteil vom 17. Mai 1995 (a. a. O.) unter Aufgabe seiner früheren
Rechtsprechung entschieden, dass die Zusage einer Nur-Pension einer Kapitalgesellschaft gegenüber ihrem Gesellschafter-Geschäftsführer durch das Gesellschaftsverhältnis veranlasst ist. Die durch die Zusage bei der Gesellschaft eintretende Vermögensminderung führt zu einer verdeckten Gewinnausschüttung. Nach dem Ergebnis der Erörterung mit den obersten Finanzbehörden der Länder gilt für die allgemeine Anwendung der Grundsätze des Urteils Folgendes:

A. Zusage einer Nur-Pension nach dem 26. April 1996

Für Zusagen einer Nur-Pension, die nach dem 26. April 1996 (Tag der Veröffentlichung des BFH-Urteils vom 17. Mai 1995 im Bundessteuerblatt Teil II) erteilt worden
sind, gelten die Grundsätze des BMF-Schreibens vom 28. Mai 2002 (BStBl I S. 603).

B. Zusage einer Nur-Pension vor dem 27. April 1996

I. Die Zusage bleibt bestehen
Auf der Ebene der Kapitalgesellschaft sind Zuführungen zur Pensionsrückstellung
bis zum Ende des ersten nach dem 26. April 1996 endenden Wirtschaftsjahrs nicht
als verdeckte Gewinnausschüttungen zu behandeln. Für spätere Zuführungen gelten
die Grundsätze unter A. Auf der Ebene des Gesellschafters führen Leistungen aus
der Zusage nur insoweit zu sonstigen Bezügen i. S. d. § 20 Abs. 1 Nr. 1 EStG, als sie
bei der Gesellschaft auf Zuführungen zur Pensionsrückstellung beruhen, die nach
Ablauf des ersten nach dem 26. April 1996 endenden Wirtschaftsjahrs vorgenommen worden sind.

II. Die Zusage wird aufgehoben
Wurde bzw. wird die Zusage einer Nur-Pension im Hinblick auf das BFH-Urteil vom
17. Mai 1995 (a. a. O.) aufgehoben, ist die Pensionsrückstellung in vollem Umfang
gewinnerhöhend aufzulösen. Im Wirtschaftsjahr, in dem die Zusage einer Nur-Pension aufgehoben wurde bzw. wird, kann in Höhe von vier Fünftel des aufzulösenden
Betrags der Pensionsrückstellung eine den Gewinn mindernde Rücklage gebildet
werden, wenn die Aufhebung spätestens am 31. Dezember 2005 vereinbart wird.
Der rücklagenfähige Betrag mindert sich um den Betrag, der nach Satz 3 der Rdnr. 9
des BMF-Schreibens vom 28. Mai 2002 (a. a. O.) außerhalb der Steuerbilanz vom
Steuerbilanzgewinn abzuziehen ist. Die Rücklage ist in Höhe von mindestens je
einem Viertel in den folgenden Wirtschaftsjahren gewinnerhöhend aufzulösen. § 5
Abs. 1 Satz 2 EStG ist insoweit nicht anzuwenden. Wird im Wirtschaftsjahr der Aufhebung der Zusage einer Nur-Pension eine neue Pensionszusage erteilt, ist die
Rücklage nur in Höhe von vier Fünftel der Differenz aus aufzulösender und neu zu
bildender Pensionsrückstellung zulässig; die Auflösung des in Satz 3 der Rdnr. 9 des

o. g. BMF-Schreibens genannten Betrages mindert ebenfalls den rücklagefähigen Betrag. Wird die neue Zusage in einem späteren Wirtschaftsjahr erteilt, darf die Rücklage am Ende dieses Wirtschaftsjahrs nicht höher sein als der Betrag, der sich zu diesem Zeitpunkt ergeben hätte, wenn die neue Zusage bereits im Wirtschaftsjahr der Aufhebung der Zusage einer Nur-Pension erteilt worden wäre. Erhält der Gesellschafter-Geschäftsführer im Gegenzug zur aufgehobenen Zusage einer Nur-Pension eine neue Zusage, die nach den Grundsätzen des BFH-Urteils vom 17. Mai 1995 (a. a. O.) nicht durch das Gesellschaftsverhältnis veranlasst ist, dann sind für die Frage der Erdienbarkeit die Verhältnisse maßgebend, die im Zeitpunkt der ursprünglich zugesagten Nur-Pension vorlagen.

III. Die Zusage wird an die Urteilsgrundsätze angepasst
Die Grundsätze unter II. gelten entsprechend, wenn die Zusage einer Nur-Pension dahin geändert wird, dass sie nach den Grundsätzen des BFH-Urteils vom 17. Mai 1995 (a. a. O.) als nicht durch das Gesellschaftsverhältnis veranlasst gilt (z. B. durch Herabsetzung des Pensionsanspruchs und der Vereinbarung zusätzlicher Aktivbezüge).

IV. Eintritt des Versorgungsfalls vor dem 22. März 2005
Ist der Versorgungsfall bis zum 22. März 2005 eingetreten, werden aus Billigkeitsgründen die vor Veröffentlichung des BFH-Urteils vom 17. Mai 1995 (a. a. O.) geltenden Grundsätze weiter angewandt. Die Grundsätze, nach denen sich bei einer Pensionszusage aus anderen Gründen eine verdeckte Gewinnausschüttung ergeben kann, bleiben unberührt.

n) BMF-Schreiben vom 6. 4. 2005 – IV B 2 – S 2176 – 10/05
zur betrieblichen Altersversorgung; bilanzsteuerrechtliche Berücksichtigung von Abfindungsklauseln in Pensionszusagen nach § 6 a EStG

Zusagen auf Leistungen der betrieblichen Altersversorgung können Regelungen zur Abfindung der Versorgungsanwartschaften und/oder der laufenden Versorgungsleistungen enthalten. Für die bilanzsteuerrechtliche Berücksichtigung von Abfindungsklauseln in Pensionszusagen gemäß § 6 a EStG gilt nach Abstimmung mit den obersten Finanzbehörden der Länder Folgendes:

1. Allgemeines

Nach § 6 a Abs. 1 Nr. 2 EStG können für Pensionszusagen insoweit keine Rückstellungen gebildet werden, als die Zusagen Vorbehalte enthalten, nach denen Anwartschaften oder laufende Leistungen gemindert oder entzogen werden können. Das gilt nicht, soweit sich die Vorbehalte nur auf Tatbestände erstrecken, bei deren Vorliegen nach den allgemeinen Rechtsgrundsätzen unter Beachtung billigen Ermessens eine Minderung oder ein Entzug der Versorgungsansprüche zulässig ist.

2. Gleichwertigkeit der Abfindung und der ursprünglichen Pensionszusage

Der Bundesfinanzhof (BFH) hat mit Urteil I R 49/97 vom 10. November 1998 (BStBl 2005 II S. 261) entschieden, dass die dem Arbeitgeber vorbehaltene Möglichkeit,

Pensionsverpflichtungen jederzeit in Höhe des Teilwertes nach § 6 a Abs. 3 EStG abfinden zu können, einen steuerschädlichen Vorbehalt i. S. d. § 6 a Abs. 1 Nr. 2 EStG darstellt und deshalb einer Passivierung derartiger Pensionsverpflichtungen entgegensteht. Dem Urteil lag die Annahme zu Grunde, dass der mögliche Abfindungsbetrag mindestens dem Wert des gesamten Versorgungsversprechens zum Abfindungszeitpunkt entsprechen muss. Abfindungsklauseln in Pensionszusagen führen zu einer Steuerschädlichkeit i. S. v. § 6 a Abs. 1 Nr. 2 EStG und damit zu einem Nichtausweis der Pensionsrückstellungen, wenn die Versorgungszusagen gegenüber aktiven Anwärtern mit dem Teilwert gemäß § 6 a Abs. 3 Satz 2 Nr. 1 EStG abgefunden werden können. Dagegen ist ein Abfindungsrecht, das sich für aktive Anwärter nach dem Barwert der künftigen Pensionsleistungen im Sinne von § 6 a Abs. 3 Satz 2 Nr. 1 EStG (d. h. der volle, unquotierte Anspruch) zum Zeitpunkt der Abfindung bemisst, unschädlich. Das gleiche gilt für die Abfindung von laufenden Versorgungsleistungen und unverfallbaren Ansprüchen gegenüber ausgeschiedenen Anwärtern (sofern arbeitsrechtlich zulässig), wenn vertraglich als Abfindungsbetrag der Barwert der künftigen Pensionsleistungen gemäß § 6 a Abs. 3 Satz 2 Nr. 2 EStG vorgesehen ist.

3. Schriftliche Festlegung des Verfahrens zur Ermittlung der Abfindungshöhe (§ 6 a Abs. 1 Nr. 3 EStG)

Die Regelungen zum Schriftformerfordernis nach dem BMF-Schreiben vom 28. August 2001 (BStBl I S. 594) gelten für in Pensionszusagen enthaltenen Abfindungsklauseln entsprechend. Wird das Berechnungsverfahren zur Ermittlung der Abfindungshöhe nicht eindeutig und präzise schriftlich fixiert, scheidet die Bildung einer Pensionsrückstellung insgesamt aus.

4. Zeitliche Anwendung

Die Grundsätze dieses Schreibens gelten für alle noch offenen Fälle. Aus Vertrauensschutzgründen sind jedoch nach den Textziffern 2 und 3 schädliche Abfindungsklauseln in Pensionszusagen, die bis zum Tag der Veröffentlichung dieses Schreibens im Bundessteuerblatt erteilt wurden, nicht zu beanstanden, wenn sie bis zum 31. Dezember 2005 unter Berücksichtigung der o. g. Grundsätze schriftlich angepasst werden.

o) BMF-Schreiben vom 1. 9. 2005 – IV B 2 – S 2176 – 48/05
zu Abfindungsklauseln in Versorgungszusagen; Anpassung von Versorgungsverpflichtungen gegenüber ausgeschiedenen Versorgungsberechtigten

Bezug: BMF-Schreiben vom 6. April 2005 (BStBl I S. 619) GZ IV B 2 – S 2176 – 48/05

Das BMF-Schreiben vom 6. April 2005 (BStBl I S. 619) nimmt zu der Frage Stellung, in welcher Höhe Abfindungen von Versorgungszusagen steuerlich unschädlich sind und inwieweit das Verfahren zur Ermittlung der Abfindungshöhe schriftlich zu fixieren ist. Aus Vertrauensschutzgründen können schädliche Abfindungsklauseln bis zum 31. Dezember 2005 ohne negative steuerliche Folgen schriftlich angepasst werden.

Nach Abstimmung mit den obersten Finanzbehörden der Länder ist die schriftliche Anpassung von Abfindungsklauseln in Versorgungsverpflichtungen, die nach § 6 a Abs. 3 Satz 2 Nr. 2 EStG bewertet werden, d. h. Zusagen gegenüber Leistungsempfängern und mit unverfallbaren Versorgungsansprüchen ausgeschiedenen Pensionsberechtigten, aus Praktikabilitätsgründen unter den folgenden Voraussetzungen entbehrlich:

1. Die Abfindungsklauseln in Versorgungsverpflichtungen, die nach § 6 a Abs. 3 Satz 2 Nr. 1 EStG bewertet werden, d. h. Zusagen gegenüber den aktiven Beschäftigten, werden nach Maßgabe des BMF-Schreibens vom 6. April 2005 (a. a. O.) fristgerecht schriftlich angepasst.

2. Der Versorgungsverpflichtete erklärt betriebsöffentlich, dass die unter 1. genannten Anpassungen entsprechend für Abfindungsklauseln in Versorgungszusagen gegenüber ausgeschiedenen Pensionsberechtigten gelten.

p) BMF-Schreiben vom 6. 9. 2005 – IV B 7 – S 2742 – 69/05 zur Finanzierbarkeit von Pensionszusagen gegenüber Gesellschafter-Geschäftsführern (§ 8 Abs. 3 Satz 2 KStG); Anwendung der BFH-Urteile vom 8. November 2000 (Az. I R 70/99), vom 20. Dezember 2000 (Az. I R 15/00), vom 7. November 2001 (Az. I R 79/00), vom 4. September 2002 (Az. I R 7/01) und vom 31. März 2004 (Az. I R 65/03)

Der BFH hat in seinen Urteilen vom 8. November 2000 – I R 70/99 – (BStBl II 2005 S. 653), vom 20. Dezember 2000 – I R 15/00 – (BStBl II 2005 S. 657), vom 7. November 2001 – I R 79/00 – (BStBl II 2005 S. 659), vom 4. September 2002 I R 7/01 – (BStBl II 2005 S. 662) und vom 31. März 2004 – I R 65/03 – (BStBl II 2005 S. 664) zu den Voraussetzungen für die Annahme einer verdeckten Gewinnausschüttung bei fehlender Finanzierbarkeit einer Pensionszusage gegenüber dem beherrschenden Gesellschafter-Geschäftsführer Stellung genommen. Nach dem Ergebnis der Erörterung mit den obersten Finanzbehörden der Länder sind die Grundsätze der Urteile in allen offenen Fällen allgemein anzuwenden; Tz. 2 des BMF-Schreibens vom 14. Mai 1999 (BStBl I 1999 S. 512) wird aufgehoben.

Ist auf eine Pensionszusage vor dem 20. Oktober 2005 vollständig oder teilweise verzichtet worden, wird es nicht beanstandet, wenn auf übereinstimmenden Antrag der Gesellschaft und des Gesellschafters die vor der Veröffentlichung der BFH-Urteile geltenden Grundsätze der Tz. 2 des BMF-Schreibens vom 14. Mai 1999 weiter angewandt werden. Der Antrag ist bis zur Bestandskraft des Körperschaftsteuerbescheides für den Veranlagungszeitraum des Verzichts zu stellen.

Die Rechtsgrundsätze der o. g. Urteile des BFH sowie die Möglichkeit zur abweichenden Antragstellung im Verzichtsfalle sind auch auf nicht beherrschende Gesellschafter-Geschäftsführer anzuwenden.

q) Bayer. Landesamt für Steuern, Verfügung vom 15. 2. 2007 (S 2742-26 St31N) Verzicht des Gesellschafter-Geschäftsführers auf eine finanzierbare Pensionszusage (§ 8 Abs. 3 Satz 2 KStG)

Von den obersten Finanzbehörden des Bundes und der Länder wurde die Frage, wie der Verzicht eines Gesellschafter-Geschäftsführers auf eine noch finanzierbare Pensionszusage zu werten ist, mit folgendem Ergebnis diskutiert:

Im BMF-Schreiben vom 14. 5. 1999 (IV C 6 – S 2742 – 9/99, BStBl I 1999, 512, DStR 1999, 1031) war in Tz. 2 geregelt, dass der Verzicht auf eine Pensionszusage, die nicht mehr finanzierbar ist, betrieblich veranlasst ist. Eine Nichtfinanzierbarkeit war nach der damaligen Verwaltungsauffassung bereits dann gegeben, wenn nach dem sog. Worst-Case-Szenario bei einem unmittelbar nach dem Bilanzstichtag eintretenden Versorgungsfall (Bilanzsprungrisiko) der Barwert der künftigen Pensionsverpflichtungen zu einer bilanziellen Überschuldung geführt hätte. Aufgrund der Anwendung der BFH-Rechtsprechung zur Finanzierbarkeit kommt es zu einer Verschiebung des Zeitpunktes, zu dem eine Pensionszusage nicht mehr als finanzierbar gewertet wird.

Nach Aufhebung der Tz. 2 des BMF-Schreibens vom 14. 5. 1999 stellte sich deshalb die Frage, unter welchen Voraussetzungen ein Verzicht auf eine Pensionszusage – insbesondere ein Verzicht bereits vor Eintritt der insolvenzrechtlichen Überschuldung – betrieblich veranlasst ist.

Es bestand Einvernehmen, dass bei einer nach den Urteilen des BFH vom 8. 11. 2000 (I R 70/99, BStBl II 2005, 653, DStR 2001, 571), vom 20. 12. 2000 (I R 15/00, BStBl II 2005, 657, DStR 2001, 893), vom 7. 11. 2001 (I R 79/00, BStBl II 2005, 659, DStR 2002, 127) und vom 4. 9. 2002 (I R 7/01, BStBl II 2005, 662, DStR 2003, 113) nicht finanzierbaren Pensionszusage ein Verzicht im Regelfall als betrieblich veranlasst zu werten ist.

Bei der Prüfung der gesellschaftsrechtlichen bzw. betrieblichen Veranlassung einer unterbliebenen Anpassung einer Pensionszusage und eines Verzichts auf eine Pensionszusage sind die nämlichen Kriterien anzuwenden. Daraus folgt, dass ein Verzicht auf eine Pensionszusage vor dem Zeitpunkt, in dem sie nicht mehr finanzierbar ist, grundsätzlich als gesellschaftsrechtlich veranlasst anzusehen ist. Etwas anderes kann nur dann gelten, wenn im Ausnahmefall weitere Umstände hinzutreten, die den Rückschluss erlauben, dass auch ein fremder dritter Geschäftsführer auf seine Pensionszusage verzichtet hätte.

Die Sitzungsteilnehmer erklärten ihr Einverständnis mit dieser Auffassung und einigten sich auf folgende Handhabung:

Der Verzicht (Widerruf oder Einschränkung im Wege eines Erlass-, Schuldaufhebungs- oder Änderungsvertrages) des Gesellschafter-Geschäftsführers ist regelmäßig als im Gesellschaftsverhältnis veranlasst anzusehen. Von einer betrieblichen Veranlassung des Verzichts ist hingegen auszugehen, wenn die Pensionszusage im Verzichtszeitpunkt nach der Rechtsprechung des BFH in den Urteilen vom 8. 11.

2000 (a. a. O.), vom 20. 12. 2000 (a. a. O.), vom 7. 11. 2001 (a. a. O.) und vom 4. 9. 2002 (a. a. O.) nicht finanzierbar ist. Dient der Verzicht der Vermeidung einer drohenden Überschuldung der Gesellschaft im insolvenzrechtlichen Sinne und steht er im Zusammenhang mit weiteren die Überschuldung vermeidenden Maßnahmen (wie insbesondere einer Absenkung des Aktivgehaltes) ist er entsprechend den allgemeinen Grundsätzen nur dann betrieblich veranlasst, wenn sich auch ein Fremdgeschäftsführer zu einem Verzicht bereit erklärt hätte.

r) BMF-Schreiben vom 22. 5. 2007 – IV C 8 – S 2221/07/0002 zur Berücksichtigung von Vorsorgeaufwendungen bei Gesellschafter-Geschäftsführern von Kapitalgesellschaften (§ 10 Abs. 3 EStG i. d. F. bis VZ 2004, § 10 Abs. 4a EStG n. F.)

Unter Bezugnahme auf das Ergebnis der Erörterungen mit den obersten Finanzbehörden der Länder gilt für die Kürzung des Vorwegabzugs nach § 10 Abs. 3 Nr. 2 Satz 2 Buchst. a EStG in der bis zum 31. 12. 2004 geltenden Fassung, die Kürzung des Höchstbetrags nach § 10 Abs. 3 Satz 3 EStG und die Kürzung der Vorsorgepauschale nach § 10c Abs. 3 Nr. 2 EStG bei Gesellschafter-Geschäftsführern von Kapitalgesellschaften Folgendes:

1. Allgemeines

a) Gekürzte Vorsorgepauschale nach § 10c Abs. 3 Nr. 2 EStG bis 31. 12. 2004

1 Zum Personenkreis des § 10 c Abs. 3 Nr. 2 EStG in der bis zum 31. 12. 2004 geltenden Fassung gehören Arbeitnehmer, die während des ganzen oder eines Teils des Kalenderjahres nicht der Versicherungspflicht in der gesetzlichen Rentenversicherung unterliegen, eine Berufstätigkeit ausgeübt und im Zusammenhang damit aufgrund vertraglicher Vereinbarungen Anwartschaftsrechte auf eine Altersversorgung ganz oder teilweise ohne eigene Beitragsleistung erworben haben. Diesem Personenkreis ist die gekürzte Vorsorgepauschale zu gewähren (§ 10 c Abs. 3 EStG). Eine Altersversorgung in diesem Sinne liegt vor, wenn die Anwartschaft auf das altersbedingte Ausscheiden aus dem Erwerbsleben gerichtet ist. Die ergänzende Absicherung gegen den Eintritt der Berufsunfähigkeit, der verminderten Erwerbsfähigkeit und von Hinterbliebenen ist nicht zu berücksichtigen. Eine Altersversorgung in diesem Sinne liegt nicht vor, wenn die Anwartschaft ausschließlich auf den Eintritt der Berufsunfähigkeit, der verminderten Erwerbsfähigkeit und die Hinterbliebenenabsicherung gerichtet ist.

2 Diese Regelung findet über die Günstigerprüfung nach § 10c Abs. 5 EStG auch noch für Veranlagungszeiträume nach dem 31. 12. 2004 Anwendung.

b) Gekürzte Vorsorgepauschale nach § 10c Abs. 3 Nr. 2 EStG ab dem 1. 1. 2005

3 Mit Wirkung ab 1. 1. 2005 wurde der Personenkreis des § 10c Abs. 3 Nr. 2 EStG erweitert. Hierunter fallen nunmehr Arbeitnehmer, die während des ganzen oder eines Teils des Kalenderjahres nicht der Versicherungspflicht in der gesetzlichen

Rentenversicherung unterliegen, eine Berufstätigkeit ausüben und im Zusammenhang damit aufgrund vertraglicher Vereinbarungen Anwartschaftsrechte auf eine Altersversorgung ganz oder teilweise ohne eigene Beitragsleistung oder – über die Formulierung des § 10c Abs. 3 Nr. 2 EStG in der bis zum 31. 12. 2004 geltenden Fassung hinaus – durch Beiträge, die nach § 3 Nr. 63 EStG steuerfrei waren, erworben haben.

4 Für die Günstigerprüfung nach § 10c Abs. 5 EStG bedeutet dies: Fällt der Steuerpflichtige lediglich aufgrund von nach § 3 Nr. 63 EStG steuerfreien Beitragszahlungen unter den Anwendungsbereich des § 10c Abs. 3 Nr. 2 EStG, so ist für die Günstigerprüfung die gekürzte Vorsorgepauschale nach neuem Recht mit der – insoweit – ungekürzten Vorsorgepauschale nach altem Recht zu vergleichen.

c) Gekürzter Vorwegabzug nach § 10 Abs. 3 Nr. 2 Satz 2 Buchst. a EStG bis 31. 12. 2004

5 Nach § 10 Abs. 3 Nr. 2 Satz 2 Buchst. a EStG in der bis zum 31. 12. 2004 geltenden Fassung ist der Vorwegabzug u. a. zu kürzen, wenn der Steuerpflichtige zum Personenkreis des § 10c Abs. 3 Nr. 2 EStG in der für das Kalenderjahr 2004 geltenden Fassung gehört (Rn. 1). Diese Regelung findet über die Günstigerprüfung nach § 10 Abs. 4a EStG auch noch für Veranlagungszeiträume nach dem 31. 12. 2004 Anwendung.

d) Gekürzte Basisversorgung nach § 10 Abs. 3 Satz 3 EStG ab 1. 1. 2005

6 Auch das ab dem 1. 1. 2005 geltende Recht zur Berücksichtigung von Vorsorgeaufwendungen sieht für den Personenkreis des § 10c Abs. 3 Nr. 2 EStG eine Sonderregelung vor (§ 10 Abs. 3 Satz 3 EStG – Rn. 3). Demnach ist das dem Steuerpflichtigen grundsätzlich zustehende Abzugsvolumen für Aufwendungen zum Aufbau einer Basisversorgung i. H. von 20 000 EUR zu kürzen, wenn der Steuerpflichtige zum Personenkreis nach § 10c Abs. 3 Nr. 2 EStG gehört und der Betreffende ganz oder teilweise ohne eigene Beitragsleistungen einen Anspruch auf Altersversorgung erwirbt. Durch die Aufnahme dieser Einschränkung wird sichergestellt, dass sich der betroffene Personenkreis trotz Erweiterung des § 10c Abs. 3 Nr. 2 EStG nicht von dem Personenkreis i. S. des § 10c Abs. 3 Nr. 2 EStG in der bis zum 31. 12. 2004 geltenden Fassung unterscheidet.

7 Fällt der Steuerpflichtige also lediglich aufgrund von nach § 3 Nr. 63 EStG steuerfreien Beitragszahlungen unter den Anwendungsbereich des § 10c Abs. 3 Nr. 2 EStG, so kommt für ihn allein aus diesem Umstand heraus, weder eine Kürzung des für eine Basisversorgung zur Verfügung stehenden Abzugsvolumens nach § 10 Abs. 3 Satz 3 EStG in der ab 1. 1. 2005 geltenden Fassung noch eine Kürzung des Vorwegabzugs nach § 10 Abs. 3 Nr. 2 Satz 2 Buchst. a EStG in der bis zum 31. 12. 2004 geltenden Fassung im Rahmen der nach § 10 Abs. 4a EStG vorzunehmenden Wege der Günstigerprüfung in Betracht. Denn nach § 10 Abs. 3 Satz 3 EStG in der ab 1. 1. 2005 geltenden Fassung muss der Steuerpflichtige nicht nur zum Personenkreis des § 10c Abs. 3 Nr. 2 EStG gehören, sondern seine

Altersversorgung auch ganz oder teilweise ohne eigene Beiträge erworben haben. Da arbeitnehmerfinanzierte ebenso wie arbeitgeberfinanzierte Beiträge zur betrieblichen Altersversorgung nach § 3 Nr. 63 EStG stets aus dem Arbeitslohn des Arbeitnehmers geleistet werden, ist insoweit immer eine eigene Beitragsleistung gegeben. Die Kürzung des Vorwegabzugs im Rahmen der Günstigerprüfung kommt in diesen Fällen ebenfalls nicht in Betracht, da § 10c Abs. 3 Nr. 2 EStG in der für das Kalenderjahr 2004 geltenden Fassung noch nicht auf Beitragsleistungen nach § 3 Nr. 63 EStG abstellt und deshalb nach der für das Kalenderjahr 2004 geltenden Fassung des § 10 Abs. 3 insofern keine Kürzung des Vorwegabzugs ausgelöst wird.

2. Zugehörigkeit zum Personenkreis nach § 10c Abs. 3 Nr. 2 EStG in der bis zum 31. 12. 2004 geltenden Fassung bei Gesellschafter-Geschäftsführern von Kapitalgesellschaften

a) Alleingesellschafter-Geschäftsführer

8 Der Alleingesellschafter-Geschäftsführer gehört nicht zum Personenkreis nach § 10c Abs. 3 Nr. 2 EStG in der bis zum 31. 12. 2004 geltenden Fassung, wenn ihm von der Gesellschaft eine betriebliche Altersversorgung im Rahmen einer Direktzusage oder über eine Unterstützungskasse zusagt wird. Der Alleingesellschafter-Geschäftsführer erwirbt die Anwartschaftsrechte auf die Altersversorgung durch eine Verringerung seiner gesellschaftsrechtlichen Ansprüche und damit durch eigene Beiträge (BFH v. 16. 10. 2002, XI R 25/01, BStBl II 2004, 546, DStR 2003, 110). Dementsprechend führt die einem Alleingesellschafter-Geschäftsführer von seiner Gesellschaft zugesagte Altersversorgung (Direktzusage, Unterstützungskasse), weder zum Ansatz der gekürzten Vorsorgepauschale (§ 10 c EStG), einer Kürzung des für eine Basisversorgung zur Verfügung stehenden Abzugsvolumens (§ 10 Abs. 3 Satz 3 EStG) noch zu einer Kürzung des im Rahmen der Günstigerprüfung mit zu berücksichtigenden Vorwegabzugs (§ 10 Abs. 4a EStG).

9 Dies gilt nicht, wenn der Alleingesellschafter-Geschäftsführer zusätzlich eine betriebliche Altersversorgung durch steuerfreie Beiträge nach § 3 Nr. 63 EStG aufbaut. In diesem Fall begründet die Steuerfreistellung – unabhängig von der Höhe der Beiträge, der sich daraus ergebenden Anwartschaft und der Finanzierungsform (arbeitgeberfinanziert, Entgeltumwandlung) – ab dem 1. 1. 2005 die Zugehörigkeit zum Personenkreis nach § 10c Abs. 3 Nr. 2 EStG und damit die gekürzte Vorsorgepauschale. Das für eine Basisversorgung zur Verfügung stehende Abzugsvolumen (§ 10 Abs. 3 Satz 3 EStG) bzw. der im Rahmen der Günstigerprüfung zu berücksichtigende Vorwegabzug (§ 10 Abs. 4a EStG) werden hingegen nicht gekürzt (vgl. Rn. 7).

b) Mehrere Gesellschafter-Geschäftsführer

10 Bei mehreren Gesellschafter-Geschäftsführern ist von Bedeutung, ob die Kapitalgesellschaft ihren Gesellschafter-Geschäftsführern eine Altersversorgung im

Rahmen einer Direktzusage oder über eine Unterstützungskasse zusagt, bei der das entsprechende Anwartschaftsrecht auf Altersversorgung auf Dauer gesehen ausschließlich durch einen der Beteiligungsquote des Gesellschafter-Geschäftsführers entsprechenden Verzicht auf gesellschaftsrechtliche Ansprüche erworben wird (BFH v. 23. 2. 2005, XI R 29/03, BStBl II 2005, 634, DStR 2005, 1177). Ist dies der Fall, gehört der betreffende Gesellschafter-Geschäftsführer nicht zum Personenkreis nach § 10c Abs. 3 Nr. 2 EStG in der bis zum 31. 12. 2004 geltenden Fassung; zu den Auswirkungen bei der Ermittlung der Vorsorgepauschale und der als Sonderausgaben abziehbaren Vorsorge- bzw. Altersvorsorgeaufwendungen siehe Rn. 1 bis 7.

11 Für die Frage, ob ein Gesellschafter-Geschäftsführer die ihm zustehende Anwartschaft auf Altersversorgung mit einem entsprechenden Verzicht auf ihm zustehende gesellschaftsrechtliche Ansprüche erwirbt, ist der auf seine Altersversorgungszusage entfallende Anteil am Gesamtaufwand der Gesellschaft für die Altersversorgungszusagen aller Gesellschafter typisierend und vorausschauend zu ermitteln. Sodann ist der sich danach ergebende persönliche Anteil am Altersvorsorgeaufwand zu vergleichen mit der persönlichen Beteiligungsquote des Gesellschafter-Geschäftsführers.

12 Die Aufwandsquote ist im Jahr der Erteilung der Versorgungszusage zu ermitteln. Lediglich bei aufwandsrelevanten Änderungen der den Gesellschaftern erteilten Zusagen ist die Aufwandsquote im Jahr der Änderung erneut zu berechnen. Der Vergleich mit der Beteiligungsquote ist dagegen veranlagungszeitraumbezogen vorzunehmen.

13 Die Ermittlung des Gesamtaufwands der Gesellschaft für die ihren Gesellschaftern erteilten Alterversorgungszusagen hat in typisierender Form zu erfolgen. Hierbei sind die Barwerte der allen Gesellschaftern zustehenden Anwartschaften auf eine Altersversorgung zum Zeitpunkt des Beginns der jeweiligen Auszahlungsphase zu ermitteln. Die Barwertermittlung erfolgt für jeden Gesellschafter entsprechend der zum 31. Dezember des betreffenden Veranlagungszeitraums bestehenden Altersversorgungszusage nach versicherungsmathematischen Grundsätzen. Die Bewertung hat auf den Zeitpunkt des frühest möglichen vertraglichen Beginns der Auszahlungsphase zu erfolgen. Für Gesellschafter, die bereits Leistungen erhalten, ist eine Barwertermittlung zum Zeitpunkt des tatsächlichen Auszahlungsbeginns vorzunehmen.

14 Bei der Ermittlung des Gesamtaufwands der Gesellschaft ist nicht zu berücksichtigen, ob die Gesellschaft in dem jeweiligen Wirtschaftsjahr einen die Höhe des Aufwands für die Altersversorgungszusage entsprechenden Gewinn erzielt hat und in dieser Höhe eine Gewinnausschüttung an die Gesellschafter hätte vornehmen können.

15 Der einem Gesellschafter-Geschäftsführer prozentual zustehende Barwertanteil an der Summe der allen Gesellschaftern zustehenden Barwerte ist mit seiner

Beteiligungsquote an der Kapitalgesellschaft zu vergleichen. Eine mittelbare Beteiligung an der Kapitalgesellschaft ist für die quotale Ermittlung nicht anders zu beurteilen als eine unmittelbare Beteiligung an der Kapitalgesellschaft (BFH v. 15. 11. 2006, XI R 73/03, DStR 2007, 294). Ist die Beteiligungsquote eines Gesellschafter-Geschäftsführers gleich dem Barwertanteil oder größer, gehört der entsprechende Gesellschafter-Geschäftsführer nicht zum Personenkreis nach § 10 c Abs. 3 Nr. 2 EStG. Auf die Bagatellregelung (Rn. 22) wird hingewiesen.

16 Abweichend zum Vergleich der Barwerte kann der prozentuale Anteil der Anwartschaft auf Altersversorgung eines Gesellschafter-Geschäftsführers an der Summe der Anwartschaften auf Altersversorgung aller Gesellschafter auch durch die Ermittlung des prozentualen Anteils der dem einzelnen Gesellschafter-Geschäftsführer wegen des Erreichens der Altersgrenze nominal zugesagten Betrags an den von der Kapitalgesellschaft allen Gesellschaftern wegen des Erreichens der Altersgrenze zugesagten nominalen Versorgungsbeträgen erfolgen. Voraussetzung ist, dass der voraussichtliche Leistungsbeginn der den Gesellschaftern zugesagten Versorgungen nicht mehr als fünf Jahre auseinander liegt und die Versorgungsleistungen strukturell vergleichbar sind (z. B. Art der Dynamisierung der Versorgungsleistungen).

17 Ändern sich die Beteiligungsverhältnisse, so hat eine Neubetrachtung zu erfolgen.

c) Ehegatten-Gesellschafter

18 Die vorstehenden Grundsätze gelten bei zusammenveranlagten Gesellschafter-Geschäftsführern entsprechend (BFH v. 26. 9. 2006, X R 3/05, DStR 2007, 102).

d) Mehrere Gesellschafter, die nicht alle zur Geschäftsführung berufen sind

19 Sind die Gesellschafter nur teilweise zur Geschäftsführung berufen, sind die unter Rn. 10 ff. aufgestellten Grundsätze unverändert anzuwenden.

20 Beispiel:
An der ABC-GmbH sind die Gesellschafter A, B und C zu jeweils 1/3 Anteilen beteiligt. Die Geschäftsführung erfolgt durch die Gesellschafter A und B. Die GmbH hat ihren Gesellschafter-Geschäftsführern in der Summe eine monatliche Pensionszusage von nominal 9 000 EUR erteilt. Hiervon entfallen auf
– Gesellschafter A 4 500 EUR und Gesellschafter B 4 500 EUR
– Gesellschafter A 6 000 EUR und Gesellschafter B 3 000 EUR
– Der Leistungsbeginn der den Gesellschafter-Geschäftsführern zugesagten Pensionen liegt nicht mehr als fünf Jahre auseinander (vgl. Rn. 16).

21 Lösung:
Ausgehend von 1/3 Beteiligung und 9 000 EUR Gesamtzusage entsprächen 3 000 EUR Pensionszusage dem Verhältnis der Beteiligung.

● Im Fall a) überschreiten beide Gesellschafter-Geschäftsführer diese Quote, d. h. die Finanzierung ihrer Pensionszusage erfolgt teilweise auch über einen

Gewinnverzicht des Gesellschafter C. Demzufolge fallen die Gesellschafter-Ge-schäftsführer A und B unter den Personenkreis des § 10 c Abs. 3 Nr. 2 EStG.

● Im Fall b) überschreitet lediglich Gesellschafter-Geschäftsführer A diese Quote, d. h. die Finanzierung seiner Pensionszusage erfolgt hier teilweise über einen Gewinnverzicht des Gesellschafter C mit den Folgen wie im Fall a). Gesell-schafter-Geschäftsführer B hingegen erhält keine höhere Pensionszusage, als ihm nach seiner Beteiligung zusteht. Demzufolge gehört er nicht zum Perso-nenkreis des § 10 c Abs. 3 Nr. 2 EStG.

e) Bagatellgrenze

22 Geringfügige Abweichungen von bis zu 10 % zwischen der Beteiligungsquote und dem Barwertanteil oder dem Anteil der nominal zugesagten Versorgungs-leistung wegen des Erreichens der Altersgrenze (vgl. hierzu unter Rn. 16) sind zugunsten des Steuerpflichtigen unbeachtlich.

f) Beweislastverteilung

23 Der Gesellschafter-Geschäftsführer mit Anwartschaft auf Altersversorgung, der eine Kürzung des Vorwegabzugs/Höchstbetrags vermeiden will, trägt die Be-weislast dafür, dass er für sein Anwartschaftsrecht auf Altersversorgung allein aufkommen muss. Vor diesem Hintergrund sind deshalb dem Wohnsitzfinanzamt die Beteiligungsverhältnisse und das Verhältnis der Altersversorgungen zueinan-der darzulegen. In den Fällen der Rn. 13 ff. sind darüber hinaus die nach versi-cherungsmathematischen Grundsätzen zu den genannten Zeitpunkten ermittel-ten Barwerte vorzulegen.

g) Vorstandsmitglieder von Aktiengesellschaften

24 Für Vorstandsmitglieder von Aktiengesellschaften sind die aufgestellten Grund-sätze entsprechend anzuwenden.

25 Das BMF-Schreiben vom 9. 7. 2004 (IV C 4 – S 2221 – 115/04, BStBl I 2004, 582, DStR 2004, 1427) wird hiermit aufgehoben. Die Regelungen in Rn. 28 und 58 des BMF-Schreibens vom 24. 2. 2005 (IV C 3 – S 2255 – 51/05 / IV C 4 – S 2221 – 37/05 / IV C 5 – S 2345 – 9/05, BStBl I 2005, 429, BeckVerw 062653) sind nicht mehr anzuwenden, soweit sie im Widerspruch zu diesem BMF-Schrei-ben stehen.

s) Erlass des FM Nordrhein-Westfalen vom 17. 12. 2009 – S 2743 – 10 – V B 4 – betr. steuerliche Auswirkungen des Verzichts eines Gesellschafter-Geschäftsführers auf eine Pensionsanwartschaft gegenüber seiner Kapital-gesellschaft

I.

Verzichtet ein Gesellschafter-Geschäftsführer einer GmbH auf eine Pensionszusage, die nach den in R 38 KStR und H 38 KStH genannten Kriterien zu einer Minderung des Einkommens der GmbH geführt hat, so ergeben sich folgende Auswirkungen:

1. Die GmbH hat die nach § 6 a EStG gebildete Pensionsrückstellung in ihrer Steuerbilanz erfolgswirksam aufzulösen.

2. Der Verzicht auf die Pensionszusage ist regelmäßig durch das Gesellschaftsverhältnis veranlasst, weil ein Nichtgesellschafter der Gesellschaft diesen Vermögensvorteil (entschädigungsloser Wegfall einer Pensionsverpflichtung) nicht eingeräumt hätte. Eine betriebliche Veranlassung des Verzichts auf die Pensionszusage ist nach allgemeinen Grundsätzen nur anzunehmen, wenn auch ein Fremdgeschäftsführer auf die Pensionszusage verzichten würde.

3. Im Fall der gesellschaftsrechtlichen Veranlassung des Pensionsverzichts liegt eine verdeckte Einlage in Höhe des Teilwerts der Pensionsanwartschaft vor (BFH vom 9. 6. 1997 GrS 1/94, BStBl. 1998 II S. 307, und vom 15. 10. 1997 I R 58/93, BStBl. 1998 II S. 305). Die verdeckte Einlage ist außerbilanziell bei der Ermittlung des zu versteuernden Einkommens in Abzug zu bringen. Der Teilwert der verdeckten Einlage ist nicht nach § 6 a EStG, sondern unter Beachtung der allgemeinen Teilwertermittlungsgrundsätze im Zweifel nach den Wiederbeschaffungskosten zu ermitteln. Demnach kommt es darauf an, welchen Betrag der Gesellschafter zu dem Zeitpunkt des Verzichtes hätte aufwenden müssen, um eine gleich hohe Pensionsanwartschaft gegen einen vergleichbaren Schuldner zu erwerben. Dabei kann die Bonität des Forderungsschuldners berücksichtigt werden. Außerdem kann von Bedeutung sein, ob die Pension unverfallbar ist oder ob sie voraussetzt, dass der Berechtigte bis zum Pensionsfall für den Verpflichteten nicht selbständig tätig ist (BFH vom 15. 10. 1997, BStBl. 1998 II S. 307).

4. In Höhe des Teilwerts der verdeckten Einlage liegt beim Gesellschafter-Geschäftsführer ein Zufluss von Arbeitslohn vor.

5. Die verdeckte Einlage führt zu nachträglichen Anschaffungskosten auf die GmbH-Anteile (§ 6 Abs. 6 Satz 2 EStG betr. zum Betriebsvermögen gehörende Anteile; BFH vom 2. 12. 1980 VIII R 114/77, BStBl. II S. 494, zu Anteilen i. S. d. § 17 EStG).

II.

Die unter I. dargestellten Grundsätze gelten entsprechend, wenn der Gesellschafter-Geschäftsführer nur auf einen Teil seiner Pensionsanwartschaft verzichtet.

Beispiel:

Gemäß den Bestimmungen der Pensionszusage vom 16. 1. 1990 wurden dem Gesellschafter-Geschäftsführer folgende Versorgungsanwartschaften eingeräumt:

- Monatliche Altersrente i. H. v. 6300 EUR

- Monatliche Berufsunfähigkeitsrente i. H. v. 6300 EUR.

In einer Änderungsvereinbarung zur Pensionszusage zwischen der GmbH und dem Gesellschafter-Geschäftsführer vom 1. 8. 2008 werden diese Anwartschaften auf jeweils 3200 EUR reduziert.

In der Änderungsvereinbarung wird dargestellt, dass es sich bei den Beträgen i. H. v. 3200 EUR um „einvernehmlich als unverfallbar festgestellte Anwartschaften" handele und ein weiteres Anwachsen von Versorgungsanwartschaften ab dem 1. 8. 08 nicht mehr stattfinde. Künftig zu erdienende Versorgungsanwartschaften („future Service") würden einvernehmlich auf 0 EUR herabgesetzt.

Auswirkungen:

1. Die Pensionsrückstellung ist bis zur Höhe des Teilwerts nach § 6 a Abs. 3 Satz 2 EStG aufzulösen, der sich auf den Bilanzstichtag nach dem Teilverzicht ergeben hätte, wenn von Anfang an nur eine Pension in der später reduzierten Höhe zugesagt worden wäre. Nach dem Grundsatz des § 6 a EStG, die Pensionsrückstellung bis zum vertraglich vereinbarten Pensionsalter gleichmäßig aufzubauen, ist ein Verzicht nur auf den „future service" mit der Folge des Einfrierens der bereits gebildeten Pensionsrückstellung nicht möglich.

2. Es liegt eine verdeckte Einlage vor, weil ein Nichtgesellschafter im Regelfall eine Reduzierung seiner Pensionsanwartschaft ohne Gegenleistung nicht vereinbart hätte. Für die Frage, ob eine verdeckte Einlage vorliegt, ist unerheblich, in welcher Höhe die Pensionsanwartschaft zum Zeitpunkt des Verzichts in der Änderungsvereinbarung zur Pensionszusage von den Vertragsparteien als „erdient" bzw. „unverfallbar" bezeichnet wird. Die Anwartschaft stellt einen einheitlichen Vermögensvorteil dar. Verzichtet der Gesellschafter-Geschäftsführer auf einen Teil der ihm zugesagten Versorgungsbezüge (z. B. auf 3100 EUR monatlich ab Eintritt des Versorgungsfalls), so betrifft dieser Verzicht sowohl den bereits erdienten als auch den noch nicht erdienten Teil der Anwartschaft. Eine Aufteilung der Anwartschaft in der Weise, dass ein Verzicht nur auf den nicht erdienten Teil angenommen werden könnte, ist im Hinblick auf die Einheitlichkeit dieses Vermögensvorteils ausgeschlossen.

3. Bei der Ermittlung des Teilwerts der verdeckten Einlage ist nach den unter I. 3 dargestellten Grundsätzen des BFH-Urteils vom 15. 10. 1997, BStBl. 1998 II S. 307, darauf abzustellen, wie hoch zum Zeitpunkt des Teilverzichts die Wiederbeschaffungskosten für den Differenzbetrag zwischen der ursprünglich zugesagten und der reduzierten Versorgung sind.

t) Verfügung des OFD Magdeburg vom 2. 9. 2010 (KSt-Kartei ST § 8 KStG Karte 2.39) – S 2176 – 57 – St 215 – betr. steuerliche Auswirkungen des Verzichts eines Gesellschafter-Geschäftsführers auf eine Pensionszusage

Bei Eintritt einer finanziellen Krise einer Kapitalgesellschaft wird häufig durch den Gesellschafter-Geschäftsführer ganz oder teilweise auf eine bestehende Pensionsanwartschaft verzichtet. Hinsichtlich der allgemeinen steuerlichen Folgen wird auf die o. g. Niederschrift verwiesen.

Im Fall einer gesellschaftlichen Veranlassung des Verzichts auf die Pensionszusage ist danach bei dem Gesellschafter-Geschäftsführer ein steuerlicher Zufluss des werthaltigen Teils der erdienten Anwartschaft sowie die Leistung einor verdeckten Einlage in entsprechender Höhe in die Kapitalgesellschaft anzunehmen.

Die beteiligten Parteien sind bestrebt, den Eintritt dieser Rechtsfolgen durch einen auf den sog. ‚future service' beschränkten Verzicht zu vermeiden. Hierunter ist der Teil der Pensionsanwartschaft zu verstehen, der zum Zeitpunkt des Verzichts noch nicht erdient worden ist.

Ein derartiger Vorgang ist nach Beschluss der obersten Finanzbehörden des Bundes und der Länder wie folgt steuerlich zu behandeln:

1. Auch ein Verzicht auf den ‚future service' kann zu einem Zufluss bei dem Gesellschafter-Geschäftsführer sowie zur Annahme einer verdeckten Einlage führen. Es ist allerdings im Einzelfall zu prüfen, in welcher Höhe eine verdeckte Einlage vorliegt.

Es kommt für die Bewertung der verdeckten Einlage nicht darauf an, ob sich die Vereinbarung auf künftig noch zu erdienende Versorgungsanwartschaften bezieht, sondern ausschließlich auf die betragsmäßige Reduzierung der Pensionsanwartschaft. Es ist dabei nicht ausgeschlossen, dass die Vereinbarung versicherungsmathematisch so austariert ist, dass es zu einer verdeckten Einlage in die Kapitalgesellschaft mit einem Wert von 0 EUR kommt. Dies kann dann der Fall sein, wenn der Barwert, der nach Abschluss der Verzichtserklärung verbleibenden Pensionsanwartschaft den zum Verzichtszeitpunkt erworbenen Ansprüchen (Gegenwartswert bzw. ggf. ratierlicher (m/n-tel) Anwartschaftsbarwert) entspricht.

2. Die in der Bilanz der Kapitalgesellschaft passivierte Pensionsrückstellung ist auf der Basis der abgesenkten Pensionszusage neu zu berechnen. Da nach den Regelungen des § 6 a EStG die Pensionsrückstellung auf die Zeit von der Zusage bis zum Eintritt in die Leistungsphase zu verteilen ist, ergibt sich ggf. im Jahr des Verzichts eine Korrektur der bestehenden Rückstellung.

u) Verfügung des OFD Frankfurt vom 10. 9. 2010 – S 2742 A – 10 – St 510 – betr. steuerliche Auswirkungen des Verzichts eines Gesellschafter-Geschäftsführers auf eine Pensionszusage

1. Allgemeines

Verzichtet ein Gesellschafter-Geschäftsführer einer GmbH auf eine Pensionszusage, die nach den in R 38 KStR und H 38 KStH genannten Kriterien zu einer Minderung des Einkommens der GmbH geführt hat, so ergeben sich nach dem Beschluss der obersten Finanzbehörden des Bundes und der Länder folgende Auswirkungen:

1. Die GmbH hat die nach § 6 a EStG gebildete Pensionsrückstellung in ihrer Steuerbilanz erfolgswirksam aufzulösen.

2. Der Verzicht auf die Pensionszusage ist regelmäßig durch das Gesellschafterverhältnis veranlasst, weil ein Nichtgesellschafter der Gesellschaft diesen Vermögensvorteil (entschädigungsloser Wegfall einer Pensionsverpflichtung) nicht eingeräumt hätte. Eine betriebliche Veranlassung des Verzichts auf die Pensionszusage ist nach

allgemeinen Grundsätzen nur anzunehmen, wenn auch ein Fremdgeschäftsführer auf die Pensionszusage verzichten würde.

3. Im Fall der gesellschaftsrechtlichen Veranlassung des Pensionsverzichts liegt eine verdeckte Einlage i.h. des Teilwerts der Pensionsanwartschaft vor (BFH v. 9. 6. 1997 GrS 1/94, BStBl. 1998 II S. 307, und v. 15. 10. 1997 I R 58/93, BStBl. 1998 II S. 305). Die verdeckte Einlage ist außerbilanziell bei der Ermittlung des zu versteuernden Einkommens in Abzug zu bringen. Der Teilwert der verdeckten Einlage ist nicht nach § 6 a EStG, sondern unter Beachtung der allgemeinen Teilwertermittlungsgrundsätze im Zweifel nach den Wiederbeschaffungskosten zu ermitteln. Demnach kommt es darauf an, welchen Betrag der Gesellschafter zu dem Zeitpunkt des Verzichts hätte aufwenden müssen, um eine gleich hohe Pensionsanwartschaft gegen einen vergleichbaren Schuldner zu erwerben. Dabei kann die Bonität des Forderungsschuldners berücksichtigt werden. Außerdem kann von Bedeutung sein, ob die Pension unverfallbar ist oder ob sie voraussetzt, dass der Berechtigte bis zum Pensionsfall für den Verpflichteten nicht selbständig tätig ist (BFH v. 15. 10. 1997 GrS 1/94, BStBl. 1998 II S. 307).

4. In Höhe des Teilwerts der verdeckten Einlage liegt beim Gesellschafter-Geschäftsführer ein Zufluss von Arbeitslohn vor.

5. Die verdeckte Einlage führt zu nachträglichen Anschaffungskosten auf die GmbH-Anteile (§ 6 Abs. 6 S. 2 EStG betr. zum Betriebsvermögen gehörende Anteile; BFH v. 2. 12. 1980 VIII R 114/77, BStBl. II S. 494, zu Anteilen i. S. d. § 17 EStG).

2. Verzicht auf den „future-service"

Die unter I. dargestellten Grundsätze geltend entsprechend, wenn der Gesellschafter-Geschäftsführer nur auf einen Teil seiner Pensionsanwartschaft verzichtet.

Beispiel:

Gemäß den Bestimmungen der Pensionszusage v. 16. 1. 1990 wurden dem Gesellschafter-Geschäftsführer folgende Versorgungsanwartschaften eingeräumt:

• Monatliche Altersrente i. H. v. 6300 EUR

• Monatliche Berufsunfähigkeitsrente i. H. v. 6300 EUR.

In einer Änderungsvereinbarung zur Pensionszusage zwischen der GmbH und dem Gesellschafter-Geschäftsführer v. 1. 8. 2008 werden diese Anwartschaften auf jeweils 3200 EUR reduziert.

In der Änderungsvereinbarung wird dargestellt, dass es sich bei den Beträgen i. H. v. 3200 EUR um „einvernehmlich als unverfallbar festgestellte Anwartschaften" handelt und ein weiteres Anwachsen von Versorgungsanwartschaften ab dem 1. 8. 2008 nicht mehr stattfinde. Künftig zu erdienende Versorgungsanwartschaften („future service") würden einvernehmlich auf 0 EUR herabgesetzt.

Auswirkungen:

1. Die Pensionsrückstellung ist bis zur Höhe des Teilwerts nach § 6 a Abs. 2 Satz 3 EStG aufzulösen, der sich auf den Bilanzstichtag nach dem Teilverzicht ergeben hätte, wenn von Anfang an nur eine Pension in der später reduzierten Höhe zugesagt worden wäre. Nach dem Grundsatz des § 6 a EStG, die Pensionsrückstellung bis zum vertraglich vereinbarten Pensionsalter gleichmäßig aufzubauen, ist ein Verzicht nur auf den „future Service" mit der Folge des Einfrierens der bereits gebildeten Pensionsrückstellung nicht möglich.

2. Es liegt eine verdeckte Einlage vor, weil ein Nichtgesellschafter im Regelfall eine Reduzierung seiner Pensionsanwartschaft ohne Gegenleistung nicht vereinbart hätte. Für die Frage, ob eine verdeckte Einlage vorliegt, ist unerheblich, in welcher Höhe die Pensionsanwartschaft zum Zeitpunkt des Verzichts in der Änderungsvereinbarung zur Pensionszusage von den Vertragsparteien als „erdient" bzw. „unverfallbar" bezeichnet wird. Die Anwartschaft stellt einen einheitlichen Vermögensvorteil dar. Verzichtet der Gesellschafter-Geschäftsführer auf einen Teil der ihm zugesagten Versorgungsbezüge (z. B. auf 3100 EUR monatlich an Eintritt des Versorgungsfalls), so betrifft dieser Verzicht sowohl den bereits erdienten als auch den noch nicht erdienten Teil der Anwartschaft. Eine Aufteilung der Anwartschaft in der Weise, dass ein Verzicht nur auf den nicht erdienten Teil angenommen werden könnte, ist im Hinblick auf die Einheitlichkeit dieses Vermögensvorteils ausgeschlossen.

3. Bei der Ermittlung des Teilwerts der verdeckten Einlage ist nach den unter I.3. dargestellten Grundsätzen des BFH-Urteils v. 15. 10. 1997 GrS 1/94, BStBl. 1998 II S. 307, darauf abzustellen, wie hoch zum Zeitpunkt des Teilverzichts die Wiederbeschaffungskosten für den Differenzbetrag zwischen der ursprünglich zugesagten und der reduzierten Versorgung sind. Dabei ist es im Einzelfall nicht ausgeschlossen, dass die Vereinbarung versicherungsmathematisch so austariert ist, dass es zu einer verdeckten Einlage in die Kapitalgesellschaft mit einem Wert von 0 EUR kommt. Das kann der Fall sein, wenn der Barwert der nach Abschluss der Verzichtserklärung verbleibenden Pensionsanwartschaft den zum Verzichtszeitpunkt erworbenen Ansprüchen (Gegenwartswert bzw. ratierlicher (m/n-tel) Anwartschaftsbarwert) entspricht.

v) Verfügung des OFD Karlsruhe vom 17. 9. 2010 – S 274.2/107 – St 221 – betr. Pensionszusagen; Verzicht eines Gesellschafter-Geschäftsführers auf eine Pensionsanwartschaft gegenüber seiner Kapitalgesellschaft als verdeckte Einlage; Verzicht auf den sog. „future service"

Wird die Pensionszusage eines Gesellschafter-Geschäftsführers einer Kapitalgesellschaft geändert und ist der Barwert der Anwartschaft aus der geänderten Pensionszusage geringer als der Barwert des bis zum Änderungszeitpunkt erdienten Teils aus der bisherigen Pensionszusage, fließt dem Gesellschafter-Geschäftsführer ein Vermögenswert in Höhe des werthaltigen Teils der Differenz der Barwerte als Tätigkeitsvergütung zu. In dieser Höhe wird zugleich der Kapitalgesellschaft ein Vermögens-vorteil zugewendet, der Gegenstand einer verdeckten Einlage ist.

Bei der Berechnung der Barwerte der geänderten Pensionsverpflichtung und des bis zum Änderungszeitpunkt erdienten Teils aus der bisherigen Pensionsverpflichtung sind die gleichen rechnungsmäßigen Grundlagen und die anerkannten Regeln der Versicherungsmathematik zum Änderungszeitpunkt anzuwenden. Es wird dabei für den Barwertvergleich nicht beanstandet, wenn die Rechnungsgrundlagen verwendet werden, die am vorangegangenen Bilanzstichtag der steuerlichen Bewertung der Pensionsverpflichtung zugrunde lagen.

Als erdienter Teil der bisherigen Versorgungszusage gilt bei einer Leistungszusage oder einer beitragsorientierten Leistungszusage an einen Gesellschafter-Geschäfts-führer, dessen Vergütungen dem steuerlichen Nachzahlungsverbot unterliegen, min-destens der Teilanspruch aus den bisher versprochenen Versorgungsleistungen, der dem Verhältnis der von einer Pensionszusage begleiteten Dauer des Dienstverhält-nisses bis zum Änderungszeitpunkt einerseits und bis zu der in der Pensionszusage vorgesehenen festen Altersgrenze andererseits entspricht (= ratierlicher [m/n-tel] An-wartschaftsbarwert). Bei nicht beherrschenden Gesellschafter-Geschäftsführern tritt an die Stelle der erstmaligen Erteilung einer Pensionszusage der Beginn des Dienst-verhältnisses.

Liegt der bisherigen Pensionszusage eine ernsthaft vereinbarte Umwandlung ander-weitig vereinbarten und steuerlich anzuerkennenden Barlohns zugrunde, gilt als er-dienter Teil die bis zum Änderungszeitpunkt erreichte Anwartschaft auf Leistungen aus den bis dahin umgewandelten Entgeltbestandteilen (= voller Anwartschaftsbar-wert).

Ab dem folgenden Bilanzstichtag ist die geänderte Versorgungsverpflichtung nach § 6 a EStG bilanzsteuerlich zu bewerten. Der Auflösungsbetrag der Pensionsrück-stellung ist für die Bewertung der verdeckten Einlage nicht maßgeblich.

Verbindliche Auskünfte können nun wieder unter Berücksichtigung der dargelegten Grundsätze erteilt werden.

Diese Verfügung ergeht nur in elektronischer Form und wird in FAIR im Bereich KSt/Verfügungen eingestellt.

5. Merkblatt 300/M 1*
Insolvenzsicherung für Versorgungszusagen an (Mit-)Unternehmer (persönlicher und sachlicher Geltungsbereich des Betriebsrentengesetzes) (Stand: 3.10 / Ersetzt: 1.05)

1. Geltungsbereich des BetrAVG

– Melde- und Beitragspflicht sowie Insolvenzschutz (im Folgenden: „Insolvenzsicherung") sind im Betriebsrentengesetz (BetrAVG) geregelt. Aus dem BetrAVG ergibt sich auch der persönliche und sachliche Geltungsbereich der Insolvenzsicherung für Versorgungszusagen an (Mit-)Unternehmer.

– **Grundsätzlich** ist das BetrAVG ein Schutzgesetz für **Arbeitnehmer** und Personen in einem vergleichbaren Vertragsverhältnis (§ 17 Abs. 1 Satz 1 und Satz 2 BetrAVG)[1], **nicht** aber für **(Mit-)Unternehmer** (persönlicher Geltungsbereich).

– Weiterhin schützt das BetrAVG nur Leistungen, die der Sache nach **betriebliche Altersversorgung** (§ 1 Abs. 1 Satz 1 BetrAVG) darstellen (sachlicher Geltungsbereich).

2. Selbstveranlagungsprinzip

Nach dem für die Melde- und Beitragspflicht geltenden Prinzip der **Selbstveranlagung** (§§ 10, 11 BetrAVG) meldet der **Arbeitgeber** die seiner Auffassung nach der Insolvenzsicherung unterliegenden Versorgungsverpflichtungen **in eigener Verantwortung**, ggf. mit Hilfe sachkundiger Berater. Der PSVaG gibt dazu mit seinen Merkblättern Orientierungshilfen. Darüber hinausgehende detaillierte Beratung und Auskunft ist dem PSVaG aufgrund seiner gesetzlichen Aufgabenstellung vor Eintritt eines Sicherungsfalls nicht möglich.

3. Persönlicher Geltungsbereich

Den folgenden **Fallgruppen** aus dem persönlichen Geltungsbereich liegen – von einigen Sonderfällen ab-gesehen – **typische Gegebenheiten** zugrunde.

Ausschlaggebend sind die Umstände des Einzelfalls. Das Steuer- wie auch das Sozialversicherungsrecht können aufgrund der Besonderheiten des BetrAVG nicht schematisch als Auslegungshilfe herangezogen werden.

---

* Merkblätter informieren in allgemeiner Form über die Insolvenzsicherung aufgrund des BetrAVG und geben die derzeitige Rechtsauffassung des PSVaG wieder. Sie stehen unter dem Vorbehalt, dass sich die Rechtslage – insbesondere durch die Rechtsprechung – nicht ändert. Merkblätter haben nicht den Charakter von Verwaltungsrichtlinien und -anordnungen.

1 Vgl. amtliche Begründung zu § 7 Abs. 1 Satz 2 des Entwurfs eines Gesetzes zur Verbesserung der betrieblichen Altersversorgung – Bundestagsdrucksache 7/1281. § 7 Abs. 1 Satz 2 des Entwurfs entspricht unverändert § 17 Abs. 1 Satz 2.

3.1 Einzelunternehmen

[...]

3.2 Personengesellschaften

Personengesellschaften sind (zumindest bei einem Teil der Gesellschafter) geprägt durch persönliche Haftung und selbst ausgeübte Geschäftsleitung (Selbstorganschaft). Daraus ergibt sich für Gesellschafter von Personengesellschaften folgende Abgrenzung:

3.2.1 BGB-Gesellschaft

Gesellschafter einer BGB-Gesellschaft: Keine Insolvenzsicherung.

3.2.2 OHG

Komplementäre, unabhängig von ihrer Beteiligung: Keine Insolvenzsicherung.

3.2.3 KG, KGaA

3.2.3.1 *Komplementäre,* unabhängig von ihrer Beteiligung: Keine Insolvenzsicherung.

Ausnahme:

Falls die Komplementäre bei wirtschaftlicher Betrachtungsweise nur angestellte Komplementäre sind, also lediglich im Außenverhältnis als Gesellschafter auftreten, im Innenverhältnis aber - etwa auch durch interne Freistellung von der Haftung – wie Angestellte gegenüber den die Gesellschaft beherrschenden Kommanditisten gebunden sind: Insolvenzsicherung.

3.2.3.2 *Kommanditisten,* wenn sie nicht nur KG-Gesellschafter sind, sondern auch Arbeitnehmer in einem arbeits-rechtlich anzuerkennenden Arbeitsverhältnis (vgl. Ziff. 3.1 b), unabhängig von ihrer Beteiligung: Insolvenzsicherung.

3.2.3.3 *Kommanditisten,* wenn sie ausnahmsweise aufgrund von geschäftsführerähnlicher Leitungsmacht und entsprechender Kapitalbeteiligung einem mehrheitsbeteiligten Gesellschafter-Geschäftsführer einer Kapitalgesellschaft (Ziff. 3.3.1.2, 3.3.1.3) gleichstehen (= eigenverantwortliche Unternehmensleiter): Keine Insolvenzsicherung.

3.2.4 GmbH & Co KG

3.2.4.1 *Kommanditisten und Geschäftsführer* in der Komplementär-GmbH

a) Ist in einer GmbH & Co. KG, deren Komplementär-GmbH keinen gesonderten über die Förderung der KG hinausgehenden Geschäftsbetrieb hat, der Geschäftsführer der GmbH an einer oder an beiden Gesellschaften beteiligt, so richtet sich die Insolvenzsicherung nach der Höhe seiner unmittelbaren und/oder mittelbaren Beteiligung (vgl. zur mittelbaren Beteiligung Ziff. 3.4) an der **KG** entsprechend den Ziffern 3.3.1.2, 3.3.1.3, gleichgültig ob die Zusage von der GmbH oder der KG erteilt wurde.

b) Unterhält die Komplementär-GmbH einen von der Förderung der Geschäfte der KG unterscheidbaren, wirtschaftlich eigenständigen Betrieb, der die Grundlage für besondere Dienstleistungen und damit auch für eine gesonderte betriebliche Altersversorgung des Geschäftsführers bildet, so richtet sich die Insolvenzsicherung für diese Versorgungszusage des Geschäftsführers nach der Höhe der unmittelbaren und/oder mittelbaren Beteiligung (vgl. zur mittelbaren Beteiligung, Ziff. 3.4) an der **GmbH** entsprechend Ziff. 3.3.1.2, 3.3.1.3.

3.2.4.2 *Kommanditisten und Nicht-Geschäftsführer* in der Komplementär-GmbH

Es gelten Ziff. 3.2.3.2, 3.2.3.3 entsprechend.

3.3 Kapitalgesellschaften, Genossenschaften, Vereine

Bei Kapitalgesellschaften (GmbH, AG) und vergleichbaren Zusammenschlüssen (Genossenschaften – eG, eingetragene Vereine – eV) sind die Höhe des Kapitaleinsatzes und die Möglichkeit, auf die Leitung des Unternehmens, der eG oder des eV Einfluss zu nehmen, ausschlaggebend dafür, ob Insolvenzsicherung gegeben ist. Möglichkeiten zur Einflussnahme haben Geschäftsführer einer GmbH, Vorstandsmitglieder einer AG, einer eG oder eines eV, aber auch Personen, die lediglich im Innenverhältnis über eine geschäftsführerähnliche Leitungsmacht verfügen (z. B. Prokuristen mit Einzelvertretungsvollmacht).

3.3.1 GmbH

3.3.1.1 *Geschäftsführer* und Personen mit geschäftsführerähnlicher Leitungsmacht (z. B. Prokuristen mit Einzelvertretungsvollmacht), die **nicht** am Kapital und/oder Stimmrecht der GmbH beteiligt sind: Insolvenzsicherung.

3.3.1.2 Nur **ein** *Geschäftsführer* mit Beteiligung am Kapital und/oder Stimmrecht der GmbH

a) mit weniger als 50 %: Insolvenzsicherung.

b) ab 50 %: Keine Insolvenzsicherung.

3.3.1.3 **Mehrere** *Geschäftsführer* oder Personen mit geschäftsführerähnlicher Leitungsmacht und Beteiligung am Kapital und/oder Stimmrecht der GmbH: Zusammenrechnung der Anteile am Kapital und/oder Stimmrecht wegen gleichgerichteter Interessenslage mit folgendem Ergebnis:

a) Zusammengerechnete Anteile am Kapital und/oder Stimmrecht von nicht mehr als 50 %: Insolvenzsicherung für **alle**.

b) Zusammengerechnete Anteile am Kapital und/oder Stimmrecht von mehr als 50 %: Insolvenzsicherung für **keinen**.

Ausnahmen hiervon:

Keine Zusammenrechnung oder Zurechnung der Anteile am Kapital und/oder Stimmrecht bei

ba) Beteiligung eines der Geschäftsführer von mehr als 50 %: Keine Insolvenzsicherung für den Mehrheitsgesellschafter, aber Insolvenzsicherung für den oder die übrigen Gesellschafter.

bb) einer Minderheitsbeteiligung einzelner (nicht aller) Geschäftsführer am Kapital und/oder Stimm-recht von unter 10 %: Insolvenzsicherung für den/die Minderheitsgesellschafter, für den oder die übrigen Gesellschafter Insolvenzsicherung zu beurteilen entsprechend Ziff. 3.3.1.2, 3.3.1.3 (Grundsatz).

3.3.2 AG, eG, eV

Es gilt Ziff. 3.3.1 sinngemäß. Die Besonderheiten des Statuts sind zu beachten.

3.4 Sonderfälle:

a) **Beteiligung des Ehegatten** des Gesellschafter-Geschäftsführers oder Geschäftsführers am Kapital und/oder Stimmrecht:

– Bei dem gesetzlichen Güterstand der Zugewinngemeinschaft und bei Gütertrennung: Keine Zusammenrechnung oder Zurechnung, d. h. Insolvenzsicherung zu beurteilen entsprechend Ziff. 3.3.1.2, 3.3.1.3.

– Bei Gütergemeinschaft: Zusammenrechnung oder Zurechnung, d. h. Insolvenzsicherung zu beurteilen entsprechend Ziff. 3.3.1.2, 3.3.1.3.

b) **Ausübung der Stimmrechte anderer** in persönlicher Verantwortung des Geschäftsführers, z. B. aufgrund eines Stimmbindungsvertrages oder aufgrund sonstiger Absprachen: Grundsätzlich Zurechnung der Stimmrechte, d. h. Insolvenzsicherung zu beurteilen entsprechend Ziff. 3.3.1.2, 3.3.1.3.

c) **Beteiligung** des Geschäftsführers am Kapital **bei davon abweichenden Stimmrechten:**

Grundsätzlich ist der jeweils höhere Wert ausschlaggebend: Insolvenzsicherung zu beurteilen entsprechend Ziff. 3.3.1.2, 3.3.1.3.

d) **Indirekte** (mittelbare) **Beteiligung:**

Die Versorgungszusage an den Gesellschafter-Geschäftsführer oder Gesellschafter hat eine Gesellschaft erteilt, deren Kapital eine andere Gesellschaft ganz oder teilweise hält, an welcher der Zusageempfänger (ebenfalls) beteiligt ist. Dadurch sind die Verhältnisse in den beteiligten Gesellschaften, z. B. Kapitalanteile, Leitungsmacht, persönliche Haftung, (mit) zu berücksichtigen: Insolvenzsicherung zu beurteilen entsprechend Ziff. 3.2 und 3.3.

3.5 Anteilige Insolvenzsicherung bei Wechsel von der Arbeitnehmer- in die (Mit-)Unternehmerstellung oder umgekehrt

Der Wechsel von einer Arbeitnehmer- in eine (Mit-)Unternehmerstellung oder umgekehrt kann unabhängig davon, wann die Versorgungszusage erteilt wurde, zu **anteiliger** Insolvenzsicherung führen. Ausschlaggebend dafür ist, inwieweit die Versorgungszusage durch eine Tätigkeit als Arbeitnehmer und inwieweit sie durch eine solche als (Mit-)Unternehmer erdient worden ist (vgl. Staier, Betriebs-Berater 1981 S. 688).

a) Rentner

Insolvenzsicherung besteht für den Teil der Versorgung, der dem Verhältnis der Summe der Arbeitnehmerzeiten zu der insgesamt im Betrieb verbrachten Zeit entspricht.

b) Anwärter

Insolvenzsicherung besteht bei Anwärtern nur dann, wenn durch Tätigkeitszeiten als Arbeitnehmer die gesetzlichen Unverfallbarkeitsvoraussetzungen gemäß § 1b Abs. 1 Satz 1, 30f Abs. 2 BetrAVG (bei Zusagen ab 1. 1. 2001) oder § 30f Abs. 1 BetrAVG (bei Zusagen vor 1. 1. 2001) erfüllt sind, vgl. dazu Merkblätter 300/M 3, 300/M 5 und 300/M 12 , ggf. durch Zusammenrechnung vor und nach einer (Mit-)Unternehmerzeit verbrachter Arbeitnehmerzeiten. Dabei zählen Betriebszugehörigkeits- und Zusagezeiten als Arbeitnehmer nach Beendigung der (Mit-)Unternehmerzeit weiter.

Für die Berechnung der Unverfallbarkeitsfristen rechnen Zeiten, in denen der Versorgungsberechtigte als (Mit-)Unternehmer tätig war, weder für die Zusagedauer noch als Betriebszugehörigkeit mit.

Liegt aufgrund der Arbeitnehmerzeiten eine gesetzlich unverfallbare Anwartschaft vor, besteht Insolvenzsicherung für den Teil der zugesagten Versorgung, der dem Verhältnis der Summe der Arbeitnehmerzeiten zu der insgesamt bis zur festen Altersgrenze laut Versorgungsregelung möglichen Betriebszugehörigkeit entspricht (= Aussonderung der [Mit-]Unternehmerzeit und zeitanteilige Berechnung gemäß § 7 Abs. 2 i. V. m. § 2 Abs. 1 BetrAVG).

4. Sachlicher Geltungsbereich

Insolvenzsicherung besteht nach dem Gesetz nur für betriebliche Altersversorgung der Sache nach. Als betriebliche Altersversorgung i. S. d. BetrAVG sind Leistungen der Alters-, Invaliditäts- und/oder Hinterbliebenenversorgung anzusehen, die aus Anlass eines Arbeitsverhältnisses (§ 1 Abs. 1 Satz 1 BetrAVG) oder eines vergleichbaren Vertragsverhältnisses (§ 17 Abs. 1 Satz 2 BetrAVG) zugesagt wurden.

Liegt der Anlass für die Versorgungszusage (auch) in der Gesellschafterstellung des Versorgungsberechtigten und/oder gehen die zugesagten Leistungen über das hinaus, was bei einem Gesellschaftsfremden in vergleichbarer Position wirtschaftlich vernünftig und zur Alters-, Invaliditäts- und/oder Hinterbliebenenversorgung angemessen ist, kann es sich insoweit ganz oder teilweise um (Mit-)Unternehmerlohn handeln, für den keine Insolvenzsicherung besteht, und zwar unabhängig davon, ob der Betreffende unter den persönlichen Geltungsbereich des BetrAVG (Ziff. 3) fällt.

Literaturverzeichnis

Ahrend/Förster/Rößler, Steuerrecht der betrieblichen Altersversorgung mit arbeitsrechtlicher Grundlegung, Loseblatt (Ahrend/Förster/Rößler)

Alber, Aktuelle steuerliche Fragen bei Pensionszusagen an Gesellschafter-Geschäftsführer, BetrAV 2007, S. 415 ff.

Arteaga, Checkbuch Geschäftsführerversorgung, 2000

Baer, Steuerliche Anerkennung von Versorgungszusagen an Gesellschafter-Geschäftsführer von Kapitalgesellschaften, BB 1989, S. 1529

Beck, Abfindung für Pensionszusagen – Handlungsbedarf zum Jahresende, DStR 2005, S. 2062 ff.

Beck, Pensionszusage, in: Drols (Hrsg.), Handbuch Betriebliche Altersversorgung, 2. Aufl. 2005, S. 519 ff.

Beck/Henn, Pensionszusage – richtig gemacht, 2001

Blomeyer/Rolfs/Otto, Gesetz zur Verbesserung der betrieblichen Altersversorgung, 5. Aufl., 2010 (Blomeyer/Rolfs/Otto)

Blümich, Kommentar zu EStG, KStG, GewStG, 15. Aufl., 1996 (Blümich)

Bode/Grabner, Kommt es bei der steuerlichen Anerkennung von Pensionszusagen auf das Verhältnis zwischen Versorgung und Aktivenbezügen an?, DB 1996, S. 544 ff.

Borst, Ertragsteuerliche Folgen von Vereinbarungen zwischen einer Kapitalgesellschaft und deren Gesellschafter, BB 1989, S. 38

Brenner, Neue Rechtsprechung zu Vergütungen für den Gesellschafter-Geschäftsführer einer GmbH, DStZ 1996, S. 68 f.

Briese, vGA-Probleme bei Pensionszusagen im Falle vorzeitigen Ausscheidens des beherrschenden Gesellschafter-Geschäftsführers, DStR 2004, S. 1233 ff., 1276 ff.

Briese, Wechselwirkungen von Betriebsrentenrecht und Steuerrecht bei Pensionszusagen an Gesellschafter-Geschäftsführer; DB 2009, S. 2346 (2348)

Briese, Wechselwirkungen von Betriebsrentenrecht und Steuerrecht bei Pensionszusagen an Gesellschafter-Geschäftsführer, BetrAV 2010, S. 31 ff.

Buciek, Anmerkung zum BHF-Urteil vom 20. Dezember 2000 I R 15/00, DStZ 2001, S. 480, 481

Buddenbrock/König, Restrukturierungsmöglichkeiten von Versorgungszusagen an beherrschende Gesellschafter-Geschäftsführer – (GGF-Zusagen), BetrAV 2009, S. 206 (209)

Buttler, Steuerliche Behandlung von Unterstützungskassen, 5. Aufl., 2009

Buttler/Baier, Bei vielen Pensionszusagen mahnt das Steuerrecht zur Eile, VW 2005, S. 1412 f.

Centrale Gutachtendienst, Verdeckte Gewinnausschüttung bei Pensionszusagen an Gesellschafter-Geschäftsführer einer neugegründeten GmbH, GmbHR 1993, S. 217

Dernberger/Matthias, Pensionsrückstellungen nach dem BilMoG: Diskussion der möglichen Bewertungsverfahren und Prämissen, BetrAV 2008, S. 571 ff.

Diller/Arnold/Kern, Abdingbarkeit des Betriebsrentengesetzes für Organmitglieder, GmbHRundschau 2010, S. 281 (282)

Doetsch, Altersvorsorge für Manager – Wirksame Vorsorge für Alter, Berufsunfähigkeit, Tod, Neuwied 1998

Doetsch, Steuerliche Anerkennung von Pensionszusagen gegenüber GmbH-Gesellschafter-Geschäftsführern. Eine systematische Untersuchung anhand der Rechtsprechung und aktuellen Prüfungspraxis der Finanzverwaltung, BB 1994, S. 327 ff.

Doetsch, Jahressteuergesetz 1996: Auswirkungen auf Direktversicherungen und Pensionskassen, DB 1995, S. 2339 ff.

Doetsch, Zuwendungen an Unterstützungskassen unter Berücksichtigung der Änderungen durch das Jahressteuergesetz 1996, BB 1995, S. 2553 ff.

Doetsch, Besonderheiten der Versorgung von Gesellschafter-Geschäftsführern, BetrAV 2005, S. 33

Doetsch, Veränderte Anforderungen an Gestaltung und Publizität von Vorstands-Pensionszusagen, Die Aktiengesellschaft 2010, S. 465 ff.

Doetsch, Vorstandspensionen verdienten mehr Beachtung, Der Aufsichtsrat 2010, S. 159 ff.

Dötsch/Geiger/Klingebiel/Lang/Rupp/Wochinger, Verdeckte Gewinnausschüttung/ Verdeckte Einlage, 2004 (Dötsch u. a., vGA)

Doetsch/Lenz, Notwendigkeit der Unterscheidung von ersetzenden und ergänzenden Pensionszusagen der Gesellschafter-Geschäftsführer, DB 2006, S. 524 ff.

Färber, Versorgungszusagen an Gesellschafter und deren Angehörige bei Kapitalgesellschaften und bei Familiengesellschaften, Betrieb und Wirtschaft 1995, S. 155

Finsterwalder, Angemessenheitsprüfung und Überversorgung bei Pensionszusagen an Gesellschafter-Geschäftsführer im Licht unangemessener Rechtsfolgen, DB 2005, S. 1189 ff.

Förster/Heger, Pensionszusagen an Gesellschafter-Geschäftsführer – Ausgestaltungskriterien in der Diskussion, DStR 1994, S. 507

Förster/Heger, Zum Versorgungsniveau bei Gesellschafter-Geschäftsführern von Kapitalgesellschaften, DStR 1996, S. 408 ff.

Förster/Rühmann/Cisch, Betriebsrentengesetz, 12. Aufl. 2009 (Förster/Rühmann/Cisch, BetrAVG)

Frankfurter Kommentar zur Insolvenzordnung, Neuwied 1999

Freckmann, Der GmbH-Geschäftsführer im Arbeits- und Sozialversicherungsrecht – Ein Überblick unter Berücksichtigung der neuesten Rechtsprechung, DStR 2008, S. 52 ff.

Goecke, Kriterien für die steuerliche Anerkennung von Pensionszusagen für beherrschende Gesellschafter-Geschäftsführer einer GmbH, BB 1995, S. 2467 ff.

Gosch, Neuere Rechtsprechung des Bundesfinanzhofes zu Sonderzusagen der betrieblichen Altersversorgung, BB 1996, S. 1689 ff.

Gosch, Die Finanzierbarkeit der Pensionszusage im Widerstreit von BMF und BFH, DStR 2001, S. 882 ff.

Gosch, Neue Rechtsprechung des Bundesfinanzhofs zu den Gesellschafter-Geschäftsführern, BetrAV 2002, S. 754 ff.

Gosch, Körperschaftsteuergesetz, 2.Aufl. 2009

Gosch, Aus der Rechtsprechung des Bundesfinanzhofs, BetrAV 2007, S. 713 ff.

Götz, Erbschaftsteuerliche Behandlung der Witwenrenten von Gesellschafter-Geschäftsführern, INF 2005, S. 225 ff.

Grabner, Die Jahresnettoprämie als Beurteilungsmaßstab für eine angemessene betriebliche Versorgung, BetrAV 1996, S. 162 ff.

Grabner/Bode/Stein, Brutto-Entgeltumwandlung vs. „Riester-Förderung", DB 2001, S. 1893

Gramm, Anmerkung zum BFH-Urteil vom 20. 12. 2000 – I R 15/00, BetrAV 2001, S. 480 ff.

Gschwendtner, Die „Nur-Pensionszusage" in der Rechtsprechung des Bundesfinanzhofes, DStZ 1996, S. 7, 9

Heidelberger Kommentar zur Insolvenzordnung, Heidelberg 1999

Heubeck, Die Altersversorgung der Geschäftsführer bei GmbH und GmbH & Co, 3. Aufl., 1991

Höfer, Die Besteuerung der betrieblichen Altersversorgung von Kapitalgesellschaftern, 2. Aufl., 2000 (Höfer)

Höfer, Betriebsrentenrecht (BetrAVG), Bd. I: Arbeitsrechtlicher Teil, Loseblatt (Höfer, Bd I AR)

Höfer/Veit/Verhuven, Betriebsrentenrecht (BetrAVG), Bd. II: Steuerrecht, Sozialabgaben, HGB/IFRS, Loseblatt (Höfer/Veit/Verhuven, Bd II StR)

Höfer, Pensionsrückstellungen und angemessenes Versorgungsniveau, BB 1996, S. 41 ff.

Höfer, Lohnsteuerfreie Übertragung der Geschäftsführerversorgung einer GmbH, DB 2003, S. 413 ff.

Höfer, Sind rückgedeckte Versorgungszusagen handelsrechtlich und steuerbilanziell eine Bewertungseinheit?, DB 2010, S. 2076 ff.

Höfer, Pensionsrückstellungen und gewinnabhängige Altersversorgung, DB 2010, S. 925

Höfer/Eichholz, Zehnjährige Mindestzusagedauer bei Versorgungszusagen für beherrschende Gesellschafter-Geschäftsführer einer GmbH, DB 1995, S. 1246

Höfer/Kisters-Kölkes, Zur steuerlichen Anerkennung von Versorgungszusagen an beherrschende Gesellschafter-Geschäftsführer einer GmbH, BB 1989, S. 1157

Janssen, Finanzierbarkeit einer Pensionszusage als Kriterium einer verdeckten Gewinnausschüttung verzichtbar?, BB 2001, S. 1818 ff.

Keil/Prost, Verzicht von Gesellschafter-Geschäftsführern auf den „future-service" von bestehenden Pensionszusagen, DStR 2010, S. 868 ff.

Kemper/Kisters-Kölkes/Berenz/Huber, BetrAVG – Kommentar zum Betriebsrentengesetz mit Insolvenzsicherung und Versorgungsausgleich, 4. Aufl. 2010

Klatt, Die Pensionskasse in der betrieblichen Altersversorgung, Karlsruhe 2003

Kramer, Der BFH setzt neue Akzente bei Pensionsrückstellungen, DStR 1998, S. 759

Kreußler, Aktuelle Steuerfragen zur Direktversicherung, VW 1984, S. 120, 125

Kreußler-Nörig, Lebensversicherung und Steuer, 4. Aufl., 1998

Kübler/Prütting, Kommentar zur Insolvenzordnung, München 1999

Kußmaul, Betriebliche Altersversorgung von Geschäftsführern – Voraussetzungen und finanzwirtschaftliche Auswirkungen, 1995

Langohr-Plato, Arbeits-, steuer- und sozialversicherungsrechtliche Rahmenbedingungen bei betrieblichen Versorgungsleistungen (Pensionszusagen) an Gesellschafter-Geschäftsführer von Kapitalgesellschaften, Stbg 1992, S. 257 ff., 309 ff.

Langohr-Plato, Pensionszusagen an GmbH-Gesellschafter-Geschäftsführer, INF 1995, S. 171 ff., 206 ff.

Langohr-Plato, Berücksichtigung von Warte- und Vordienstzeiten bei Pensionszusagen gegenüber GmbH-Gesellschafter-Geschäftsführern, INF 1998, S. 102 ff.

Langohr-Plato, Die Abfindung betrieblicher Versorgungsansprüche unter besonderer Berücksichtigung von GmbH-Gesellschafter-Geschäftsführern, BetrAV 2001, S. 523 ff.

Langohr-Plato, Die betriebliche Altersversorgung (beherrschender) Gesellschafter-Geschäftsführer und ihre Konsequenzen für den steuerlichen Sonderausgabenvorwegabzug, INF 2002, S. 648 ff.

Langohr-Plato, Betriebliche Altersversorgung, 3. Aufl., 2004

Langohr-Plato, Anmerkung zum BFH-Urteil vom 28. 1. 2004, BetrAV 2004, S. 675 ff.

Langohr-Plato, Betriebliche Altersversorgung, 5. Aufl. 2010, (Langohr-Plato, BetrAV)

Langohr-Plato/Bamberg, Gesellschafter-Geschäftsführer-Versorgung: aktuelle Aspekte zu Verzicht und Auslagerung, BetrAV 2010, S. 730 ff.

Lenz/Teckentrup, Weitere Tätigkeit des Gesellschafter-Geschäftsführers einer GmbH nach Erreichen des Pensionsalters, INF 2006, S. 907 ff.

Lenz/Teckentrup, Gleichzeitiger Bezug von Altersleistung und Gehalt durch den GmbH-Geschäftsführer – Zugleich Besprechung des BFH-Urteils vom 5. 3. 2008 (I R 12/07), SteuerConsultant 08/2008, S. 26 ff. = BetrAV 2008, S. 672 ff.

Liebers (Hrsg.), Formularbuch des Fachanwalts Arbeitsrecht, 1. Aufl. 2011, Abschnitt K. Betriebliche Altersversorgung – Bearbeiterin: Kisters-Kölkes. (Liebers/Kisters-Kölkes, FB ArbR)

Linden, Gesellschafter-Geschäftsführer und Pensionszusagen – Durch „Einfrieren" ein Lohnsteuer- und Liquiditätsfiasko?, DStR 2010, S. 582 ff. = BetrAV 2010, S. 353 ff.

Mahlow, Die (steuerlich) wirksame Pensionszusage an Gesellschafter-Geschäftsführer einer Kapitalgesellschaft, DB 2005, S. 2651 ff.

Meier, Bilanzierung betrieblicher Versorgungsverpflichtungen nach dem BilMoG, BB 2009, S. 998

Neumann, Invaliditätsversorgung für Gesellschafter-Geschäftsführer, BFH-Urteil vom 28. 1. 2004 – Ein Auslegungsproblem?, in Kisters-Kölkes (Hrsg.), Festschrift für Kurt Kemper zum 65. Geburtstag, 2005, S. 337 ff.

Neumann, Behandlung von Pensionszusagen an Gesellschafter-Geschäftsführer bei Umwandlung einer GmbH auf eine Personengesellschaft, GmbHR 2002, S. 996 ff.

Niermann, Die Neuregelung der betrieblichen Altersversorgung durch das Altersvermögensgesetz (AVmG) aus steuerlicher Sicht, BetrAV 2001, S. 511 ff.

Probst, Versorgung von Gesellschafter-Geschäftsführern über Unterstützungskassen, BetrAV 2010, S. 536 ff.

Prost, Auswirkungen aktueller BFH-Rechtsprechung auf Versorgungszusagen an beherrschende Gesellschafter-Geschäftsführer, DB 2004, S. 2064 ff.

Prost/Rethmeier, Schuldbefreiende Übernahme von Zusagen auf betriebliche Altersversorgung bei Einstellung der Betriebstätigkeit und nachfolgender Liquidation – Grundlagen und praktische Erfahrungen, DB 2007, S. 1945 ff.

Rethmeier, Regelung von Versorgungsverpflichtungen mit der Liquidations-Direktversicherung, ZfV 2005, S. 144 ff.

Rethmeier, Die Liquidationsverordnung als Alternative zur Abfindung und Rentengesellschaft, Steuerjournal 2005, S. 34 ff.

Reuter, Direktversicherung für den Gesellschafter-Geschäftsführer der GmbH, GmbHR 1985, S. 28

Riemer, Fragen zur steuerlichen Praxis der betrieblichen Altersversorgung, BetrAV 2000, S. 425 ff.

Risthaus, Verzicht eines GGF auf eine Pensionszusage, BetrAV 2008, S. 737 ff. (738)

Schulte/Behnes, Jüngere Entwicklungen zur verdeckten Gewinnausschüttung in der Rechtsprechung, BB Special 12, 2005, S. 1 ff.

Seppelt, Die Reichweite des Pfandrechts bei wiederkehrenden Leistungen am Beispiel rückgedeckter unmittelbarer Pensionszusagen, VersR 2003, S. 292 ff.

Siegle, Vorsorgeaufwendungen bei Gesellschafter-Geschäftsführer von Kapitalgesellschaften, DStR 2007, S. 1662 ff.

Spitaler/Niemann, Die Angemessenheit der Bezüge geschäftsführender Gesellschafter einer GmbH, 7. Aufl., 1999

Stahlschmidt, Direktversicherungen und Rückdeckungsversicherungen in der Insolvenz, NZI 2006, S. 375 (377)

Staiger/Scholz, Belastungswirkungen verdeckter Gewinnausschüttungen nach Einführung des Halbeinkünfteverfahrens, BB 2002, S. 2633

Stegmann/Lind, Der Lebensversicherungsvertrag in der Insolvenz, NVersZ 2002, S. 193 (194)

Tillmann, Der GmbH-Geschäftsführervertrag, 6. Aufl., 1995 (Tillmann)

Tillmann, Unüblichkeit der Vereinbarung – ein neues Kriterium der verdeckten Gewinnausschüttung?, GmbHR 1993, S. 466

Tillmann/Schmidt, Vermeidung einer vGA aus Geschäftsführerverträgen – Aktueller Handlungsbedarf durch neue Rechtsprechung zu Änderungs-kompetenz, Tantieme, Pensionszusage und Gehaltsverzicht, GmbHR 1995, S. 796

Wanninger/Nikolaidu, Ausgewählte Probleme zur vGA insbesondere bei Gesellschafter-Geschäftsführern, BB 2002, S. 2470

Wassermeyer, Replik zu Hoffmann, DStR 1996, S. 733 ff.

Wassermeyer, Neues zur Definition der verdeckten Gewinnausschüttung, DB 2002, S. 2668

Wellisch, Zweifelsfragen bei der körperschaftsteuerlichen Anerkennung von Pensionszusagen an Gesellschafter-Geschäftsführer – zur Wartezeit, Erdienbarkeit und Unverfallbarkeit einer Pensionszusage, BB 2009 S. 2340 (2343)

Wellisch/Gellrich, Ablösung und Auslagerung von Pensionszusagen, NWB 2009, S. 2470 (2473, 2474)

Weinmann, Vorsorge der Führungskräfte: Vermögensbildung und Altersversorgung richtig planen, Karlsruhe 2002

Widmann, Die Rechtsprechung des BFH zu Pensionszusagen an GmbH-Geschäftsführer, BetrAV 1996, S. 157

Winter, Verdeckte Gewinnausschüttungen zugunsten nahestehender Personen, zum Tatbestandsmerkmal der Veranlassung durch das Gesellschaftsverhältnis, GmbHR 2010, S. 1073 ff.

Wochinger, Steuerliche Behandlung von Sonderzusagen – Grundsätze für die steuerliche Anerkennung von Pensionszusagen an (beherrschende) Gesellschafter-Geschäftsführer von Kapitalgesellschaften, in: Handbuch Altersversorgung (Hrsg. Cramer/Förster/Ruland), 1998, S. 543 ff.

Wochinger, Verdeckte Gewinnausschüttungen und verdeckte Einlagen, 3. Aufl., 1995 (Wochinger)

Ziegenhagen/Schmidt, Steuerliche Anerkennung von Arbeitszeitkonten für Gesellschafter-Geschäftsführer, DB 2006, S. 181 ff.

Stichwortverzeichnis
(Die Zahlen geben die Seitenzahlen an)

100 Fragen zur betrieblichen Versorgung des GGF/GF und seiner Angehörigen

mit sozialversicherungsrechtlicher Beurteilung

Holger Konrad, Eberhard Poppelbaum, Achim Schneider

6. Auflage, 2010, 192 S., DIN A5, kart., 35,– €*
ISBN 978-3-89952-474-1

* Preis inkl. MwSt und zzgl. Versand

Das Buch möchte dem Leser auch in dieser Neuauflage Hinweise geben, wie Versorgungen mit einer hohen Gestaltungssicherheit eingerichtet werden können. Dabei beschreibt es die vielfältigen Gestaltungsmöglichkeiten detailliert im Rahmen der gesetzlichen Vorschriften. In der 6. Auflage wurden insbesondere die Änderungen durch die Einkommensteuer-Änderungsrichtlinie (EStÄR 2008) sowie die Einführung des Bilanzrechtsmodernisierungsgesetzes (BilMoG) berücksichtigt. In bewährter Form behandelt der Titel alle Fragen zur sozialversicherungsrechtlichen Prüfung der Beschäftigungsverhältnisse des oben genannten Personenkreises. Zur Lösung dieser wichtigen Fragen werden Wege im vielfach undurchschaubaren Dickicht des gesetzlichen Prüfverfahrens über die Einzugsstelle und die Deutsche Rentenversicherung (DRV) aufgezeigt. Auch auf die Fragen zur Versicherungspflicht bzw. -freiheit der in einem Einzelunternehmen tätigen Angehörigen und Lebenspartner gehen die Autoren ein.

Es richtet sich insbesondere an Versicherungsvertreter sowie an Makler und Mehrfachagenten. Aber auch Versorgungsberater im weiteren Sinn wie Renten- und Steuerberater, Finanzplaner, Honorarberater sowie Rechtsanwälte können das Werk nutzbringend verwenden.

www.vvw.de

vvw.de

474_BAnz_DINA5_473_110201

100 Fragen zur betrieblichen Lebensversicherung

Thomas Weis, Sandra Weis

9. Auflage, 2011, 234 S., DIN A5, kart., 35,– €*
ISBN 978-3-89952-473-4

* Preis inkl. MwSt und zzgl. Versand

Obwohl die Einführung des Altersvermögensgesetzes (AVmG) und des Alterseinkünftegesetzes (AltEinkG) nun schon Jahre zurückliegt, stellen sich hierzu in der Praxis immer noch viele Fragen. Zusätzlich wurden seitdem weitere Gesetze verabschiedet, die für eine zunehmende Komplexität in der betrieblichen Altersversorgung (bAV) sorgen.

Die Autoren stellen die Grundlagen der bAV mit ihren wesentlichen Merkmalen und Gestaltungsmöglichkeiten, die Rahmenbedingungen und die zahlreichen steuerlichen und arbeitsrechtlichen Änderungen dieser gesetzlichen Entwicklung systematisch dar. Mit der Pensionszusage und deren Finanzierung über Rückdeckungsversicherungen und der Direktversicherung beschreiben sie die typischen Aspekte betrieblicher Versorgungsleistungen für Arbeitnehmer und auch die Möglichkeiten einer Versorgung des Unternehmers selbst mittels der betrieblichen Lebensversicherung.

Der Titel richtet sich an steuerliche Berater, Innen- und Außendienstmitarbeiter von Versicherungsunternehmen und an die Betroffenen selbst; ebenso an die Verantwortlichen der Unternehmen und deren Mitarbeiter. Ihnen soll durch die Behandlung gezielter Fragestellungen der Zugang zum Regelwerk der bAV erleichtert und die Beantwortung konkreter Fragen ermöglicht werden.

www.vvw.de

vvw.de

473_BAnz_DINA5_474_110408